语言学与应用语言学知识系列读本
"十二五"普通高等教育本科国家级规划教材

COMMON STATISTICAL
METHODS FOR
RESEARCH IN SLA

二语习得研究中的常用统计方法

（第二版）

鲍 贵 魏新俊 / 编著

北京大学出版社
PEKING UNIVERSITY PRESS

图书在版编目(CIP)数据

二语习得研究中的常用统计方法 / 鲍贵，魏新俊编著 . —2 版 . —北京：北京大学出版社，2020.5
（语言学与应用语言学知识系列读本）
ISBN 978-7-301-16259-0

Ⅰ.①二… Ⅱ.①鲍…②魏… Ⅲ.①第二语言－统计语言学 Ⅳ.① H0 ② H087

中国版本图书馆 CIP 数据核字 (2020) 第 062879 号

书　　　名	二语习得研究中的常用统计方法（第二版） ERYU XIDE YANJIU ZHONG DE CHANGYONG TONGJI FANGFA（DI-ER BAN）
著作责任者	鲍　贵　魏新俊　编著
责任编辑	刘文静
标准书号	ISBN 978-7-301-16259-0
出版发行	北京大学出版社
地　　址	北京市海淀区成府路 205 号　100871
网　　址	http://www.pup.cn　　新浪微博：@ 北京大学出版社
电子信箱	liuwenjing008@163.com
电　　话	邮购部 010-62752015　发行部 010-62754382 编辑部 010-62754382
印　刷　者	河北滦县鑫华书刊印刷厂
经　销　者	新华书店
	650 毫米 ×980 毫米　16 开本　23.75 印张　600 千字 2011 年 6 月第 1 版 2020 年 5 月第 2 版　2020 年 5 月第 1 次印刷
定　　价	86.00 元

未经许可，不得以任何方式复制或抄袭本书之部分或全部内容。
版权所有，侵权必究
举报电话: 010-62752024　电子信箱: fd@pup.pku.edu.cn
图书如有印装质量问题，请与出版部联系，电话: 010-62756370

第二版前言

《二语习得研究中的常用统计方法》初版于2011年6月上市。本著作以二语习得实证研究为背景,将统计学原理与SPSS操作实践紧密地结合在一起,较好地满足了广大外语专业本科生、研究生和外语教师的科研需求,也受到心理学和教育学等邻近学科研究者的青睐,并于2014年被教育部评为"十二五"普通高等教育本科国家级规划教材。

本著作的修订主要基于两个方面的考虑。其一,统计学原理和知识点的阐述需要更加系统化,便于读者厘清各个统计量之间的内在联系,为统计分析方法的恰当选择和统计结果的正确解释提供强有力的指导。其二,在统计学研究与统计学教学改革中图形诊断受到前所未有的重视。图形诊断是视觉化的数据分析技术,常常能够揭示推理统计不易发现的数据特点和模式。第二版体现以下特色:1.更加系统地介绍统计分析假设及其诊断方法;2.提供每种统计分析方法使用的统计量计算公式,举例说明统计分析程序,将计算结果与SPSS报告的结果相对应,便于读者深入理解每个统计量的来龙去脉,对SPSS统计结果做出恰当的选择和解释;3.给出每种效应量的计算公式,重视效应量的报告与解释;4.为了充分体现图形诊断在数据分析中的优势,第二版辟有专章介绍图形绘制方法,使用的SPSS软件版本已由当初的SPSS 13升级到SPSS 25。

本著作的第二版共有十三章,在初版的基础上增加了"研究方法导论"(第一章)和"SPSS制图"(第三章),将初版"数据录入"(第一章)和"数据整理"(第二章)合并,重新命名为"数据录入与编辑"(第二章),初版"非参数检验"(第十一章)更名为"秩次检验"(第十三章)。考虑到被试内设计和混合设计在二语习得研究中的广泛应用,第二版将原版的第七章("方差分析")一分为二(第八章和第九章),新添"双因素被试内方差分析"和"混合方差分析"两节(第九章)。另外,第二版每章配有练习和思考问题,更新了统计分析数据,不再保留初版中的"综合练习"(第十二章)和"附录"中的"常用统计表"。

第一章为研究方法导论,简要说明研究和变量的性质与分类。第二章介绍数据录入与编辑方法,包括变量命名与属性定义、数值输入、建立新变量和变量分组等。第三章介绍SPSS数据窗口"图形制作器"和"描述性统计"模块包含的图形功能,制作的图形包括线图、条形图、直方图、箱图、点图、散点图和Q-Q图等。

第四章介绍统计分析中常用的基本概念,包括样本与总体(新增节)、平均数、中位数和众数、方差、标准差和标准误差、标准分、置信区间、统计显著性、第一类错误、第二类错误和统计效力(新增节)、正态分布的概念和正态分布的检验。

第五章介绍信度分析方法,包括 Cronbach's Alpha、折半信度、KR20(新增节)、Cohen's Kappa(新增节)和组内相关系数(初版名称为"评估者之间信度分析")。第六章介绍常用的相关分析方法,包括线性相关分析的基本概念、皮尔逊相关分析和斯皮尔曼相关分析,强调皮尔逊相关分析的统计假设。第七章介绍 t 检验方法,包括 t 分布(新增节)、单样本 t 检验、独立样本 t 检验和配对样本 t 检验。

第八章和第九章介绍常用的方差分析方法。第八章介绍 F 分布(新增节)和被试间方差分析。被试间方差分析方法包括单因素方差分析、双因素方差分析、协方差分析和多元方差分析。第九章介绍被试内和混合方差分析,包括被试内设计(新增节)、单因素被试内方差分析、双因素被试内方差分析(新增节)和混合方差分析(新增节)。

第十章介绍线性回归分析方法,包括简单线性回归和多元线性回归分析方法。在介绍简单线性回归分析方法时,本章补充介绍普通最小二乘法回归分析的原理,增加对回归模型交叉验证的讨论,阐述模型假设与回归诊断方法。在"多元线性回归"一节中补充介绍偏相关和半偏相关分析方法,增加关于线性回归分析样本量的讨论。

第十一章介绍因子分析方法,包括因子分析的基本概念、因子分析的基本程序、因子分析的 SPSS 操作。在介绍因子分析的基本程序时,本章补充介绍因子分析统计假设检验,补充解释正交转轴方法,新增斜交转轴部分。

第十二章和第十三章介绍非参数检验方法。第十二章介绍卡方检验方法,包括卡方分布(新增节)、卡方检验的基本概念、卡方拟合优度检验、卡方独立性检验和 Fisher 精确检验(新增节)。第十三章介绍秩次检验方法,包括两个和两个以上独立样本的秩次检验以及两个和两个以上相关样本的秩次检验。在介绍这些秩次检验方法时,本章补充介绍了等秩情况下检验统计量的计算方法。

通过本著作的学习,读者有望在以下几个方面提高统计分析能力:1. 充分发挥图形诊断在统计分析中的独特优势,熟练使用图形制作方法,正确概括图形揭示的数据特点;2. 充分理解各种统计分析方法的原理和程序,把握统计分析的内在逻辑,纠正错误的统计观念;3. 正确把握研究设计的特点,明确数据的性质,将统计假设检验与统计分析方法的选择有机地结合在一起,避免统计方法使用的误区;4. 统计分析结果报告完整、透明,解释恰当。

本著作在出版过程中承蒙北京大学出版社鼎力支持,在此谨表谢意!

由于编者水平有限,书中恐有遗漏或讹谬之处,敬请读者不吝匡正。

鲍 贵 (南京工业大学)
魏新俊 (中国药科大学)
2019 年 2 月

第一版前言

二语习得研究常涉及对统计数据的处理与分析。研究者往往要根据研究目的和数据的性质等来确定恰当的统计方法,以便得到真实可信的研究结果。如果统计方法使用不当,则会导致错误的结论。毋庸置疑,随着国际学术交流的深入开展,越来越多的外语教师和研究者意识到正确使用统计方法的重要性,并已在自己的研究中使用统计方法,重视"让数据说话"。

目前,外语教学与研究中普遍使用的统计软件是 SPSS(Statistical Package for the Social Sciences,社会科学统计包)。基于 SPSS 介绍各种常用的统计方法是国内出版的统计学书刊中常用的做法。这些书刊的主要特点是操作步骤的讲解与示例相结合,强调可操作性。学习者可以按步骤操作 SPSS,亲身体验不同的统计方法。当然,只懂得操作方法是远远不够的。更重要的是,学习者需要掌握不同统计方法的原理和使用条件。在这一方面,介绍 SPSS 的绝大多数书籍都令人觉得些许遗憾。它们往往由于偏重操作而忽略或简化了对不同统计方法的原理和应用条件的细致剖析。对于普通的外语教师和研究者来说,他们或许更希望拥有相关书籍能够将理论与实践紧密结合,理论讲解深入浅出,不枯燥乏味,操作方法简洁明了,所举的例子既多样化,又能贴近他们自身的研究,使之有身临其境之感。

《二语习得研究中的常用统计方法》朝这一目标迈出了坚实的一步。全书共分十二章。前两章"数据录入"和"数据整理"是使用 SPSS 进行统计分析的准备阶段。第三章介绍统计中的基本概念,包括中位数、平均数、众数、方差、标准差、平均数标准误差、标准分和统计显著性等。掌握这些概念对于正确选用统计方法和合理地解释数据相当重要。第四章至第十一章重点介绍不同统计方法的原理和 SPSS 操作方法,涉及的模块包括信度分析、相关分析、t 检验、方差分析、线性回归分析、因子分析、卡方检验和非参数检验。每章的统计方法介绍均采用从理论到实践的方法。在理论讲解中,尽可能做到言简意赅,通俗易懂。为了避免讲解过于抽象,每次讲解后一般都通过示例来帮助读者"感受"各个统计量的计算过程,掌握统计显著性的判断方法。在报告统计结果时,图表力求符合学术规范,既注重美感,又注重专业性。为了提高读者对统计知识的理解力和统计实践能力,本书还专辟一章进行综合练习。

本书在编写过程中参考了国内外大量的书刊文献,力求能够有所突破和创新。在照顾各个章节内容的系统性和完整性的同时，突出在同类书籍中被忽略或被简化，但在二语习得领域乃至统计学研究中却又很重要的内容。譬如，就信度分析而言，Cronbach's α 是常用的测量量表内在一致性程度的统计方法。鉴于其常用性，本书做了完整的介绍。但是，绝大多数的 SPSS 书籍却没有介绍评估者之间信度分析方法。鉴于其广阔的应用前景，本书详细解释和比较了该方法的不同统计模型。此外，本书在介绍不同的统计方法时，强调各个统计方法的使用条件或假设（assumptions）。例如，在讲解独立样本 t 检验时，书中指出该检验除了要求总体服从正态分布、因变量为连续性变量、总体方差齐性之外，还要求自变量只有两个水平且被试不能重复。

本书适于广大外语教师和外语专业的研究生，尤其适于对统计学感兴趣却又知之甚少的初学者。为了方便读者使用，该书对关键术语做了深入浅出的解释，并附上对应的英文。书中诸章提出的研究问题贴近读者的研究实际，能够引发他们结合自身的研究进行深入的思考。虽然这本书的主要对象是外语教师和外语专业的研究生，但是书中所阐发的原理和方法对其他研究者也有裨益。

本书在编写和出版过程中得到了教育部人文社会科学研究基金项目（项目批准号：09YJAZH044），也得到江苏省高校"青蓝工程"（苏教师〔2010〕27 号）的资助，并承蒙外语教学与研究出版社鼎力支持，在此一并致谢。

由于编者水平有限，时间仓促，书中难免会有讹谬之处，敬请各位专家和读者不吝指正。

鲍　贵
2011 年 4 月于南京工业大学

目 录

第一章　研究方法导论
Chapter One　Introduction to Research Methods ……………………… 1
　1.1　研究定义 …………………………………………………………… 1
　1.2　研究目的 …………………………………………………………… 2
　1.3　研究范式 …………………………………………………………… 3
　1.4　研究变量 …………………………………………………………… 13

第二章　数据录入与编辑
Chapter Two　Entering and Editing Data ……………………………… 19
　2.1　变量命名及属性定义 ……………………………………………… 20
　2.2　数据值输入 ………………………………………………………… 23
　2.3　建立新变量 ………………………………………………………… 23
　2.4　变量分组 …………………………………………………………… 25
　2.5　其他数据编辑方法 ………………………………………………… 29

第三章　SPSS 制图
Chapter Three　SPSS Graph Building ………………………………… 48
　3.1　图形制作器 ………………………………………………………… 48
　3.2　饼图 ………………………………………………………………… 50
　3.3　面积图 ……………………………………………………………… 53
　3.4　线图 ………………………………………………………………… 54
　3.5　条形图 ……………………………………………………………… 57
　3.6　直方图 ……………………………………………………………… 60
　3.7　箱图 ………………………………………………………………… 62
　3.8　点图 ………………………………………………………………… 67
　3.9　散点图 ……………………………………………………………… 68
　3.10　P-P 图 ……………………………………………………………… 72
　3.11　Q-Q 图 ……………………………………………………………… 74

第四章 统计中的基本概念
Chapter Four   Basic Statistical Concepts ·········· 78
    4.1　样本与总体 ·········· 78
    4.2　平均数、中位数、众数 ·········· 81
    4.3　方差、标准差和标准误差 ·········· 83
    4.4　标准分 ·········· 85
    4.5　置信区间 ·········· 85
    4.6　统计显著性 ·········· 88
    4.7　第一类错误、第二类错误和统计效力 ·········· 89
    4.8　正态分布的概念 ·········· 90
    4.9　正态分布检验 ·········· 92

第五章 信度分析
Chapter Five   Reliability Analysis ·········· 104
    5.1　Cronbach's Alpha ·········· 104
    5.2　折半信度 ·········· 108
    5.3　$KR20$ ·········· 111
    5.4　Cohen's Kappa ·········· 113
    5.5　组内相关系数 ·········· 117

第六章 相关分析
Chapter Six   Correlation Analysis ·········· 124
    6.1　线性相关分析的基本概念 ·········· 124
    6.2　皮尔逊相关分析 ·········· 126
    6.3　斯皮尔曼相关分析 ·········· 134

第七章 t 检验
Chapter Seven t-Test ·········· 141
    7.1　t 分布 ·········· 141
    7.2　单样本 t 检验 ·········· 142
    7.3　独立样本 t 检验 ·········· 146
    7.4　配对样本 t 检验 ·········· 154

第八章 被试间方差与协方差分析
Chapter 8   Between-Subjects ANOVA and ANCOVA ·········· 159
    8.1　F 分布 ·········· 159
    8.2　单因素方差分析 ·········· 161
    8.3　双因素方差分析 ·········· 171

8.4 协方差分析 ··· 183
8.5 多元方差分析 ··· 194

第九章 被试内和混合方差分析
Chapter Nine Within-Subjects and Mixed ANOVA ··· 208
9.1 被试内设计 ··· 208
9.2 单因素被试内方差分析 ··· 209
9.3 双因素被试内方差分析 ··· 219
9.4 混合方差分析 ··· 229

第十章 线性回归分析
Chapter Ten Linear Regression Analysis ··· 242
10.1 简单线性回归 ··· 243
10.2 多元线性回归 ··· 267

第十一章 因子分析
Chapter Eleven Factor Analysis ··· 290
11.1 因子分析的基本概念 ··· 290
11.2 因子分析的基本程序 ··· 291
11.3 因子分析的 SPSS 操作 ··· 304

第十二章 卡方检验
Chapter Twelve χ^2 Test ··· 316
12.1 卡方分布 ··· 316
12.2 卡方检验的基本概念 ··· 317
12.3 卡方拟合优度检验 ··· 319
12.4 卡方独立性检验 ··· 323
12.5 Fisher 精确检验 ··· 330

第十三章 秩次检验
Chapter Thirteen Rank Test ··· 337
13.1 两个独立样本秩次检验 ··· 337
13.2 多个独立样本秩次检验 ··· 344
13.3 两个相关样本秩次检验 ··· 351
13.4 多个相关样本秩次检验 ··· 357

参考文献 ··· 366

第一章 研究方法导论
Chapter One Introduction to Research Methods

二语习得(second language acquisition,SLA)指在学习母语(the native language)之后学习另外一种语言的过程。二语习得研究以第二语言为研究对象,探究第二语言学习的原理、原则和方法。为什么很多学习者的二语水平达不到与母语者水平同样的高度?二语学习方法和母语学习方法相同吗?有哪些因素影响二语学习的效果呢?二语习得中有哪些规律和模式适用于不同类型的二语学习者?如此等等。这些都是二语习得研究关注的问题。由于研究问题的多样性和复杂性,二语习得研究具有跨学科(interdisciplinary)性质,与心理学、教育学、社会学和人类学等有着广泛的联系。

本章以二语习得研究为背景,介绍研究的本质、研究的目的与设计分类、变量性质和数据收集方法。

1.1 研究定义

我们每天都在开展"研究"(research)。当我们发现车子在高速公路上停滞不前,我们会问为什么,会提出某种假设(hypothesis),譬如前方有交通事故了或者是遇到交通高峰期了。然后,我们耐心地或者不耐烦地等待假设是否得到验证,直到交通恢复通畅。如果我们看到事故现场或紧急车辆的闪烁灯,就可以验证或者至少加强某种假设。如果没有发生交通事故,便可以断定那一定是典型的交通高峰时段。换句话说,我们每天都要提出问题、做出假设并试图证实这些假设。当然,这种"研究"往往是浅陋的,缺乏系统性。我们在这里讨论的研究是科学研究(scientific research),是科学的调查或探究(scientific investigation or inquiry)。

何谓研究?研究有不同的定义。Mertens(2010:2)将研究定义为"通过设计收集、分析、解释和使用数据的系统探究过程"。Burns(1997:2)将研究定义为"寻求问题答案的系统调查"。Kerlinger(1986:10)对研究的定义是:对不同现象之间关系假设的命题开展系统性(systematic)、实证性(empirical)、控制性(controlled)和批判性(critical)调查。Smith(1981:585)将研究定义为学科性探究(disciplined inquiry),认为"一种探究称得上有学科性,就必须付诸实施并如实报告,以便对其逻辑论证加以审查。这种探究不依赖表面的合理性或作者的雄辩力、地位和权威。探究需避免讹误,重视证据检验与验证,实事求是胜于意识形态。任何一项研究或评估,不管它是自然主义的(naturalistic)、实验性的、调查类的还是历史类的,都必须符合这些标准,方能视作学科性探究"。在Smith(1981)的定义中,探究是系统的调查,研究的开展必须遵循本学科的指导原则。Smith(1981)的定义强调研究必须付诸实施才能真正有意义。研究必须以某种公开的形式报告出来,体现研究的传播功能。一项研究只有付诸实施并如实报告,其他研究者才能评价或开展重复性研究,以确定其价值。Smith(1981)的定义也强调研究的价值取决于研究本身,而非其他因素,包括研究者的地位和权威。如果某项研究遵照某个研究范式(research paradigm)规定的指导原则被系统地付诸实施,并在特定学科范围内得以传播,则该研究就能够被他人检验或验证(Gliner et al.,2017:4)。

概而言之,研究是为了解决问题而开展的信息收集、分析和解释的过程,具有以下特点:控制性、严谨性(rigorous)、系统性、有效性(valid)、可验证性(verifiable)、实证性和批判性(Kumar,2011:8—9)。在现实生活中,变量(variables)之间的关系往往是错综复杂的。一个变量可能是由多个变量引起的;两个变量之间的关系可能互为因果,也有可能是由另外一个变量引起的。控制性意味着在调查两个变量之间的关系时要控制其他干扰因素。严谨性意味着研究者必须确保调查程序恰如其分,有理有据。系统性意味着调查程序必须有逻辑顺序,研究步骤要环环相扣。有效性与可验证性要求研究发现和结论正确无误,能够被研究者本人和他人验证。实证性指得出的任何结论都必须依据硬证据(hard evidence),硬证据来源于从实际经历或观察中收集到的信息。批判性意味着对调查的程序和采用的方法进行严格的审查,避免谬误,克服缺陷。

1.2 研究目的

根据研究的目的,研究可分为探索性研究(exploratory research)、描述性研究(descriptive research)、相关性研究(correlational research)和解释性研究(explanatory research)(Kumar,2011)。

探索性研究旨在探索一个新的研究领域或者调查开展某项研究的可行性。在探索一个新的研究领域时,研究者需要提供开拓新领域研究的理据,包括该研究的可能价值或意义。仅仅指出某个领域被前期研究忽视是不够的,因为被忽视的研究有可能是没有意义的研究。研究者也需要对提出的研究假设提供逻辑论证。逻辑论证可以来自于常识(common sense)、某个理论或相关变量研究(Mitchell & Jolley,2013:614)。先导研究(pilot study)检验某个研究计划或方案实施的可行性或者用于开发某个测量工具(measurement instrument),属于探索性研究。

描述性研究系统描述研究参与者(participants)的言谈举止、所思所想。观察与记录第二语言课堂学习者的行为,调查二语学习者对教学方式的态度,选择若干有代表性的个案开展深度访谈,所有这些都是描述性研究的范畴。

相关性研究用于确立或发现两个或两个以上变量之间的关系。交际意愿性(willingness to communicate)与二语交际能力之间存在怎样的关系?语言学能(language aptitude)对二语学习成就是否有预测力?性别对二语学习策略产生怎样的影响?类似于以上问题的研究都是相关性研究。

解释性研究,又称因果研究(causal research),旨在解释变量之间的某种关系何以存在,常常通过实验的方法观察学习者的行为,探索因果关系。为什么一种教学方法对某些学习者有效,而对其他学习者没有效果?为什么有些学习者对传统的教学方法持肯定态度,另有一些学习者持否定态度?多媒体技术是如何影响二语教学效果的?所有这些都是解释性研究要回答的问题。

我们在理论上将研究分为以上四类,不过实际研究可能是不同类研究的混合,如一项研究可能包括描述性研究的成分,也可能包括相关性研究或解释性研究的成分。

1.3 研究范式

研究范式(research paradigm)是一门学科内普遍被接受的理论框架,包括一套假设(assumptions)、概念、价值观、程序和技术(Zedeck,2014:251)。实证研究(empirical research)有两个基本的研究范式——定量研究(quantitative research)和定性研究(qualitative research)。本节主要比较定量研究与定性研究,介绍各自包含的主要研究类别。

1.3.1 定量研究与定性研究比较

定量研究是通过严谨的设计收集与分析数据揭示现象本质的研究,定性研究则是对自然发生的复杂现象的探究。对定量研究的一般性理解是,定量研究以数字(numbers)或者数值型分数(numerical scores)为中心,利用严谨的设计和标准化程序(standardized procedures),借助统计分析方法探索变量(variables)的性质或变量之间的关系,希冀研究发现有推广性(generalizability)。对定性研究的一般性理解是,研究者详细描述若干个案(cases),数据主要是文字或图片,利用解释性分析(interpretive analysis)方法探索数据模式,数据解释较多地受到研究者主观性、学术素养和经验的影响。作为不同的研究范式,定量研究与定性研究包含不同的哲学假设或世界观。表1.1概括定量与定性研究者不同的哲学假设。

表1.1 定量与定性研究者的哲学假设

定量研究者的假设	定性研究者的假设
1. 现实独立于我们而存在,有待我们去认知。科学的任务是发现现实的真谛。	1. 研究场景中的个体构建现实。因此,现实以多元心理结构的形式存在。
2. 调查研究能够准确揭示世界的本来面目。	2. 调查研究对世界的模样产生不同的看法。
3. 研究者能够置身于研究对象之外。	3. 研究者不可能置身于研究的个体之外。
4. 事实独立于知者,能够真切地被认知。	4. 价值观是研究过程必不可少的一部分。
5. 事实与价值观泾渭分明。	5. 事实与价值观相互交织。
6. 设计恰当的调查研究会准确地揭示世界的本质。	6. 研究之初出现的模糊性是求之不得的。
7. 教育研究的目的是解释并且能够预测关系。终极目标是确定规律,实现预测的可能性。	7. 教育研究的目的是理解事物对于他人的意义。具有高度推广性的规律本身是绝对不可能被发现的。

来源:Fraenkel *et al*.(2012:429)。

在不同世界观的指引下,定量研究与定性研究在方法论上存在一些差异。譬如,定量研究在研究之初就有明确的研究问题或研究假设;定性研究时常具有探索性质,在研究之初通常只确定研究目的和概念框架,研究问题在研究过程中萌现(emerge)。定量研究循环通常是线性的(linear),各个研究阶段依次推进:提出研究问题→研究设计→数据收集→数据统计分析→数据解释。定性研究更具有同时性(simultaneous)、非线性(nonlinear)和反复性(iterative)(Croke,2009:10)。定性研究很大程度上同时开展数据收集、数据分析与数据解释,研究者往返于这三个部分,直到不再有信息更新对一个话题的理解为止。表1.2概括这两种方法论的主要区别。

表1.2 定量研究与定性研究方法论差异

定量研究方法论	定性研究方法论
1. 倾向于在研究之初陈述明确的假设。	1. 倾向于在研究展开过程中呈现假设。
2. 倾向于在研究之初给出明确定义。	2. 倾向于在语境中或在研究展开过程中给出定义。

续表

定量研究方法论	定性研究方法论
3. 数据简化为数值型分数。	3. 倾向于叙事性描述。
4. 重视评估和提高由测量工具得到的分数的信度。	4. 倾向于假设推理有足够的信度。
5. 通过多样化的程序并利用各种统计指标评估效度。	5. 通过三角验证（triangulation）评估效度。
6. 倾向于使用随机技术获得有意义的样本。	6. 倾向于使用立意样本（purposive samples）。
7. 倾向于准确地描述研究程序。	7. 倾向于叙事性（文学性）描述程序。
8. 倾向于使用设计或统计方法控制外扰变量（extraneous variables）。	8. 倾向于在控制或解释外扰变量时使用逻辑分析。
9. 倾向于使用具体的设计控制程序偏差。	9. 主要依靠研究者处理程序偏差。
10. 倾向于使用统计方法概括研究结果。	10. 倾向于使用叙述方法概括研究结果。
11. 倾向于解析复杂的现象。	11. 倾向于整体描述复杂的现象。
12. 乐于在研究复杂的现象时操纵若干方面、情境或条件。	12. 不愿意干预自然发生的现象。

来源：Fraenkel et al. (2012:426)。

定量研究与定性研究均有各自的优势和局限性。定量研究有严谨的研究设计和准确的测量工具，数据信度高，成熟的统计分析技术确保研究结论的可信度，大样本采样提升研究发现的推广性。定量研究概括研究样本或总体的一般趋势，但是缺乏对研究结果的深入探究。Dörnyei（2011:35）指出，定量研究方法计算参与者群体中各个应答（responses）的平均数，平均数不能很好地体现个体生活的主观多样性；相似的分数可能由截然不同的内在过程所致；在挖掘具体观测结果产生的原因或者在探究调查的情境（或现象）隐含的动态特征方面，定量研究方法通常力不能支。定性研究有助于我们发现导致某个结果的原因。譬如，我们通过定量研究发现，经过一段时间的教学后，学习者的二语水平有了显著的提高。但是，这并不能告诉我们二语水平提高的确切原因。如果我们通过定性研究，分析学习环境、课堂教学方式和学习者学习过程等方方面面，我们就有望发现学习者学习进步的主要原因。这个例子说明，定性研究在探索某个结果产生的原因方面有优势。定性研究还有其他一些优势，如拓宽我们对某个现象或事件的理解、报告材料丰富。但是，定性研究的局限性也是很明显的。根据Dörnyei（2011：41—42），定性研究样本量较小，很难评估由定性研究得到的发现具有普遍重要性，还是某个个案的特质；由个案研究得到的理论可能涵盖面过窄，丰富的数据也可能使得到的理论过于复杂。定性研究方法论的严谨性还有待提高。如何使研究结果不受研究者个性特质和偏差的影响也是定性研究面临的一个挑战。

面对定量研究与定性研究各自存在的局限性,混合方法研究(mixed methods research)在二语习得领域成为一种新的研究方法论取向。混合方法研究将定量与定性研究方法有机地结合在一起,发挥它们各自的优势。多数研究以互补的方式使用定量研究与定性研究方法。Dörnyei(2011:43)建议,定性研究应该引导定量研究,定量研究应该反哺于定性研究;在这一循环与演变过程中,每种方法应以自身独有的方式对理论构建做贡献。

1.3.2 定量研究的类别

在二语习得领域,最常见的定量研究类型是实验研究(experimental research)、因果比较研究(causal-comparative research)、相关性研究(correlational research)和调查研究(survey research)。

1.3.2.1 实验研究

在实验研究中,研究者有意操纵(manipulate)一个或多个变量(自变量或因素)调查其对另一个(或多个)变量(因变量)是否有因果效应。实验研究的主要目的是检验变量之间的因果关系,研究类别包括随机化实验(randomized experiment,又称真实验,true experiment)和准实验(quasi-experiment)。

随机化实验通过随机分配(random assignment)的方式实现实验条件之间的可比性,减少乃至消除外扰变量的影响。在被试间设计(between-subjects designs)中,被试(subjects,即参与者,participants)被随机分配到不同实验条件中;在被试内设计(within-subjects designs)中,被试被随机分配到实验条件的不同顺序(orders)中(Cramer & Howitt,2004:171)。

准实验在一些重要方面与随机化实验相同,如操纵自变量和使用对照组(control groups)。但是,准实验和随机化实验有一个最重要的区别,即准实验缺少随机分配。由于准实验没有对被试的分组(在被试间设计中)或对实验条件的顺序安排(在被试内设计中)采用随机化形式,因而它对被试特征变量的控制力较弱或没有控制实验条件的呈现顺序,面临着一些内部效度(internal validity)威胁,如被试选择偏差、成熟威胁和顺序效应。关于实验研究效度的讨论,参考 Shadish *et al.*(2002)和鲍贵(2015)。原则上,在条件允许的情况下,我们倾向选择随机化实验;在随机分配无法实施的情况下,我们放弃真实验,采用准实验。

1.3.2.2 因果比较研究

因果比较研究，又称回溯性研究(ex post facto research。*ex post facto* 来自拉丁语，意思是 after the fact 或"事后")，探究在某个被试特征变量上已经存在差异的若干组在其他变量测量上的差异。因果比较研究在二语习得研究中有着广泛的应用。男性学习者和女性学习者在词汇记忆方面是否存在差异性？不同二语水平(如低、中、高水平)的学习者在作文语篇连贯性方面是否存在差异？这些问题都可以通过因果比较研究来回答。

因果比较研究与准实验研究有很多相似之处，如不使用随机分配、至少有一个类别变量(categorical variable)(或定序变量，ordinal variable)、统计分析方法相同(如利用独立样本 t 检验比较两个独立组在因变量测量上的平均数差异)。在被试间设计中，由于因果比较研究与准实验研究都没有采用被试随机分配的方式确保比较组(或比较条件)之间的对等性或可比性，因而确保被试在重要外扰变量上的对等性至关重要。

因果比较研究与实验研究的一个重要区别在于，因果比较研究的自变量不是研究者有意操纵的变量，被试在自变量(组别变量)上的差异已经存在。相对于实验研究，因果比较研究在研究设计上不够灵活，没有对外扰变量实施严格的控制，因而因果推断力较弱，有时甚至因果关系的方向也不能确定。譬如，在研究学习动机(如学习动机强、学习动机弱)对学习成就的影响时，我们发现学习动机强的学习者在学习成就上高于学习动机弱的学习者。是学习动机强导致学习成就高，还是学习成就高激发了学习者更强的学习动机呢？因果比较研究不能确定孰因孰果。如果要确定此类变量之间因果关系的方向，我们通常需要开展实验研究。

1.3.2.3 相关性研究

相关性研究用于调查两个或多个变量之间的关系。变量之间的关系可能是正相关(positive correlation)，也可能是负相关(negative correlation)或不相关(no correlation)。正相关表明一个变量值的增加伴随着另一个变量值的增加。负相关表明一个变量值的增加伴随着另一个变量值的减少。当一个变量的增加或较少独立于另一个变量时，这两个变量就不相关。相关性研究可以用于解释或预测的目的。譬如，记忆与阅读能力之间存在的相关性有助于拓宽我们对阅读这一复杂现象的理解。根据语言学能(language aptitude)与语言学习成就之间的关系，我们可以用学能分值去预测二语学习者的学习成就。用于预测的变量称作预测变量(predictor variable)，如语言学能。被预测的变量称作效标变量(criterion variable)，如二语学习成就。

相关性研究与因果比较研究关系密切。共同点是，它们都用于探索变量之间的关系,研究的变量是非操纵变量。这两类研究有时都是为了探索变量之间的因果关系,但是这些研究本身不能提供因果关系的方向,因果关系的方向需要通过逻辑论证或通过后续的实验研究进行验证。鉴于以上特点,相关性研究与因果比较研究有时被归为关联性研究(associational research)范畴。不同点在于,相关性研究的变量通常是两个或多个连续性变量(continuous variables),被试在每个变量上都有一个分值,而因果比较研究至少包括一个类别变量,其他变量可以是连续性变量;相关性研究使用一个被试群体,而因果比较研究至少使用两个被试群体。在统计分析方面,相关性研究通常使用散点图和相关系数(如皮尔逊相关系数 r),因果比较研究则通常使用平均数差异检验或秩次检验。

1.3.2.4 调查研究

如果要了解研究对象(如二语学习者)思维或行为结果的原因,我们会使用实验研究。如果要了解研究对象的所思所想或行为举止,我们则使用非实验研究方法,其中包括调查(survey)。调查研究的目的是描述总体(population)的某些特点,包括知识、能力、观点、态度和信念等。同其他类型的定量研究一样,调查研究的对象通常是从总体中抽样得到的样本,因为总体几乎总是无法获得的。对总体特征的描述依据由样本做出的推断。调查研究广泛用于二语习得研究。譬如,某研究者为了描述某个地区中学英语教师在若干变量(如性别、年龄、学历和教学观念)上的分布特点,从该地区选择若干名教师开展调查。当然,调查的对象不限于人,可以是教材、课堂和学校等。调查实施的方式有多种。研究者可以利用调查工具到现场对一群人直接实施调查,也可以利用邮件、电话或网络平台实施调查,甚至还可以对调查对象进行面对面的访谈(interviews)。

调查的主要类别是横向调查(cross-sectional survey)和纵向调查(longitudinal survey)。横向调查在同一个时间点收集数据,时间点可能是一天,也可能是几天,甚至几周。譬如,某研究者在相同的时间点调查不同年级学习者在英语学习动机方面的差异。如果研究者调查的目的是探索变量之间的关系,如英语学习动机和课堂教学参与度之间的关系,相关性研究的技术也适用于调查研究。纵向调查在不同时间点收集数据,研究历时变化。譬如,某研究者调查同一批学习者在大学四年中学习动机的变化。

最常用的调查工具是问卷(questionnaires),有时也会使用测试(tests)。问卷是问题的书面清单,要求参与者写出对每个问题的应答。二语习得研究者通常通过问卷调查收集学习者的信息,如学习信念、学习动机、学习策略以及教学反应。根据题项的不同形式,问卷可以划分为封闭式(closed-ended)、开放式(open-ended)和混合式(mixed)三大类。封闭式问卷给出问题作答的范围,即在提出的问题后面给出若干选项,要求参与者

（被调查者）通过选择来应答。封闭式问卷的主要优点是数据便于定量分析，局限性在于问卷应答提供的信息量有限。一个封闭式问卷的典型案例是 Horwitz et al.(1986)设计的外语课堂焦虑量表(Foreign Language Classroom Anxiety Scale, FLCAS)。Horwitz et al.(1986)将外语课堂焦虑分为交际担忧、测试焦虑和害怕负面评价三个层面，研制出包括多个题项的5点Likert(利克特)自陈报告量表，其中的一个题项是：

I never feel quite sure of myself when I am speaking in my foreign language class.（在外语课堂上发言，我完全不自信。）				
Strongly agree（很赞同）	Agree（赞同）	Neither agree nor disagree（一般）	Disagree（不赞同）	Strongly disagree（很不赞同）

开放式问卷不固定应答的范围，允许参与者有个性化的应答，数据性质是定性的。一个更开放性问题的例子是"描述你认为最有效的词汇记忆策略。"这类问卷的优点是没有严格的结构化形式，能够提供详细的信息，局限是数据可能难以解释，应答者可能不喜欢做答。混合式问卷是开放式问卷和封闭式问卷的综合。问卷的一部分给出每个问题若干应答形式，供参与者选择；另一部分给出若干问题，要求参与者结合自己的实际情况自由作答。

使用问卷开展研究可能面临的一个问题是参与者的应答可能不准确或不完整。问卷通常不能提供个人复杂情况的完整描述。二语习得调查问卷应尽可能用学习者的母语，措辞要简明清晰，允许学习者有足够的时间作答。

1.3.3 定性研究的类别

二语习得定性研究方法通常包括叙事研究(narrative inquiry; narrative research)、个案研究(case study)、行动研究(action research)和人种志(ethnography; 人种学研究, ethnographic research)。

1.3.3.1 叙事研究

叙事研究围绕某个议题(如学习动机和学习策略)，采用个体参与者的视角，使用第一人称描述个体生活经历，探讨这些经历对个体参与者的意义。研究数据主要为个体参与者讲述的故事。叙事研究有助于论述个体生活变化的条件以及这些变化的条件对个体生活方方面面产生的影响，包括语言学习经历(Murray, 2009: 47)。根据Creswell(2012)，叙事研究包括七个主要特征：个体经历(individual experiences)、经历的时间序列(chronology of the experiences)、个体故事收集(collecting individual stories)、故事重编

(restorying)、主题编码(coding for themes)、环境或场景(context or setting)以及与参与者合作(collaborating with participants)。叙事研究者以事件发生的时间为序,收集个体参与者讲述的故事,描述个体参与者的生活经历,理解其过去、现在和未来。研究者分析故事的核心要素(任务、时间、地点、情节和场景),以时间为序重新编排故事,提供事件的因果链。研究者接下来的工作是以重排故事为数据对主题进行编码或分类。在重排故事、主题编码或分类过程中,研究者详细描述个体参与者生活经历的场景(如家庭或学校)。在整个研究过程中,研究者与个体参与者紧密合作,包括向参与者解释研究的目的、加强与参与者之间的工作关系以获得反映参与者个人经历的故事、用研究者自己的语言讲述参与者的故事以及检查参与者个人经历描述的准确性。

叙事研究数据收集的主要方法是访谈(interviews),辅助方法包括谈话和日志(journals)。访谈以口头交流的方式进行。访谈既可以有固定的议题,又可以采用不太结构化的方式——采访者根据受访者的反应来调整问题。在结构化访谈(structured interviews)中,访谈者或研究者根据问题清单询问所有受访者(即参与者)同样的一组问题。结构化访谈类似于口头问卷,允许研究者比较不同受访者的应答。半结构化访谈(semistructured interviews)降低结构化程度,访谈内容以事先准备的若干问题为提纲;访谈并非严格按照提纲进行。在交谈过程中,研究者为了深入探讨某个话题可能会偏离提纲。在非结构化访谈(unstructured interviews)中,研究者不使用事先设计好的问题,而是提出一个访谈的话题,因而非结构化访谈类似于对话(conversation)。有些访谈还可能包括刺激性回忆(stimulated recall),如播放前期访谈录音,诱导受访者回答相关问题。访谈的优点在于互动性,便于研究者发现那些不能被直接观察到的现象。

1.3.3.2 个案研究

个案可以是一名或几名学习者,也可以是一个班级、一个群体、一所学校、一个教学项目,等等。个案研究通常是定性研究,有时也是定量研究,是二语习得研究广泛使用的研究设计和分析方法。本节简要介绍定性个案研究(qualitative case study)。

个案研究有不同的定义方法。Gall et al.(2003:436)将个案研究定义为以参与者的视角对自然环境中某个现象的若干个案开展的深度研究。根据 Merriam(1988:16),定性个案研究全面彻底地描述与分析一个实体、现象或社会单位,具有特殊性、描述性、启发性,在处理多个数据来源中倚重归纳推理。在 Yin(2003a:13—14)看来,个案研究是对现实环境中的现象开展的实证探究;个案研究面对的环境中研究关注的变量多于数据点,因而研究利用前期提出的理论主张指导数据收集与分析,依赖多个证据来源,数据需要以三角验证(triangulating)的方式汇聚。以上定义表明,个案研究强调特殊性、情境性、多视角性、描述的全面性和解释的充分性。

个案研究分为本质性个案研究(intrinsic case study)、工具性个案研究(instrumental case study)和集体性个案研究(collective case study)三类(Creswell,2012)。如果个案本身是研究的焦点,此类个案研究为本质性个案研究。本质性个案研究主要采用描述性方法,注重个案的特殊性。如果个案研究的焦点是一个具体的议题(如二语听力问题),使用一个个案只是为了阐明这个议题,这种个案研究则是工具性个案研究。工具性个案研究除了使用描述性方法之外,比本质性个案研究更可能需要解释和评价。如果在某个议题的探索中使用多个个案,这种个案研究则是集体性个案研究,又称多个案研究(multiple case study)。根据研究的目的,个案研究分为探索性(exploratory)、描述性(descriptive)和解释性(explanatory)个案研究(Yin,2003b:5)。探索性个案研究的目的是确立后续研究(未必是个案研究)的问题和假设或者确定研究程序的可行性。描述性个案研究结合环境完整描述某个现象。解释性个案研究提供证据解释因果关系。个案研究数据收集方法主要包括访谈(interviews)、观察(observations)、日记(diaries)、话语分析(discourse analysis)、文件与记录(如教材、学习者作文),辅助方法是问卷(questionnaires)。

1.3.3.3 行动研究

行动研究是参与者开展的一种自我反思性探究(self-reflective enquiry),目的是提高参与者自身实践的合理性与恰当性,增加对实践活动以及活动情境的理解(Carr & Kemmis,1986:162)。这种自我反思性的研究是一个包括计划(planning)、行动(action)、观察(observation)和反思(reflection)的循环过程(Kemmis & McTaggart,1988:11—14)。Nunan(1992)以"动机研究"为例说明行动研究循环包括的七个阶段。第一阶段是始发(initiation)阶段,确定研究问题——学习者对课堂教学没有兴趣,缺乏学习动机。第二阶段开展初步调查(preliminary investigation),通过观察收集基准数据(baseline data),记录课堂互动情况。第三阶段提出研究假设(hypothesis)。通过检查初始数据,提出假设:学习者缺乏学习动机是因为课堂教学内容没有考虑到他们的兴趣和需求。第四阶段实施干预(intervention)。教师设计一些教学策略,鼓励学习者将教学内容与他们的自身背景和兴趣联系在一起。第五阶段开展评估(evaluation)。几周过后,再次记录课堂互动情况,通过数据分析发现学习者课堂参与度大为增强,语言复杂性得到提升,由学习者主导的交流活动也增加了。第六阶段为传播(dissemination)阶段。教师面向同事开办工作坊(workshop),在语言教学研究会议上宣读论文。最后阶段为跟踪(follow-up)阶段,教师调查激发学习者学习动机的其他方法。

行动研究具有情境特质性,以过程为导向,采用系统的数据收集与分析方法探究教学情境中的问题,是对某项行动或实践的探究。数据收集方法包括访谈、观察、课堂教学记录、问卷、日记、文件(如教学材料、学生作业或测试)和话语分析。

在二语习得领域,行动研究聚焦于教学中的实际问题(如任务型语言课堂教学的实施问题),与教师的教学反思紧密联系,因而对教师有强烈的吸引力。教师开展的行动研究贴近教师自身的教学实践,问题导向明确,研究结果的针对性和实践性很强。通过行动研究,教师能够获得丰富的教学研究资料,开阔思路,改善教学现状,提高解决教学实际问题的能力。对于许多教师而言,行动研究提供的教学启示比开设工作坊(或课程)介绍研究成果(或教学法)具有更直接的应用价值,更能贴近课堂教学(Burns,2009:116)。教师从更深入的课堂教学调查中获得了极大的个人满足感,改善了与学生以及同事之间的工作关系,证实了自身的教学方法和教学理念,掌握了研究技能,学会如何报告与分享研究成果(Burns,2009:116—117)。行动研究的主要局限在于,研究发现的推广性(generalizability)有限,因为行动研究针对某个具体的教学课堂。

1.3.3.4 人种志

人种志通过长期参与性观察探索自然环境中文化共同体的普遍特点。文化共同体可以是一个使用同一种母语的二语学习者,同一个教学团队或项目组的教师,也可以是一个教学自然班(intact class)或享有同一个特征的群体(如使用同一个在线聊天室的英语学习者)。数据收集主要方法是访谈、观察和田野记录(field notes),辅助方法包括文件和档案记录(archival records)。

叙事研究和个案研究的对象是个体,人种志的研究对象则是群体,聚焦于文化。根据 Nunan(1992:56),人种志具有六个主要特点:语境性(contextual)、隐蔽性(unobtrusive)、纵向性(longitudinal)、合作性(collaborative)、解释性(interpretive)和有机性(organic)。人种学研究在文化群体工作与生活的自然环境中进行。研究者避免改变研究的现象,最大限度地减少研究者的干扰,从而使人种学研究具有隐蔽性。研究者、教师和学习者共同参与人种学研究,时间跨度较长,短则几周,长则数年。研究者通过参与性观察和访谈等手段收集数据,分析、归纳、解释数据,总结一般性特点,提出研究问题或假设。实验研究以研究具体的研究问题或假设为导向,利用数据检验假设。与实验研究不同的是,人种学研究在研究之初提出的问题通常比较宽泛,而且通过数据分析与解释还可能调整研究之初提出的研究问题。同其他类定性研究一样,人种学研究是开放性探究(open inquiry)。研究者对可能的研究发现持开放态度,允许研究焦点在数据收集与分析过程中萌现。人种学研究的有机性体现在研究问题/假设与数据收集/解释之间的相互作用,研究假设与理论的产生受到数据的驱动。人种志由数据产生理论的做法称作扎根理论(grounded theory)。"在其他研究传统中初始计划的构思时常是一系列有待解决的研究问题,而人种志倾向于采用更具有归纳性的、数据驱动式自下而上的方法,相关的社会现象和语言现象在人种学观察过程中萌现"(Levon,2013:197)。

1.4 研究变量

1.4.1 研究变量测量尺度

变量是人、事物或环境等不固定的特征或属性。根据数据的性质,变量可以分为定性变量(qualitative variables)和定量变量(quantitative variables)两大类。定性变量是根据某个特征或属性进行范畴或类别划分的变量,因而又称类别变量(categorical variables)。譬如,学习者按性别分为男生和女生,因而性别是类别变量。外语阅读文本中的生词注释(glossing)分为母语注释、外语注释和双语(母语+外语)注释三种形式,因而文本注释也是类别变量。定性变量的测量尺度(measurement scale)是名义尺度(nominal scale)。名义尺度测量频数(frequency)。名义变量各个类别上数量的差异为频数的差异。由于名义尺度只测量类别频数,因而提供的信息量很少。

定量变量是数值型(numeric)变量,赋值有顺序或大小之分。譬如,学习者年龄和词汇量是定量变量,因为年龄和词汇量有大小之分。根据 Bluman(2012:6),定量变量可以进一步分为离散性变量(discrete variables)和连续性变量(continuous variables)。离散变量是以计数(count)方式赋值的变量,即离散变量的值是整数,如 0,1,2,3,4,5,6。学习者课堂发言的次数,口语产出中出现的停顿数,作文中的语法错误数,这些都是离散性变量的测量。连续性变量是在一个连续体上可以包括整数和小数赋值的变量,如学习者对某个言语刺激的反应时间。实际研究中连续性变量的测量时常是不连续的。譬如,对刺激反应时间的测量通常精确到毫秒,而不是微秒。但是,这样的测量并不改变变量的连续性,改变的只是测量的精确度,精确度受到实际必要性和现有测量工具精确度的制约(Gould,2002:77)。定量变量的测量尺度分为定序(ordinal)、定距(interval)或定比(ratio)尺度。定序尺度不仅反映类别的差异,还反映差异的大小。外语学习者的语言水平分为初级、中级、中高级和高级四个水平。初级、中级、中高级和高级不仅代表语言水平的类别,而且还反映语言水平的等级划分。定序测量值可以用数值代表。譬如,用 1、2、3 和 4 依次代表语言水平初级、中级、中高级和高级。这些数值有大小之分,却不是等距的。我们不能认为 4 和 3 之间的差异(高级和中高级水平之间的差异)等同于 3 和 2 之间的差异(中高级和中级水平之间的差异)。换言之,我们不能对定序测量值进行加、减、乘、除运算。定距尺度除了具有名义尺度和定序尺度的属性之外,还具有等间距性。智力和焦虑都是定距测量的例子。在智力测量中,我们可以说 120 分和 100

分之间的差异与 100 分和 80 分之间的差异是等距的(差异值均为 20 分)。但是,定距尺度没有真零值(true zero value)或绝对零点(absolute zero point)。真零值指在测量值为 0 时,测量的属性不存在。定比尺度不仅具有名义、定序和定距尺度的所有属性,而且还有真零值。正因为有真零值,比例尺度才会有意义。年龄和身高都是比例尺度测量的例子,因为当它们的值为 0 时,不再有年龄或身高被测量了。智力和焦虑没有真零值,因为零分并不代表没有智力或没有焦虑感。譬如,在一个分值范围为 0—60 的焦虑量表中,0 只是表示量表的最低值而已,并不意味着被试完全没有焦虑感。我们可以认为在焦虑量表上得分为 50 的学习者比得分为 25 的学习者焦虑度高,但是不能认为前者是后者焦虑度的两倍。实际研究中,严格区分定距和定比测量的意义不大,因为它们采用的统计分析方法相同。

1.4.2 研究变量分类

1.4.2.1 自变量和因变量

根据变量之间的关系,变量分为自变量(independent variables)和因变量(dependent variables)。自变量是产生某种变化或结果的变量,是影响其他变量的变量,包括操纵自变量和选择性(selected)自变量(尤指被试或属性自变量,subject/attribute independent variables)。自变量未必就是原因变量(causal variables),研究者往往将预测变量(predictor variables)也归为自变量。因变量是自变量产生的结果,因而又称结果变量(outcome variables)。实验研究中的操纵变量(manipulated variables)是自变量的一种。操纵变量是研究者有意改变的因素(factors),又称实验变量(experimental variables)或处理变量(treatment variables)。

自变量和因变量可以是定性变量或定量变量。在二语习得实验研究中,自变量多为定性变量(即因素),因变量多为连续性变量。譬如,在实验调查话题熟悉度对二语学习者短文阅读理解的影响中,某研究者将话题熟悉度操作定义为学习者熟悉和学习者不熟悉两类(即两个水平,levels),阅读理解力测试采用多项选择题和简答题,每个学习者的测试成绩采用累积计分的形式。在这一研究设计中,话题熟悉度是操纵自变量,是定性变量,阅读理解力是连续性因变量。如果研究者调查不同词汇练习时间对学习者生词记忆的影响,则练习时间为连续性自变量。操纵自变量与被试属性自变量的主要区别在于,前者是活性自变量(active independent variables),是可以被操纵的自变量,而后者是被试稳定的特征变量,如被试性别或年级,不能被操纵,但是研究者可以通过选择或测量来控制它们。

有一些变量既可以是被试特征变量,也可以是操纵变量。测量的性质也可以变化,依研究的性质而定。譬如,在调查测试焦虑对配对联想词表(paired-associate word list)学习的影响时,Weinstein et al.(1982)用测试焦虑量表对被试进行了前测,并根据量表得分将他们分成低、高焦虑组。被试被随机分配到两个加工任务中:表层和深层加工任务。根据任务要求,实验者实验前对被试进行了加工策略培训。为了诱导行为焦虑,所有的被试在培训时均被告知学习和使用加工策略的能力直接反映他们的智力水平和学术能力。表层加工组被要求根据配对词表层结构上的相似性或差异性将它们联系在一起,深层加工组则被要求根据配对词某个意义上的相似性或者联想到其他词将配对词联系在一起。在被试通过练习掌握了加工策略后,他们被要求利用所学的加工策略完成新一轮的配对联想词表学习任务。该研究中,虽然实验者创造了焦虑情境,但是这一情境对所有被试都是一样的,即是恒定的,并非实验者操纵的焦虑。被试测试焦虑水平在实验前就被测量,因而是被试特征变量。本研究操纵的变量为加工深度。在实验调查焦虑对二语学习者图片描述的影响时,Steinberg & Horwitz(1986)创造了有焦虑和无焦虑的情境。实验者采用多种手段营造焦虑情境,告知被试教室里安装了录音机和摄像仪,将摄像头对准被试,并在面试过程中摆弄控制按钮。实验者保持冷漠、严肃的态度,要求被试坐在离实验者有几英尺远的讲桌边,甚至任务的指令也可能会引发压力感,如强调面试是英语技能的体现。在营造无焦虑的情境时,被试坐在舒适的扶手椅上;教室里有录音机,但是没有摄像仪;实验者在面试过程中面带微笑,并提供支持;任务指令力图创造轻松的气氛,如告知被试面试是有趣的经历,不必担心评估结果。实验者在实验结束时还要求被试填写焦虑量表以检查焦虑操纵的有效性。在这个例子中,焦虑是操纵自变量,测量尺度为名义量表。同样,在一项研究中某个变量是自变量,而在另一项研究中可能又成为因变量。在上面的两个焦虑研究的例子中,焦虑是自变量,但是在其他研究中焦虑也可能成为因变量。Duxbury & Tsai(2010)采用外语课堂焦虑量表、合作性学习态度和合作性学习实践量表调查合作性学习对外语课堂学习焦虑的影响。该研究中,合作性学习为自变量,外语课堂学习焦虑为因变量。

1.4.2.2 控制变量

Gillis & Jackson(2002)将控制变量(control variables)分为三种类型:条件变量(conditional variables)、中介变量(intervening variables; mediator variables; mediators)和虚假来源变量(source of spuriousness variables)/混淆变量(confounding variables; confounds)。条件变量是解释自变量和因变量关系变化的第三变量(third variables),通常称作调节变量(moderator variables; moderators)。中介变量是连接自变量和因变量的第三变量。虚假来源变量是可能对自变量和因变量均有影响从而解释它们之间关系的

变量(Gillis & Jackson,2002:52)。虚假来源变量是外扰变量(extraneous variables),也是混淆变量。Gillis & Jackson(2002)对控制变量的分类包括了被控制的变量(如调节变量)和未被控制的变量(混淆变量)。被控制的变量还包括统计分析使用的协变量(covariates)和其他在研究设计和实施中被恒定(held constant)或平衡(balanced)的外扰变量。Dunbar(2005:162)将控制变量定义为为避免其影响或混淆对研究结果的解释而被测量或恒定的变量。平衡方法和恒定方法都是重要的变量控制方法。概括起来,控制变量包括调节变量、中介变量、协变量和其他被恒定的变量。

相对于作为主要(primary)变量的自变量,调节变量和中介变量是次要(secondary)变量。调节变量是自变量,可以是定性变量(如性别)或定量变量(如外语水平),在因果作用上与操纵自变量位于同一个层次。使用调节变量的目的是为了确定主要自变量和因变量之间关系的大小和/或方向是否会受到调节变量的制约。中介变量提供两个变量之间的因果连接,既是一个变量的果,又是另一个变量的因,因而中介变量既是自变量,也是因变量,依分析焦点的变化而改变。

Hulme et al.(2012)将 152 名言语能力低的儿童随机分配到音位加阅读训练干预和口语训练干预中。音位加阅读训练组接受简易读本阅读技能训练以及音位意识和字母－语音知识训练。口语训练组接受词汇、叙述和听说技能的训练。Hulme et al.(2012)的研究问题是,如果音位加阅读训练由于对字母－语音知识(letter-sound knowledge)和音位意识(phoneme awareness)(中介变量)的影响导致儿童单词层面上的认读技能(literacy skills)的提高,在考虑了这些中介变量后,干预是否还会对认读技能有直接的影响?该研究发现,音位加阅读训练显著提高了在教学干预结束五个月后测量的儿童认读技能,但是在模型中加入为期二十周的教学干预结束时测量的儿童字母－语音知识和音位意识这两个中介变量后,音位加阅读训练干预不再对儿童认读技能有显著的直接效应,因而音位加阅读训练干预对儿童认读能力的影响完全受到儿童字母－语音知识和音位意识的中介作用。

在统计分析中增加协变量的目的是减少误差方差,提高统计效力(statistical power)和效应估计的精度。如果实验不控制协变量,协变量就会成为外扰变量。在 Hulme et al.(2012)的中介作用分析中,尽管在两种教学干预组为随机分配儿童得到的组别,但是阅读能力和非言语能力是影响认读能力的重要变量,两个组在这两个变量的前测上存在一定程度的差异。为了控制这两个前测变量对儿童认读能力的影响,Hulme et al.(2012)在中介模型中将它们当作协变量,从而提高了中介效应估计的准确性。

外扰变量产生两种误差,即系统误差(systematic error)和随机误差(random error)。系统误差威胁研究的效度(validity)。如果一个外扰变量对因变量的效应被误认为是处理变量对因变量的系统效应,系统误差就会产生。譬如,某位研究者假设熟悉的话题有助于提高外语学习者的听力理解。为了检验该假设,研究者选择两个平行的自然班,一个班(实验组)听话题熟悉的文本,另一个班(对照组)听话题不熟悉的文本。在两个实验条件听力文本的选择上,研究者确保被选择的文本除话题熟悉度之外在其他方面(如词汇、句法难易度和文本长度等)相当。同时,研究者使两个实验条件下听力理解的测量在题型和题项数等方面保持一致。两个自然班在实验前有一个重要的区别:实验组在实验前一天晚上度过了一个普通的夜晚,而对照组则举行了一个狂欢晚会,由此导致在第二天的实验中对照组比实验组更疲倦。如果研究者把实验组和对照组在听力理解上有差异的结果仅归因于话题熟悉度,结论很有可能是错误的,因为测量的差异可能是由疲倦感导致对照组听力理解的下降造成的或是由话题熟悉度和疲倦感共同造成的。在此情况下,我们很难将话题熟悉度和疲倦效应分开,作为外扰变量的疲倦感成为混淆(confounding)变量。外扰变量不仅可能导致有处理效应的假象(artifact),而且也有可能掩盖(mask)真正的处理效应。

与系统误差不同的是,由外扰变量产生的随机误差通常不构成研究效度威胁。譬如,在话题熟悉度研究的例子中,如果实验组和对照组都参加了前一天晚上的狂欢会,那么疲倦感可能会以类似的程度影响这两个组。因此,如果话题熟悉度有真正的效应存在,除非疲劳过度,在被试疲倦情况下的实验与在被试不疲倦情况下的实验一样均有可能发现话题熟悉度效应,尽管在两种实验情况下的测量结果会有所不同。当然,在有些极端情况下,随机误差也有可能完全掩盖自变量对因变量的效应。在话题熟悉度的研究中,如果两个实验条件组在实验过程中极度疲劳,不能集中精力完成实验任务,那么不管被试接受什么样的处理,他们的听力理解测试分数都会很低,出现地板效应(floor effect)。如果是这样,即便话题熟悉度有真正的效应存在,实验也可能发现不了。

一般而言,将系统误差变为随机误差是提高统计效力(statistical power)的有效策略。譬如,实验组在上午接受一个处理条件,对照组在下午接受一个处理条件。如果我们认为处理安排的时间是外扰变量,担心被试在上午接受处理时比在下午接受处理时头脑更清醒,造成头脑清醒度与处理效应的混淆,我们既可以安排两个组同在上午或下午接受处理条件,也可以随机安排两组的被试接受上午或下午的处理,即将时间安排作为一个控制变量,使系统误差变成随机误差。

问题与思考

1. 科学研究的特点是什么?
2. 定量研究与定性研究有怎样的特点?
3. 相关性研究与因果比较研究有什么联系和区别?
4. 简要说明个案研究和行动研究的特点。
5. 举例说明实证研究中可能出现的不同类型的变量。

6. 确定以下变量测量的尺度：
   (a) 英语水平测试分数　　(b) 反应时间　　(c) 作文书面反馈类型
   (d) 性别　　(e) 英语朗读错误数　　(f) 英语口语等级
7. 下面哪个选项表示定量研究？
   (a) 个案研究　　(b) 访谈　　(c) 问卷调查
   (d) 扎根理论
8. 以下研究目的中，哪个选项最适合于定性研究？
   (a) 探索某个现象的复杂性
   (b) 发现变量之间的关系
   (c) 了解群体中的变化趋势
   (d) 评估实验处理是否产生预期的结果

第二章 数据录入与编辑
Chapter Two　Entering and Editing Data

本章介绍如何将研究数据录入 SPSS(Statistical Package for the Social Sciences,社会科学统计包)窗口,如何对数据进行简单的编辑。统计分析使用的软件版本为 SPSS 25。对于常规的统计分析,使用 SPSS 不同版本均可。本章对 SPSS 25 窗口主要菜单(如 Data 和 Transform)的介绍使用表 2.1 数据。

表 2.1　英语学习者词汇知识测量

ID	Gender	Pretest	Form	Grammar	Chinese	English
001	0	110	15	6	3.0	1.5
002	0	78	9	13	13.5	5.5
003	0	105	15	5	0	0
004	0	107	15	15	7.0	7.0
005	0	105	14	12	8.0	6.5
006	0	81	12	12	0	0
007	0	89	11	11	0	0
008	0	67	14	13	13.0	9.0
009	0	56	13	13	11.0	6.0
010	0	70	14	11	0	0
011	0	97	12	12	0	0
012	0	75	10	12	5.0	1.0
013	1	95	15	11	10.0	5.0
014	0	113	11	8	3.0	1.5
015	0	96	12	10	8.0	5.0
016	1	103	10	12	9.0	6.5
017	0	85	9	13	0	0
018	0	95	13	12	0	0

续表

ID	Gender	Pretest	Form	Grammar	Chinese	English
019	1	78	11	11	0	0
020	1	88	15	14	11.0	7.0
021	1	84	15	10	1.0	.5
022	1	87	11	11	7.0	6.0
023	1	94	14	10	6.0	4.5
024	1	89	11	9	5.0	5.0
025	0	88	10	10	2.0	1.5
026	1	67	12	10	6.0	1.5
027	1	110	15	9	3.5	3.0
028	1	85	11	8	4.0	3.0
029	1	110	14	11	4.0	2.0
030	1	107	15	12	5.0	5.0

ID:学习者编号;Gender:性别(0=男性;1=女性);Pretest:词汇量前测;Form:生词词形知识后测;Grammar:生词语法知识后测;Chinese:生词汉语词义后测;English:生词英语词义后测。

表2.1显示一项短文阅读附带词汇学习研究中相关变量的测量结果。研究者设计阅读短文理解测试和附带词汇练习。阅读短文包括15个生词,生词注释(包括发音、词类、词形变化和词义)在文中给出。在阅读任务实施之前,30名英语学习者参加了词汇量前测(卷面满分为150分)。在阅读理解测试和附带词汇练习结束后,所有学习者参加了生词词汇知识测试,测试内容包括生词词形(拼写)知识、语法知识、汉语词义知识和英语词义知识。每个词汇知识分项测试的卷面满分均为15分。

2.1 变量命名及属性定义

SPSS数据录入包括各变量命名及属性定义和数据值输入。这两个部分的工作无先后之分。本节介绍变量命名和属性定义方法。

【问题2.1】利用SPSS窗口,对表2.1中的变量命名,并对各个变量的属性进行定义。

变量命名及属性定义的SPSS操作步骤如下:

第一步 点击SPSS图标,进入SPSS数据编辑窗口。左下角有两个视窗,分别为

Data View[①](数据视窗)和 Variable View(变量视窗)。我们先进入变量视窗。

第二步　点击 Variable View,进入变量命名及属性定义界面,如图2.1所示。

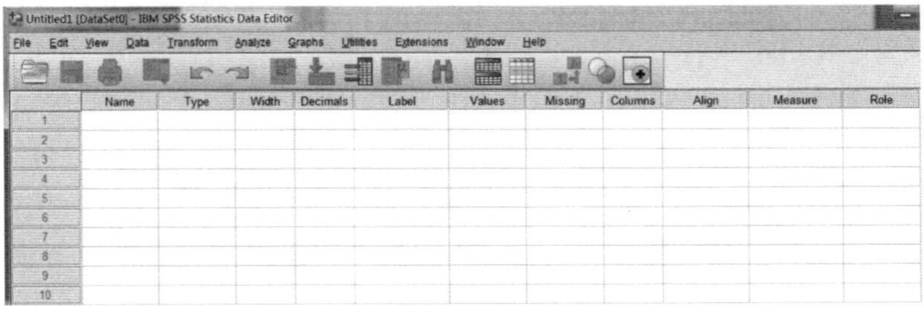

图 2.1　变量编辑窗口

该窗口包括11个列名称:

Name	变量名称	Values	变量标签值
Type	变量类型	Missing	变量缺失值
Width	字符串宽度	Columns	字符/数值列宽
Decimals	数值的小数位数	Align	数值/字符对齐方式
Label	变量标签	Measure	变量的测量类型
		Role	变量角色

我们按表2.1列变量从左到右的顺序对各个变量进行命名和属性定义。第一个变量是被试编号(ID)。

点击 Name 栏下的第一个单元格(cell),输入 ID,Name 右边各单元格中出现 SPSS 默认值和描述,有些需要修改,有些则无须修改。变量名输入要注意:(1)首字符必须是字母,后面可以是字母、数字或其他字符;(2)变量名不区分大小写,字母大小写不同的字符串被视为同一个变量名。譬如,id 和 ID 被视为同一个变量名。

Type 栏显示 ID 为 Numeric(数值型)变量。在二语习得研究中,很多变量都是数值型变量,但是 ID 是字符串(String)变量(如人名和被试编号),需要修改。点击 ID 所在的 Type 栏单元格,出现 Variable Type(变量类型)对话框,点击 String 选项,再点击 OK (确认)即可。

Width 栏用于定义变量数据储存的宽度。SPSS 默认数据宽度为8个字符数(最大字符数)。研究者可以根据需要自行设置。

Decimals 栏用于设置变量数值的小数位数,SPSS 默认两位小数。这里,ID 是字符

---

① 本书涉及的菜单字母的大小写与 SPSS 软件一致。

串，因而小数位数为 0。如果研究中的数值型数据为整数，也可以将小数位数设为 0。

Label 为变量标签栏，是对变量的解释。这里，ID 是被试编号，可以输入"编号"。

Values 栏为变量标签值栏，是对变量值含义的说明。一般情况下接受 SPSS 默认的方式。如果要定义定序或名义变量水平名称，比如性别变量，就需要输入变量标签值，比如输入 0 和 1，用 0 代表男性，用 1 代表女性。

Missing 栏为变量缺失值栏，针对数值型变量定义缺失值。本研究没有缺省值，故接受 SPSS 默认的 None。如果某个个案变量有缺失值，点击 Missing 单元格，再点击 None 后的点框(…)，进入 Missing Values(缺失值)对话框，选中 Discrete missing values (离散性缺失值)选项，在下面的数值栏中输入 999(最多可以限定三种类型的缺失值)，再点击 OK(确认)即可。以后遇到某个个案变量有缺失值时，就在数据视窗中输入 999。999 是通常使用的数字。其他数值也可以，关键是要与有效数值区分开。

统计分析主要包括以下处理缺失值的方法：

(1) Exclude cases pairwise，剔除各对变量中含有缺失值的个案。

(2) Exclude cases listwise，在所有分析中剔除含有缺失值的个案。

(3) Replace with mean，用平均数替换缺失值。

(4) Exclude cases analysis by analysis，在开展某个统计分析时，删除含有缺失值的个案，样本量可能随统计分析发生变化。

Columns 栏为列宽栏。SPSS 默认列宽为 8 个字符数。若字符数超过规定的列宽，则字符不能在数据编辑栏中完全显示；若数值数超过规定的列宽，则数值在数据编辑栏中以科学计数法显示。要显示所有字符或数值，则要增加列宽。

Align 栏是数据对齐方式栏，分为左对齐、居中和右对齐三种。SPSS 默认数值型变量数值为右对齐，字符串型变量字符为左对齐。我们通常接受 SPSS 默认的方式。

Measure 栏是变量测量类型栏，提供三种类型：Scale(尺度型)、Ordinal(定序型)和 Nominal(名义/类别型)。从尺度测量到定序测量，再到名义测量，测量的等级依次降低（见第一章）。编号(ID)是名义变量，因而在 Measure 下面的单元格中选中 Nominal。按以上方法对其他各变量命名和进行相应的属性定义，输入结果见图 2.2。

	Name	Type	Width	Decimals	Label	Values	Missing	Columns	Align	Measure	Role
1	ID	String	8	0	编号	None	None	8	Left	Nominal	Input
2	Gender	Numeric	8	0	性别	{0, 男}…	None	8	Right	Nominal	Input
3	Pretest	Numeric	8	0	词汇量前测	None	None	8	Right	Scale	Input
4	Form	Numeric	8	0	词形后测	None	None	8	Right	Scale	Input
5	Grammar	Numeric	8	0	语法后测	None	None	8	Right	Scale	Input
6	Chinese	Numeric	8	1	汉语词义后测	None	None	8	Right	Scale	Input
7	English	Numeric	8	0	英语词义后测	None	None	8	Right	Scale	Input

图 2.2　各变量命名及属性定义

研究者可以利用 Role 栏对变量在某个统计分析(如自动线性建模,Automatic Linear Modeling)中的角色进行预先确定,以便 SPSS 后期开展自动分析。譬如,将一个变量预先确定为预测变量(Input),另一个变量预先确定为结果变量(Target),将没有预先确定角色的变量设置为 None(不确定)。我们通常在具体的统计分析中确定各个变量的角色,因而这一栏可以不予考虑,采用 SPSS 默认的方式。

2.2　数据值输入

变量命名和属性定义之后回到 Data View 窗口,就可以开始数据输入了。针对表 2.1 数据,点击各变量栏下的单元格,依次输入表中数据,即可完成数据输入工作。注意:(1)数据输入可以按行或按列进行。在一个单元格内输入完数据后,将鼠标移到下一个单元格,即可输入新数据。也可以利用键盘输入数据。使用 Tab 键可按行输入数据,使用 Enter 键可按列输入数据。(2)数据录完后,要保存,并定义文件名(本例的文件名为 ch2data),以备后期使用。部分原始数据窗口见图 2.3。

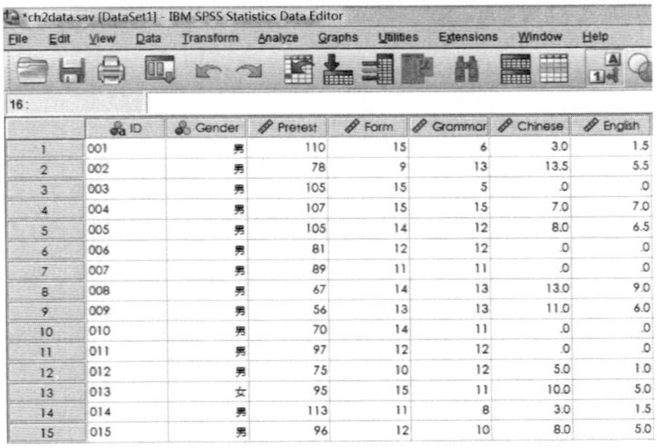

	ID	Gender	Pretest	Form	Grammar	Chinese	English
1	001	男	110	15	6	3.0	1.5
2	002	男	78	9	13	13.5	5.5
3	003	男	105	15	5	.0	.0
4	004	男	107	15	15	7.0	7.0
5	005	男	105	14	12	8.0	6.5
6	006	男	81	12	12	.0	.0
7	007	男	89	11	11	.0	.0
8	008	男	67	14	13	13.0	9.0
9	009	男	56	13	13	11.0	6.0
10	010	男	70	14	11	.0	.0
11	011	男	97	12	12	.0	.0
12	012	男	75	10	12	5.0	1.0
13	013	女	95	15	11	10.0	5.0
14	014	男	113	11	8	3.0	1.5
15	015	男	96	12	10	8.0	5.0

图 2.3　部分原始数据视窗

2.3　建立新变量

表 2.1 提供了词汇量前测、词形后测、语法后测、汉语词义后测和英语词义后测共 5 个连续性变量的数据。每位学习者的生词词义知识为生词汉语词义后测和英语词义后测分值的平均数。

【问题2.2】利用 SPSS 的 Transform（转换）功能在数据文件 ch2data 中建立新变量"Bilingual"（词义后测），代表生词汉语和英语词义后测的平均分。

要计算生词汉语和英语词义后测的平均分，建立新变量，就要利用 SPSS 主菜单 Transform 下面的 Compute……（计算……）功能。SPSS 操作步骤如下：

第一步　打开 SPSS 数据保存文件 ch2data，进入数据视窗（Data View），选择 Transform 的下拉菜单 Compute Variable…，进入 Compute Variable（计算变量）主对话框。

第二步　在 Target Variable（目标变量）栏中输入新变量名"Bilingual"。

第三步　点击 Type & Label（变量类型和标签），在 Label（标签）栏中输入"词义后测"。Use expression as label（使用表达式作为标签）项不选（研究者也可根据需要选择此项）。Type（变量类型）选项提供 Numeric（数值）和 String（字符串）两种类型。词义后测是数值型变量，这里采用 SPSS 默认的 Numeric，操作结果如图 2.4 所示。再点击 Continue（继续），回到 Compute Variable 主对话框。

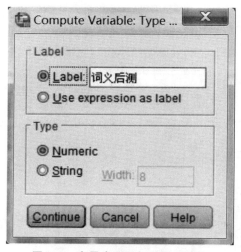

图 2.4　变量类型和标签子对话框

第四步　点击中间符号栏中的括号"( )"，使之进入 Numeric Expression（数值表达式）栏中。双击左下栏中的变量"汉语词义后测[Chinese]"或选中它后再点击旁边的右向箭头按钮，使之进入 Numeric Expression 框中。

第五步　点击中间符号栏中的"+"号，然后再双击变量"英语词义后测[English]"使之进入 Numeric Expression 框中。

第六步　将光标移到右括号外，点击中间符号栏中的"/"号（除号），再点击符号栏中的数字"2"。第四到第六步的操作可用键盘进行，还可利用右框中的函数符 SUM 来计算变量值，表达式为 SUM(Chinese, English)/2。本例操作结果如图 2.5 所示。

第二章　数据录入与编辑

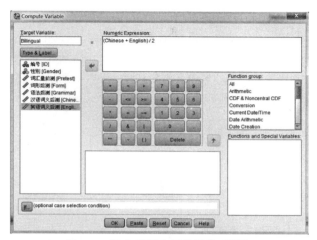

图 2.5　词义后测变量值计算对话框

第七步　点击 OK(确认)，完成操作，并保存文件。在 Data View 窗口，增加了变量 Bilingual，Variable View 窗口中显示出该变量的标签(词义后测)和默认的属性定义等。如有需要，可对变量属性重新定义和描述。

2.4　变量分组

我们在 2.3 节计算了生词汉语词义后测和英语词义后测分值的平均数，并定义新的变量名。本节介绍如何依据变量值对被试进行组别划分。

【问题 2.3】利用 SPSS 数据文件 ch2data，根据变量 Pretest(词汇量前测)分值的中位数将学习者分为两组(低水平组和高水平组，分别用数值 1 和 2 代表)，新增变量名称"gro"(组别)。

依据变量测量值进行组别划分包括两个步骤。首先，利用 Sort Cases(个案排序)菜单按照词汇量前测分数对 30 名学习者进行排序(升序或降序)，找出排在第 15 和第 16 位的词汇量前测分数(中间值)，以确定中位数。然后，利用 Recode(重新编码)菜单划分组别。

2.4.1　数值排序

数值排序的 SPSS 操作步骤如下：

第一步　打开 SPSS 数据文件 ch2data，点击 Data(数据)下拉菜单中的 Sort

Cases,进入 Sort Cases(个案排序)对话框。

第二步 双击左框中的变量"词汇量前测[Pretest]"或选中变量后再点击旁边的右向箭头,使之进入 Sort by(排序依据)对话框。Sort Oder(排序次序)栏中提供 Ascending（升序）和 Descending（降序）两个选项。SPSS 默认的排序方式为升序,这里接受默认方式。操作结果见图 2.6。

图 2.6 个案排序对话框

第三步 点击 OK(确认),完成操作。排序的结果已经显示在 Data View 中。

2.4.2 组别划分

组别划分的 SPSS 操作步骤如下：

第一步 在 Data View(数据视窗)中,查找词汇量前测分数排在第 15 和 16 位的数值。它们的值均为 89,中位数为其平均值 89。词汇量低水平组的最大值为 89,高水平组的最小值为排在第 17 位的数值（94）。点击 Transform(转换)下拉菜单 Recode Into Different Variables…,进入 Recode Into Different Variables(重新编码为不同变量)对话框。

第二步 将左框中的变量"词汇量前测[Pretest]"键入 Numeric Variable→Output Variable(数值变量→输出变量)栏中。在最右边 Output Variable(输出变量)对话框中的 Name(变量名称)选项下栏中输入新变量名称"gro",在 Label(变量标签)下栏中输入新变量标签"组别",然后点击 Change(变更)。操作结果如图 2.7 所示。

第二章　数据录入与编辑

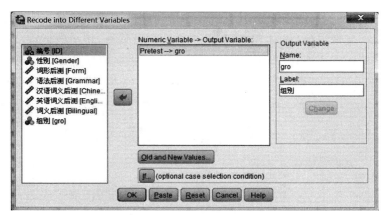

图 2.7　重新编码为不同变量对话框

第三步　点击进入 Old and New Values…（旧值与新值……）子对话框。左边 Old Value（旧值）面板中有三个 Range（范围）选项。点击 Range, LOWEST through value（范围：最低值到终止值）选项，在下面的栏内输入 89。在右边 New Value（新值）面板包括的 Value（数值）选项栏内输入 1（代表词汇量低水平组），然后点击 Old→New（旧值→新值）下面的 Add（添加）按钮，以便将结果输入到右边的赋值栏内。

第四步　点击 Range, value through HIGHEST（范围：起始值到最高值），在下面的栏内输入 94。在右边 Value（数值）栏内输入 2（代表词汇量高水平组），随后的操作同第三步。操作完成后的对话框如图 2.8 所示。

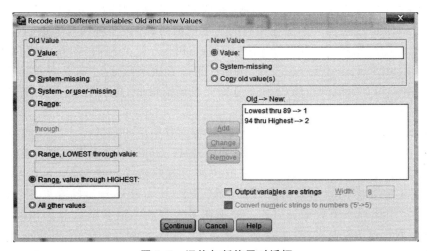

图 2.8　旧值与新值子对话框

第五步　点击 Continue（继续），回到 Recode into Different Variables 对话框，点

27

击 OK(确认),提交运行。由于定序变量“组别”的赋值不存在小数,因此我们可以在 Variable View(变量视窗)里对 SPSS 默认的方式进行修改,将小数位数(Decimals)调整为 0。通常我们还需要在 Variable View 中定义变量赋值标签,如 1=低水平,2=高水平。在 Data View(数据视窗)中可看到新增变量 gro 及其赋值(见图 2.9)。

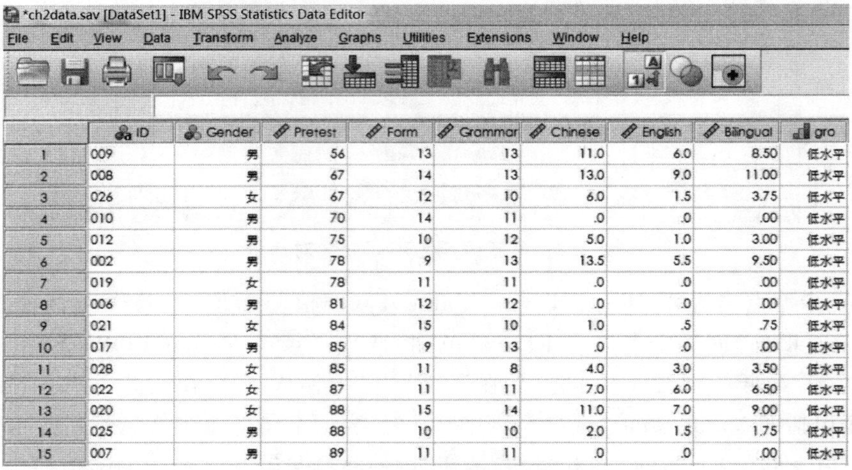

	ID	Gender	Pretest	Form	Grammar	Chinese	English	Bilingual	gro
1	009	男	56	13	13	11.0	6.0	8.50	低水平
2	008	男	67	14	13	13.0	9.0	11.00	低水平
3	026	女	67	12	10	6.0	1.5	3.75	低水平
4	010	男	70	14	11	.0	.0	.00	低水平
5	012	男	75	10	12	5.0	1.0	3.00	低水平
6	002	男	78	9	13	13.5	5.5	9.50	低水平
7	019	女	78	11	11	.0	.0	.00	低水平
8	006	男	81	12	12	.0	.0	.00	低水平
9	021	女	84	15	10	1.0	.5	.75	低水平
10	017	男	85	9	13	.0	.0	.00	低水平
11	028	女	85	11	8	4.0	3.0	3.50	低水平
12	022	女	87	11	11	7.0	6.0	6.50	低水平
13	020	女	88	15	14	11.0	7.0	9.00	低水平
14	025	男	88	10	10	2.0	1.5	1.75	低水平
15	007	男	89	11	11	.0	.0	.00	低水平

图 2.9 新增组别变量部分数据视窗

在 Recode(重新编码)下拉菜单中,除了有一个子菜单 Recode into Different Variables 之外,还有一个子菜单 Recode into Same Variables(重新编码为相同变量)。上例中把定距变量“词汇量前测”变成定序变量“组别”,用的是 Recode into Different Variables 菜单。如果在相同的变量中重新编码,即对现有变量的值进行重新赋值,则要选用菜单 Recode into Same Variables。就上例而言,我们可以不增加“组别”变量,用 Recode into Same Variables 菜单直接将原变量“词汇量前测”中的数据转换为由 1 和 2 组成的数值(1 和 2 分别代表词汇量低、高水平组)。操作方法与上例相同。

Recode into Same Variables 常用于对问卷调查中反向题(reversed items)计分的处理。问卷调查常用的量表为利克特量表(Likert scale)。在 5 点式利克特量表中,为了使计分方式统一,就要对反向题分值按如下方式转换:1→5,5→1,2→4,4→2。譬如,一项研究利用问卷调查学习者的测试焦虑(test anxiety),问卷要求学习者从 1—5 个数字中选择一个数字表示各个题项在多大程度上适合其自身的情况,其中 1 表示“根本不合适”,2 表示“不太合适”,3 表示“有些合适”,4 表示“很合适”,5 表示“完全适合”。这个量表包括下面两个题项:

(1) 考试前一天晚上,我很难入眠。1　2　3　4　5

(2) 进入考场时,我的心情很放松,没有紧张感。 1　2　3　4　5

第一题是焦虑测量的正向措辞,第二题则是焦虑测量的反向措辞。如果一位学习者在第一个题项中选择5,则说明她考前很焦虑。如果一位学习者在第二个题项中选择5,则说明她对测试毫无焦虑。如果我们要计算焦虑量表的总分,则需要将反向题重新赋值,如将第二个题项按以下方式赋值:1→5,5→1,2→4,4→2。

2.5　其他数据编辑方法

数据编辑整理主要利用 Data 和 Transform 两个主菜单,我们介绍了其中的 Compute Variable(计算变量)、Sort Cases(个案排序)、Recode(重新编码)等功能。本节简要介绍 Data 和 Transform 的其他主要功能以及插入变量(Insert Variable)方法。

2.5.1　Data 主菜单的其他主要功能

Data 主菜单除了包括 Sort Cases 功能外,还包括其他功能,如 Define Variable Properties(定义变量属性)、Copy Data Properties(复制数据属性)、Merge Files(合并文件)、Aggregate Data(汇总数据)、Split File(拆分文件)、Select Cases(选择个案)和 Weight Cases(个案加权)。

2.5.1.1　定义变量属性

定义变量的属性可以在 Variable View 中编辑,也可以利用 Data 主菜单中的子菜单 Define Variable Properties(定义变量属性)。

【问题2.4】如果我们在 2.4.2 节没有对新增变量"组别[gro]"进行属性定义,试利用 SPSS 菜单 Define Variable Properties(定义变量属性),对文件 ch2data 中的新增变量"组别[gro]"进行属性定义。

SPSS 的操作步骤如下:

第一步　打开 SPSS 数据文件 ch2data,按 Data→Define Variable Properties… 的顺序,打开 Define Variable Properties 对话框,双击变量(Variables)栏中的"组别[gro]"或者选中变量后点击右向箭头,使之进入扫描变量(Variables to Scan)栏中,如图 2.10 所示。

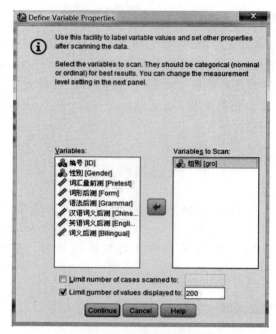

图 2.10　定义变量属性对话框

　　扫描变量可以是一个或多个，SPSS 默认显示数值数量的上限（Limit number of values displayed to）为 200。如果要限制扫描的个案数，可以勾选 Limit number of cases scanned to，并在右栏中输入需要的数值。

　　第二步　点击 Continue（继续），进入定义变量属性编辑框，编辑框中显示我们编辑过的变量属性。本例中新增变量"gro"是定序变量，SPSS 默认为名义变量。点击 Measurement Level（测量水平）栏的下拉箭头，选中 Ordinal（定序），便可以将名义变量转化为定序变量。本例未加标签的值（Unlabeled values）有两个，我们可以利用 Label（标签）栏定义变量标签。低水平组（值[Value]为 1）有 16 个个案（被试），高水平组（值为 2）有 14 个个案（被试）。在 Label 下栏中输入"低水平"和"高水平"，分别与 Value（值）栏中的"1"和"2"对应，操作结果如图 2.11 所示。

第二章 数据录入与编辑

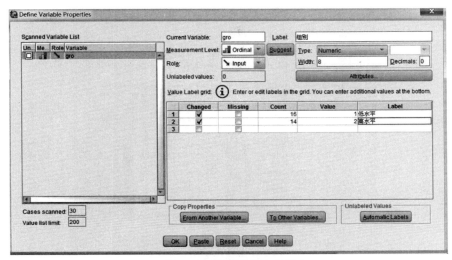

图 2.11 变量属性定义框

第三步 点击 OK(确认),完成操作,并保存文件。

2.5.1.2 复制数据属性

复制数据属性(Copy Data Properties)菜单可以将外部 SPSS 数据文件中的变量名和数据属性复制到工作数据文件中,也可以将工作数据文件中的一个变量的属性复制到另一个变量中,还可以利用外部 SPSS 数据文件中的变量创建新工作数据文件,将变量属性添加其中。

【问题 2.5】在 SPSS 数据文件 ch2data 中增加一个新的定序变量——英语水平(proficiency)。英语水平分为低和高两个水平。利用 SPSS 菜单 Copy Data Properties,对新增变量"英语水平[proficiency]"进行属性定义。

本例中的新增变量"英语水平"的属性与同一个文件中的变量"组别"相同,因而我们可以将"组别"属性复制到"英语水平"的属性定义中。SPSS 操作步骤如下:

第一步 打开 SPSS 数据文件 ch2data,点击 Variable View,添加变量名"proficiency"及其变量标签"英语水平"。

第二步 按 Data→Copy Data Properties... 的顺序,打开 Copy Data Properties(复制数据属性)对话框,选中 The active dataset (ch2data.sav [DataSet1]),点击 Next(下一步)进入 Choose source and target variables(选择来源和目标变量)子对话框。选中左栏 Source Dataset Variables(来源数据集变量)中的变量"组别[gro]",再选中右栏 Active Dataset Variables(活动数据集变量)中的"英语水平[proficiency]",以便将变量"组别"的属性赋予"英语水平"变量。操作结果如图 2.12 所示。

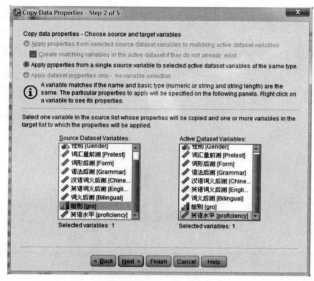

图 2.12　复制数据属性:选择来源和目标变量

第三步　点击 Next(下一步),进入 Choose Variable Properties to Copy(选择复制的变量属性)子对话框。该对话框提供多个可供复制的变量属性。针对本例,除了 Variable Label(变量标签)之外,"组别"变量的其他属性与"英语水平"变量的其他属性相同。我们去除选项 Variable Label,如图 2.13 所示。

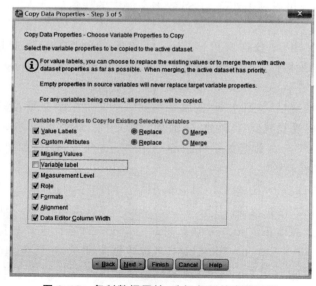

图 2.13　复制数据属性:选择复制的变量属性

第四步　点击 Next(下一步),再点击 Finish(完成),结束操作。在 Variable View 中可以看到“英语水平”属性发生的变化。

2.5.1.3　合并文件

合并文件(Merge Files)菜单能够通过追加个案(Add Cases)或增加变量(Add Variables)的方式实现多个文件的归并。

【问题 2.6】假设有两个 SPSS 数据文件 ch2data—1 和 ch2data—2,如图 2.14 和 2.15 所示。要求合并这两个文件,把第二个文件中的变量和数据添加到第一个文件中,取新的文件名“ch2dataM”。

	ID	Gender	Pretest	Form	Grammar
1	001	男	110	15	6
2	002	男	78	9	13
3	003	男	105	15	5
4	004	男	107	15	15
5	005	男	105	14	12
6	006	男	81	12	12
7	007	男	89	11	11
8	008	男	67	14	13
9	009	男	56	13	13
10	010	男	70	14	11
11	011	男	97	12	12
12	012	男	75	10	12
13	013	女	95	15	11
14	014	男	113	11	8
15	015	男	96	12	10

图 2.14　ch2data—1 数据

	ID	Chinese	English	var
1	001	3.0	1.5	
2	002	13.5	5.5	
3	003	.0	.0	
4	004	7.0	7.0	
5	005	8.0	6.5	
6	006	.0	.0	
7	007	.0	.0	
8	008	13.0	9.0	
9	009	11.0	6.0	
10	010	.0	.0	
11	011	.0	.0	
12	012	5.0	1.0	
13	013	10.0	5.0	
14	014	3.0	1.5	
15	015	8.0	5.0	

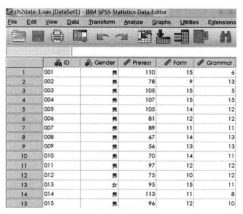

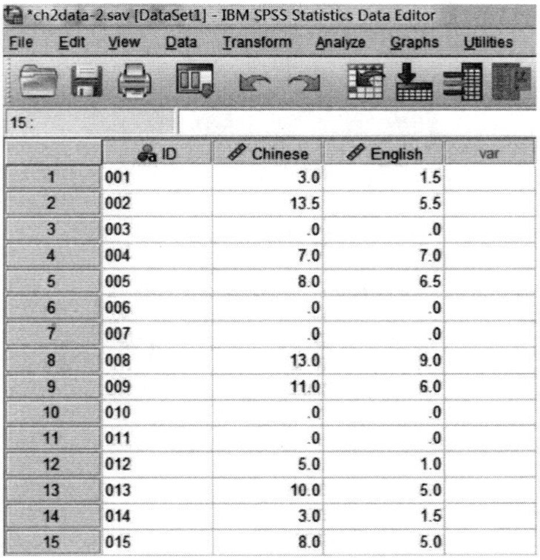

图 2.15　ch2data—2 数据

SPSS 合并文件的操作步骤如下：

第一步　打开第一个文件 ch2data—1 和第二个文件 ch2data—2。

第二步　在第一个文件窗口，按 Data→Merge Files→Add Variables… 的顺序进入 Add Variables（增加变量）对话框。Select a dataset from the list of open datasets or from a file to merge with the active dataset（从已打开的数据集列表中或从一个文件中选择一个数据集与活动数据集合并）有两个选项。一个选项是 An open dataset（已打开的数据集），另一个选项是 An external SPSS Statistics data file（外部 SPSS 统计数据文件）。本例已经打开一个待合并的文件（ch2data—2）。选中 cha2data—2.sav，点击 Continue（继续）。

第三步　在 Add Variables from DataSet2（增加来自第二个数据集的变量）窗口中点击 Variables（变量）选项，进入如图 2.16 所示的窗口。

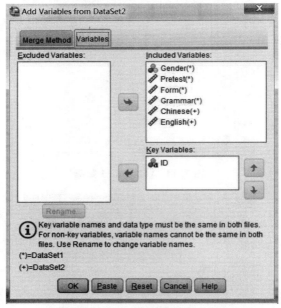

图 2.16　增加变量对话框

在 Included Variables（包含的变量）面板中，原有变量以星号（*）显示，添加的变量以加号（+）显示。图 2.16 警告，关键变量（Key Variables）的名称和类型在两个文件中必须一致。对于非关键变量（Non-Key Variables），变量名不能相同。本例的关键变量是 ID（被试编号），两个文件的被试相同。两个文件的非关键变量名称不同。

第四步　点击 OK（确认）。合并结果另存，取文件名"Ch2dataM.sav"（名称可以由研究者自定），操作结果见图 2.17。

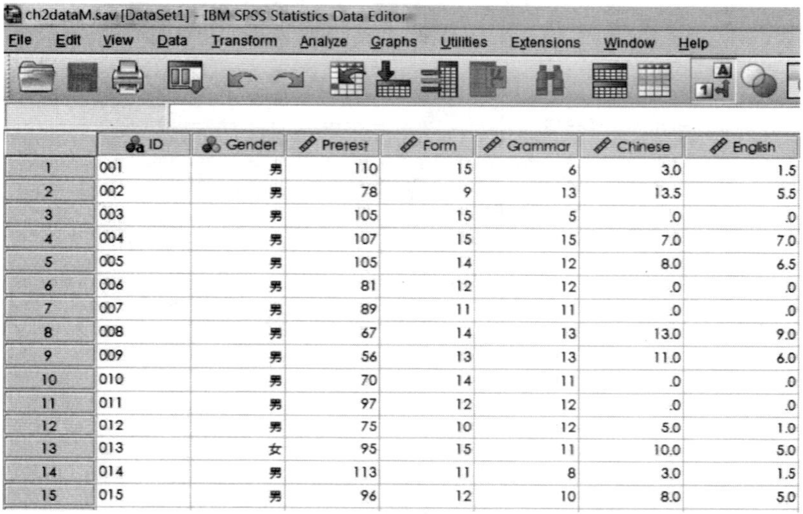

	ID	Gender	Pretest	Form	Grammar	Chinese	English
1	001	男	110	15	6	3.0	1.5
2	002	男	78	9	13	13.5	5.5
3	003	男	105	15	5	.0	.0
4	004	男	107	15	15	7.0	7.0
5	005	男	105	14	12	8.0	6.5
6	006	男	81	12	12	.0	.0
7	007	男	89	11	11	.0	.0
8	008	男	67	14	13	13.0	9.0
9	009	男	56	13	13	11.0	6.0
10	010	男	70	14	11	.0	.0
11	011	男	97	12	12	.0	.0
12	012	男	75	10	12	5.0	1.0
13	013	女	95	15	11	10.0	5.0
14	014	男	113	11	8	3.0	1.5
15	015	男	96	12	10	8.0	5.0

图 2.17 合并文件操作结果

2.5.1.4 汇总数据

汇总数据(Aggregate Data)功能是根据一个或多个分组变量对其他变量进行汇总统计，包括平均数(mean)和标准差(standard deviation)等。

【问题 2.7】采用汇总数据的方法比较 SPSS 数据文件 ch2data 中不同性别组汉语词义后测平均数的差异。

SPSS 操作步骤如下：

第一步 打开 SPSS 数据文件 ch2data，选择菜单 Data→Aggregate，进入 Aggregate Data(汇总数据)对话框。

第二步 将左边变量栏中的“性别[Gender]”键入 Break Variable(s)(分割变量)栏中，将“汉语词义后测[Chinese]”键入 Summaries of Variable(s)(变量概要)栏中。SPSS 默认比较不同组的平均数。SPSS 默认的变量名为原变量名后加上_mean。这里采用默认的 Chinese_mean。操作结果见图 2.18。

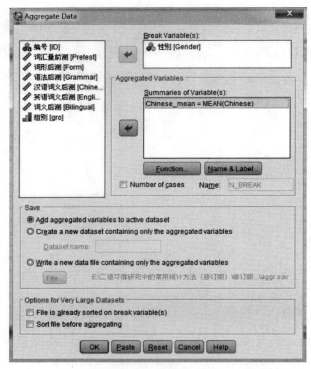

图 2.18 汇总数据对话框

若要重新定义变量名和标签,可以利用 Name & Label(变量名和标签)选项。如果要比较不同组在其他统计量上的差异,可以点击 Function …(函数……)选项,选择需要的统计量,如中位数(Median)、标准差(Standard Deviation)、最小值(Minimum)或最大值(Maximum)。若要在结果文件中保存分组的个案数,则点击 Number of cases(个案数),SPSS 默认名为 N_BREAK。这里,我们不勾选,也不设定。其他选项均可采用 SPSS 默认的方式,研究者也可自行设定。

第三步 点击 OK(确认),提交运行。汇总比较的部分结果见图 2.19。图中显示,男生(性别水平值为 0)和女生(性别水平值为 1)汉语词义后测成绩平均数分别是 4.32 和 5.50,有一定程度的差异性。

[SPSS 数据编辑器截图]

ID	Gender	Pretest	Form	Grammar	Chinese	English	Bilingual	gro	Chinese_mean
001	男	110	15	6	3.0	1.5	2.25	高水平	4.32
002	男	78	9	13	13.5	5.5	9.50	低水平	4.32
003	男	105	15	5	.0	.0	.00	高水平	4.32
004	男	107	15	15	7.0	7.0	7.00	高水平	4.32
005	男	105	14	12	8.0	6.5	7.25	高水平	4.32
006	男	81	12	12	.0	.0	.00	低水平	4.32
007	男	89	11	11	.0	.0	.00	低水平	4.32
008	男	67	14	13	13.0	9.0	11.00	低水平	4.32
009	男	56	13	13	11.0	6.0	8.50	低水平	4.32
010	男	70	14	11	.0	.0	.00	低水平	4.32
011	男	97	12	12	.0	.0	.00	高水平	4.32
012	男	75	10	12	5.0	1.0	3.00	低水平	4.32
013	女	95	15	11	10.0	5.0	7.50	高水平	5.50
014	男	113	11	8	3.0	1.5	2.25	高水平	4.32
015	男	96	12	10	8.0	5.0	6.50	高水平	4.32
016	女	103	10	12	9.0	6.5	7.75	高水平	5.50
017	男	85	9	13	.0	.0	.00	低水平	4.32
018	男	95	13	12	.0	.0	.00	高水平	4.32
019	女	78	11	11	.0	.0	.00	低水平	5.50
020	女	88	15	14	11.0	7.0	9.00	低水平	5.50

图 2.19　汇总数据部分结果

2.5.1.5　拆分文件

如果研究者要按某个变量把 SPSS 文件中的数据重组以便进行统计分析,那就要用到 Split File(拆分文件)菜单。这里的 Split 指重新组织文件中的数据,而不是把一个文件分成若干子文件。

【问题 2.8】以性别为拆分变量,报告 SPSS 数据文件 ch2data 中词形后测的平均数和标准差等统计量。

SPSS 操作步骤如下:

第一步　打开 SPSS 数据文件 ch2.data,选择菜单 Data→Split File…,进入 Split File 对话框。

第二步　勾选 Compare groups(分组比较)选项,将左栏变量"性别[Gender]"键入 Groups Based on(分组依据)栏中(如图 2.20 所示),再点击 OK(确认)提交运行。

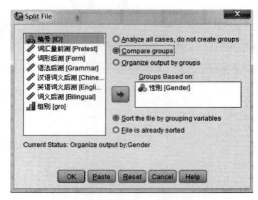

图 2.20　拆分文件对话框

　　SPSS 默认 Analyze all cases，do not create groups（分析所有个案，不创建组）。若要分组，则须选中 Compare groups（分组比较）或 Organize output by groups（分组安排输出）。这两种方法拆分文件后 SPSS 窗口数据排列结果相同，它们的不同之处在于：选用"分组比较"，各分组的描述性统计结果放在一起进行比较；选用"分组安排输出"，各分组的描述性统计结果则分开显示。分组变量可以是一个或多个。选中一种分组方式后，SPSS 便自动确认 Sort the file by grouping variables（按分组变量给文件排序）。将左栏中的多个分组变量键入 Groups Based on 栏时要注意，变量输入的顺序对拆分结果有影响。SPSS 会根据第一个输入"分组依据"栏中的变量首先进行拆分，在此基础上再根据变量输入的顺序依次拆分。

　　第三步　按 Analyze→Descriptive Statistics→Descriptives… 的顺序打开 Descriptives（描述性统计量）对话框，将左栏"词形后测[Form]"键入右边 Variable(s)（变量）栏。SPSS 默认报告平均数（Mean）、标准差（Std. Deviation）、最小值（Minimum）和最大值（Maximum）。如果研究者还想要得到其他统计量结果，如全距（Range）、峰度（Kurtosis）和偏度（Skewness），则可以点击进入 Options…（选项）栏自行选择。

　　第四步　点击 OK（确认），完成操作。表 2.2 报告 SPSS 统计分析结果。

表 2.2　不同性别组词形后测描述性统计量

性别		N	Minimum	Maximum	Mean	Std. Deviation
男	词形后测	17	9	15	12.29	2.054
	Valid N (listwise)	17				
女	词形后测	13	10	15	13.00	2.000
	Valid N (listwise)	13				

表 2.2 显示,男生和女生的分值范围相当,平均数和标准差也很接近,说明男生和女生在词形后测方面差异很小。

2.5.1.6 选择个案和个案加权

如果我们希望根据某个标准选择个案以便进一步统计分析或作图,那么我们可以使用 Select Cases(选择个案)子菜单。

【问题 2.9】以 SPSS 数据文件 ch2data 中的汉语词义后测为例,对满足条件式 0≤汉语词义后测[Chinese]≤5 的汉语词义后测分值开展频数分析。

SPSS 操作步骤如下:

第一步 打开 SPSS 数据文件 ch2data,按照 Data→Select Cases…的顺序进入 Select Cases 对话框,如图 2.21 所示。

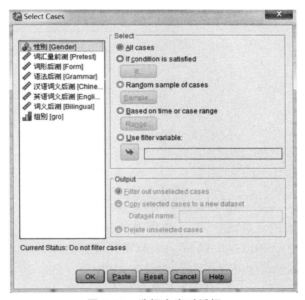

图 2.21 选择个案对话框

在 Select(选择)栏中有 5 个选项。SPSS 默认 All cases(所有个案),其作用是不过滤(filter)个案。使用 If condition is satisfied(满足条件表达式)可以选择符合条件的个案,排除不符合条件的个案。使用 Random sample of cases(个案随机样本)可以设定要选择的个案的百分比或准确的个案数。Based on time or case range(根据时间或个案范围)用于选择指定序号段的所有个案。研究者若要使用过滤变量(Use filter variable),先前需要设定筛选变量,用 1 代表选择个案,0 代表不选择个案。使用时,将左栏中的过滤变量键入"使用过滤变量"栏就可以了。在描述性统计分析时,

SPSS会自动排除未被选择的个案。对未选个案的处理有过滤和删除两种。SPSS默认的过滤(Filter)方法不删除原文件中未予选择的个案,而是在文件中增加删除标记(斜线)和过滤名称 filter_$。删除(Delete)方法将未选个案从原文件中删除。

第二步 点击 If condition is satisfied 选项,在条件表达式栏中输入或键入"0<=Chinese and Chinese<=5"。

第三步 点击 Continue(继续),回到选择个案对话框,再点击 OK(确认)即可。

第四步 在生成的数据窗口中,按 Analyze→Descriptive Statistics→Frequencies…的操作顺序,进入 Frequencies(频数)对话框。将左栏里的"汉语词义后测[Chinese]"键入 Variable(s)(变量)栏中,其他选项默认(研究者也可自行设定),点击 OK(确认)即可。频数统计的结果见表 2.3。

表 2.3 汉语词义后测(0—5 分)频数表

	分数	Frequency	Percent	Valid Percent	Cumulative Percent
Valid	.0	8	44.4	44.4	44.4
	1.0	1	5.6	5.6	50.0
	2.0	1	5.6	5.6	55.6
	3.0	2	11.1	11.1	66.7
	3.5	1	5.6	5.6	72.2
	4.0	2	11.1	11.1	83.3
	5.0	3	16.7	16.7	100.0
	Total	18	100.0	100.0	

表 2.3 显示汉语词义后测 0—5 分数段中各分数值的频数(Frequency)、频数百分比(Percent)、有效百分比(Valid Percent)和累计百分比(Cumulative Percent)。在 30 名学生中有 18 名学生的得分在 0—5 分之间,其中得 0 分的学生有 8 名,得 1 分、2 分和 3.5 分的学生各有 1 名,得 3 分、4 分的学生各有 2 名,得 5 分的学生有 3 名。

Weight Cases(个案加权)菜单的一个用途是简化频数计数(frequency counts)在 SPSS 窗口的录入工作。卡方检验(见第十二章)的一个重要假设是观测值独立,每个个案(或被试)只能归为类别变量的某一个水平。我们可以在 SPSS 窗口输入类别变量每个水平上的累计频数。这些累计频数表示独立观测个案总数。在开展卡方检验之前,我们需要利用 Weight Cases 对个案加权。SPSS 操作时,选择 Weight cases 菜单,进入 Weight cases 对话框,选中 Weight cases by(加权依据),将左栏中的加权变量(即频数变量)键入右边的 Frequency Variable(频数变量)栏中,点击 OK 即可。加权后的结果不显示在数据视窗中,但在统计分析时 SPSS 会自动采用加权后的数值。

2.5.2　Transform 主菜单的其他主要功能

Transform 主菜单除了包括前面介绍的计算（Compute）和重新编码（Recode）功能之外，还包括其他功能，如 Count Values within Cases（个案值计数）、Visual Binning（可视化分组）和 Rank Cases（个案排秩）。

2.5.2.1　个案值计数

个案值计数（Count Values within Cases）功能用于计算每个个案在一种变量或同种类型的多个变量中出现相同数值的频数。例如，有一项调查让调查对象用选择"是"或"否"的方式来回答对各个专业期刊的阅读情况。我们就可以利用个案计数功能来计算每位调查对象回答"是"的总频数。在统计中，我们可以用数值 1 和 0 分别代表"是"和"否"。

【问题 2.10】依据 SPSS 数据文件 ch2data，统计各个个案在汉语词义后测和英语词义后测分值在 5—10 之间的频数，新增变量名为 CECount。

SPSS 操作步骤如下：

第一步　打开 SPSS 数据文件 ch2data，选择菜单 Transform→Count Values within Cases…，进入 Count Values within Cases（个案值计数）主对话框。

第二步　将左栏中"汉语词义后测"[Chinese]和"英语词义后测[English]"变量键入 Numeric Variables（数值变量）栏中。Target Variable（目标变量）栏用于输入计数变量的名称，这里输入"CECount"。Target Label（目标标签）栏用于定义 Target Variable 的标签。针对本例，在 Target Label 栏中输入"汉英词汇后测计数"。操作结果如图 2.22 所示。

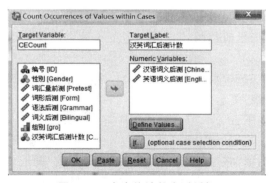

图 2.22　个案值计数主对话框

第三步　点击 Define Values…(定义数值……)，进入 Values to Count(计算之值)子对话框。点击 Range(范围)选项，在 through(从……到……)的上下栏中分别输入 5 和 10，单击 Add(添加)按钮。

第四步　点击 Continue(继续)，回到个案值计数主对话框，再点击 OK(确定)。在 Variable View(变量视窗)中将 CECount 的小数点数(Decimals)设置为 0，将测量(Measure)类型设为"Scale"。图 2.23 最后一列显示 SPSS 统计分析部分结果。

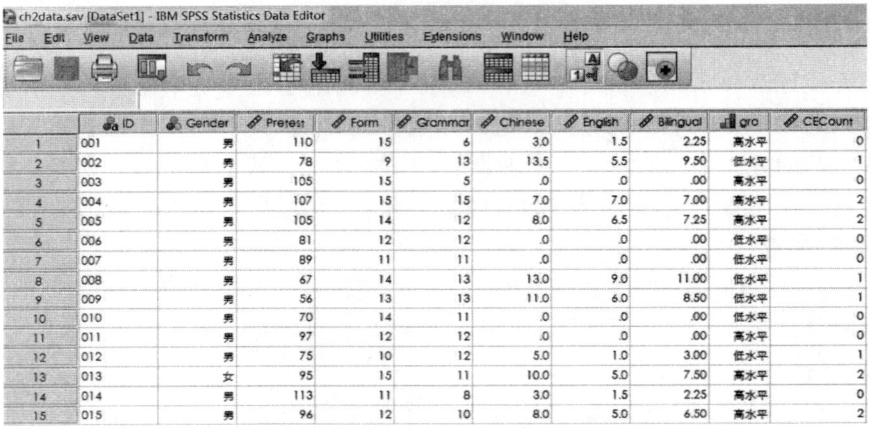

	ID	Gender	Pretest	Form	Grammar	Chinese	English	Bilingual	gro	CECount
1	001	男	110	15	6	3.0	1.5	2.25		0
2	002	男	78	9	13	13.5	5.5	9.50	低水平	1
3	003	男	105	15	5	.0	.0	.00	高水平	0
4	004	男	107	15	15	7.0	7.0	7.00	高水平	2
5	005	男	105	14	12	8.0	6.5	7.25	高水平	2
6	006	男	81	12	12	.0	.0	.00	低水平	0
7	007	男	89	11	11	.0	.0	.00		0
8	008	男	67	14	13	13.0	9.0	11.00	低水平	1
9	009	男	56	13	13	11.0	6.0	8.50	低水平	1
10	010	男	70	12	11	.0	.0	.00	低水平	0
11	011	男	97	12	12	.0	.0	.00		0
12	012	男	75	10	12	5.0	1.0	3.00	低水平	1
13	013	女	95	15	11	10.0	5.0	7.50	高水平	2
14	014	男	113	11	8	3.0	1.5	2.25	高水平	0
15	015	男	96	12	10	8.0	5.0	6.50	高水平	2

图 2.23　汉语与英语词汇后测部分个案值计数

图 2.23 显示，7 名被试汉语和英语词汇词义后测得分在 5—10 分之外，测量值均小于 5。4 名被试汉语和英语词汇词义后测得分在 5—10 分之内的计数为 1，另有 4 名被试汉语和英语词汇词义后测得分在 5—10 分之内的计数为 2。

2.5.2.2　可视化分组

可视化分组(Visual Binning)功能可以将连续性变量转化为类别或分组变量，也可以把一个大的定序变量值范围转化成一个更小的定序变量值范围，如将 6 个序列范畴缩小到 3 个。

【问题 2.11】依据 SPSS 数据文件 ch2data，将词汇量前测分成个案比例大致相等的低、中、高三个水平组，组名为"Glevel"。

SPSS 操作步骤如下：

第一步　按 Transform→Visual Binning…的操作顺序打开 Visual Binning(可视化分组)变量选择对话框，将左边变量(Variables)栏中的"词汇量前测[Pretest]"键入右边的 Variables to Bin(分组变量)栏中。对话框最下方的 Limit number of cases scanned to(扫描个案的数量限制)默认为不勾选，勾选此项会影响数值的分布。

第二章 数据录入与编辑

第二步 点击 Continue(继续),进入 Visual Binning 主对话框。SPSS 自动生成分类变量标签(Label)、最小值(Minimum)、最大值(Maximum)、非缺失值(Nonmissing Values)的直方图(histogram)、扫描的个案数(Cases Scanned)和缺失值(Missing Values)等。

第三步 在 Binned Variable(分类变量)右栏中输入新变量名(Name)"Glevel"。

第四步 点击 Make Cutpoints…,进入 Make Cutpoints(创建切割点)子对话框。勾选 Equal Percentiles Based on Scanned Cases(基于扫描个案的相等百分位数),在 Number of Cutpoints(切割点数)栏中输入 2,宽度(Width,%)栏值自动生成为 33.33。点击 Apply(应用),回到可视化分组主对话框。在 Label(变量标签)的下栏中依次输入"低""中""高"。操作结果如图 2.24 所示。

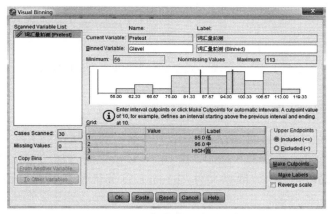

图 2.24 可视化分组主对话框

Grid(网格)栏用于定义上限值(Value)及其标签(Label),也可以点击 Make Cutpoints…和 Make Labels 进行定义。在 Make Cutpoints 对话框中,除了有利用 Equal Percentiles Based on Scanned Cases 进行分组之外,还有以下两种分组方式:Equal Width Intervals(等宽间隔)和 Cutpoints at Mean and Selected Standard Deviations Based on Scanned Cases(基于扫描个案的平均数和选定标准差的切割点)。点击 Make Labels(创建变量标签),SPSS 会自动生成变量标签。

在 Grid 右边 Upper Endpoints(上限终点)中有两个选项。选择默认的 Included(包含)项,与上限值相等的个案将包含在该组中。若选择 Excluded(排除)项,与上限值相等的个案则不包含在该组中,而被放入下一个分组中。在 SPSS 默认状态下,分类值按递增顺序排列。

图 2.24 显示一个直方图(histogram)(关于直方图的概念,参看第三章),图中的两条垂直粗线代表分组使用的两个切割点。总体上来看,词汇量前测分数较为集中地分布在 75—113 之间。

第五步　点击 OK(确认),完成操作。在原文件数据视窗中可以看到多出的变量 Glevel 及其赋值,部分结果如图 2.25 所示。

	ID	Gender	Pretest	Form	Grammar	Chinese	English	Bilingual	gro	Glevel
1	001	男	110	15	6	3.0	1.5	2.25	高水平	高
2	002	男	78	9	13	13.5	5.5	9.50	低水平	低
3	003	男	105	15	5	.0	.0	.00	高水平	高
4	004	男	107	15	15	7.0	7.0	7.00	高水平	高
5	005	男	105	14	12	8.0	6.5	7.25	高水平	高
6	006	男	81	12	12	.0	.0	.00	低水平	低
7	007	男	89	11	11	.0	.0	.00	低水平	中
8	008	男	67	14	13	13.0	9.0	11.00	低水平	低
9	009	男	56	13	13	11.0	6.0	8.50	低水平	低
10	010	男	70	14	11	.0	.0	.00	低水平	低
11	011	男	97	12	12	.0	.0	.00	高水平	高
12	012	男	75	10	12	5.0	1.0	3.00	低水平	低
13	013	女	95	15	11	10.0	5.0	7.50	高水平	中
14	014	男	113	11	8	3.0	1.5	2.25	高水平	高
15	015	男	96	12	10	8.0	5.0	6.50	高水平	中

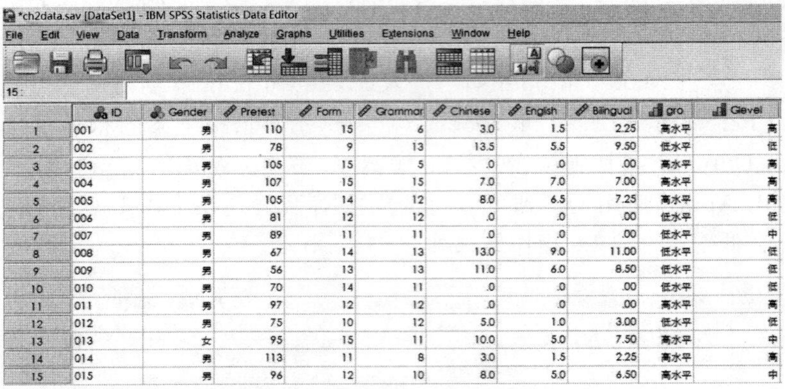

图 2.25　词汇知识前测可视化分组部分结果视窗

2.5.2.3　个案排秩

个案排秩(Rank Cases)功能可以根据个案数值的实际大小生成一个体现数值秩次(ranks)的新变量。新变量名及标签由 SPSS 自动生成,被添加在原始数据视窗中。

【问题 2.12】依据 SPSS 数据文件 ch2data,将英语词义后测分值转化为秩次数据,等值取等秩。

SPSS 操作步骤如下:

第一步　打开 SPSS 数据文件 ch2data,按 Transform→Rank Cases… 的操作顺序打开个案排秩主对话框,将左栏中的"英语词义后测[English]"键入右边的 Variable(s)(变量)栏中,如图 2.26 所示。

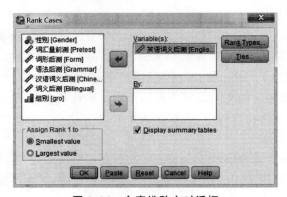

图 2.26　个案排秩主对话框

若在 By(依据)栏中键入分组变量,SPSS 将按此变量的不同组别进行排秩。在 Assign Rank 1 to(将秩次 1 赋值到)栏下有两个选项:Smallest value(最小值)和 Largest value(最大值)。选择 Smallest value,SPSS 将按递增的方式排序;选择 Largest value,SPSS 将按递减的方式排序。按递增的方式排序为 SPSS 默认的方式。这里采用默认的方式。Display summary tables(显示汇总表)为系统自动勾选方式。这里也采用默认的方式。汇总表列出来源变量(Source Variable)名、新变量(New Variable)名及其标签(Label)等。

第二步 点击 Rank Types …,进入 Rank Types(个案排秩类型)子对话框。Rank(秩次)为 SPSS 默认的简单排秩方法,也是最常用的排秩方法。这里采用默认的方式。Savage score(Savage 分值)是依据指数分布(exponential distribution)的 Savage 得分。若勾选 Fractional rank(分数秩),新变量之值等于秩次除以非缺失个案权重之和。Fractional rank as %(百分数分数秩)只是将分数排秩转换为百分数排秩而已。若勾选 Sum of case weights(个案权重之和),新变量之值等于个案权重之和,是同组所有个案的一个常量(constant)。勾选 Ntiles(百分位组数)时,秩次基于百分位组(percentile groups),每组包括大致相等的个案数。例如,百分位组数为 4(SPSS 默认值)时,第 25 个百分位数以下的所有个案赋值为 1(秩次),第 25 个和第 50 个百分位数之间的所有个案赋值为 2,依此类推。Proportion estimates(比率估计)是对对应于某一类秩(如 Blom 和 Tukey)的秩次分布累计比例的估计。正态分数(Normal scores)是对应于累计比率估计的 Z 分数。

Ties(等值)子对话框包括四种处理等值的方式。SPSS 默认将平均秩次赋予等值数据。这是最常用的等值赋秩方法。选择 Low(最小秩次),SPSS 将最小秩次赋予等值数据。若选择 High(最大秩次),SPSS 将最大秩次赋予等值数据。Sequential ranks to unique values(不同数值的序列秩次)按照不同数值排序,等值等序。四种排秩方法如表 2.4 所示。

表 2.4 不同排秩方法举例

Value	Mean	Low	High	Sequential
10	1	1	1	1
13	3	2	4	2
13	3	2	4	2
13	3	2	4	2
17	5	5	5	3
25	6	6	6	4

第三步 点击 OK(确认),完成操作。原数据窗口中新增的一列(变量名为 REnglish)为排秩结果。图 2.27 显示部分排秩结果。

*ch2data.sav [DataSet1] - IBM SPSS Statistics Data Editor

File Edit View Data Transform Analyze Graphs Utilities Extensions Window Help

15:

	ID	Gender	Pretest	Form	Grammar	Chinese	English	Bilingual	gro	REnglish
1	001	男	110	15	6	3.0	1.5	2.25	高水平	12.500
2	002	男	78	9	13	13.5	5.5	9.50	低水平	23.000
3	003	男	105	15	5	.0	.0	.00	高水平	4.500
4	004	男	107	15	15	7.0	7.0	7.00	高水平	28.500
5	005	男	105	14	12	8.0	6.5	7.25	高水平	26.500
6	006	男	81	12	12	.0	.0	.00	低水平	4.500
7	007	男	89	11	11	.0	.0	.00	低水平	4.500
8	008	男	67	14	13	13.0	9.0	11.00	低水平	30.000
9	009	男	56	13	13	11.0	6.0	8.50	低水平	24.500
10	010	男	70	14	11	.0	.0	.00	低水平	4.500
11	011	男	97	12	12	.0	.0	.00	高水平	4.500
12	012	男	75	10	12	5.0	1.0	3.00	低水平	10.000
13	013	女	95	15	11	10.0	5.0	7.50	高水平	20.500
14	014	男	113	11	8	3.0	1.5	2.25	高水平	12.500
15	015	男	96	12	10	8.0	5.0	6.50	高水平	20.500

图 2.27　英语词义后测分数排秩部分结果

2.5.3　插入变量和插入个案

插入变量(Insert Variable)和插入个案(Insert Cases)两个功能用于在原数据中添加新变量和新个案。

【问题 2.13】利用按照个案编号(ID)进行排序的 SPSS 数据文件 ch2data,在词汇量前测变量之后增加一个连续性变量"Reading"(阅读理解力),并在编号为 010 的个案后增加一个个案,编号为 031。

SPSS 操作步骤如下:

第一步　打开 SPSS 数据文件 ch2data,选中变量"Form"所在的列,右击鼠标,在弹出的菜单中选择 Insert Variable(插入变量),在数据视窗中出现变量名 VAR00001。

第二步　进入 Variable View(变量视窗),按照 2.1 节的介绍对阅读理解力变量进行命名和属性定义,如图 2.28 所示。

*ch2data.sav [DataSet1] - IBM SPSS Statistics Data Editor

File Edit View Data Transform Analyze Graphs Utilities Extensions Window Help

	Name	Type	Width	Decimals	Label	Values	Missing	Columns	Align	Measure	Role
1	ID	String	8	0	编号	None	None	8	Left	Nomi...	Input
2	Gender	Numeric	8	0	性别	{0, 男}...	None	8	Right	Nomi...	Input
3	Pretest	Numeric	8	0	词汇量前测	None	None	8	Right	Scale	Input
4	Reading	Numeric	8	2	阅读理解力	None	None	8	Right	Scale	Input
5	Form	Numeric	8	0	词形后测	None	None	8	Right	Scale	Input
6	Grammar	Numeric	8	0	语法后测	None	None	8	Right	Scale	Input
7	Chinese	Numeric	8	1	汉语词义...	None	None	8	Right	Scale	Input
8	English	Numeric	8	1	英语词义...	None	None	8	Right	Scale	Input
9	Bilingual	Numeric	8	2	词义后测	None	None	8	Right	Scale	Input
10	gro	Numeric	8	0	组别	{1, 低水平...	None	6	Right	Ordinal	Input

图 2.28　新增变量命名和属性定义

第三步　进入 Data View(数据视窗)界面，选中编号为 011 的个案，右击鼠标，选择 Insert Cases(插入个案)，在编号栏中输入 031，如图 2.29 所示。

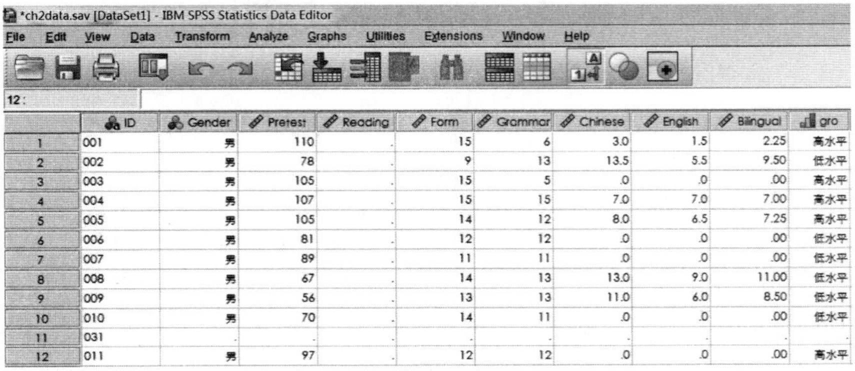
*ch2data.sav [DataSet1] - IBM SPSS Statistics Data Editor

File Edit View Data Transform Analyze Graphs Utilities Extensions Window Help

12:

	ID	Gender	Pretest	Reading	Form	Grammar	Chinese	English	Bilingual	gro
1	001	男	110	.	15	6	3.0	1.5	2.25	高水平
2	002	男	78	.	9	13	13.5	5.5	9.50	低水平
3	003	男	105	.	15	5	.0	.0	.00	高水平
4	004	男	107	.	15	15	7.0	7.0	7.00	高水平
5	005	男	105	.	14	12	8.0	6.5	7.25	高水平
6	006	男	81	.	12	12	.0	.0	.00	低水平
7	007	男	89	.	11	11	.0	.0	.00	低水平
8	008	男	67	.	14	13	13.0	9.0	11.00	低水平
9	009	男	56	.	13	13	11.0	6.0	8.50	低水平
10	010	男	70	.	14	11	.0	.0	.00	低水平
11	031	.	.	.	.	.	.	.	.	.
12	011	男	97	.	12	12	.0	.0	.00	高水平

图 2.29　插入个案视窗

本例将编号为 031 的个案放在编号为 010 的个案之后，只是出于演示目的。如果实际研究中增加的个案编号为 031，则直接在编号为 030 的个案后的下一栏中输入 031 即可。

问题与思考

1. 利用 SPSS 数据文件 ch2data，按照以下要求将词汇量前测变量数据分成三组，新增变量名为“Size”，标签为“词汇量水平”，在变量视窗中定义新增变量值(1＝低水平，2＝中等水平，3＝高水平)。低水平组分值范围是：最低分—85 分；中等水平组分值范围是：87—97 分；高水平组分值范围是：103 分—最高分。

2. 利用 SPSS 数据文件 ch2data，新增变量“Vocabulary”，变量标签为“词汇习得”，词汇习得的测量值为“词形后测”(Form)、“语法后测”(Grammar)和“汉语词义后测”(Chinese)累计分值。

3. 利用 SPSS 数据文件 ch2data，比较不同性别组在“词形后测”(Form)、“语法后测”(Grammar)和“英语词义后测”(English)上的中位数差异。

4. 依据 SPSS 数据文件 ch2data，利用可视化分组方法将“语法后测”(Grammar)变量分成四组，切割点选择的标准是平均数(Mean)和±1 个标准差(Std. Deviation)，并且简要分析数据分布的特点。

第三章　SPSS 制图
Chapter Three　SPSS Graph Building

　　统计图形是描绘统计数据和显示分析结果的一种方式。它利用点的位置变化、线段的高低、直线条的长短或面积的大小等手段来呈现不同的数据信息。统计图形在探索数据模式、诊断数据特点方面有独特的优势,具有简明、直观和生动性等特点。

　　统计图形的选择需要依据研究的性质和数据的特点。本章介绍 SPSS 数据窗口 Chart Builder(图形制作器)和 Analyze(分析)下拉菜单 Descriptive Statistics(描述性统计)模块包含的图形功能。制作的图形包括饼图、面积图、线图、条形图、直方图、箱图、点图、散点图、P-P 图和 Q-Q 图。本章举例使用的数据来自第二章表 2.1,SPSS 数据文件名定为 ch3data。在文件 ch3data 中,按照 2.5.2.2 节(可视化分组)介绍的方法增加变量"Glevel",变量标签为"词汇量水平",包括低、中、高三个水平。

3.1　图形制作器

　　Graphs(图形)是 SPSS 数据编辑器窗口的一个主菜单。它包括三个主要选项：Legacy Dialogs(旧对话框)、Graphboard Template Chooser(图形画板模板选择器)和 Chart Builder(图形制作器)。我们可以利用这三种方法得到相同或相似的图形,只是制作过程不同。Legacy Dialogs 提供 SPSS 最早开发的制图方法。Graphboard Template Chooser 是 SPSS 后期开发的、更具有自动化性质的制图方法。Chart Builder 是 SPSS 最新开发的制图方法,制图效率最高。

　　打开 SPSS 文件 ch3data,在 Graphs 的下拉菜单中点击 Chart Builder,进入 Chart Builder 窗口,如图 3.1 所示。

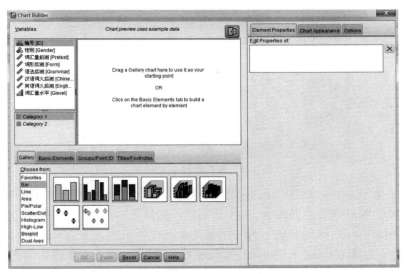

图 3.1　图形制作器窗口

图 3.1 显示,图形制作器窗口有三个主要面板:Variables(变量)、Chart preview uses example data(图形预览使用样例数据,简称图形预览,Chart preview)和来自 Gallery(图库)中的 Choose From(选项列表)。Variables 面板提供数据文件的所有变量名。变量名前的图标显示变量的测量类别。譬如,性别[Gender]为名义变量,显示图标为三个气球( )。词汇量前测[Pretest]为尺度变量,显示图标为一把小尺子( )。如果变量名称前的图标为条形图( ),则变量为定序变量,如词汇量水平[Glevel]。Chart preview 面板显示即将绘制的图形。提示语 uses example data 指在图形绘制过程中,面板中的图形并不真正代表你的研究数据。该面板提供各种图形的模板。图形模板类型来自图库中的选项列表(Choose From)。操作时,从图库列表中选择图形类型,将合适的图形样式拖入图形预览面板,然后将适当的变量拖入图形中适当的地方,以便完成图形绘制工作。图 3.1 显示,在选择条形图(Bar)之后,选项栏右边出现一组条形图样式(共 8 种)。

图形制作器窗口还包括 Basic Elements(基本元素)、Groups/Points ID(组别/点编号)、Titles/Footnotes(标题/脚注)和 Element Properties(元素属性)、Chart Appearance(图形外观)和 Options(选项)等。

除了从图库列表中选择图形类别和样式之外,还可以利用 Basic Elements 中图形的元素绘制图形。基本图形元素如图 3.2 所示。

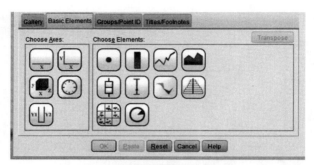

图 3.2　图形绘制基本元素

图 3.2 显示,Basic Elements 包括两个面板。一个面板提供坐标轴设置方式,另一个面板提供图形样式。操作时,从两个面板中选择适当的绘制元素,将它们分别拖入 Chart preview 区,然后将适当的变量拖入图形中适当的地方,以便完成图形制作。使用 Gallery 选项与 Basic Elements 选项的主要区别是,前者提供现成的图形样式供研究者选择,后者则要求研究者从所要生成的图形的概念出发构建图形。

Groups/Points ID 选项允许在现有图形中增加另外一个数据显示的维度或添加数据点的编号。Titles/Footnotes 选项用于在图形中添加标题(Title)、副标题(Subtitle)和脚注(Footnote)。

在图形制作过程中,可以使用 Element Properties 来调整图形中元素的设置,如坐标轴标签和标题等。Chart Appearance 用于设置图形颜色(Colors)、图形框(Frame)和网格线(Grid Lines)。Options 提供缺失值(Missing Values)的处理方式(通常采用 SPSS 默认的处理方式)和图形大小等。

在图形制作结束之后,点击 Chart Builder 对话框中的 OK(确认),得到 SPSS 生成的图形。研究者还可以双击生成的图形,进入 Chart Editor(图形编辑)窗口,对图形进行再次编辑。编辑窗口提供多个选项,如 Edit(编辑)、Options(选项)和 Elements(元素)。

3.2　饼图

饼图(Pie Chart,Pie Graph)为圆形图,用于显示整体如何被分割成几个部分,如两个或三个饼块。饼图中的每个饼块代表它占整体的百分比(percentage)。例如,如果一个饼块占总饼图的 40%,该饼块就代表整体的 40%。饼图也称作极坐标图(Polar Chart),因此 SPSS 将这个图形选项称为 Pie/Polar。饼图常用于比较类别变量各个水平上频数或计数的百分比。譬如,我们根据英语口语测试成绩将 100 名学习者分为 A、B、C 和 D 四个等级，依次表示优秀、良好、合格和不合格，每个等级上的人数依次为 20、40、30 和 10 人。如果要比较各个口语等级上学习者人数的百分比，就可以使用饼图。饼图适用于显示离散性变量(discrete variable，包括类别/名义变量和定序变量)每个类别上观察值数的比率及其与整体的关系。

【问题 3.1】根据以下数值区间将 SPSS 数据文件 ch3data 中的连续性变量“词汇量前测”(Pretest)转化为包括低、中、高三个水平的定序变量：56—75 分、78—89 分和 94—113 分。在 SPSS 窗口新增变量名“Band”(词汇量级别)。利用 Chart Builder 制作饼图，比较各个词汇量级别上学习者人数的百分比，要求饼图中的各个饼块彼此分离。

SPSS 操作步骤如下：

第一步　打开 SPSS 数据文件 ch3data，根据 2.4.2 节(组别划分)关于 SPSS 操作的介绍，利用 Transform(转换)下拉菜单 Recode Into Different Variables…(重新编码为不同变量……)中的选项 Range：… through…，将连续性变量“词汇量前测”(Pretest)转化成定序变量。操作得到的部分数据如图 3.3 所示。

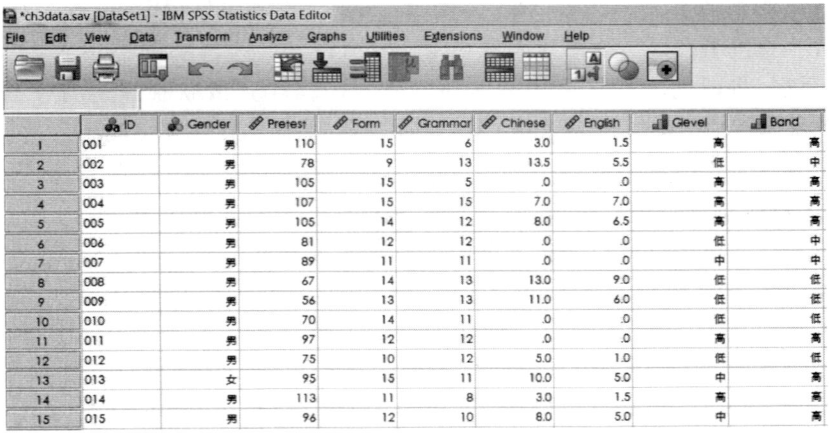

	ID	Gender	Pretest	Form	Grammar	Chinese	English	Glevel	Band
1	001	男	110	15	6	3.0	1.5	高	高
2	002	男	78	9	13	13.5	5.5	低	中
3	003	男	105	15	5	.0	.0	高	高
4	004	男	107	15	15	7.0	7.0	高	高
5	005	男	105	14	12	8.0	6.5	高	高
6	006	男	81	12	12	.0	.0	低	中
7	007	男	89	11	11	.0	.0	中	中
8	008	男	67	14	13	13.0	9.0	低	低
9	009	男	56	13	13	11.0	6.0	低	低
10	010	男	70	14	11	.0	.0	低	低
11	011	男	97	12	12	.0	.0	高	高
12	012	男	75	10	12	5.0	1.0	低	低
13	013	女	95	15	11	10.0	5.0	中	高
14	014	男	113	11	8	3.0	1.5	高	高
15	015	男	96	12	10	8.0	5.0	中	高

图 3.3　词汇量级别部分数据

第二步　按 Graphs→Chart Builder 的顺序进入图形制作对话框。在 Choose From 列表中选择 Pie/Polar，将之拖入 Chart preview 区。点击 Variables(变量)栏中的“词汇量级别[Band]”，将之移到 Slice by ? (饼块依据?)栏中。

第三步　点击 Edit Properties of(属性编辑)面板中的 Title 1(标题 1，即主标题)，选择 None(无标题)。

第四步　点击 OK(确认)，完成前期操作。

第五步　双击 SPSS 生成的图形，进入 Chart Editor(图形编辑)窗口，如图 3.4

所示。

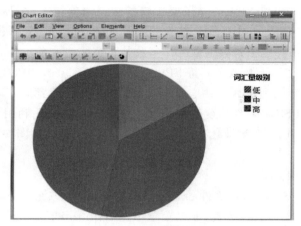

图 3.4　饼图编辑区

第六步　点击 Elements(元素)，选中 Explode Slice(裂片)。研究者可以根据需要调整图形的其他参数。例如，双击图例(Legend)，进入属性(Properties)对话框，调整图形大小(Chart Size)和文本风格(Text Style)。本例调整图例位置，利用 Text Style 对话框，将图例中的文字设置为 Microsoft YaHei(微软雅黑)，将字号设置为 10。操作完成后，依次点击 Apply(应用)和 Close(关闭)，关闭 Properties 对话框。

第七步　点击饼图中的各个饼块，设置所需要的图案(Pattern)。本例将代表低、中、高词汇量级别的图案依次设为 、 、 。依次点击 Apply(应用)和 Close(关闭)。

第八步　在饼图中右击鼠标，选择下拉菜单 Show Data Labels(显示数据标签)。我们接受 SPSS 默认的标签(Percent，百分比)，点击 Close(关闭)，关闭 Show Data Labels 窗口。

第九步　关闭 Chart Editor(图形编辑)窗口，完成操作。图 3.5 显示词汇量等级饼图。

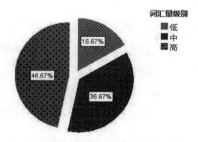

图 3.5　词汇量不同级别组学习者人数分布

图 3.5 显示，词汇量低水平上的学习者人数最少(占总人数的 16.67%)，其次是

中等水平上的学习者人数(占总人数的 36.67%),高水平上的学习者人数最多(占总人数的 46.67%)。

3.3 面积图

面积图(Area Chart)是通过面积的变化显示类别变量不同水平上测量值的变化趋势,与条形图(Bar Chart)以及线图(Line Chart)有一些共性特征。面积图类似于条形图,能够用于概括类别数据。面积图又类似于线图,可以用于概括时间序列(time-series)数据。它所反映的信息本质上与条形图和线图无异。如果把条形图中直线条的顶点联结起来,就可以构成线图;把线图中折线下面的区域全部填实,就能够变成相应的面积图。

面积图包括简单面积图(Simple Area Chart)和堆积面积图(Stacked Area Chart)。简单面积图显示一个类别变量不同水平上测量值的变化,是线下区域填实的线图。堆积面积图显示多个类别变量不同水平上测量值的变化,是简单面积图的堆积。堆积面积图在二语习得研究中不常用,故本节只简要介绍简单面积图的绘制方法。

【问题 3.2】依据 SPSS 数据文件 ch3data,利用简单面积图显示词形后测平均数随词汇量水平(Glevel)变化的趋势。要求:纵坐标轴签为"词形后测平均数";图中标出各个水平上词形后测的平均数,平均数小数点后保留两位数字。

SPSS 操作步骤如下:

第一步 打开 SPSS 数据文件 ch3data,按照 Graphs→Chart Builder 的顺序进入图形制作对话框。在 Choose From 列表中选择 Area,将简单面积图( )拖入 Chart preview 区。

第二步 将 Variables(变量)栏中的"词汇量水平[Glevel]"拖入 Chart preview 区 X-Axis?(X 轴?)所在的矩形框,"词形后测[Form]"拖入 Chart preview 区 Count(计数)(作为 Y 轴)所在的矩形框。由于词形后测是连续性变量,SPSS 默认统计量为平均数(Mean)。

第三步 点击 Element Properties 对话框,在 Edit Properties of(属性编辑)面板中选择 Y-Axis 1(Area 1)。在 Scale Range(刻度范围)栏中编辑刻度值,将 Major Increment(主刻度增量)自定义(Custom)为 2,其他选项采用 SPSS 自动方式(Automatic)。将 Axis label(轴签)栏中默认的"Mean 词形后测"改为"词形后测平均数"。本例不打算使用标题,故点击 Edit Properties of 面板中的 Title 1,在选项栏中选择 None(无标题)。实际研究中,研究者可以根据需要采用不同的设置方式。

第四步 点击 OK(确认),完成前期操作。

第五步 双击 SPSS 生成的图形,进入 Chart Editor(图形编辑)窗口。在面积图中右击鼠标键,选择下拉菜单 Show Data Labels(显示数据标签)。点击 Properties 对话框中的 Number Format(数字格式),在 Decimal Places(小数点位数)栏中输入 2,以便保留包括两位小数的平均数,再依次点击 Apply(应用)和关闭(Close)。

第六步 关闭 Chart Editor 窗口,完成操作。图 3.6 显示词形后测平均数随词汇量水平变化的面积图。

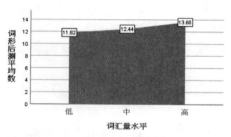

图 3.6 词形后测随词汇量水平变化的趋势

图 3.6 表明,词形后测平均数随词汇量水平的提高而提高,但是提高的幅度不大,在低、中等水平之间的变化幅度特别小。这说明,词汇量水平对学习者生词词形知识习得的影响不大。

3.4 线图

线图(Line Chart)在直角坐标系中用线段的升降起伏来表示变量的变化趋势。二语习得研究常用的线图包括简单线图(Simple Line Chart)和多重线图(Multiple Line Chart)。简单线图用一条折线表示某个变量的变化趋势。多重线图用多条折线来表示多个变量的变化趋势。本节通过案例介绍简单线图和多重线图的绘制方法。

【问题 3.3】依据 SPSS 数据文件 ch3data,利用简单线图显示词形后测平均数随词汇量水平(Glevel)变化的趋势。要求:用正方形代表词汇量各个水平上的平均数;用误差条显示各个词汇量水平组平均数 95% 置信区间;纵坐标轴签为"词形后测平均数"。

SPSS 操作步骤如下:

第一步 打开 SPSS 数据文件 ch3data,按 Graphs→Chart Builder 的顺序进入图

形制作对话框。在 Choose From 列表中选择 Line,将简单线图(⌒)拖入 Chart preview 区。

第二步　将 Variables(变量)栏中的"词汇量水平[Glevel]"拖入 Chart preview 区 X-Axis?(X 轴?)所在的矩形框,"词形后测[Form]"拖入 Chart preview 区 Count (计数)(作为 Y 轴)所在的矩形框。

第三步　选中 Element Properties 对话框中的 Display error bars(显示误差条),激活 SPSS 默认的 95% 置信区间(Confidence intervals)。关于置信区间的概念,见第四章。

第四步　点击 Edit Properties of(属性编辑)面板中的 Y-Axis 1 (Area 1)。在 Scale Range(刻度范围)栏中编辑刻度值,将 Major Increment(主刻度增量)自定义 (Custom)为 2,其他选项采用 SPSS 自动方式(Automatic)。将 Axis label(轴签)栏中默认的"Mean 词形后测"改为"词形后测平均数"。本例不打算使用标题,故点击 Edit Properties of 面板中的 Title 1,在选项栏中选择 None(无标题)。

第五步　点击 OK(确认),完成前期操作。

第六步　双击 SPSS 生成的图形,进入 Chart Editor 窗口。选中 Elements(元素)的下拉菜单 Add Markers(添加标记),在显示的 Properties(属性)窗口中点击 Marker(标记),在标记类型(Type)的下拉菜单中选择正方形图,再依次点击 Apply (应用)和关闭(Close)。

第七步　关闭 Chart Editor 窗口,完成操作。图 3.7 显示词形后测平均数随词汇量水平变化的简单线图。

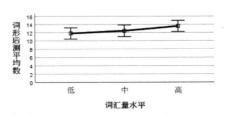

图 3.7　词形后测平均数随词汇量水平变化的线图

同图 3.6 相比,图 3.7 显示各个词汇量水平上平均数的 95% 置信区间。三个词汇量水平上平均数 95% 置信区间高度重合,基本可以推断词汇量水平对学习者生词词形知识习得没有统计显著性影响。关于统计显著性概念,详见第四章。

多重线图用于诊断两个因素(类别自变量)如何影响一个因变量测量值(即检验交互效应,interaction effect),也用于比较多个测量变量之间的相对变化趋势。

【问题 3.4】依据 SPSS 数据文件 ch3data,利用多重线图探索汉语词义后测平均数随词汇量水平(Glevel)和性别变化的趋势。要求:纵坐标轴签为"汉语词义后测平均数";男生汉语词义后测平均数用空心圆显示,变化的线条用实线;女生汉语词义后测平均数用三角形显示,变化的线条用点线。

SPSS操作步骤如下:

第一步 打开SPSS数据文件ch3data,按Graphs→Chart Builder的顺序进入图形制作对话框。在Choose From列表中选择Line,将多重线图(　)拖入Chart preview区。

第二步 将Variables(变量)栏中的"汉语词义后测[Chinese]"拖入Chart preview区Y-Axis?(Y轴?)所在的矩形框,"词汇量水平[Glevel]"拖入X-Axis?(X轴?)所在的矩形框,"性别[Gender]"拖入Set color(颜色设置)所在的矩形框。

第三步 选中Edit Properties of(属性编辑)面板中的Y-Axis,将轴签(Axis Label)栏中的"Mean 汉语词义后测"改为"汉语词义后测平均数";选中Title 1(标题1,即主标题),选择None(无标题)。

第四步 点击OK(确认),完成前期操作。

第五步 双击SPSS生成的图形,进入Chart Editor(图形编辑)窗口。选择Elements下拉菜单中的Add Markers(添加标记),在标记(Marker)面板区Size(大小)的下拉菜单中选择8,再依次点击Apply(应用)和关闭(Close)。

第六步 双击图例中代表女性数值的圆形图标,进入显示的Properties(属性)对话框,在标记(Marker)类型(Type)的下拉菜单中选择三角形,依次点击Apply(应用)和Close(关闭)。

第七步 双击图例中代表女性数值变化的线条,在显示的Properties(属性)对话框中选择线条(Lines)样式(Style)下拉菜单中的点线,依次点击Apply(应用)和Close(关闭)。

第八步 关闭Chart Editor窗口,完成操作。图3.8为本例数据的多重线图。

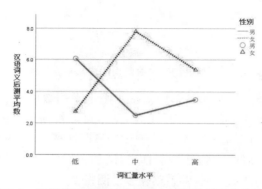

图3.8 汉语词义后测随词汇量水平和性别变化的趋势

图3.8显示,汉语词义后测平均数随词汇量水平和性别变化的线条交叉,说明词

汇量水平和性别之间有交互作用倾向(交互作用是否有统计显著性,需要利用推理统计进行检验)。在词汇量低水平组中,男生汉语词义知识平均数高于女生汉语词义知识平均数,但是在中、高水平组中,女生比男生习得更多的汉语词义知识。

3.5 条形图

条形图或柱状图(Bar Chart)用于比较离散性变量每个类别上的观察值数、百分比或其他统计量(如平均数),包括简单条形图(Simple Bar Chart)、堆积条形图(Stacked Bar Chart)和簇状(或聚类)条形图(Clustered Bar Chart)。简单条形图和简单线图都是常用的图形分析方法。简单条形图由水平或垂直的长方形箱体组成,垂直的长方形箱体更常用。水平图箱体的长度和垂直图箱体的高度代表每个类别上观察值数、百分比或其他统计量的大小。

堆积条形图用长方形箱体表示一个变量的类别。位于横坐标的变量称作堆积变量(stacked variable)。横坐标上的每个长方形箱体由更小的多个箱体(即 segments,分块)组成,每个分块彼此堆积。每个分块的高度代表堆积变量某个类别和分块变量某个类别上的观察值数、百分比或其他统计量。堆积条形图显示堆积变量和分块变量两个离散性变量之间的关系,或两个离散性变量与一个连续性变量之间的关系。

簇状条形图与堆积条形图相似之处在于,它们都在另一个类别变量的每个值上显示一个变量上的多个值。不同之处在于,堆积条形图采用多个值堆积的方式,而簇状条形图则将这些值并排放置。

【问题 3.5】依据 SPSS 数据文件 ch3data,利用简单条形图比较不同词汇量水平(Glevel)学习者人数的百分比,要求:将纵坐标标签"Percent"改为"百分比";在图形中显示百分比数值。

SPSS 操作步骤如下:

第一步　打开 SPSS 数据文件 ch3data,按 Graphs→Chart Builder 的顺序进入图形制作对话框。在 Choose From 列表中选择 Bar,将简单条形图(　)拖入 Chart preview 区。

第二步　将 Variables(变量)栏中的"词汇量水平[Glevel]"拖入 Chart preview 区 X-Axis?(X 轴?)所在的矩形框。

第三步　在 Element Properties(元素属性)窗口,选中 Edit Properties of(属性编辑)面板中的 Y-Axis,将轴签(Axis Label)栏中的"Percent"改为"百分比";选中 Title 1(标题 1),选择 None(无标题)。选中 Bar1,在 Statistic(统计量)下拉菜单中选择

Percentage(?)(百分数)。

第四步　点击 OK(确认),完成前期操作。

第五步　双击 SPSS 生成的图形,进入 Chart Editor 窗口。选择 Elements 下拉菜单中的 Show Data Labels(显示数据标签),点击 Properties(属性)窗口中的选项 Close(关闭)。

第六步　关闭 Chart Editor 窗口,完成操作。图 3.9 为本例数据的简单条形图,图中显示三个词汇量水平上学习者人数百分比接近。

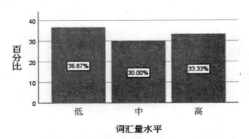

图 3.9　不同词汇量水平组学习者人数百分比

【问题 3.6】依据 SPSS 数据文件 ch3data,利用堆积条形图显示汉语词义后测平均数随词汇量水平(Glevel)和性别变化的趋势。要求:将横坐标上的堆积变量设为词汇量水平;分块变量设为性别;纵坐标标签设为"汉语词义后测平均数"。

SPSS 操作步骤如下:

第一步　打开 SPSS 数据文件 ch3data,按 Graphs→Chart Builder 的顺序进入图形制作对话框。在 Choose From 列表中选择 Bar,将堆积条形图(▥)拖入 Chart preview 区。

第二步　将 Variables(变量)栏中的"汉语词义后测[Chinese]"拖入 Chart preview 区 Y-Axis?(Y 轴?)所在的矩形框,"词汇量水平[Glevel]"拖入 X-Axis?(X 轴?)所在的矩形框,"性别[Gender]"拖入 Stack: set color(堆积:颜色设置)所在的矩形框。

第三步　在 Element Properties(元素属性)窗口,选中 Edit Properties of(属性编辑)面板中的 Y-Axis,将轴签(Axis Label)栏中的"Mean 汉语词义后测"改为"汉语词义后测平均数";选中 Title 1(标题 1),选择 None(无标题)。

第四步　点击 OK(确认),完成操作。图 3.10 显示汉语词义后测随词汇量水平与性别变化的特点。

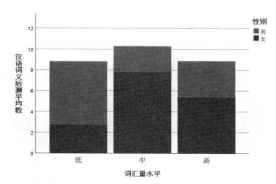

图 3.10　汉语词义后测随词汇量水平与性别变化堆积条形图

图 3.10 与图 3.8 显示相同的平均数变化模式。在词汇量低水平组中,男生比女生习得更多的汉语词义知识,而在中、高水平组中,女生比男生习得更多的汉语词义知识。比较图 3.10 和图 3.8 可以发现,多重线图比堆积条形图更便于对双因素交互作用的模式做出视觉判断。

【问题 3.7】依据 SPSS 数据文件 ch3data,利用簇状条形图显示汉语词义后测平均数随词汇量水平(Glevel)和性别变化的趋势。要求:将横坐标上的变量设为词汇量水平,聚类变量设为性别,纵坐标标签设为"汉语词义后测平均数";用误差条显示平均数 95％置信区间;为图形增加一个内框(inner frame)。

SPSS 操作步骤如下:

第一步　打开 SPSS 数据文件 ch3data,按 Graphs→Chart Builder 的顺序进入图形制作对话框。在 Choose From 列表中选择 Bar,将簇状条形图(▇▆▅)拖入 Chart preview 区。

第二步　将 Variables(变量)栏中的"汉语词义后测[Chinese]"拖入 Chart preview 区 Y-Axis?(Y 轴?)所在的矩形框,"词汇量水平[Glevel]"拖入 X-Axis?(X 轴?)所在的矩形框,"性别[Gender]"拖入 Cluster on X: set color(X 轴上聚类:颜色设置)所在的矩形框。

第三步　在 Element Properties(元素属性)窗口,勾选 Display error bars(显示误差条),以便绘制平均数 95％置信区间。选中 Edit Properties of(属性编辑)面板中的 Y-Axis,将轴签(Axis Label)栏中的"Mean 汉语词义后测"改为"汉语词义后测平均数";选中 Title 1(标题 1),选择 None(无标题)。

第四步　点击 Chart Appearance(图形外观),在 Edit Appearance(编辑外观)栏下勾选 Use custom color, border, and grid lines settings(使用自定义颜色、边缘和网格线设置),再勾选 Frame(方框)栏中的 Inner(内框)。

第五步　点击 OK(确认),完成操作。图 3.11 显示汉语词义后测随词汇量水平与性别变化的特点。

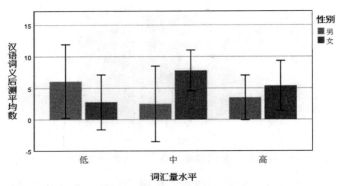

图 3.11　汉语词义后测随词汇量水平与性别变化簇状条形图

图 3.11 除了显示图 3.10 包含的信息之外,还显示词汇量水平与性别各个水平组合中汉语词义后测平均数的 95% 置信区间。在每个性别中,各个词汇量水平上的平均数 95% 置信区间重合度较高,说明词汇量水平对汉语词义后测的影响较小。同样,在每个词汇量水平上,男生和女生汉语词义后测平均数 95% 置信区间重合度也较高,说明性别对汉语词义后测的影响也较小。中等词汇量水平组的女生汉语词义后测平均分最高,词汇量低水平组女生与词汇量中等水平组男生汉语词义后测平均分都很低,且彼此接近。

3.6　直方图

直方图(Histogram)用于诊断一个连续性变量数据的分布形状,如正态(normality)、偏态(skewness)或峰态(kurtosis)。简单的直方图使用长方形箱体,看起来像简单的条形图,但是直方图中的箱体之间没有间隔。这就反映出直方图与条形图的一个重要区别:直方图适用于连续性变量,而条形图适用于类别变量。

直方图中的箱体(条形)显示连续性数据特定区间(intervals)内数值的频数或百分比,箱体高度代表频数或百分比。直方图中的横坐标代表观测值(观察值),纵坐标代表观测值频数或百分比(每个箱体包含的观测值数占样本总观测值数的比率)。在直方图中,高的箱体表示在纵轴上有较多的观测值,矮的箱体表示在纵轴上有较少的观测值。最高的箱体表示出现最多的数值。

【问题 3.8】依据 SPSS 数据文件 ch3data,利用直方图探索汉语词义后测数据的分布。要求:纵坐标标签设为"频数";在图中添加正态曲线(normal curve);为图形增加一个内框(inner frame)。

SPSS 操作步骤如下：

第一步　打开 SPSS 数据文件 ch3data,按 Graphs→Chart Builder 的顺序进入图形制作对话框。在 Choose From 列表中选择 Histogram,将简单直方图(▥)拖入 Chart preview 区。

第二步　将 Variables(变量)栏中的"汉语词义后测[Chinese]"拖入 Chart preview 区 X-Axis?(X 轴?)所在的矩形框。

第三步　在 Element Properties(元素属性)窗口,选中 Edit Properties of(属性编辑)面板中的 Y-Axis,将轴签(Axis Label)"Frequency"改为"频数";选中 Title 1(标题 1),选择 None(无标题);选中 Bar1,勾选 Display normal curve(显示正态曲线)。

第四步　点击 Chart Appearance(图形外观),在 Edit Appearance(编辑外观)栏下勾选 Use custom color, border, and grid lines settings(使用自定义颜色、边缘和网格线设置),再勾选 Frame(方框)栏中的 Inner(内框)。

第五步　点击 OK(确认),完成操作。图 3.12 显示汉语词义后测数据分布直方图。

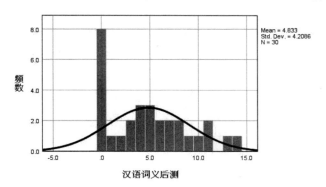

图 3.12　汉语词义后测数据分布直方图

图 3.12 显示,本例汉语词义后测数据有较多的极小值(8 个 0 值),呈右偏态分布,肩部稍宽。关于正态分布和相关概念(如偏态和峰态),详见第四章。图 3.12 除了包括直方图外,还包括样本量(N)、平均数(Mean)和标准差(Std. Dev.)。

为了便于对数据分布的正态性做出视觉判断,我们在图 3.12 中增加了正态曲线(normal curve)。正态曲线与后面章节中要学习的 t 分布和 F 分布等曲线一样都是密度曲线(density curves)。密度曲线总是位于横轴的上方,横轴代表观测值,纵轴代表密度(时常省略);密度曲线下的面积总是 1。密度曲线近似地描述数据分布的形状。曲线以下和横轴数值任一区间上方的面积代表落在该区间所有观测值的比率。

3.7 箱图

鲍贵(2017b)较为详细地讨论了箱图(Boxplot)的基本原理。箱图利用箱体和触须(whisker)概括数据的重要信息,因而又称箱－须图(box-and-whisker plot)。传统上,箱体概括的数据信息简称五数总括(five-number summary),即最小值(minimum, Min)、下枢(lower hinge, H_L)、第二个四分位数(second quartile, Q_2,即中位数 M 或 Mdn)、上枢(upper hinge, H_U)和最大值(maximum, Max)。最小值和最大值提供数据分布尾巴的信息。中位数(分割箱体的粗线段)反映分布的中心。上、下枢距离反映分布的展度(spread);上、下围(upper fence, F_U; lower fence, F_L)用于诊断异常值(outlier)。概而言之,五数总括涵盖变量的四个主要特征:中心、展度、非对称性(asymmetry)和异常值(Hintze & Nelson, 1998:181)。箱图的基本构造如图3.13所示。

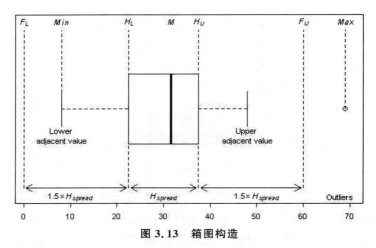

图3.13 箱图构造

图3.13是水平放置的箱图。长方形箱体的两条边由上、下枢确定,分割箱体的粗线段代表中位数。上枢为大于中位数的一半数据的中位数,即上四分位数(the upper quartile, Q_3);下枢为小于中位数的一半数据的中位数,即下四分位数(lower quartile, Q_1)。枢展度(H_{spread})为四分位距(interquartile range, IQR),囊括了50%的中间数值。箱体越长,数值相对于中位数的离散程度就越大。图3.13中的上围和下围反映异常值的临界值(outlier cutoff)。计算上,$F_U = H_U + 1.5 \times H_{spread}$,$F_L = H_L - 1.5 \times H_{spread}$。在数据服从标准正态分布时,上、下围包括了约99.3%的数据,只有

0.7%的数据位于上、下围之外,被判定为异常值。有一个用圆圈表示的异常值位于上、下围之外。由上、下枢向外垂直延伸的虚线称作触须。上邻近值(upper adjacent value)表示在上围内的最大数值;下邻近值(lower adjacent value)表示在下围内的最小数值。触须外端点之间的距离囊括最大和最小的非异常值。中位数两边等距离的箱体长度和等距离的触须长度说明数据分布对称。图3.13表明,数据分布不够对称,下须线比上须线略长,但是异常值使右尾巴拖长。

箱图的类别包括三种:单维箱图(1-D Boxplot;One-Dimensional Boxplot)、简单箱图(Simple Boxplot)和簇状箱图(Clustered Boxplot,聚类箱图)。单维箱图用于探索一个连续性变量数据分布的特点。简单箱图和单维箱图一样体现五数总括,但是在简单箱图中,一个连续性变量的数值被一个离散性或类别变量的水平分成若干组。简单箱图包括多个独立、分开的单维箱图,便于比较一个离散性或类别变量不同水平上的数据分布特点。簇状箱图包括一个连续性因变量和两个离散性或类别变量。一个离散性或类别变量的每个水平上包括另一个离散性或类别变量的多个水平。簇状箱图将一个离散性或类别变量每个水平上包括的另一个离散性或类别变量不同水平上的各个箱图就近放置。

【问题3.9】依据SPSS数据文件ch3data,绘制单维箱图,探索语法后测数据分布的特点。要求:为图形增加一个内框(inner frame)。

SPSS操作步骤如下:

第一步 打开SPSS数据文件ch3data,按Graphs→Chart Builder的顺序进入图形制作对话框。在Choose From列表中选择Histogram,将单维箱图(▭)拖入Chart preview区。

第二步 将Variables(变量)栏中的"语法后测[Grammar]"拖入Chart preview区X-Axis?(X轴?)所在的矩形框。

第三步 在Element Properties(元素属性)窗口,选中Edit Properties of(属性编辑)面板中的Title 1(标题1),选择None(无标题)。

第四步 点击Chart Appearance(图形外观),在Edit Appearance(编辑外观)栏下勾选Use custom color,border,and grid lines settings(使用自定义颜色、边缘和网格线设置),再勾选Frame(方框)栏中的Inner(内框)。

第五步 点击OK(确认),完成操作。图3.14显示语法后测数据分布的箱图。

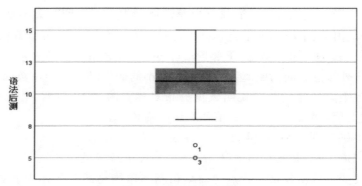

图 3.14　语法后测箱图

图 3.14 显示,本例语法后测数据下尾巴有两个异常值,使得数据分布略左偏或负偏(negatively skewed)。这两个异常值的编号为 001 和 003,数值分别为 6 和 5。中位数线大体位于箱体中央。从箱体的大小可以看出,语法后测数据分布较集中。

【问题 3.10】依据 SPSS 数据文件 ch3data,绘制简单箱图,比较不同性别组学习者语法后测数据的分布。要求:为图形增加一个内框(inner frame)。

SPSS 操作步骤如下:

第一步　打开 SPSS 数据文件 ch3data,按 Graphs→Chart Builder 的顺序进入图形制作对话框。在 Choose From 列表中选择 Histogram,将简单箱图(　)拖入 Chart preview 区。

第二步　将 Variables(变量)栏中的"语法后测[Grammar]"拖入 Chart preview 区 Y-Axis?(Y 轴?)所在的矩形框,"性别[Gender]"拖入 Chart preview 区 X-Axis?(X 轴?)所在的矩形框。

第三步　在 Element Properties(元素属性)窗口,选中 Edit Properties of(属性编辑)面板中的 Title 1(标题 1),选择 None(无标题)。

第四步　点击 Chart Appearance(图形外观),在 Edit Appearance(编辑外观)栏下勾选 Use custom color, border, and grid lines settings(使用自定义颜色、边缘和网格线设置),再勾选 Frame(方框)栏中的 Inner(内框)。

第五步　点击 OK(确认),完成操作。图 3.15 显示不同性别学习者语法后测数据分布的箱图。

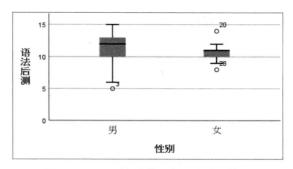

图 3.15　不同性别学习者语法后测箱图

图 3.15 显示,男生和女生语法后测中位数均偏离箱体中央。从箱体的大小来看,男生语法后测数据分布较为分散;女生语法后测数据分布相对集中。男生语法后测数据分布有一个以圆圈表示的异常值(编号为 003,值为 5)(如果有更极端的异常值,则会以星号显示);女生语法后测数据分布有两个以圆圈表示的异常值(编号为 020 和 028,值为 14 和 8)。从触须长度来看,男生语法后测数据分布的下尾巴较长,即数据分布呈负偏态(negatively skewed);女生语法后测数据分布较对称(symmetrical)。男生语法后测中位数略大于女生语法后测中位数。

【问题 3.11】依据 SPSS 数据文件 ch3data,绘制簇状箱图,比较不同词汇量水平(Glevel)中不同性别组学习者语法后测数据的分布。要求:为图形增加一个内框(inner frame);针对男生数据的箱体用非彩色的图案▦显示;针对女生数据的箱体用非彩色的图案▨显示;为横坐标和纵坐标增加刻度线(tick marks)。

SPSS 操作步骤如下:

第一步　打开 SPSS 数据文件 ch3data,按 Graphs→Chart Builder 的顺序进入图形制作对话框。在 Choose From 列表中选择 Histogram,将簇状箱图(▦▦)拖入 Chart preview 区。

第二步　将 Variables(变量)栏中的"词汇量水平[Glevel]"拖入 Chart preview 区 X-Axis?(X 轴?)所在的矩形框,"语法后测[Grammar]"拖入 Chart preview 区 Y-Axis?(Y 轴?)所在的矩形框,"性别[Gender]"拖入 Cluster on X:set color(X 轴上聚类:颜色设置)所在的矩形框。

第三步　在 Element Properties(元素属性)窗口,选中 Edit Properties of(属性编辑)面板中的 Title 1(标题 1),选择 None(无标题)。

第四步　点击 Chart Appearance(图形外观),在 Edit Appearance(编辑外观)栏下勾选 Use custom color, border, and grid lines settings(使用自定义颜色、边缘和网格线设置),再勾选 Frame(方框)栏中的 Inner(内框)。

第五步　点击OK(确认)，完成前期操作。

第六步　双击SPSS生成的图形，进入Chart Editor(图形编辑)窗口。双击任一针对男生数据的箱体，以便选中这些箱体。在箱体中右击鼠标，在下拉菜单中选择Properties Window(属性窗口)。在激活的Properties(属性)窗口中，选择填充(Fill)颜色(Color)后的白色框，在Pattern(图案)的下拉菜单中选择图案▦，然后依次点击Apply(应用)和Close(关闭)。同样，双击任一针对女生数据的箱体，以便选中这些箱体。在箱体中右击鼠标，在下拉菜单中选择Properties Window。在激活的Properties窗口中，选择填充颜色后的白色框，在Pattern的下拉菜单中选择图案▦，然后依次点击Apply(应用)和Close(关闭)。

第七步　双击纵轴上的任一值，在激活的Properties(属性)窗口中选择Labels & Ticks(标签与刻度)。勾选Major Ticks(主刻度)选项Display ticks(显示刻度)，采用SPSS默认的刻度Style(样式)：Outside(外边)，然后依次点击Apply(应用)和Close(关闭)。同样，双击横轴上的任一标签，在激活的Properties窗口Labels & Ticks面板中勾选Major Ticks选项Display ticks(显示刻度)，采用SPSS默认的刻度Style：Outside，然后依次点击Apply(应用)和Close(关闭)。

第八步　关闭Chart Editor，完成操作。图3.16显示每个性别中不同词汇量水平组学习者语法后测数据分布的箱图。

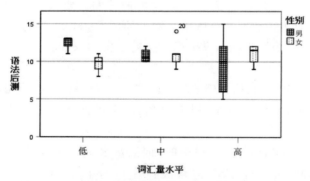

图3.16　不同词汇量水平和性别上语法后测簇状箱图

图3.16显示，在词汇量低水平上，男生语法后测中位数明显高于女生语法后测中位数，且两个箱图没有重合。男、女生语法后测数据分布均呈负偏态(negatively skewed)，男生数据分布更集中。在词汇量中等水平上，女生语法后测中位数稍高于男生语法后测中位数，两个中位数均偏离箱体中央，箱体重合。女生语法后测数据有一个异常值(编号为020，值为14)，使分布的尾巴正偏(positively skewed)。男生数据分布相对集中，呈正偏态。除了异常值之外，女生数据分布也很集中。在词汇量高

水平上,女生语法后测中位数大于男生语法后测中位数,箱图重合。男生语法后测数据分布离散度大,大致对称;女生语法后测数据分布较集中,且呈负偏态。对于不同词汇量水平的男生,中位数随低、中、高水平依次减小。相比较而言,中、高水平组的中位数很接近。在女生组中,中位数值随低、中、高水平依次增大,但是增幅较小。需要提醒的是,本章举例使用的样本量较小($N=30$),在两个变量(词汇量水平和性别)水平上的小组样本量(又称单元格样本量,cell sizes)更小。样本量过小会降低统计分析结论的信度和效度,也会削弱研究结论的推广价值。因此,本章举出的例子只是出于演示的目的,实际研究中应使用更大的样本量。

3.8 点图

点图(Dot Plot)是很简单的图形,因为它只有一个维度。本节介绍简单点图(Simple Dot Plot)。简单点图同直方图(Histogram)一样可以用于探索数据分布的形状。直方图使用箱体(bins)将数据置于其中,用具有概括性的条形图显示箱体数据的频数。虽然简单点图也使用箱体,但是不使用条形图,取而代之的是各个数据点。

【问题 3.12】依据 SPSS 数据文件 ch3data,利用简单点图探索汉语词义后测数据的分布。要求:为图形增加一个内框(inner frame);在图中添加正态曲线(normal curve)。

SPSS 操作步骤如下:

第一步 打开 SPSS 数据文件 ch3data,按 Graphs→Chart Builder 的顺序进入图形制作对话框。在 Choose From 列表中选择 Simple Dot Plot,将简单点图(▦)拖入 Chart preview 区。

第二步 将 Variables(变量)栏中的"汉语词义后测[Chinese]"拖入 Chart preview 区 X-Axis?(X 轴?)所在的矩形框。

第三步 在 Element Properties(元素属性)窗口,选中 Edit Properties of(属性编辑)面板中的 Title 1(标题 1),选择 None(无标题)。

第四步 在 Edit Appearance(编辑外观)栏下勾选 Use custom color, border, and grid lines settings(使用自定义颜色、边缘和网格线设置),再勾选 Frame(方框)栏中的 Inner(内框)。

第五步 点击 OK(确认),完成前期操作。

第六步 双击 SPSS 生成的图形,进入 Chart Editor(图形编辑)窗口。在 Elements(元素)的下拉菜单中选择 Show Distribution Curve(显示分布曲线)。SPSS 默认绘制正态(Normal)曲线,本例只需点击 Close(关闭),关闭 Properties(属性)窗口。

第七步 关闭 Chart Editor,完成操作。图 3.17 显示汉语词义后测数据分布的形状。

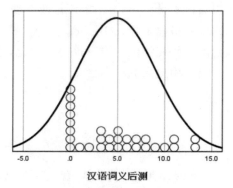

图 3.17 汉语词义后测点图

图 3.17 显示,正态分布参照曲线的中心大约位于数值 5,而汉语词义后测数据分布并非以此为中心,且肩部稍宽。很显然,汉语词义后测数据呈右偏态分布,0 值(有 8 个 0 值)过于集中地分布在左边。图 3.17 与图 3.12 显示相同的数据分布特征。

3.9 散点图

散点图(Scatterplot;Scattergram)是直观地显示连续性变量之间关系的重要图形。散点图的特点是所有数据点(每个数据点代表两个相关变量的值)均在图中显示,有两种用途。一种用途是探索变量之间关系的强弱(强、中等还是弱)和方向(正向还是负向)。另一种用途是探索两个变量之间的关系是否为线性(linearity),即各个数据点是否近似形成一条直线。散点图通常与皮尔逊相关分析(Pearson correlation analysis)和多元回归分析(multiple regression analysis)连用。关于皮尔逊相关分析,见第六章。关于多元回归分析,见第十章。

三种常见的散点图是简单散点图(Simple Scatterplot)、分组散点图(Grouped Scatterplot)和散点图矩阵(Scatterplot Matrix)。简单散点图显示两个连续性变量之间的关系。为了便于探索两个连续性变量之间的关系,我们通常在简单散点图中添加一条最优拟合(直)线(line of best fit,即回归线,regression line)。关于回归线的概念,见第十章。在简单散点图中,回归线越陡峭,数据点越是紧密围绕回归线,两个变量之间的关系就越强。各个散点形成的线条由左下方向右上方倾斜,则两个变量之间的关系为正相关,即一个变量值增大,另一个相关变量值也倾向于增大。各个散点形成的线条由左上方向右下方倾斜,则两个变量之间的关系为负相关,即一个变量值增大,另一个相关变量值却倾向于减小。如果各个散点形成的线条近似成一条水平线(与横坐标轴近似平行),则两个变量之间没有线性关系或线性关系很弱。如果各个数据点近似成一条曲线而非直线,说明两个变量之间有非线性关系。分组散点图用于在一个类别变量的不同水平上探索两个连续性变量之间的关系。散点图矩阵将多个简单散点图以一个矩阵的形式呈现。下面介绍简单散点图和分组散点图。

【问题 3.13】依据 SPSS 数据文件 ch3data,利用简单散点图探索词汇量前测与汉语词义后测之间的关系。要求:词汇量前测作为横坐标,汉语词义后测作为纵坐标,增加刻度标签;为图形增加一个内框(inner frame);在图中增加一条最优拟合线;将图中的网格线由实线改为点线;将词汇量前测对汉语词义后测的预测力(R^2)置于散点图中。

SPSS 操作步骤如下:

第一步　打开 SPSS 数据文件 ch3data,按 Graphs→Chart Builder 的顺序进入图形制作对话框。在 Choose From 列表中选择 Simple Scatter with Fit Line,将带有拟合线的简单散点图(　)拖入 Chart preview 区。

第二步　将 Variables(变量)栏中的"词汇量前测[Pretest]"拖入 Chart preview 区 X-Axis?(X 轴?)所在的矩形框,"汉语词义后测[Chinese]"拖入 Chart preview 区 Y-Axis?(Y 轴?)所在的矩形框。

第三步　在 Element Properties(元素属性)窗口,选中 Edit Properties of(属性编辑)面板中的 Title 1(标题 1),选择 None(无标题)。

第四步　点击 Chart Appearance(图形外观),在 Edit Appearance(编辑外观)栏下勾选 Use custom color, border, and grid lines settings(使用自定义颜色、边缘和网格线设置),再勾选 Frame(方框)栏中的 Inner(内框)。

第五步　点击 OK(确认),完成前期操作。

第六步　双击 SPSS 生成的图形,进入 Chart Editor(图形编辑)窗口。双击图中任一网格线。在出现的 lines(线条)面板中,选择 Weight(权重)下拉菜单中的 0.25,在 Style(样式)的下拉菜单中选择点线。依次点击 Apply(应用)和 Close(关闭)。

第七步　双击纵轴上的任一值,在显示的 Properties 窗口中选择 Labels & Ticks(标签与刻度)。勾选 Major Ticks(主刻度)和 Minor Ticks(次刻度)面板中的选项 Display ticks(显示刻度),采用 SPSS 默认的刻度 Style(样式):Outside(外边),然后依次点击 Apply(应用)和 Close(关闭)。同样,双击横轴上的任一值,以同样的方式勾选 Major Ticks 和 Minor Ticks 中的 Display ticks,再依次点击 Apply(应用)和 Close(关闭)。

第八步 点击图形右上角的 R^2 Linear＝0.038,移动鼠标,使之在方框边呈现带有四个箭头的十字形,然后将包含 R^2 Linear＝0.038 的方框移到图中合适的地方。

第九步 关闭 Chart Editor,完成操作。图 3.18 为显示词汇量前测与汉语词义后测之间关系的散点图。

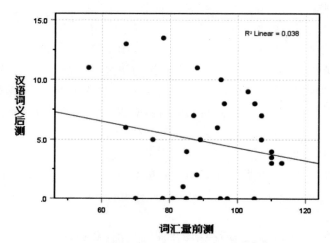

图 3.18 词汇量前测与汉语词义后测关系散点图

图 3.18 显示,最优(线性)拟合线自左向右向下倾斜,倾斜幅度较小,有较多的数据点较远地偏离拟合线,说明拟合线不能很好地拟合数据,词汇量前测与汉语词义后测之间有较弱的负相关关系。图中显示的 R^2 Linear＝0.038 表明,词汇量前测仅能解释或预测汉语词义后测变异(或方差)的 3.8%。

【问题 3.14】依据 SPSS 数据文件 ch3data,以性别为分组变量,绘制分组散点图,探索词汇量前测与汉语词义后测在每个性别水平上的关系。要求:词汇量前测作为横坐标,汉语词义后测作为纵坐标,增加刻度标签;为图形增加一个内框(inner frame);男生组数据点用空心圆表示,变化的线条用黑色实线表示;女生组数据点用正方形图标表示,变化的线条用黑色点线表示。

SPSS 操作步骤如下:

第一步 打开 SPSS 数据文件 ch3data,按 Graphs→Chart Builder 的顺序进入图形制作对话框。在 Choose From 列表中选择 Grouped Scatter,将分组散点图(▱)拖入 Chart preview 区。

第二步 将 Variables(变量)栏中的"词汇量前测[Pretest]"拖入 Chart preview

区 X-Axis?（X 轴?）所在的矩形框,"汉语词义后测[Chinese]"拖入 Chart preview 区 Y-Axis?（Y 轴?）所在的矩形框,"性别[Gender]"拖入 Set color（颜色设置）所在的矩形框。

第三步　在 Element Properties（元素属性）窗口,选中 Edit Properties of（属性编辑）面板中的 Title 1（标题1）,选择 None（无标题）。

第四步　点击 Chart Appearance（图形外观）,在 Edit Appearance（编辑外观）栏下勾选 Use custom color, border, and grid lines settings（使用自定义颜色、边缘和网格线设置）,再勾选 Frame（方框）栏中的 Inner（内框）。

第五步　点击 OK（确认）,完成前期操作。

第六步　双击 SPSS 生成的图形,进入 Chart Editor（图形编辑）窗口。在 Elements（元素）的下拉菜单选择 Fit Lines at Subgroups（分组拟合线）。SPSS 默认的拟合方法（Fit Method）为线性（Linear）。本例接受 SPSS 默认的方式。本例不打算在图形中显示拟合线标签,因而去除在 Properties（属性）窗口中 SPSS 默认的选项 Attach label to line（添加拟合线标签）。依次点击 Apply（应用）和 Close（关闭）,关闭 Properties 窗口。

第七步　双击图例中代表男性的圆圈,出现 Properties 窗口。点击颜色（Color）下方的 Fill（填充）框,在其后的选项中选择白色框；点击边缘（Border）框,在其后的选项中选择黑色框。然后,依次点击 Apply（应用）和 Close（关闭）。同样,双击图例中代表女性的圆圈,出现 Properties 窗口。在窗口的 Marker（标记）面板中,选择标记类型（Type）下拉菜单中的正方形图标。点击颜色（Color）下方的 Fill（填充）框,在其后的选项中选择白色框；点击边缘（Border）框,在其后的选项中选择黑色框,再依次点击 Apply 和 Close。

第八步　双击图例中代表男性的短线,进入 Properties 窗口。在 Lines（线条）颜色（Color）框后选择黑色框,再依次点击 Apply（应用）和 Close（关闭）。同样,双击图例中代表女性的短线,进入 Properties 窗口。在 Lines（线条）面板中,选择样式（Style）下拉菜单中的点线,在 Line（线条）颜色（Color）框后选择黑色框,再依次点击 Apply 和 Close。

第九步　双击纵轴上的任一值,在显示的 Properties 窗口中选择 Labels & Ticks（标签与刻度）。勾选 Major Ticks（主刻度）和 Minor Ticks（次刻度）面板中的选项 Display ticks（显示刻度）,采用 SPSS 默认的刻度样式（Style）:Outside（外边）,然后依次点击 Apply（应用）和 Close（关闭）。同样,双击横轴上的任一值,以同样的方式勾选 Major Ticks 和 Minor Ticks 中的选项 Display ticks,再依次点击 Apply 和 Close。

第十步　关闭 Chart Editor,完成操作。图3.19显示在每个性别水平上词汇量前测与汉语词义后测之间的关系。

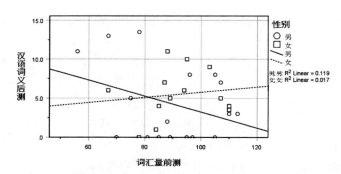

图 3.19　每个性别水平上词汇量前测与汉语词义后测之间的关系

图 3.19 显示,就男生而言,拟合线由左向右呈现一定幅度的向下倾斜,表明词汇量前测与汉语词义后测有一定程度的负向关系,词汇量前测能够预测汉语词义后测变异的 11.9%。但是,各个数据点在拟合线周围的分布较分散,且有先降后升之势,即词汇量前测和汉语词义后测之间有曲线性关系。就女生而言,拟合线由左向右呈现较弱的向上倾斜之势,表明词汇量前测与汉语词义后测有很弱的正向关系。各个数据点在拟合线周围的波动性很大,似乎呈无规则变化,线性变化趋势不明显,词汇量前测仅预测汉语词义后测变异的 1.7%。本例样本量较小,在大样本情况下词汇量前测与汉语词义后测之间的关系随性别水平的变化模式是否如图 3.19 所示,尚需进一步研究。

3.10　P-P 图

P-P 图(Probability-Probability Plot;P-P Plot)是概率图,是对比一个变量累积概率(cumulative probability)与某个理论分布累积概率的图形。它常用于诊断一个连续性变量是否为正态分布(normal distribution)随机变量。

在正态性诊断 P-P 图中,样本观测值累积概率位于横轴(或纵轴),期望正态累积概率值位于纵轴(或横轴)。在绘制 P-P 图时,样本观测值累积概率值的计算采用分数秩估计方法(fractional rank estimation methods)。一种常见的估计方法是 Blom 方法(Blom,1958)。将样本观测值排序,利用以下 Blom 公式计算各个分数秩估计值:$\frac{r_i - 3/8}{n + 1/4}$,其中 r_i 是第 i 个秩次($i = 1, \ldots, n$),n 是样本量。计算排序后的样本观测值的标准分(即 Z 分数,详见第四章),再计算标准分对应的正态累积概率值。如果样本数据符合正态分布,P-P 图中的各个点就会落在或近似落在对角直线上。图 3.20

为两组数据分布的 P-P 图。

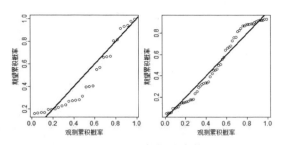

图 3.20　显示不同数据分布的 P-P 图

图 3.20 中的左分图显示数据点的分布近似 S 形,下(左)尾巴数据点的分布较为集中,上(右)尾巴较长,由此认为样本数据呈正(右)偏态分布。右分图显示数据点的分布较为集中和对称,中间数据点位于对角直线的下方,由此认为样本数据呈负峰态分布(分布的尾巴轻)。

【问题 3.15】依据 SPSS 数据文件 ch3data,利用 P-P 图诊断语法后测数据是否服从正态分布。

SPSS 操作步骤如下:

第一步　打开 SPSS 数据文件 ch3data,按 Analyze(分析)→Descriptive Statistics(描述性统计)→P-P Plots…(P-P 图……)的顺序,进入 P-P Plots 主对话框。

第二步　在 P-P 图主对话框中,将左栏变量"语法后测[Grammar]"键入 Variables(变量)栏中。SPSS 默认采用 Blom 方法估计样本观测值累积概率,本例采用默认方式。

第三步　点击 OK(确认),完成操作。图 3.21 为语法后测数据正态性诊断的 P-P 图。

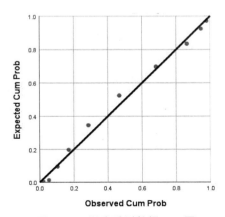

图 3.21　语法后测数据 P-P 图

图 3.21 显示,观察累积概率值与期望累积概率值大致围绕一条直线,只是在下尾巴有个别数据点一定程度上偏离直线,由此认为语法后测数据近似服从正态分布。

3.11 Q-Q 图

Q-Q 图(Quantile-Quantile Plot)显示经验分布(empirical distribution,即样本数据分布)分位数(quantiles)相对于理论分布分位数变化的趋势。分位数是等份额划分一组由小到大排序数据的数值。例如,四分位数(quartiles)是分位数的一个特殊类别,将一组由小到大排序的数据平均分为四个等分。箱图的绘制利用四分位数。十分位数(deciles)和百分位数(percentiles)也是分位数的特殊类别。十分位数将一组由小到大排序的数据平均分为十个等分;百分位数将一组由小到大排序的数据平均分为一百个等分。同直方图、箱图和 P-P 图一样,Q-Q 图也用于诊断经验分布是否服从正态分布(或其他理论分布)。Q-Q 图的横坐标是正态分布中由小到大排序的分位数,纵坐标是样本数据的分位数(按由小到大排序的数值)。在样本数据正态分布的诊断中,如果两个分布分位数形成或近似形成一条直线(作为正态性诊断的参照线),说明经验分布为正态分布。

Q-Q 图类似于 P-P 图,但是 Q-Q 图提供更多的数据分布信息。根据 Keen(2010:120),Q-Q 图揭示数据分布的六个主要特征:

(1) 如果只有几个点落在参照线之外,这些点可能是异常点。

(2) 如果数据分布左端在参照线之上,右端在参照线之下,数据分布两端可能有短尾巴。

(3) 如果数据分布左端在参照线之下,右端在参照线之上,数据分布两端可能有长尾巴。

(4) 如果数据分布是曲线模式(curved pattern),坡度(slope)自左向右增加,则数据分布右偏。

(5) 如果数据分布是曲线模式,坡度自左向右减少,则数据分布左偏。

(6) 如果数据分布是阶梯状模式(step-like pattern),有高原(plateaus)和断层(gaps),则数据为舍入(rounded)、截断(truncated)或离散性(discrete)数据。

图 3.22 为两组样本数据分布正态性检验的 Q-Q 图。

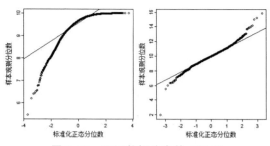

图 3.22　不同数据分布的 Q-Q 图

左分图显示,数据分布不对称,下(左)尾巴有较多的值远远地向下偏离正态分布参照线,说明小值较多,有异常值存在;上(右)尾巴数据分布较为集中。观测数据分布曲线坡度自左向右减小,说明数据分布左偏(负偏)。右分图显示,数据分布较为对称,左端在参照线之下,右端在参照线之上,说明数据分布两端有长尾巴,有异常值存在。

【问题 3.16】依据 SPSS 数据文件 ch3data,利用 Q-Q 图诊断语法后测数据是否服从正态分布。要求:将横坐标和纵坐标转置(transpose);将横坐标标签设为"正态分位数",纵坐标标签设为"观测分位数"。

SPSS 操作步骤如下:

第一步　打开 SPSS 数据文件 ch3data,按 Analyze(分析)→Descriptive Statistics(描述性统计)→Q-Q Plots…的顺序,进入 Q-Q Plots 主对话框。

第二步　在 Q-Q 图主对话框中,将左栏变量"语法后测[Grammar]"键入 Variables(变量)栏中。窗口所有选项采用 SPSS 默认的方式。

第三步　点击 OK(确认),完成前期操作。

第四步　双击 SPSS 生成的图形,进入 Chart Editor(图形编辑)窗口。在 Options(选项)的下拉菜单中选择 Transpose Chart(转置图),可以看到图形中的横坐标和纵坐标发生了转化。

第五步　双击纵坐标标签,将之改为"观测分位数"。双击横坐标标签,将之改为"正态分位数"。

第六步　关闭 Chart Editor,完成操作。图 3.23 为语法后测数据正态性诊断 Q-Q 图。

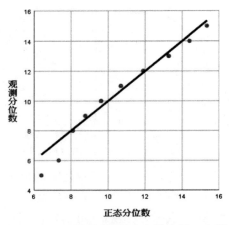

图 3.23　语法后测数据正态性诊断 Q-Q 图

图 3.23 显示语法后测数据较为紧密地围绕正态参照线，只是下尾巴有两个点一定程度上偏离正态参照线，疑为异常值。图 3.23 与图 3.21 揭示大致相同的数据分布特点，但是图 3.23 更为清晰地显示出数据分布可能存在的异常值。

问题与思考

1. 依据 SPSS 数据文件 ch3data，利用多重线图探索英语词义后测平均数随词汇量水平和性别变化的趋势。要求：纵坐标标签为"英语词义后测平均数"；男生英语词义后测平均数变化的线条用实线，平均数标记为正方形图标；女生英语词义后测平均数变化的线条用虚线，平均数标记为菱形图标；用误差条显示各组平均数 95% 置信区间。

2. 依据 SPSS 数据文件 ch3data，绘制简单条形图，比较不同词汇量水平组学习者在语法后测平均数上的差异。要求：将纵坐标标签设置为"语法后测平均数"，用误差条显示各个词汇量水平组平均数 95% 置信区间。

3. 依据 SPSS 数据文件 ch3data，绘制簇状条形图，简要分析英语词义后测平均数随词汇量水平和性别变化的趋势。要求：用误差条显示各组平均数 95% 置信区间；为图形增加一个内框（inner frame）。

4. 条形图和直方图有什么相同点和不同点？它们各自的用途是什么？

5. 依据 SPSS 数据文件 ch3data，绘制簇状箱图，比较不同词汇量水平中不同性别组学习者汉语词义后测数据的分布。要求：为图形增加一个内框（inner frame）；针对男生数据的箱体用灰色图标▨显示；针对女生数据的箱体用灰色图标▨显示；为横坐标和纵坐标增加刻度线（tick marks）。

6. 依据 SPSS 数据文件 ch3data，以性别为分组变量，绘制分组散点图，探索词汇量前测与语法后测在每个性别水平上的关系。要求：词汇量前测作为横坐标，语法后测作为纵坐标，增加刻度标签；男生组数据点用正方形图标显示，变化的线条用黑色实线表示；女生组数据点用菱形图标显示，变化的线条用黑色虚线表示。

7. 依据 SPSS 数据文件 ch3data，利用 Q-Q 图诊断英语词义后测数据分布的特点。要求：将横坐标和纵坐标转置（transpose）；将横坐标标签设为"正态分位数"，纵坐标标签设为"观测分位数"。

8. 试析直方图、箱图、P-P 图和 Q-Q 图在探索数据分布特征方面的异同点。

9. 一组连续性变量数据的五数总括（five-number summary）为：a（最小值）、20（下四分位数）、b（中位数）、40（上四分位数）和 c（最大值）。试问：如果箱图诊断显示有异常值，箱图最大触须长度是多少？

10. 用五数总括（five-number summary）描述以下一组数据分布的特点，并指出是否有异常值：10,11,12,13,13,14,15,16,17,18,20,27。

第四章 统计中的基本概念
Chapter Four Basic Statistical Concepts

不同的统计分析采用不同的数据处理手段。例如,在对两个独立样本(independent samples)的平均数差异进行参数检验(parametric test)时,我们要采用独立样本 t 检验(t-test)。如果比较两个以上的多个独立样本的平均数差异,常用的参数检验方法是方差分析(ANOVA,analysis of variance)。不管采用何种统计检验方法,我们都要熟悉一些基本的统计概念。不了解基本的统计概念,即使对 SPSS 的操作程序相当熟悉,那也于事无补。只有掌握了基本概念,我们才有可能去深入地探索与分析数据。本章介绍的基本统计概念包括:样本与总体、平均数、中位数与众数、方差、标准差与标准误差、标准分、置信区间、统计显著性、第一类错误、第二类错误与统计效力以及正态分布等。

4.1 样本与总体

总体(population)是与某项具体研究有关的所有可能的参与者(participants)或对象(objects)。样本(sample)是总体的一个子集(subset)。大多数情况下,我们不可能得到总体,只能通过样本来推断总体特征。从总体中获得样本的过程称作抽样(sampling)。由于每次抽样得到的样本不同,样本统计量(statistic)(如样本平均数)与总体参数(parameter)(如总体平均数)之间总会存在或多或少的差异。这种差异称作抽样误差(sampling error)。最理想的抽样方法是随机抽样(random sampling),使总体中的每个成员均有同样的机会被抽取到。随机抽样的好处在于,在样本量(sample size)大的情况下,样本能够充分代表总体。本节介绍四种抽样方法:简单随机抽样(simple random sampling)、分层抽样(stratified sampling)、系统抽样(systematic sampling)和方便抽样(convenience sampling)。

如果总体数量(N,总体中的个案数或人数)不大,一种简单的、非正式的抽样方法是抽签。譬如,要从 $N=60$ 的学生群体中随机抽取一个 $n=5$ 的样本,我们可以把 60 名学生的名字写在 60 张小纸条上,将它们放在帽子里或纸箱里并且充分混合,然

第四章　统计中的基本概念

后从中随机抽取 5 张纸条。不过,如果总体数量很大,这种方法就会不太方便。比较正式的抽样方法是利用随机数字表(table of random numbers)或者利用 SPSS 等软件生成的随机数字。譬如,要从 $N=30$ 的学生群体中随机抽取一个 $n=5$ 的样本,我们首先将这些学生按照 001—030 方式编号(ID),将其输入 SPSS 数据窗口。按照 File→New→Syntax 的步骤打开 SPSS 句法编辑(Syntax Editor)窗口,输入以下命令:

SET SEED=12345.
COMPUTE random=RV.NORMAL(0,1).
EXE.
DATASET ACTIVATE DataSet1.
SORT CASES BY random.

再点击 Run→All,执行这一命令。以上命令设置的随机种子(random seed)为 12345,使结果可以被重复。生成随机数字使用的分布为平均数为 0、标准差为 1 的正态分布。利用 SPSS 的 sort cases(个案排序)功能对生成的随机数字排序,如表 4.1 所示。

表 4.1　简单随机抽样

编号(ID)	随机数字	编号(ID)	随机数字
030	−2.82	004	−.14
013	−1.60	015	−.04
007	−1.29	002	−.03
009	−.96	016	.14
024	−.86	012	.23
005	−.83	029	.35
027	−.59	014	.35
017	−.48	020	.44
018	−.41	019	.48
006	−.39	001	.84
010	−.32	028	1.25
026	−.28	022	1.25
003	−.25	023	1.45
011	−.24	025	1.68
021	−.22	008	2.07

表4.1显示,这批学生原始编号的顺序被打乱。由于随机数字的"随机性",它们所代表的学生也就具有随机性。编号为030、013、007、009和024的学生便构成了一个随机样本。使用SPSS随机抽样的另外一种方法是利用以下窗口菜单:Data(数据)→Select Cases…(选择个案)→Random sample of cases(个案随机样本)→Sample(样本)…。

分层抽样先按照某个特征将总体分成若干层级,使每个层级具有某种同质性(homogeneity),再对每个层级进行简单抽样。分层抽样的好处是,样本在每个层级上都能够很好地代表总体,从而减少抽样误差。譬如,在调查某个学校在校本科生对自主学习的认识时,根据不同年级对学生进行随机抽样调查。分层抽样和简单随机抽样都需要有一个框架(frame)——总体中所有个体的名单。

当我们没有总体中所有个体的名单时,系统抽样是一个很好的选择。系统抽样指按照同样的间隔从总体中抽取个体(成员)。譬如,在调查大学生对图书馆服务的满意度时,我们决定从每5个($k=5$)离开图书馆的学生中选择一名学生接受调查,调查的学生数为50($n=50$)。我们首先确定一个位于1—5之间的随机数字作为起始值,譬如3。第3个离开图书馆的学生就是第一个调查对象。随后,第8和第13个离馆的学生依次接受调查,如此下去,直至调查第248个学生($3+49×5$)为止。系统抽样面临的一个主要问题是,如何恰当地确定间隔数,即k值。k值必须小至能够得到所需的样本量,同时又能大到使样本足以代表总体(Sullivan,2018:58)。例如,在前面的例子中,我们需要近似估计总体数量(N),即全天(上午、下午和晚上)去图书馆学习的学生数,根据所需样本量n,大致估算间隔人数k(取N/n的整数部分)。如果每天去图书馆学习的学生数达到1000人,仅一个上午就有300名学生去图书馆,那么$k=5$就不妥,因为下午和晚上去图书馆的学生没有被抽样调查。

以上三种抽样方法中,个体选择是随机的。在实际研究中,随机抽样有时很难实施,研究者可能会采用其他抽样方式,如方便抽样(convenience sampling)。在二语习得研究中,最常用的方便样本(convenience sample)是教学自然班(intact class)。由于方便样本不是通过随机抽样得到的,因而在总体代表性(representativeness)方面通常很弱。另外一种方便样本是自愿应答样本(voluntary response sample),由自我选择(self-select)参与研究的个体组成。这些自愿者在兴趣和动机等方面与总体中的其他成员之间可能存在很大的差异,由此类样本对总体进行推断必须特别谨慎。

4.2 平均数、中位数、众数

平均数、中位数和众数都用于一组数据的集中趋势(central tendency)测量,其中平均数最为常用,中位数次之,众数最不常用。集中趋势同离散性(dispersion)(又称伸展度,spread)以及分布形状(shape of a distribution)一样都属于描述性统计(descriptive statistics)范畴。

平均数(mean),又称均值或算术平均数(arithmetic mean),是一组数值之和与数值总个数之比,以典型值的方式概括一组数据。样本平均数记作 $\bar{X}$ 或 M,计算公式为:

$$\bar{X}=\frac{1}{n}\sum X_i \qquad (公式4.1)$$

其中,$\sum$ 是求和符号,X_i 代表第 i 个数值或观测值,n 是样本量(即观测值总个数)。

总体平均数是总体参数(parameter),记作 μ,计算公式为:

$$\mu=\frac{1}{N}\sum X_i \qquad (公式4.2)$$

其中,N 是总体数量。总体平均数通常是未知的,用样本平均数来估计。由公式 4.1 可知,样本平均数的计算过程比较简单。譬如,某个英语专业班级学习者($n=20$)在一次听力考试中的成绩分布(百分制)如下:71,70,80,79,80,65,77,78,72,75,78,76,72,73,71,76,73,65,69,72。该班听力成绩平均数为 $\bar{X}=\frac{71+70+\cdots+69+72}{20}=73.6$。样本平均数的一个特点是,各个观测值与平均数离差之和为 0。在上面的例子中,$(71-73.6)+\cdots+(72-73.6)=(71+\cdots+72)-73.6\times 20=(71+\cdots+72)-(71+\cdots+72)=0$。与之相联系的另外一个特点是,样本平均数(与各个观测值)离差平方和是所有离差平方和中的最小值。下面我们对之作简要证明。令 c 为任意值,则 $\sum(X_i-c)^2=\sum[(X_i-\bar{X})+(\bar{X}-c)]^2=\sum(X_i-\bar{X})^2+2\sum(X_i-\bar{X})(\bar{X}-c)+\sum(\bar{X}-c)^2=\sum(X_i-\bar{X})^2+2(\bar{X}-c)\sum(X_i-\bar{X})+\sum(\bar{X}-c)^2$。由于 $\sum(X_i-\bar{X})=0$,因此上式简化为 $\sum(X_i-\bar{X})^2+\sum(\bar{X}-c)^2$。要使 $\sum(X_i-\bar{X})^2+\sum(\bar{X}-c)^2$ 最小,$\sum(\bar{X}-c)^2=0$,即 $c=\bar{X}$。这就是平均数常被用作集中趋势测量或作为典型值的主要原因。

中位数(median, Mdn),又称中数,是样本数据值由小到大按顺序排列后的中间数值(halfway value)。如果一组数值的样本量是偶数,在其中找不到一个数值正好把一组数据平均分成两半,则把中间一对数值的平均值作为中位数。假如一组数据已经按照由小到大的顺序排列,n 是偶数,令 $m=n/2$,则中位数计算公式为:

$$Mdn = \frac{X_{(m)} + X_{(m+1)}}{2}$$ （公式 4.3）

其中,下标(·)表示顺序值。如果一组数值的样本量是奇数,则位于中间的一个数是中位数。若 n 是奇数,一组数据已经按照由小到大的顺序排列,令 $m=(n+1)/2$,则中位数计算公式为:

$$Mdn = X_{(m)}$$ （公式 4.4）

譬如,将上面的听力成绩由小到大排序,得到:65,65,69,70,71,71,72,72,72,73,73,75,76,76,77,78,78,79,80,80。由于本例 $n=20$ 是偶数,中间数值有两个,即两个 73。这两个值相同,该组数据的中位数为 73。再如,另一个英语专业班级($n=21$)在一次听力考试中的成绩分布(百分制)如下:79,83,80,73,82,80,76,75,73,70,79,78,82,80,76,72,78,88,82,75,84。将以上数据由小到大排列,得到:70,72,73,73,75,75,76,76,78,78,79,79,80,80,80,82,82,82,83,84,88。本例中,$m=11$,$Mdn=X_{(11)}=79$。在这个例子中,如果采用样本平均数,则 $\bar{X}\approx 78.33$,与中位数很接近。但是,如果在以上数据中增加一个值($n=22$),如 25,则样本中位数发生微小的变化,即 $Mdn=78.5$,但是样本平均数明显减小,即 $\bar{X}\approx 75.91$。如果增加的一个值使样本平均数发生明显变化,这个值称作异常值(outlier)或极端值(extreme value)。异常值位于数值分布的极端,既可能是极大值,也可能是极小值。上面的例子表明,同中位数相比,平均值易受到异常值的影响。在有异常值时,平均数不能很好地反映数据的集中趋势。平均数的计算考虑到每个值,而中位数的计算只考虑中间值。当样本来自正态分布的总体时,样本平均数的标准误差(standard error)比样本中位数的标准误差要小,因而对总体参数的估计更精确。

在集中趋势测量中,除了平均数和中位数之外,还有众数(mode, Mo)。众数是一组数据中出现频次最高的数值。譬如,在(1,5,7,7,7,9,18,22)数据集中,7 出现 3 次,其他数值各出现 1 次,因此 7 是众数。当然,众数不一定是唯一值,可以是 2 个或 2 个以上值。在(3,4,5,7,7,9,19,12,12,29)数据集中,7 和 12 都是众数。对于连续性变量数据,众数是三种测量中最不精确的集中趋势测量。例如,(13,15,16,17,19,20,18,14,25,25)是一组连续性变量测量值,众数是 25,但是它又是最大值,不具有代表性或典型性。众数更适合于名义或定序数据的描述性统计。如果以上数据是名义变量测量值,13 和 15 等数值代表每个类别上的频数,那么众数 25 表示在两个类别上出现的频数最多。

在数据分布描述中常会使用众数的概念。譬如,如果样本数据有两个众数,则数据分布称作双峰态(bimodal)。如果样本数据有两个以上的众数,则数据分布称作多峰态(multimodal)。在后面学习正态分布时,我们会发现正态分布的一个典型特点是单峰态(unimodal)。

本书讨论的统计推理参数检验依据平均数(和方差)。但是要注意,平均数适用于连续性数据(包括定距或定比数据),不适用于名义数据,也不太适用于定序数据。在使用5点式利克特量表(Likert scale)数据的统计分析中常使用平均数,不过结果的解释有时会面临困难。相比之下,中位数更适合于定序数据。另外,使用平均数的统计检验(常称作参数检验)要求数据服从或近似服从正态分布。当数据有异常值、违反正态分布时,相对于平均数,中位数是更好的选择。

4.3 方差、标准差和标准误差

数据的集中趋势和离散性是数据描述中不可分割的两个方面。平均数、中位数和众数测量一组数据的集中趋势,方差(variance,简称 s^2 或 S^2)和标准差(standard deviation,简称 SD、s 或 S)则是测量一组数据的变异性(variability)或彼此差异的程度。变异性与前面提到的离散度和伸展度同义。计算上,方差等于各个观测值与平均数离差(deviation from the mean)的平方和(sum of squares)除以自由度(degrees of freedom),可用以下公式表示:

$$S^2 = \frac{\sum (X_i - \bar{X})^2}{n-1}$$

(公式 4.5)

其中,X_i 是样本观测值,$\bar{X}$ 是样本平均数,n 为样本量,$n-1$ 是自由度。自由度是样本中可以自由变化的观测值的个数。使用 $n-1$ 而不使用 n 的主要理由是要确保样本方差 S^2 是总体方差 σ^2 的无偏估计。如果用 n 作为公式4.5的分母,样本方差会低估总体方差;随着样本量的增大,估计偏差趋于减小。样本标准差是样本方差的算术平方根。方差和标准差是应用最为广泛的离散性测量。方差和标准差越大,说明数据分布越分散,偏离平均数的程度就越大。方差和标准差越小,说明数据分布就越集中,偏离平均数的程度就越小。方差改变了原数值的测量单位,标准差保留了原数值的测量单位,因而方差主要用于统计计算,标准差用于数据解释。

样本平均数的标准差常称作平均数标准误差(standard error of mean)或简称标准误差(SE)。它是对统计量与总体参数(平均数)之间抽样误差(sampling error)的

测量,反映样本平均数的离散程度。标准误差的计算公式为:

$$SE = \frac{\sigma}{\sqrt{n}}$$

(公式 4.6)

其中,σ 是总体标准差,n 是样本量。由于 σ 通常是未知的,在大样本的情况下,可用样本标准差(S)代替总体标准差(σ),即

$$SE = \frac{S}{\sqrt{n}}$$

(公式 4.7)

样本量越大,标准差越小,抽样标准误差就越小,样本平均数就越接近总体平均数,样本的代表性也就越好,反之亦然。标准误差可用于估计总体参数的区间,这种估计称作区间估计(interval estimate)。平均数(和中位数等)称作点估计(point estimate),因为它只用一个值来估计总体参数。

虽然标准误差与标准差都表示离散性,但是它们之间有重要的区别:标准误差是反映样本统计量(即平均数)离散性的测量,标准差则是反映样本观测值离散性的测量。我们来看一个例子。假设我们从 $\mu=10$ 和 $\sigma=2.5$ 的正态分布总体中随机抽样得到 10000 个样本($n=30$),计算每个样本的平均数,得到 9.882241、10.445846、10.061051 等 10000 个平均数。由这些平均数得到一个抽样分布(sampling distribution)直方图,如图 4.1 所示。

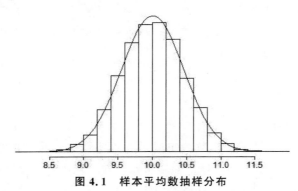

图 4.1　样本平均数抽样分布

图 4.1 中的曲线为正态(分布)曲线(normal curve)。图 4.1 显示,这些平均数以 $\mu=10$ 为中心,且呈正态分布。由这些平均数计算得到的标准差 $SD=0.453$ 与理论分布计算得到的标准误差(见公式 4.6)$SE=0.456$ 非常接近。这个例子说明,标准误差是样本平均数的标准差。

4.4 标准分

标准差的一个重要应用是将样本原始分(观测值)标准化,得到标准分(standard score)。标准分,又称 Z 分数(Z-score),是原始分与平均数的离差除以标准差后得到的值,即

$$Z = \frac{X_i - \bar{X}}{S} \qquad (公式 4.8)$$

其中,X_i 为样本原始分,$\bar{X}$ 为样本平均数,S 为样本原始分标准差。一组数据各个标准分的平均数是 0,标准差是 1。后面提到的标准正态分布就是利用了标准分的这一特点。需要注意的是,标准正态分布的平均数是 0,标准差是 1,但是平均数是 0、标准差是 1 的分布未必是正态分布。标准分能够表明原始分数偏离平均数的方向(标准分有正负值之分)和程度,不仅可以表示原数据在同一分布中的位置,还可以用来比较不同分布中原数据的相对大小。

【问题 4.1】SPSS 数据文件 ch3data 中编号为 015 的学生是词汇量前测考得好一些还是汉语词义后测考得好一些?

【解】该生的英语词汇量前测成绩为 96 分,汉语词义后测成绩为 8 分。由于两类测试成绩分布不同,因此我们不能根据原始分做判断,需要用到标准分。通过对样本原数据的计算得出,词汇量前测平均分是 $M=90.47$,标准差为 $SD=14.84$,汉语词义后测平均分为 $M=4.83$,标准差为 $SD=4.21$。利用标准分计算公式 4.8 得出:$Z_{词汇量}=(96-90.47)/14.84≈0.37$,$Z_{词义}=(8-4.83)/4.21≈0.75$。由此认为,该生的汉语词义后测考得好一些。

在实际研究中,我们可以利用 SPSS 直接计算各个原数值的标准分。以词汇量前测为例,操作步骤为:按 Analyze→Descriptive Statistics→Descrptives… 的操作顺序打开对话框,勾选 Save standardized values as variables(将标准化值保存为变量),将"词汇量前测[Pretest]"键入"变量"(Variable(s))栏,点击 OK(确认)。在 SPSS 数据视窗,原数据中会显示新变量及其标准分。

4.5 置信区间

由样本估计总体的参数可以用点估计(point estimate)。我们可以用样本平均数

或方差等估计总体的平均数或方差。点估计容易受到样本的影响，区间估计（interval estimate）则克服了这一局限。这里的区间是指置信区间（confidence interval, CI）。置信区间是某个参数（如总体平均数）可能落入的取值范围。置信区间表示为 $(1-\alpha)\times 100\%$，其中 α 是第一类错误率（type I error rate, α）。95% 置信区间表示在所有样本中大约有 95% 的样本得到的置信区间会包括总体参数，置信水平（confidence level）是 95%，第一类错误率为 $\alpha=0.05$（小数点前面的 0 可以省略，即 $\alpha=.05$）。99% 置信区间指在所有样本中大约有 99% 的样本得到的置信区间会包括总体参数，置信水平是 99%，第一类错误率为 $\alpha=0.01$。99% 置信区间的置信水平比 95% 置信区间的置信水平高，但是区间宽度（width）增大。95% 置信区间是最常用的置信区间。置信区间有两个极限（limits），一个是下限（lower limit, $L(X)$），另一个是上限（upper limit, $U(X)$）。置信区间可以表示为 $[L(X), U(X)]$，其中 X 是随机变量。

总体平均数置信区间的计算假设抽样来自正态分布。在总体标准差（σ）已知的条件下，总体平均数 95% 置信区间的计算公式为：

$$95\% CI = \bar{X} \pm 1.96 \frac{\sigma}{\sqrt{n}} \qquad \text{（公式 4.9）}$$

其中，$\bar{X}$ 为样本平均数，$\frac{\sigma}{\sqrt{n}}$ 为样本平均数标准误差 SE，n 是样本量。平均数抽样分布 95% 置信区间的 Z 分数在 -1.96 和 $+1.96$ 之间，1.96 是标准正态分布概率值 0.975 对应的分位数。

在总体标准差未知的情况下，用样本标准差（S）来估计，$(1-\alpha)\times 100\%$ CI 为：

$$(1-\alpha)\times 100\% \ CI = \bar{X} \pm t_{2\text{-tail},(1-\alpha/2),n-1} \frac{S}{\sqrt{n}} \qquad \text{（公式 4.10）}$$

其中，$t_{2\text{-tail},(1-\alpha/2),n-1}$ 为双尾（two-tailed）t 分布（自由度 $v=n-1$）中概率值 $1-\alpha/2$ 对应的分位数，常称作临界值（critical value）。关于 t 分布，详见第七章。随着样本量 n 增大，$t_{2\text{-tail},(1-\alpha/2),n-1}$ 接近标准正态分布 Z 分数。例如，在 $n=100$ 和 $\alpha=0.05$ 时，双尾 t 检验临界值约为 1.98，接近标准正态分布 Z 分数（1.96）。

【问题 4.2】从全国某次英语专业四级考试试卷中随机抽取 100 份，其平均成绩是 58 分，标准差是 3 分，样本数据满足正态分布假设。试估计全国本次英语专业四级考试平均成绩 95% 的置信区间。

【解】依题意可知，$\bar{X}=58, S=3, n=100$。根据公式 4.7，样本平均数的标准误差为：$SE = \frac{3}{\sqrt{100}} = 0.3$。已知 $t_{0.975,99} \approx 1.98$。根据公式 4.10，全国本次英语专业四级考

试平均成绩95%的置信区间为:[57.41,58.59]。

需要注意的是,置信区间是随机区间,随着样本的改变,置信区间也会随之改变。当我们说"我们有95%的信心认为总体平均数位于某个区间"时,它的意思是,如果我们反复随机抽样得到同样大小的样本,借此计算出一系列的区间,那么(近似)95%的区间应该包含总体平均数。具体的某个区间只是一系列区间中的一个,我们不能确信这个区间就一定包含总体平均数。我们能够确信的是,平均看来,如此反复抽样构建的置信区间中会有95%的区间包含总体平均数。我们的置信度(confidence)是针对生成置信区间的过程,而不是针对某个区间做概率(probability)陈述。概率是未来事件而非已发生事件相对频率的期望值。针对某个区间来说,包含被估计的总体参数值的概率要么为1,要么为0,即该区间要么包括总体参数,要么不包含总体参数。

我们假设总体平均数和标准差已知,通过模拟(simulation)手段进一步了解置信区间的本质。我们从平均数μ为40、标准差σ为3的正态分布总体中随机抽取100个样本,每个样本量n均为25。当$\alpha=.05$时,包含平均数40的置信区间期望数应为95,不包括平均数40的置信区间期望数应为5。图4.2显示基于各个样本平均数估计正态分布总体平均数的95%置信区间。

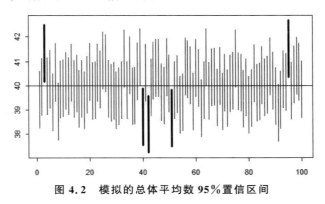

图4.2 模拟的总体平均数95%置信区间

图4.2中,横坐标代表模拟的次序,纵坐标为模拟得到的95%置信区间值。图中细线表示包括总体平均数$\mu=40$的置信区间,共有95个这样的区间,各个区间的宽度不相同;粗线表示不包括总体平均数$\mu=40$的置信区间,区间数共有5个,其中2个区间位于经过40的水平线之上,3个区间位于经过40的水平线之下,各个区间的宽度也不相同。模拟结果表明,置信区间受抽样误差的影响,具有随机性。在总体平均数未知时,95%置信区间使我们能够对总体平均数的大小有较好的了解。

4.6 统计显著性

所有传统的统计分析都会涉及统计显著性(statistical significance)的问题。譬如,t 检验(或 ANOVA)推断两个(或两个以上)样本的平均数是否具有统计显著性差异。卡方(chi-square,χ^2)检验分析观测值(observed values)是否明显地不同于期望值(expected values)。相关分析(correlation analysis)和回归分析(regression analysis)检验两个或多个变量之间关联的显著性。

显著性水平(significance level,α)是事先确定的、错误拒绝零假设所承担的风险。显著性概率(significance probability,p)是在零假设为真的情况下,得到本研究之值或更极端之值的概率,即观察值之外的尾巴分布的概率。Significant 一词的常见意思是"有意义的"(meaningful)和"重要的"(important),但是在统计学中,significant 译作"显著(性)的"或"有显著意义的",意为"可能为真""非随机的"。统计显著性表明某个结果的出现不太可能出于偶然因素或随机变化。在研究报告中,α 和 p 通常是联系在一起的。假定 $\alpha=.05$,$p=.04$,常用的标准表述形式是:在.05 的显著性水平上,零假设被拒绝;或是 $p=.04<.05$。小于.05 的 p 值表明,在零假设为真的情况下某个结果(或更极端结果)出现的可能性不到 5%,由此推断该结果有统计显著性意义(significant)。当某个结果的显著性概率落在.05—.10 之间时,该结果可被看作具有边际显著性意义(marginally significant)(George & Mallery,2006:96)。如果某个结果的显著性水平落在.10 之外,通常认为该结果没有统计显著性意义。实际研究中,选择.05 还是.01 作为显著性水平的阈限值(threshold)取决于研究者对研究结论的严格程度。如果某项研究针对一种重要的药物,希望有很大的把握确信该药物不会伤害病人,我们就要选择保守(conservative)值.01(Brown,1991)。这样,非偶然性(nonchance)结果发生的概率就高达 99%。如果研究某种作文教学新方法是否比传统的教学方法更有效,我们就不一定需要那么严格了,可以接受较宽松(less restrictive)值.05,即接受非偶然性结果发生的概率为 95%。在社会科学研究中,$\alpha=.05$ 是被广泛采用的显著性水平阈限值。

显著性检验(test of significance)是用于支持或拒绝某个假设的推理方法。所有的显著性检验都始于虚无假设或零假设(null hypothesis,记作 H_0)。零假设是没有被证实的假设。它的提出是因为我们相信它为真或是因为我们把它当作论证的基础。与零假设对立的假设是备择假设(alternative hypothesis,记作 H_1 或 H_a),也称研究假设(research hypothesis)。备择假设可以是单侧的(one-sided)或单尾的(one-tailed),也可以是双侧的(two-sided)或双尾的(two-tailed)。单侧的备择假设假定某个参数值(比如总体平均数)比零假设中的值大或小。双侧的备择假设假定某个参数值不等于零假设中的值。在统计检验中,既可以提出这两种假设,也可以只提出零假设。构建假设后,我们要确定显著性水平α,然后计算统计量,最后做出推论:拒绝或不拒绝零假设。

这里用一个简单的例子说明假设检验的基本过程。假如我们比较两个独立组($n_1=n_2=20$),它们的平均数为 $\bar{X}_1=9.14$,$\bar{X}_2=7.09$,计算得到统计量 $t(38)=2.53$。在 $\alpha=.05$ 的水平上,依据自由度为 $df=(20-1)+(20-1)=38$ 条件下的 t 分布,双尾检验统计显著性推断方法如图 4.3 所示。

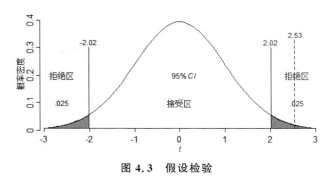

图 4.3　假设检验

图 4.3 显示两大区域,一个是接受区(acceptance region;严格意义上,非拒绝区),另一个是拒绝区(rejection region)。接受区为 $1-\alpha=95\%$ 置信区间(CI)。零假设为真时,在 0.95 的置信水平上样本统计量 t 值介于 ± 2.02 之间。在 ± 2.02 区间之外的区间为拒绝区。本例采用双尾检验,在下尾巴和上尾巴部分各有一个拒绝区。如果采用单尾检验(one-tailed test),则只有一个拒绝区。在零假设为真和置信水平为 0.95 的条件下,拒绝区是样本统计量 t 值不太可能落入的范围。本例中,两组平均数差异检验的 t 值(2.53)落入 t 分布上尾巴的拒绝区,因而拒绝零假设,即两个样本平均数有统计显著性差异。针对本例,在零假设为真的条件下,出现 t 值为 2.53 或更极端值的概率 $p=.016<.05$,因而得出拒绝零假设(两个总体平均数相等)的结论。

4.7　第一类错误、第二类错误和统计效力

在拒绝零假设时要注意第一类错误(type Ⅰ error)。在假设检验中,如果零假设为真却被拒绝,就产生了第一类错误。另一方面,如果零假设不为真却被接受,就产

生了第二类错误(type II error)。第一类错误率通常等于显著性水平 α,是错误拒绝正确零假设的概率,又称假阳性(false positive)概率。要减少犯第一类错误的概率,α 通常取小值。第二类错误率是接受错误零假设的概率,又称假阴性(false negative)概率,记作 β。第一类错误和第二类错误的关系是颠倒的。一类错误的概率减少了,另一类错误的概率就会增加。统计效力(statistical power,简称效力)指如果研究假设(即备择假设)为真,一项研究能够得到统计显著性结果的概率。计算上,效力为 $1-\beta$。

已知随机变量 X 服从正态分布,总体标准差 $\sigma=2.5$,但是总体平均数 μ 未知,零假设是 $H_0:\mu=\mu_0=10$。假设正态分布随机变量 X 的总体平均数实际为 $\mu=\mu_1=11$,$\sigma=2.5$。设定 $\alpha=.05$,在标准正态分布中,双侧检验的 Z 分数是 1.96。如果在总体平均数 $\mu=\mu_1=11$ 和总体标准差 $\sigma=2.5$ 的正态分布中随机抽样($n=20$)计算得到的 Z 分数小于 1.96,则接受零假设,出现第二类错误。如果抽样计算得到的 Z 分数大于或等于 1.96,则正确拒绝零假设。第一类错误率与第二类错误率的关系如图 4.4 所示。

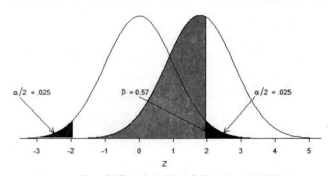

图 4.4　第一类错误率和第二类错误率之间的关系

图 4.4 表明,若研究假设为真,采用双侧检验时,$\alpha/2=.025$,第二类错误率较大($\beta=0.57$),统计效力只有 0.43。

4.8　正态分布的概念

正态分布(normal distribution)是统计学中最为广泛使用的分布类型。大量的统计检验(如 t 检验)都以正态分布为基础。正态分布曲线图取决于平均数和标准差。平均数决定曲线的中间位置,标准差决定曲线的高度和宽度。图 4.5 是两个正态分布直方图,图中包括正态分布曲线。这两个正态分布的平均数相同(均为 100),但是标准差不同(左图分布标准差小于右图分布标准差)。观察这两幅图发现,正态分布的曲线都呈钟形(bell-shaped),因而正态分布常称作钟形曲线(the bell curve)。

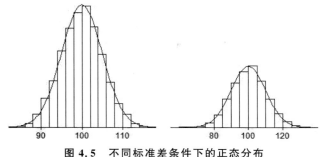

图 4.5 不同标准差条件下的正态分布

图 4.6 显示同一个坐标轴条件下的三条曲线。当标准差较大时,正态分布曲线低矮且拓展度宽。标准差较小时,正态分布曲线高且拓展度窄。三条曲线均代表正态分布,它们的平均数均为 0,但是标准差不同(值为 1、2 和 5)。乍一看,只有 $N(0,2)$ 代表的分布像是正态分布(N 代表正态,normal),$N(0,1)$ 和 $N(0,5)$ 不像正态分布,实际上曲线不同的高度和宽度是由不同的标准差引起的。

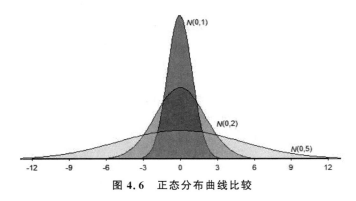

图 4.6 正态分布曲线比较

所有的正态分布均可以通过标准分转化为标准正态分布(standard normal distribution)。标准正态分布的平均值为 0,标准差为 1。统计学家为我们制定好了标准正态分布表,从表中可以查出标准分对应的概率或概率对应的标准分。

正态分布有以下特征:(1)正态分布曲线呈钟形。分布曲线在中间集中,向两边降低。这意味着,同其他类型的分布相比,正态分布的数据较少有极端值。(2)平均数、中位数和众数相等,且位于分布的中心。(3)分布曲线是单峰的(unimodal),即只有一个众数。(4)分布曲线在平均数周围是对称的(symmetric),即曲线的形状在中垂线的两边是相同的。(5)分布曲线是连续的(continuous)。对于 X 的每一个值,都有对应的 Y 值。(6)分布曲线的两个尾巴(tails)无限延伸,包括所有的异常值(极大值和极小值)。(7)分布曲线下的总面积为1。这是因为曲线下的面积体现所有值的累积概率(cumulative probability)。(8)如图4.7所示,位于1个标准差范围内的正态曲线下的面积约为68%;位于2个标准差范围内的正态曲线下的面积约为95%;位于3个标准差范围内的正态曲线下的面积约为99.7%。我们将之称作经验原则(empirical rule),又称68—95—99.7原则(the 68—95—99.7 rule)。根据图4.7,在标准正态分布中,$p(Z \leqslant 1) \approx 0.50 + 0.34 = 0.84$,$p(Z \leqslant 2) = 0.3413 + 0.1359 + 0.5 \approx 0.98$,$p(Z \leqslant -1) \approx 0.50 - 0.3413 \approx 0.16$,$p(Z \leqslant -2) \approx 0.5 - 0.3413 - 0.1359 \approx 0.02$。在正态分布中,位于$\pm 1.96\sigma$、$\pm 2.58\sigma$ 和 $\pm 3.29\sigma$ 范围之外的曲线下的面积分别只有0.05、0.01和0.001。0.05、0.01和0.001都是常用的统计显著性水平临界值(α)。

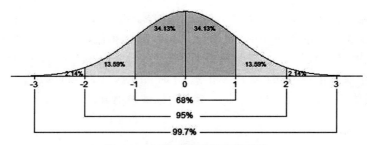

图 4.7 标准正态分布累积概率

4.9 正态分布检验

4.9.1 偏度、峰度和 W 检验

4.9.1.1 偏度与峰度

要全面探索数据分布的特征,除了要考虑分布的集中趋势和离散程度之外,还要考虑分布的形状。偏度与峰度是描述数据分布形态的两个主要统计量。它们都是对数据分布偏离正态程度的测量。偏度(skewness)是测量数据分布形态对称性的统计量。偏度值为0时,数据分布呈正态分布,平均数两边的数据分布对称,平均数与众数相等。偏度值为正值时,大多数数值落在平均数的左边,分布的尾巴右偏(skewed right)。换言之,在正偏态分布时,右边的极端值使平均数右移。举个例子来说,如果在一次阅读理解测试中,学生数据呈正偏态分布,说明有些学生的成绩比我们预料的要好得多。偏度值为负值时,大多数数值落在平均数的右边,左边的极端值使平均数左移,分布的尾巴左偏(skewed left)。如果在一次阅读理解测试中,学生数据呈负偏

态分布,说明有些学生的成绩比我们预料的要差得多。偏度绝对值越大,数据分布的偏斜程度就越严重。

峰度(kurtosis)是测量数据分布形态尖峰状(peakedness)或扁平程度(flatness)的统计量。峰度值为 0 时,数据分布的偏平程度适中,即正态分布。接近于 0 的峰度值表明曲线分布的形状接近正态。如果数据分布过度集中在平均值附近,其分布曲线的峰顶必然比正态峰陡峭,称作高狭峰(leptokurtic)。如果数据分布较分散,分布曲线的峰顶就较为平坦,称作低阔峰(platykurtic)。正峰值表明数据分布曲线比正态分布曲线更陡峭。负峰值表明数据分布曲线比正态分布曲线更平坦。需要注意的是,峰态不仅与峰顶有关,也与尾巴有关,而且尾巴的作用更重要。在典型的正峰态分布中,数据分布的尾巴比正态分布的尾巴更重(heavier),其峰顶比正态分布的峰顶更高(higher)。在典型的负峰态分布中,数据分布的尾巴比正态分布的尾巴更轻(lighter),峰顶比正态分布的峰顶更扁平(flatter)。

图 4.8 反映两组样本数据的分布(以实线显示)特点,图中显示正态分布曲线(以点虚线显示)以及平均数(实线)、中位数(虚线)和众数(点线)的相对位置。

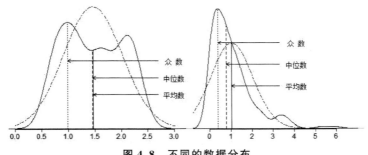

图 4.8　不同的数据分布

左分图显示,样本数据分布较为对称,没有异常值,平均数与中位数基本相同,但是有双峰(bimodal),顶部较为扁平,肩部宽,尾巴较轻,因此认为样本数据分布为典型的负峰态分布。右分图显示,样本数据分布为单峰,但是不对称,中位数在平均数的左边,众数又在中位数的左边,呈明显的右偏态分布;样本数据分布呈尖峰状,上尾(右尾)有明显的异常值存在。因此,右分图中的样本数据呈典型的正偏态和正峰态分布。

偏度值与峰度值的计算公式如下:

$$S_k = \frac{n}{(n-1)(n-2)} \sum \left(\frac{X_i - \bar{X}}{S}\right)^3 \qquad \text{(公式 4.11)}$$

$$K_u = \frac{n(n+1)}{(n-1)(n-2)(n-3)} \sum \left(\frac{X_i - \bar{X}}{S}\right)^4 - \frac{3(n-1)^2}{(n-2)(n-3)} \qquad \text{(公式 4.12)}$$

其中，S_k 和 K_u 分别代表偏度值和峰度值，n 为样本量，X_i 代表样本观测值，$\bar{X}$ 是样本平均数，S 是样本标准差。

偏度标准误差和峰度标准误差的计算公式为：

$$SE_{S_k} = \sqrt{\frac{6n(n-1)}{(n-2)(n+1)(n+3)}} \quad \text{（公式 4.13）}$$

$$SE_{K_u} = \sqrt{\frac{4(n^2-1)SE_{S_k}^2}{(n-3)(n+5)}} \quad \text{（公式 4.14）}$$

其中，n 为样本量，SE_{S_k} 是偏度标准误差，SE_{K_u} 是峰度标准误差。

在正态分布中，偏度值和峰度值均为 0。峰度值与偏度值在多大的范围内才能判断某个随机变量是正态或接近正态分布没有统一的标准。通常情况下，偏度值与偏度标准误差（standard error of skewness）的比值、峰度值与峰度标准误差（standard error of kurtosis）的比值大于 +2 或小于 −2 时，数据违反正态分布。另一个参照标准是，峰度值和偏度值在 ±1.0 之间被认为很好，峰度值和偏度值在 ±2.0 之间在多数情况下可接受（George & Mallery，2006）。

【问题 4.3】试计算 SPSS 数据文件 ch3data 中英语词汇量前测数据的偏度值和峰度值以及各自的标准误差。

【解】为了方便起见，30 名学生（n=30）英语词汇量前测数据重复如下：110,78, 105,107,105,81,89,67,56,70,97,75,95,113,96,103,85,95,78,88,84,87,94,89, 88,67,110,85,110,107。已知 M=90.46667，S=14.83643。根据公式 4.11 和公式 4.12，得到：

$$S_k = \frac{30}{(30-1)\times(30-2)} \times \left[\left(\frac{110-90.46667}{14.83643}\right)^3 + \cdots + \left(\frac{107-90.46667}{14.83643}\right)^3\right]$$

≈ -0.37；

$$K_u = \frac{30\times(30+1)}{(30-1)\times(30-2)\times(30-3)} \times \left[\left(\frac{110-90.46667}{14.83643}\right)^4 + \cdots + \left(\frac{107-90.46667}{14.83643}\right)^4\right] - \frac{3\times(30-1)^2}{(30-2)\times(30-3)} \approx -0.47。$$

根据公式 4.13 和公式 4.14，得到：

$$SE_{S_k} = \sqrt{\frac{6\times 30\times(30-1)}{(30-2)\times(30+1)\times(30+3)}} \approx 0.43；$$

$$SE_{K_u} = \sqrt{\frac{4\times(30^2-1)\times 0.43^2}{(30-3)\times(30+5)}} \approx 0.83。$$

本例峰度值和偏度值均在 ±1.0 之间。偏度值与两倍偏度标准误差的比值(标准化偏度值,记作 *skew*.2SE)以及峰度值与两倍峰度标准误差的比值(标准化峰度值,记作 *kurt*.2SE)均在 ±1.0 之间。因此,本例数据基本服从正态分布。

4.9.1.2 W 检验

在探索数据分布是否为正态(或接近正态)分布时,除了考虑峰度值与偏度值以外,还可以利用 SPSS 开展正态检验(test of normality)的结果。如果样本量大,我们可以检查 Kolmogorov-Smirnov 检验(简称 K-S 检验)的结果。如果样本量小,我们可以检查 Shapiro-Wilk 检验(简称 W 检验)的结果。如果经检验得到 $p<.05$,推断样本数据的分布为非正态分布。如果 $p>.05$,则推断样本数据的分布为正态或接近正态分布。至于样本量 n 多大才为大、多小才为小,没有绝对的标准。通常情况下,如果样本量 $3 \leq n \leq 5000$,检验结果以 W 检验为准;如果样本量 $n > 5000$,检验结果以 K-S 检验为准。在二语习得研究中,样本量很少超过 W 检验规定的范围。因此,W 检验更为适用。本节简要介绍 W 检验方法。

W 检验由 Shapiro & Wilk 于 1965 年提出。W 检验的公式为:

$$W = \frac{(\sum_{i=1}^{n} a_i y_i)^2}{\sum_{i=1}^{n} (y_i - \bar{y})^2} \quad \text{(公式 4.15)}$$

其中,n 是样本量,y_i 是按照次序排放的第 i 个样本观测值,$y_1 \leq y_2 \leq \cdots \leq y_n$,$\bar{y}$ 是样本平均数,a_i 是与观测值次序 i 有关的正态化最优线性无偏系数(best linear unbiased coefficient)。在正态分布中,$-a_i = a_{n-i+1}$。Shapiro & Wilk(1965)列出样本量 n 在 2—50 区间内 W 检验的系数 $\{a_{n-i+1}\}$ 以及样本量 n 在 3—50 区间内 W 分布中 W 值对应的百分点(percentage points,概率 p 值)。表 4.2 为样本量 n 在 20—30 区间内 W 检验的系数 $\{a_{n-i+1}\}$。

表 4.2　样本量 n=20—30 时 W 检验的系数

i \ n	20	21	22	23	24	25	26	27	28	29	30
1	0.4734	0.4643	0.4590	0.4542	0.4493	0.4450	0.4407	0.4366	0.4328	0.4291	0.4254
2	0.3211	0.3185	0.3156	0.3126	0.3098	0.3069	0.3043	0.3018	0.2992	0.2968	0.2944
3	0.2565	0.2578	0.2571	0.2563	0.2554	0.2543	0.2533	0.2522	0.2510	0.2499	0.2487
4	0.2085	0.2119	0.2131	0.2139	0.2145	0.2148	0.2151	0.2152	0.2151	0.2150	0.2148
5	0.1686	0.1736	0.1764	0.1787	0.1807	0.1822	0.1836	0.1848	0.1857	0.1864	0.1870
6	0.1334	0.1399	0.1443	0.1480	0.1512	0.1539	0.1563	0.1584	0.1601	0.1616	0.1630

续表

n / i	20	21	22	23	24	25	26	27	28	29	30
7	0.1013	0.1092	0.1150	0.1201	0.1245	0.1283	0.1316	0.1346	0.1372	0.1395	0.1415
8	0.0711	0.0804	0.0878	0.0941	0.0997	0.1046	0.1089	0.1128	0.1162	0.1192	0.1219
9	0.0422	0.0530	0.0618	0.0696	0.0764	0.0823	0.0876	0.0923	0.0965	0.1002	0.1036
10	0.0140	0.0263	0.0368	0.0459	0.0539	0.0610	0.0672	0.0728	0.0778	0.0822	0.0862
11	—	0.0000	0.0122	0.0228	0.0321	0.0403	0.0476	0.0540	0.0598	0.0650	0.0697
12	—	—	—	0.0000	0.0107	0.0200	0.0284	0.0358	0.0424	0.0483	0.0537
13	—	—	—	—	—	0.0000	0.0094	0.0178	0.0253	0.0320	0.0381
14	—	—	—	—	—	—	—	0.0000	0.0084	0.0159	0.0227
15	—	—	—	—	—	—	—	—	—	0.0000	0.0076

来源：Shapiro & Wilk(1965:603)。

系数 a_i 的大小与样本量 n 和 y_i 的次序有关。根据表4.2,当 $n=20$ 时,后10个次序统计量对应的系数值依次为:0.0140,0.0422,0.0711,0.1013,0.1334,0.1686,0.2085,0.2565,0.3211,0.4734。由于 $-a_i=a_{n-i+1}$,前10个次序统计量对应的系数值依次为:$-0.4734,-0.3211,-0.2565,-0.2085,-0.1686,-0.1334,-0.1013,-0.0711,-0.0422,-0.0140$。系数 a_i 的一个重要特点是:$\sum_{i=1}^{n} a_i^2 = a'a = 1$,其中 a 为 $n\times1$ 矩阵(即列向量),a' 是 a 的转置矩阵(即排向量)。因此,W 值本质上是 $a_1,\cdots,a_n$ 与 $y_1,\cdots y_n$ 皮尔逊相关系数(Pearson correlation coefficient,r)的平方(r^2)。W 值介于0—1之间。W 值越接近1,数据分布的正态性就越好。

为了增加对 W 计算公式的了解,我们利用【问题4.3】的数据(来自SPSS数据文件ch3data)计算英语词汇量前测数据正态分布检验的 W 值。首先将英语词汇量前测数据由小到大按顺序排列,得到:56,67,67,70,75,78,78,81,84,85,85,87,88,88,89,89,94,95,95,96,97,103,105,105,107,107,110,110,110,113。利用表4.2最后一列系数值和公式4.15计算得到：

$$W=\frac{(-0.4254\times56-0.2944\times67+\ldots+0.2944\times110+0.4254\times113)^2}{(56-90.46667)^2+(67-90.46667)^2+\ldots+(110-90.46667)^2+(113-90.46667)^2}$$
$$\approx 0.96。$$

本例中 W 值接近1,说明数据可能接近正态分布。下一节将利用SPSS检验本例 W 值的统计显著性。

4.9.2 正态分布检验的 SPSS 操作

SPSS 利用窗口菜单 Analyze(分析)的下拉菜单 Explore(探索性分析)开展样本数据正态性检验。分析结果不仅包括 4.9.1 节介绍的各个相关统计量,而且还包括茎叶图(stem-and-leaf plot)、箱图(boxplot)和 Q-Q 图(Q-Q plot)等图形诊断结果。第三章已经介绍的图形,如箱图和 Q-Q 图,本节不再重复。

【问题 4.4】使用 SPSS 对 ch3data 中词汇量前测数据($n=30$)开展正态性检验。

SPSS 操作步骤如下:

第一步 打开 SPSS 文件 ch3data,按 Analyze→Descriptive Statistics→Explore… 的操作顺序进入 Explore(探索性分析)主对话框,如图 4.9 所示。

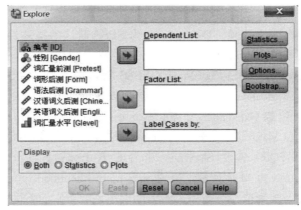

图 4.9 探索性分析主对话框

该窗口的主要选项如下:

(1) Dependent List 为因变量列表栏。探索性分析时,将左栏中的变量作为因变量键入该栏中。

(2) Factor List 为因素列表栏,其作用是对一个或多个因变量进行分组分析。分析时,将原变量中的分组变量作为因素键入该栏中。本例没有分组变量,故不选。

(3) Label Cases by 为个案标识依据栏。SPSS 默认个案在文件中的序列号作为诸如极端值(extreme values)的标识。研究者也可以自定标识。自定义时,将原变量中的标识变量键入该栏中。本例采用默认的方式。

(4) 在 Display(显示)栏中有三个选项。SPSS 默认 Both(两项都选),输出结果将包括 Statistics(统计量)和 Plots(图形)。研究者也可只选 Statistics 或 Plots。本例采用 SPSS 默认的方式。

（5）单击 Statistics…，出现如图 4.10 所示的子对话框。

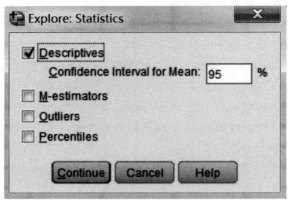

图 4.10　探索性分析统计量子对话框

在该对话框中有四个选项。Descriptives 为 SPSS 默认的描述性统计量，其他为非默认的选项。本例采用 SPSS 默认的方式。

（5a）Descriptives 包括平均数（Mean）、SPSS 默认的平均数 95% 置信区间（95% Confident Interval for Mean）（研究者也可以自行设定置信区间）、5% 截尾平均数（5% Trimmed Mean）、中位数（Median）、方差（Variance）、标准差（Std. Deviation）、最小值（Minimum）、最大值（Maximum）、全距（Range）（即最大值与最小值之差）、四分位距（Interquartile Range，IQR）、偏度（Skewness）和峰度（Kurtosis）。

（5b）M-estimators 为 M 估计量。M 是 maximum likelihood-type（最大似然型）的缩称。M 估计根据各个观测值与分布中心距离的大小来赋予它们不同的权重。距离分布中心越远，观测值的权重就越小。因此，M 估计量是加权统计量，是集中趋势的稳健性（robust）估计量。

（5c）Outliers 为异常值。选择该项，SPSS 提供 5 个最大值和 5 个最小值。

（5d）Percentiles 为百分位数。SPSS 提供第 5、10、25、50、75、90 和 95 个百分位数。

（6）单击 Plots…，出现如图 4.11 所示的子对话框。

（6a）Boxplots（箱图，详见第三章）中包含三个选项。采用 SPSS 默认的 Factor levels together（所有因素水平箱图），输出结果将因素各个水平上的箱图呈现在一幅图中。选择 Dependents together（所有因变量箱图），输出结果将各个因变量的箱图呈现在一幅图中。选择 None 表示不显示箱图。

第四章 统计中的基本概念

图 4.11 探索性分析图形子对话框

(6b) Descriptive（描述性图形）包括两个选项：Stem-and-leaf（plot）（茎叶图）和 Histogram（直方图，详见第三章）。茎叶图为默认的生成图形。

(6c) Normality plots with tests（带检验的正态图）显示正态 Q-Q 图（normal Q-Q plot）（见第三章）、离散正态概率图（detrended normal probability plots，即离散正态 Q-Q 图）、正态检验 K-S 统计量以及 W 统计量等。

(7) Options…（选项……）提供缺失值的处理方式。SPSS 默认 Exclude cases listwise（剔除含有缺失值的所有个案）。我们通常接受默认的方式。

(8) 选项 Bootstrap…（自助方法）用于采用自助方法计算参数（如平均数）95% 置信区间。

第二步　将左栏中变量"词汇量前测[Pretest]"键入 Dependent List（因变量列表）栏。

第三步　点击 Plots…，进入 Plots（图形）子对话框，选中 Normality plots with tests（带检验的正态图）。再点击 Continue（继续），回到探索性分析主对话框。

第四步　点击 OK（确认），完成操作。表 4.3 报告个案处理摘要（Case Processing Summary）。本例数据没有缺失值，有效个案数为 30。

表 4.3 词汇量前测个案处理摘要

	Cases					
	Valid		Missing		Total	
	N	Percent	N	Percent	N	Percent
词汇量前测	30	100.0%	0	0.0%	30	100.0%

表 4.4 列出各个描述性统计量,包括平均数(Mean)、SPSS 默认的平均数 95% 置信区间(95% Confident Interval for Mean)和 5% 截尾平均数(5% Trimmed Mean)等。截尾平均数指在预先确定截尾量之后计算样本平均数。将一组数据由小到大排序,然后从两端截除样本 5% 的数值,由此得到剩余数值的平均数即为 5% 截尾平均数。SPSS 计算 5% 截尾平均数的方法将在第七章介绍。本例中样本平均数(90.47)与 5% 截尾平均数(90.98)差异很小,因而本例数据中没有明显的异常值。表 4.4 中报告的偏度值(Skewness)和峰度值(Kurtosis)及其标准误差(Std. Error, SE)与 4.9.1.1 节计算的结果一致。

表 4.4 词汇量前测描述性统计量

		Statistic	Std. Error
Mean		90.47	2.709
95% Confidence Interval for Mean	Lower Bound	84.93	
	Upper Bound	96.01	
5% Trimmed Mean		90.98	
Median		89.00	
Variance		220.120	
Std. Deviation		14.836	
Minimum		56	
Maximum		113	
Range		57	
Interquartile Range		25	
Skewness		−.371	.427
Kurtosis		−.473	.833

表 4.5 给出 K-S 检验和 W 检验统计结果。我们通常只需看 W 统计量。由于 $W(30)=0.96, p=.342>.05$,接受零假设:样本来自的总体服从正态分布。这一统计显著性检验结果与偏度值和峰度值反映的情况是一致的。注意,表 4.5 中的 Sig. 是 significance 的缩写,论文报告中常写作 p。Shapiro-Wilk 检验中的 Statistic 指 W; df 为检验的自由度,常用斜体(df)。论文报告中表 4.5 的信息通常用文字描述。

第四章 统计中的基本概念

表 4.5 词汇量前测正态检验

Kolmogorov-Smirnov[a]			Shapiro-Wilk		
Statistic	df	Sig.	Statistic	df	Sig.
.103	30	.200*	.962	30	.342

*. This is a lower bound of the true significance.

a. Lilliefors Significance Correction

图 4.12 为词汇量前测数据分布茎叶图。

```
Frequency    Stem & Leaf
   1.00       5 . 6
   2.00       6 . 77
   4.00       7 . 0588
   9.00       8 . 145578899
   5.00       9 . 45567
   5.00      10 . 35577
   4.00      11 . 0003

Stem width:      10
Each leaf:        1 case(s)
```

图 4.12 词汇量前测茎叶图

茎叶图包括频数(Frequency)、茎(Stem)和叶(Leaf)三个部分。每一排的频数表示该排数据包含的个案数。茎表示数值的整数部分,叶则表示数值的小数部分。每叶代表一个个案。每排的茎与叶组合成的数字乘以茎宽(Stem width)即为观测值大小。比如,在图 4.12 中,茎为 5 的数值有 1 个,观测值为(5+0.6)×10=56。茎为 8 的数值有 9 个(叶数),对应的观测值为 81、84、85、85、87、88、88、89、89,依此类推。茎叶图的主体部分看起来像一个侧放的直方图(histogram),不仅直观地显示数据的频数,而且还显示各数值的大小。图 4.12 显示本例数据分布近似服从正态分布。

图 4.13 为离散正态 Q-Q 图(Detrended Normal Q-Q Plot),同第三章介绍的正态 Q-Q 图一样用于诊断样本数据正态分布。这两种诊断图的诊断方式不同,但是本质上相同。鉴于正态 Q-Q 图比离散正态 Q-Q 图更常用,建议研究报告中使用正态 Q-Q 图。

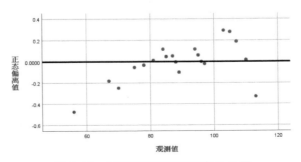

图 4.13 词汇量前测离散正态 Q-Q 图

在离散正态 Q-Q 图中,各个散点表示样本各个观测值(分位数,quantiles)与对应正态分布分位数差异的大小和方向,"0"点线为正态分布参照线。如果各个散点在"0"点线附近随机分布,说明样本数据呈正态分布。图 4.13 表明,个别数据点稍远地偏离"0"点线,但是主体数据大致在"0"点线附近随机分布,因而初步诊断本例数据基本服从正态分布。

问题与思考

1. 由 20 个值构成的一组数据为:40,44,40,33,32,45,45,50,37,38,46,33,36,42,41,32,41,42,33,52。该组数据的平均数为 M=40.1。(a)将最大值 52 增加到 100,平均数是多少?(b)将最大值 52 增加到 300,平均数是多少?(c)将最大值 52 增加到 500,平均数是多少?以上结果表明样本平均数有怎样的特征?

2. 一组数据的平均值为 10,标准差是 3。在该组的每个数值中增加 5,再将所得结果除以 5。由此得到的数据平均值是多少?标准差又是多少?

3. 下列哪些陈述是标准差的性质?
   (a)标准差对异常值有抗扰性(resistant)。
   (b)标准差是平均数离差均方的平方根。
   (c)标准差独立于数据分布中的观测值数。
   (d)即便在原数据每个值上增加 20,标准差仍保持不变。

4. 下图是一组连续性变量数据分布的直方图。试问:该组数据的平均数和中位数哪个大?为什么?

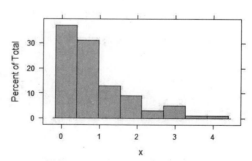

5. 为什么说"一个 95% 置信区间指该区间包括总体参数(如总体平均数)的概率为 95%"是错误的?

6. 在一项外语听力强化训练项目中,某研究者发现学习者听力水平测试平均增分的 95% 置信区间为[5.5,9.6]。在置信区间的以下解释中,哪些是正确的,哪些是错误的?
   (a)总体平均增分在 5.5 分和 9.6 分之间的概率为 0.95。
   (b)由此过程构建的多个置信区间会包括总体平均增分的概率为 0.95。
   (c)我们有 95% 的信心认为总体平均增分介于 5.5 分和 9.6 分之间。
   (d)置信区间提供证据表明,这个强化项目有效提高了学习者的听力水平。

7. 下图显示一个连续性变量数据的分布曲线。在图中恰当位置画出代表中位数的竖线和代表平均数的竖线,并说明位置选择的理由。

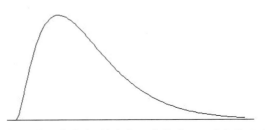

8. 已知一个平均数为 45 的正态分布,其中有一个值为 55,对应的 Z 分数为 2。试问:这个分布的标准差是多少?

9. 一组被试在英语水平测试中的平均分为 75,标准差是 4.5。根据正态分布原理确定得分为 84 分的被试所在的百分位数(percentile)。

10. 下图为一组数据分布的茎叶图。根据图示,确定样本量和中位数,探索数据分布的性质。

```
Frequency   Stem & Leaf

   13.00    0 . 0122222233334
    5.00    0 . 56778
    1.00    1 . 3
    1.00    Extremes   (>=21)

Stem width:      10
Each leaf:     1 case(s)
```

11. 你的一位同事兴奋地告诉你,她在最近一项研究的数据分析中得到一个统计显著性(statistically significant)发现。她这话是什么意思?

12. 某个假设检验的显著性水平设为 $\alpha = .01$,检验得到的 p 值为 .046。为什么我们没有理由拒绝零假设?

13. 某家外语培训机构声称自主开发的一套复习方法能够使学习者的外语成绩在外语水平考试(百分制)中增加 20 分。某位教师觉得这过于夸张,决定开展一项实验研究,查找真相。该研究的零假设和备择假设是什么?

14. 某大学管理部门担心现有的外语教学设备不能满足新学期的教学要求,但是仍然假设现有设备能够应付得了,于是决定暂不购置教学设备,待确信现有教学设备不能满足教学要求时才考虑新增设备问题。试问:针对管理部门的假设,犯第一类错误的风险是什么?犯第二类错误的风险又是什么?

15. 操作 SPSS,利用 Q-Q 图诊断下表数据分布的特点,并且开展 W 检验,推断数据是否服从或近似服从正态分布。

| 42,47,64,45,58,51,75,57,64,56,47,43,60,30, |
| 64,57,70,71,54,71,55,59,52,64,64,46,65,66。 |

第五章 信度分析
Chapter Five Reliability Analysis

测量信度反映测量工具的稳定性和一致性，即不受测量随机误差（random error）影响的程度。本质上，测量信度指测量的分数而非测量工具本身的信度。测量分数随机误差越小，测量信度就越高。信度的高低用信度系数（reliability coefficient）表示。本章介绍五种信度分析方法：Cronbach's alpha（α）系数、折半信度、$KR20$、Cohen's Kappa 和组内相关系数（intraclass correlation coefficient, ICC）。本章介绍的信度分析方法没有包括再测信度（test-retest reliability）和复本信度（alternate-forms reliability）。再测信度反映整个量表或测试在不同时间上的稳定性（stability）。复本信度分析采用同一测试的不同形式估计测量信度。这两种信度分析方法使用的信度系数均为皮尔逊相关系数（Pearson correlation coefficient，简称 r）。皮尔逊相关分析将在第六章介绍。

5.1 Cronbach's Alpha

5.1.1 Cronbach's Alpha 的基本概念

Cronbach's Alpha 简称 α 系数，是最常用的信度测量方法。它用于测量量表的内部一致性（internal consistency），即量表内各题项是否体现同一个构念（construct，即理论概念），也可以用于测量不同评估者评分的相对一致性程度。

Cronbach's Alpha 假设各个题项之间有线性关系，每个题项或观测分数由一个测量构念的真分数（a true score）和随机测量误差（measurement error）构成。Cronbach's Alpha 信度分析本质上是相关分析。题项之间的相关系数高表示它们测量同一个构念，测量误差小。如果题项之间的相关系数低，这意味着测量误差大，它们不能可靠地测量同一个构念。Cronbach's Alpha 的计算公式为：

$$\alpha = \frac{k(\overline{cov}/\overline{var})}{1+(k-1)(\overline{cov}/\overline{var})} \qquad \text{（公式 5.1）}$$

其中，k 是题项数，$\overline{cov}$ 为各个配对题项之间协方差(covariance)的平均值，$\overline{var}$ 为各个题项方差(variance，S^2)的平均值。协方差测量两个变量 X 和 Y 共同变异的程度。协方差的计算公式为：

$$cov(X,Y)=\frac{1}{n-1}\sum(X_i-\bar{X})(Y_i-\bar{Y}) \quad \text{(公式 5.2)}$$

α 系数反映测量信度高低的判断标准是：$\alpha>0.9$，很好(excellent)；$\alpha>0.8$，好(good)；$\alpha>0.7$，可接受(acceptable)；$\alpha>0.6$，有疑问(questionable)；$\alpha>0.5$，差(poor)；$\alpha<0.5$，不可接受(unacceptable)(George & Mallery,2006:231)。

【问题 5.1】某研究者设计 5 点式利克特量表调查英语学习者(n=20)听力焦虑程度。量表包括 5 个题项，调查结果如图 5.1 所示(SPSS 文件名为 ch5Anxiety)，其中的 1—5 个数字表示焦虑度由弱到强。要求计算 α 系数，评价量表测量的信度。

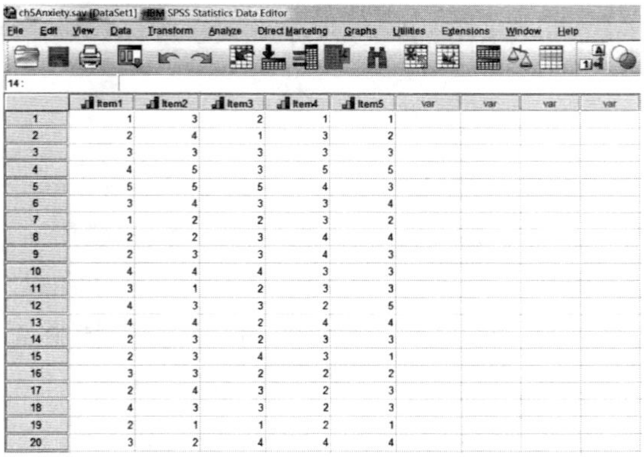

	Item1	Item2	Item3	Item4	Item5	var	var	var	var
1	1	3	2	1	1				
2	2	4	1	3	2				
3	3	3	3	3	3				
4	4	5	3	5	5				
5	5	5	5	4	3				
6	3	4	3	3	4				
7	1	2	2	3	2				
8	2	2	3	4	4				
9	2	3	3	4	3				
10	4	4	4	3	3				
11	3	1	2	3	3				
12	4	3	3	2	5				
13	4	4	2	4	4				
14	2	3	2	3	3				
15	2	3	4	3	1				
16	3	3	2	2	2				
17	2	4	3	2	3				
18	4	3	3	2	3				
19	2	1	1	2	1				
20	3	2	4	4	4				

图 5.1　听力焦虑量表测量值

【解】已知：n=20，k=5。根据表 5.1 中的数据得出各个题项平均数：$M_1=2.80$，$M_2=3.10$，$M_3=2.75$，$M_4=3.00$，$M_5=2.95$。对应的题项方差为：$S_1^2=1.2211$，$S_2^2=1.2526$，$S_3^2=1.0395$，$S_4^2=0.9474$，$S_5^2=1.4184$。

各个题项方差的平均值为：

$$\overline{var}=\frac{1.2211+1.2526+1.0395+0.9474+1.4184}{5}=1.1758。$$

根据公式 5.2，10 个题项配对协方差为：

cov(Item1,Item2)=0.6；cov(Item1,Item3)=0.5789；cov(Item1,Item4)=0.3684；cov(Item1,Item5)=0.7789；cov(Item2,Item3)=0.4474；cov(Item2,Item4)=0.3158；cov(Item2,Item5)=0.4263；cov(Item3,Item4)=0.3684；cov(Item3,Item5)=

$0.4079; \text{cov}(\text{Item}4, \text{Item}5) = 0.6316$。

因此,各个配对题项协方差的平均值为:

$$\overline{cov} = \frac{0.6 + 0.5789 + \cdots + 0.4079 + 0.6316}{10} \approx 0.4924。$$

根据公式 5.1,得到:

$$\alpha = \frac{5 \times 0.4924/1.1758}{1 + (5-1) \times 0.4924/1.1758} \approx 0.78。$$

根据以上信度系数值,本例量表测量的信度可接受。

5.1.2　Cronbach's Alpha 信度分析的 SPSS 操作

【问题 5.2】利用【问题 5.1】中的数据,操作 SPSS,统计分析听力焦虑量表测量的内部一致性。

SPSS 操作步骤如下:

第一步　打开 SPSS 数据文件 ch5Anxiety。按 Analyze→Scale→Reliability Analysis…的顺序进入 Reliability Analysis(信度分析)主对话框。将左栏所有题项键入右边的题项(Items)栏中。点击 Statistics…,进入 Statistics(统计量)子对话框。在 Descriptives for(描述性统计量)栏中勾选 Scale if item deleted(题项删除后量表统计量)。在 Summaries(综合统计量)中勾选 Means(平均数)和 Variances(方差)。研究者还可以根据需要选择其他项,如勾选 Correlations(相关)和 Covariances(协方差)。操作结果见图 5.2。

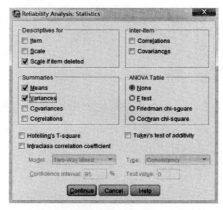

图 5.2　信度分析统计量子对话框

第二步　点击 Continue(继续)，回到主对话框，再点击 OK(确认)，完成操作。

表 5.1 报告题项综合统计量(Summary Item Statistics)，包括题项平均数(Mean, M)、最小值(Minimum, Min)、最大值(Maximum, Max)、全距(Range)、最大值与最小值之比(Maximum/Minimum, Max/Min)、方差(Variance, S^2)和题项数(N of Items, N)。

表 5.1　听力焦虑量表题项综合统计量

	M	Min	Max	Range	Max/Min	S^2	N
题项平均数	2.920	2.750	3.100	.350	1.127	.021	5
题项方差	1.176	.947	1.418	.471	1.497	.034	5

SPSS 输出的信度统计量(Reliability Statistics)结果表明，Cronbach's α 系数(Cronbach's Alpha)为 0.783，标准化 Cronbach's α 系数(Cronbach's Alpha Based on Standardized Items)也为 .783。标准化 α 系数利用相关系数计算得到。由于相关矩阵由方差和协方差矩阵计算得到，标准化 α 系数和(非标准化)α 系数通常近似。不过，如果各个题项方差差异大，则这两个系数的差异也会变大。若累计题项标准分(Z 分数)求量表总分，使用标准化 α 系数；若累计题项原始分求量表总分，则使用 Cronbach's α (Di Iorio, 2005:188)。本例中，标准化与非标准化 α 系数相同，说明原量表中各个题项之间方差差异不大。α＞0.7 说明量表信度可接受。

表 5.2 报告题项-总体统计量(Item-Total Statistics)。

表 5.2　听力焦虑量表题项-总体统计量

	Scale Mean if Item Deleted	Scale Variance if Item Deleted	Corrected Item-Total Correlation	Squared Multiple Correlation	Cronbach's Alpha if Item Deleted
题项 1	11.80	9.853	.671	.515	.703
题项 2	11.50	10.895	.484	.272	.767
题项 3	11.85	11.082	.531	.328	.751
题项 4	11.60	11.411	.512	.348	.757
题项 5	11.65	9.818	.602	.486	.728

表 5.2 在量表题项调整方面很有用。第一列为变量名。第二列为删除该题项后量表的平均值。第三列为删除该题项后量表的方差。第四列是校正后的该题项与总体的相关系数(即该题项与其他题项汇总值的相关系数)。相关系数在 0.3 以上，保留题项才有意义。如果相关系数过低，可考虑删除或调整该题项。第五列为多元相关系数的平方(在多元回归分析中，其他题项对该题项的预测力，R^2)。最后一列为删除该题项之

后量表的 α 系数。如果删除该题项后 α 系数明显增大,说明将此题项删除后,可以提高量表的信度。从本例来看,删除其中的任一题项后,α 系数均有下降之势,说明保留这些题项是合适的。

5.2 折半信度

5.2.1 折半信度的基本概念

折半信度将一整套问卷或测试题项分为两半,计算每个被试或参与者在每半数题项上的得分,再利用两半题项的相关系数或方差计算信度系数。折半信度估计有两种计算方法。第一种方法是斯布系数(Spearman-Brown coefficient),计算公式为:

$$r_{tt} = \frac{2 r_{hh}}{1+r_{hh}} \qquad (公式 5.3)$$

其中,r_{tt} 是整个测量的信度系数,r_{hh} 是两半题项得分的相关系数。斯布系数要求两半题项分值的方差相等。如果这一条件得不到满足,则使用格特曼折半系数(Guttman split-half coefficient),计算公式为:

$$r_{tt} = 2(1-\frac{S_a^2+S_b^2}{S_t^2}) \qquad (公式 5.4)$$

其中,r_{tt} 是整个测量的信度系数,S_a^2 和 S_b^2 分别是两半题项分值的方差,S_t^2 是整个题项分值的方差。

将一整套题折半的方法有多种,包括常见的前、后折半和奇、偶题分半。采用随机分配将一套题分成两半也是可行的。折半信度的优点是只需实施一次测量,但是缺点也是很明显的。折半信度的估计很大程度上取决于构成两半的实际题项。折半方法不同,信度系数估计的结果也会不同,有时甚至差异很大。主要由于这一缺陷,行为科学家现在很少使用折半方法(Di Iorio,2005;184)。

【问题 5.3】15 名学生参加了某次英语词汇知识测试(变量名称为 Vocab)。测试总题项数为 30 道题,每道题 1 分,满分 30 分。15 名学生奇、偶题得分如图 5.3 所示(SPSS 文件名为 ch5Split)。已知两半试题得分的相关系数 $r=0.7994$(关于相关系数的计算,将在下一章介绍)。试计算折半信度系数。

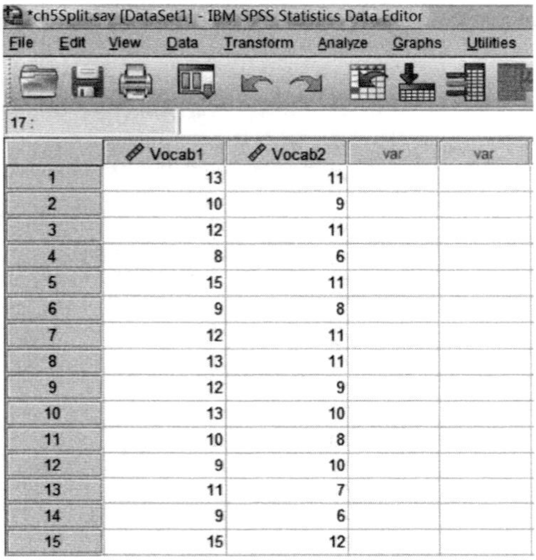

	Vocab1	Vocab2	var	var
1	13	11		
2	10	9		
3	12	11		
4	8	6		
5	15	11		
6	9	8		
7	12	11		
8	13	11		
9	12	9		
10	13	10		
11	10	8		
12	9	10		
13	11	7		
14	9	6		
15	15	12		

图 5.3　英语词汇知识测试分值

【解】根据斯布系数公式 5.3，得到：$r_{tt}=\dfrac{2\times0.7994}{1+0.7994}\approx0.889$。要得到格特曼折半系数，需要计算两半试题的方差和总方差：

$$S_1^2=\frac{\sum X^2-(\sum X)^2/n}{n-1}=\frac{(13^2+\cdots+15^2)-(13+\cdots+15)^2/15}{15-1}\approx4.8286;$$

$$S_2^2=\frac{(11^2+\cdots+12^2)-(11+\cdots+12)^2/15}{15-1}\approx3.8095;$$

$$S_t^2=\frac{[(13+11)^2+\cdots+(15+12)^2]-[(13+11)+\cdots+(15+12)]^2/15}{15-1}\approx15.4952。$$

根据格特曼折半系数公式 5.4，得到：$r_{tt}=2\times(1-\dfrac{4.8286+3.8095}{15.4952})\approx0.885$。

以上计算结果显示斯布系数与格特曼折半系数近似，主要原因是两半试题得分的方差接近。如果两半试题得分的方差差异较大，则斯布系数与格特曼折半系数会有较大的差异。计算结果表明，本例英语词汇知识测试折半信度较好。

5.2.2　折半信度分析的 SPSS 操作

【问题 5.4】以【问题 5.3】的数据为例，操作 SPSS，统计分析英语词汇知识测试的折半信度。

SPSS 操作步骤如下：

第一步　打开 SPSS 数据文件 ch5Split，按 Analyze→Scale→Reliability Analysis 的顺序打开 Reliability Analysis(信度分析)主对话框，将左栏中的两个变量键入右边的 Items(题项)栏中，在 Model(模型)的下拉菜单中选择 Split-half(折半)模型，如图 5.4 所示。

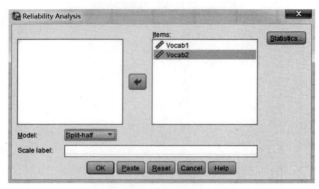

图 5.4　折半信度分析主对话框

第二步　点击 Statistics…，进入 Statistics(统计量)对话框。在 Summaries(综合统计量)面板中勾选 Means(平均数)和 Variances(方差)。

第三步　点击 Continue(继续)，回到主对话框，再点击 OK(确认)，完成操作。

表 5.3 为题项综合统计量(Summary Item Statistics)表，包括题项平均数(Mean, M)、最小值(Minimum, Min)、方差(Variance, S^2)、题项数(N of Items, N)、最大值(Maximum, Max)、全距(Range)和最大值与最小值之比(Maximum/Minimum, Max/Min)。研究报告中通常忽略表 5.3 提供的统计结果。

表 5.3　英语词汇知识测试题项综合统计量

		M	Min	S^2	N	Max	$Range$	Max/Min
题项平均数	第一半	11.400	11.400		1[a]			
	第二半	9.333	9.333		1[b]			
	两半	10.367	9.333	2.136	2	11.400	2.067	1.221
题项方差	第一半	4.829	4.829		1[a]			
	第二半	3.810	3.810		1[b]			
	两半	4.319	3.810	.519	2	4.829	1.019	1.268

a. The item is：Vocab1
b. The item is：Vocab2

表 5.4 报告折半信度统计量(Reliability Statistics)，包括分量表相关系数(Correlation Between Forms)、斯布系数(Spearman-Brown Coefficient)和格特曼折半系数

(Guttman Split-Half Coefficient)。

表 5.4 英语词汇知识测试信度统计量

分量表相关系数		.799
斯布系数	长度相同	.889
	长度不同	.889
格特曼折半系数		.885

表 5.4 提供两半试题得分的相关系数（r_{hh}=0.799）。斯布系数和格特曼折半系数分别为 0.889 和 0.885，与上一节的计算结果相同。长度相等（Equal Length）条件下的斯布系数是在总题项分成两个相等的部分后计算出来的系数。长度不相等条件下（Unequal Length）的斯布系数是在两个部分的题项不相等的情况下计算出来的系数。在长度相等的情况下，SPSS 给出的两个值是相同的；在长度不相等的情况下，SPSS 给出的两个值则不同。由以上结果可知，本例英语词汇知识测试折半信度较好。

5.3 KR20

5.3.1 KR20 的基本概念

KR20 是 Cronbach's Alpha 的特例。如果题项的分值只有两个类别（如正误判断、同意/不同意或 Yes/No 作答），则使用 KR20 测量试卷或量表的内部一致性信度。KR20 代表 Kuder & Richardson（1937）推导出的第 20 个公式：

$$KR20 = \frac{N}{N-1}(1-\frac{\sum pq}{\sigma_t^2})$$

（公式 5.5）

其中，N 是题项数（分值数），Σ 表示求和，p 是对每个题项正确应答的比率，q 为错误应答的比率（$1-p$），pq 是每个题项的方差，σ_t^2 是整个测量题项分布的方差。σ_t^2 的计算公式为：

$$\sigma_t^2 = \frac{\sum X^2 - (\sum X)^2/n}{n}$$

（公式 5.6）

其中，n 是样本量，$\sum X^2$ 是每个被试或参与者题项总分值的平方和，$(\sum X)^2$ 是每个被试或参与者题项总分值之和的平方。KR20 只适用于二分数据（dichotomous data）。

$KR20$ 的取值范围通常为 0—1,值越大,信度越高。$KR20$ 值在 0.7 以上(最好0.8以上)表明测量结果有内在一致性。

【问题 5.5】某研究者设计了一个由 5 个题项(items)($N=5$)构成的阅读理解测试,题型为正误判断,测试对象为 20 名英语学习者($n=20$)。评分时,正确应答记作 1,错误应答记作 0。测试结果如图 5.5 所示(文件名为 ch5KR20)。试问:本次阅读理解测试是否有信度?

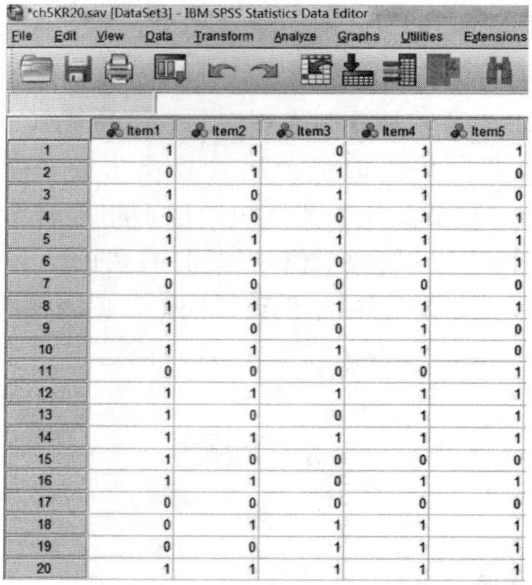

	Item1	Item2	Item3	Item4	Item5
1	1	1	0	1	1
2	0	1	1	1	0
3	1	0	1	1	0
4	0	0	0	0	0
5	1	1	1	1	1
6	1	1	1	1	1
7	0	0	0	0	0
8	1	1	1	1	1
9	1	1	0	0	0
10	1	1	1	1	0
11	1	0	0	0	1
12	1	1	1	1	1
13	1	0	1	1	0
14	1	1	1	1	1
15	1	0	0	0	0
16	1	0	0	1	1
17	0	0	0	0	0
18	0	1	1	1	1
19	0	1	1	1	0
20	1	1	1	1	1

图 5.5 阅读理解测试数据

【解】已知:$N=5$, $n=20$。每个题项的 pq 值为:$p_1 q_1=0.2275$, $p_2 q_2=0.2475$, $p_3 q_3=0.25$, $p_4 q_4=0.16$, $p_5 q_5=0.2275$。要计算 σ_t^2,先要合并每个被试或参与者在所有题项上的分值。我们得到以下结果($n=20$):4,3,3,2,5,4,0,5,2,4,1,5,3,5,1,4,0,4,3,5。根据公式 5.6,得到 $\sigma_t^2=2.6275$。再根据公式 5.5,得到:

$$KR20 = \frac{5}{5-1}(1-\frac{0.2275+0.2475+0.25+0.16+0.2275}{2.6275}) \approx 0.72。$$

由此可见,本例阅读理解测试信度可接受。

5.3.2 *KR20* 信度分析的 SPSS 操作

【问题 5.6】利用【问题 5.5】中的数据,操作 SPSS,统计分析阅读理解测试的信度。

SPSS 开展 *KR20* 与 Cronbach's Alpha 信度分析的操作步骤相同,对结果的解释方式也相同。关于 Cronbach's Alpha 信度分析,见 5.1.2 节。

SPSS 输出结果显示，本例数据 Cronbach's α 系数为 0.721，标准化 Cronbach's α 系数为 0.730。$KR20$ 系数等同于 Cronbach's α 系数。

表 5.5 报告题项-总体统计量(Item-Total Statistics)。

表 5.5　阅读理解测试题项-总体统计量

	Scale Mean if Item Deleted	Scale Variance if Item Deleted	Corrected Item-Total Correlation	Cronbach's Alpha if Item Deleted
题项 1	2.50	2.053	.338	.728
题项 2	2.60	1.621	.680	.584
题项 3	2.65	1.924	.407	.704
题项 4	2.35	1.818	.704	.598
题项 5	2.50	2.053	.338	.728

表 5.5 显示，校正后的各个题项与总体的相关系数均在 0.3 以上。这意味着各个题项测量同一个构念。最后一列为删除某题项之后量表的 α 系数。如果删除第一项或第五项，信度系数略有提高。若删除其他各项，则信度系数会有不同程度的降低。因此，保留这些题项是合适的。

5.4　Cohen's Kappa

5.4.1　Cohen's Kappa 的基本概念

评阅者之间的信度指评阅者之间的一致性程度，即评阅者之间评阅结果的同质性。测量两位评阅者之间一致性(agreement)或信度最简单的方法是百分比一致性(percentage agreement)。百分比一致性只需计算评阅者评分一致的题项数占总题项数的百分比。例如，在对 30 道命题陈述的正误判断中，如果两位评阅者在 21 道题上的评分结果相同，则百分比一致性为 70%。通常情况下，百分比一致性水平至少要达到 90% 才算评分结果有信度。百分比一致性的主要缺点是没有涉及评阅者之间偶然的一致性。

比百分比一致性更好的统计方法是 Cohen's Kappa(κ)。Cohen's Kappa 校正两位评阅者评阅结果之间由于偶然因素产生的一致性，适用于名义数据(nominal data)或定序数据(ordinal data)，计算公式为：

$$\kappa = \frac{p_o - p_c}{1 - p_c} \qquad \text{(公式 5.7)}$$

其中,p_o 是观测(或观察)到的一致性比率,p_c 是期望的偶然一致性比率。κ 值通常介于 0—1 之间。不同 κ 值表示一致性的标准如下:在 0—0.20 之间,微弱(slight)一致;在 0.21—0.40 之间,一致性尚可(fair);在 0.41—0.60 之间,中度(moderate)一致;在0.61—0.80 之间,高度(substantial)一致;在 0.81—1.00 之间,几乎完全(almost perfect)一致(Landis & Koch,1977)。

【问题 5.7】假如有两位评阅者(A 和 B)对 $N=25$ 名英语学习者口语成绩进行等级评定,0 代表口语成绩不合格,1 代表口语成绩合格,2 代表口语成绩优良。评阅结果如图 5.6 所示(SPSS 数据文件名为 ch5Kappa)。试计算两位评阅者评阅结果的一致性系数 κ。

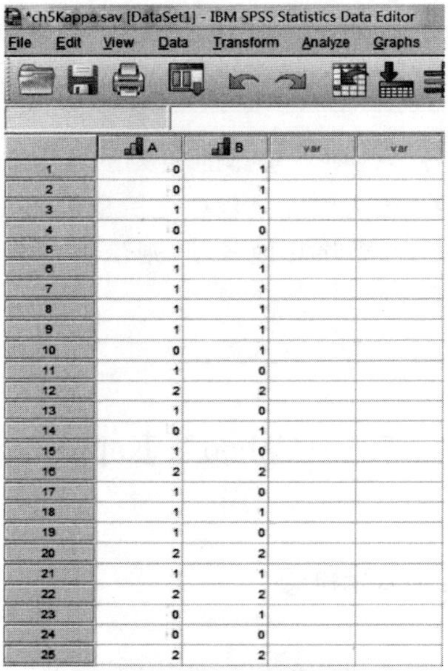

*ch5Kappa.sav [DataSet1] - IBM SPSS Statistics Data Editor

File Edit View Data Transform Analyze Graphs

	A	B	var	var
1	0	1		
2	0	1		
3	1	1		
4	0	0		
5	1	1		
6	1	1		
7	1	1		
8	1	1		
9	1	1		
10	0	1		
11	1	0		
12	2	2		
13	1	0		
14	0	1		
15	1	0		
16	2	2		
17	1	0		
18	1	1		
19	1	0		
20	2	2		
21	1	1		
22	2	2		
23	0	1		
24	0	0		
25	2	2		

图 5.6 两位评阅者口语等级评阅结果

【解】根据图 5.6 中的数据,得到表 5.6 所示的单元格和边际比率。

表 5.6 两位评阅者口语等级评阅一致性比率

		A			
		不合格	合格	优良	p_iB
B	不合格	0.08(0.0784)	0.20(0.1456)	0.00(0.056)	0.28
	合格	0.20(0.1456)	0.32(0.2704)	0.00(0.104)	0.52
	优良	0.00(0.056)	0.00(0.104)	0.20(0.04)	0.20
p_iA		0.28	0.52	0.20	$\sum p_i=1$

第五章 信度分析

表 5.6 中的一致性对角线之值显示，A 和 B 同时评判为"不合格"的比率为 0.08，评判为"合格"的比率为 0.32，评判为"优良"的比率为 0.20。A 评判为"不合格"、B 评判为"合格"的比率为 0.20，A 评判为"不合格"、B 评判为"优良"的比率为 0，以此类推。比率 $p_i A$ 和 $p_i B$ 是边际值（marginals）。偶然性比率（期望比率，括号中的值）为边际值的联合概率（joint probabilities）。例如，A 和 B 同时评判为"不合格"的偶然性比率（期望比率）为 0.0784（即 0.28×0.28）。由表 5.6 得到，p_o=0.08+0.32+0.20=0.6，p_c=0.0784+0.2704+0.04=0.3888。利用公式 5.7，得到 $\kappa = \dfrac{0.6-0.3888}{1-0.3888} \approx 0.35$。

5.4.2 Cohen's Kappa 信度分析的 SPSS 操作

【问题 5.8】利用【问题 5.7】中的数据，操作 SPSS，计算两位评阅者评阅结果的一致性系数。

本例信度分析适合使用 Cohen's Kappa，SPSS 操作步骤如下：

第一步　打开 SPSS 数据文件 ch5Kappa，按 Analyze → Descriptive Statistics → Crosstabs… 的顺序打开 Crosstabs（列联表）主对话框。将左栏中的"A"键入右边 Row(s)（排）栏中，"B"键入右边 Column(s)（列）栏中，如图 5.7 所示。

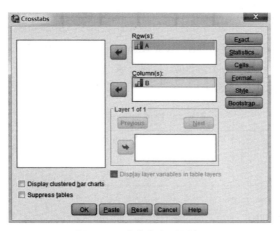

图 5.7　列联表主对话框

第二步　点击 Statistics…，进入 Statistics（统计量）子对话框，勾选 Kappa。
第三步　点击 Continue（继续），回到列联表主对话框。
第四步　点击 Cells…（单元格），在 Percentages（百分数）面板中勾选 Total（汇总）。
第五步　点击 Continue（继续），回到主对话框，再点击 OK（确认），完成操作。

表5.7 为 A * B 列联表(Crosstabulation)，显示各个单元格计数(Count)、计数占总数的百分比(% of Total，占比或比率)和汇总(Total)。对角线上的值表示一致性，对角线外的值表示不一致性。

表5.7 A * B 列联表

			B			汇总
			0	1	2	
A	不合格	计数	2	5	0	7
		占比	8.0%	20.0%	0.0%	28.0%
	合格	计数	5	8	0	13
		占比	20.0%	32.0%	0.0%	52.0%
	优良	计数	0	0	5	5
		占比	0.0%	0.0%	20.0%	20.0%
汇总		计数	7	13	5	25
		占比	28.0%	52.0%	20.0%	100.0%

表5.7 的单元格计数百分比和汇总百分比与表5.6 中的对应值相同。表5.7 报告了单元格计数，表5.6 则报告了偶然性比率。

表5.8 报告对称测量(Symmetric Measures，即 Kappa 一致性测量)结果，包括一致性测量(Measure of Agreement) κ (Kappa)统计量值(Value)、近似标准误差(Asymptotic Standard Error)、近似 T 值(Approximate T)、近似显著性概率 p (Approximate Significance)和有效样本量(N of Valid Cases，N)。

表5.8 评阅结果对称测量

		统计量值	近似标准误差[a]	近似 T 值[b]	p
一致性测量	κ	.346	.172	2.368	.018
N		25			

a. Not assuming the null hypothesis.
b. Using the asymptotic standard error assuming the null hypothesis.

表5.8 显示，本例测量 $\kappa \approx 0.35$，$p < .05$，说明两位评阅者之间评阅结果的一致性有统计显著性意义。概率 p 值是自由度为1的卡方分布中近似 T 值平方(作为卡方值)对应的尾巴概率。我们的目的是测量本量表的信度，而不是做推理统计，因而不必考虑其他项，如 p 值。鉴于表5.8 提供的信息比较少，建议实际研究中用文字描述代替表格。本例两位评阅者之间评阅结果的一致性尚可。

5.5 组内相关系数

5.5.1 组内相关系数的基本概念

组内相关系数(intraclass correlation coefficient,简称 ICC)用于评估两位或两位以上评阅者之间评阅结果的一致性。利用组内相关系数的信度分析依据 McGraw & Wong(1996)等学者的研究成果。组内相关系数是关于同一类别项目的评阅结果之间的可靠性系数,体现为不同方差成分之间的比例关系,其计算模型是方差分析(ANOVA,analysis of variance)理论的特殊应用(鲍贵,2010)。组内相关系数与 Cronbach's Alpha 有同样的统计假设。

SPSS 提供三个计算组内相关系数的模型。第一个模型是双因素混合模型(Two-Way Mixed Model)。在该模型中,评阅者(代表不同的测量)被当作固定效应(fixed effect),评阅对象(被试或参与者)被当作随机效应(random effect)。第二个模型是双因素随机模型(Two-Way Random Model)。在该模型中,评阅者和评阅对象均被视作随机变量。第三个模型是单因素随机模型(One-Way Random Model)。在该模型中,评阅者效应是随机的。双因素混合模型和双因素随机模型产生的信度估计值是相同的。不同之处在于对结果的解释。使用混合模型计算出的平均测量组内相关系数不能推广到其他评阅者,即不适用于其他评阅者。另外,使用混合模型时,必须要假设不存在评阅者和评阅对象之间的交互作用。选择什么样的模型取决于研究对象和评阅者的特征。如果研究者认为评阅对象和评阅者都是随机抽样得到的,则应选用双因素随机模型。如果研究者认为评阅者具有独特的品质,不能看作是从大的评阅者总体中随机抽样得到,则应选用双因素混合模型。如果研究者不清楚或不知道哪些评阅结果是由哪位评阅者给出的,则应选用单因素随机模型。换句话说,如果对随机选取的对象评阅的人是随机抽取的一组,且不要求同一个评阅者评阅所有的对象,如评阅者 A 评阅前 20 个对象,评阅者 B 评阅下面的 10 个对象,等等,则应选用单因素随机模型。

Shrout & Fleiss(1979)区分了相对一致性(consistency)组内相关系数和绝对一致性(absolute agreement)组内相关系数。相对一致性组内相关系数反映评阅结果之间的关联度(association),绝对一致性组内相关系数则体现评阅者之间的彼此可替代性(interchangeability)。选用双因素混合模型或双因素随机模型时,SPSS 提供相对一致性和绝对一致性两种类型供研究者选择。但是,如果研究者选用单因素随机模型,则只能统计绝对一致性组内相关系数。

不论选用哪种组内相关系数计算模型和定义类型(相对或绝对一致性),SPSS统计结果中都会给出两个系数供研究者选用。第一个系数是单一测量(single measure)组内相关系数。第二个系数是平均测量(average measure)组内相关系数。选用何种系数取决于研究者的实际需要。单一测量组内相关系数是选择单一评阅者所得到的信度系数,平均测量组内相关系数则是选择多个评阅者的分值平均数或总分数所得到的信度系数。一般来说,单一测量组内相关系数低于平均测量组内相关系数。本节只介绍双因素混合模型组内相关系数。

根据McGraw & Wong(1996),双因素混合模型组内相关系数的计算分为单一测量和平均测量两种情形。单一测量组内相关系数的计算公式为:

$$ICC(C,1) = \frac{MS_R - MS_E}{MS_R + (k-1)MS_E} \quad \text{(公式 5.8)}$$

$$ICC(A,1) = \frac{MS_R - MS_E}{MS_R + (k-1)MS_E + \frac{k}{n}(MS_C - MS_E)} \quad \text{(公式 5.9)}$$

其中,公式5.8为相对一致性(consistency, C)组内相关系数计算方法,公式5.9为绝对一致性(absolute agreement, A)组内相关系数计算方法。MS_R为排变量均方(mean square for rows);MS_E为误差均方(mean square error);MS_C为列变量均方(mean square for columns)。k代表评阅者总数;n为每列评阅对象数。

平均测量组内相关系数的计算公式为:

$$ICC(C,k) = \frac{MS_R - MS_E}{MS_R} \quad \text{(公式 5.10)}$$

$$ICC(A,k) = \frac{MS_R - MS_E}{MS_R + \frac{MS_C - MS_E}{n}} \quad \text{(公式 5.11)}$$

其中,公式5.10为相对一致性组内相关系数公式,公式5.11为绝对一致性组内相关系数公式。以上公式显示,对于相对一致性测量,列方差不包括在分母方差之内;在绝对一致性测量中,列方差包含在分母之内。这是因为,相对一致性测量强调评阅者之间评分的相关程度,列方差(反映评阅者之间的绝对差异)只是无关的变异来源;绝对一致性测量要求评阅者之间评分的绝对一致性,列方差是影响绝对一致性的重要因素(McGraw & Wong,1996:33—34)。列方差越大,绝对一致性程度就越低,反之亦然。

一般来说,评阅者之间信度高低的判断标准如下:0.9—1,很好(excellent);0.8—0.9,好(good);0.7—0.79,一般或尚可(fair);<0.70,差(poor)。下面通过示例计算双因素混合模型组内相关系数。

【问题 5.9】三位评阅者(judges,$k=3$)对 20 名学习者($n=20$)的口语表现(代表口语水平)分别进行整体(holistic)评分(满分为 15 分),评分结果如图 5.8 所示(SPSS 文件名为 ch5ICC)。试分析三位评阅者之间的评分信度。

	judge1	judge2	judge3
1	11	12	12
2	13	13	10
3	11	12	12
4	12	12	8
5	13	9	9
6	9	11	5
7	8	6	7
8	9	12	11
9	10	12	9
10	14	14	11
11	12	10	9
12	9	9	7
13	11	9	9
14	9	7	8
15	9	11	10
16	12	11	10
17	11	9	9
18	11	11	10
19	13	11	10
20	11	11	8

图 5.8　三位评阅者的评分数据

【解】已知:$k=3$,$n=20$。在计算 ICC 系数之前,需要先计算公式 5.8—5.11 中的各个统计量。

先求 MS_R。MS_R 为排变量均方,这里的排(rows)是区组(blocks)。计算上,MS_R 为区组平方和(SS_R)与其自由度(degrees of freedom,$n-1$)的比率。本例中,各个区组平均数和总平均数(M_G)为:

$M_{R1}=11.6667$,$M_{R2}=12$,$M_{R3}=11.6667$,$M_{R4}=10.6667$,$M_{R5}=10.3333$,$M_{R6}=8.3333$,$M_{R7}=7$,$M_{R8}=10.6667$,$M_{R9}=10.3333$,$M_{R10}=13$,$M_{R11}=10.3333$,$M_{R12}=8.3333$,$M_{R13}=9.6667$,$M_{R14}=8$,$M_{R15}=10$,$M_{R16}=11$,$M_{R17}=9.6667$,$M_{R18}=10.6667$,$M_{R19}=11.3333$,$M_{R20}=10$,$M_G=10.2333$。

因此,$SS_R=k\left[\sum(M_R-M_G)^2\right]=122.0667$。$MS_R=\dfrac{SS_R}{n-1}=6.4246$。

计算 SS_W。SS_W 是残差来源平方和,即排内平方和,自由度为 $n(k-1)$。SS_W 的计算公式为:$SS_W=SS_T-SS_R$(SS_T 为总方差)。$SS_T=\sum(X_{ij}-M_G)^2=216.7333$($X_{ij}$

代表第 j 排第 i 个观测值，$j=1,\dots,n$，$i=1,\dots,k$）。因此，$SS_W=94.6666$。

在双因素混合模型中，评阅者之间的差异（SS_C）从组内方差中分离出来。因此，$SS_C=SS_W-SS_E$（SS_E 是误差平方和）。$M_{C1}=10.9$，$M_{C2}=10.6$，$M_{C3}=9.2$，$M_G=10.2333$。$SS_C=n\left[\sum(M_C-M_G)^2\right]=32.9333$，$MS_C=\dfrac{SS_C}{k-1}=16.4667$。因此，$SS_E=94.6666-32.9333=61.7333$，$MS_E=\dfrac{SS_E}{k(n-1)-(n-1)}=1.6246$。

最后，根据公式 5.8 和 5.10，在相对一致性情形中，本例单一测量和平均测量 ICC 系数为：

$$ICC(C,1)=\dfrac{6.4246-1.6246}{6.4246+2\times1.6246}\approx 0.496;$$

$$ICC(C,k)=\dfrac{6.4246-1.6246}{6.4246}\approx 0.747。$$

根据公式 5.9 和 5.11，在绝对一致性情形中，本例单一测量和平均测量 ICC 系数为：

$$ICC(A,1)=\dfrac{6.4246-1.6246}{6.4246+2\times1.6246+\dfrac{3}{20}\times(16.4667-1.6246)}\approx 0.403;$$

$$ICC(A,k)=\dfrac{6.4246-1.6246}{6.4246+\dfrac{16.4667-1.6246}{20}}\approx 0.670。$$

以上结果表明，在相对一致性测量中，平均测量 ICC 信度一般，但是单一测量 ICC 信度差；在绝对一致性测量中，单一测量和平均测量 ICC 信度都比较差。由此可见，三位评阅者评分的严格程度有差异。针对本例，采用相对一致性平均测量较为合适，即用三位评阅者评阅结果的平均分代表学习者的口语水平。

5.5.2 组内相关信度分析的 SPSS 操作

【问题 5.10】利用【问题 5.9】中的数据，操作 SPSS，统计分析双因素混合模型中的相对一致性 ICC 系数。

应用三个模型通过 SPSS 统计分析 ICC 系数的操作步骤相同。这里以 SPSS 默认的双因素混合模型中的相对一致性测量为例简要介绍 SPSS 操作步骤。

第一步　打开数据文件 ch5ICC，按 Analyze→Scale→Reliability Analysis…的顺序打开 Reliability Analysis（信度分析）主对话框，将左栏中的变量键入右边的 Items

(题项)栏中。

第二步　点击 Statistics…，进入 Statistics(统计量)子对话框。在 Descriptives for(描述性统计量)栏中勾选 Item(题项)，再勾选 Intraclass correlation coefficient(组内相关系数)，其他选项均采用 SPSS 默认的方式，如图 5.9 所示。SPSS 默认的组内相关系数模型和类型分别是 Two-Way Mixed(双因素混合模型)和 Consistency(相对一致性)。若要采用其他组内相关系数模型和类型，只需在 Model(模型)和 Type(类型)的下拉菜单中做出相应的选择即可。

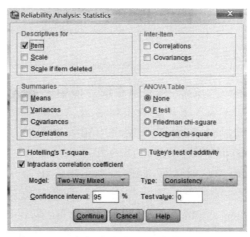

图 5.9　组内相关信度分析统计量子对话框

第三步　点击 Continue(继续)，回到主对话框，再点击 OK(确认)，完成操作。

SPSS 输出结果报告 Cronbach's Alpha (α 系数)值为 .747，信度分析项目数为 3(本例中有三位评阅者)。表 5.9 显示题项统计量(Item Statistics)，包括每位评阅者(judge)对所有个案(N)评阅结果的平均数(Mean, M)和标准差(Std. Deviation, SD)。从平均数来看，评阅者之间存在一定的差异，特别是第三位评阅者的评分偏低。评阅者评分结果的标准差接近。

表 5.9　评阅者评阅题项统计量

	M	SD	N
第一位评阅者	10.90	1.683	20
第二位评阅者	10.60	1.957	20
第三位评阅者	9.20	1.735	20

表 5.10 显示选择双因素混合模型相对一致性类型时组内相关系数(Intraclass Correlation Coefficient)及其相关统计量。这是重要的一张表。

表 5.10 信度分析组内相关系数

	Intraclass Correlation[b]	95% CI		F Test with True Value 0			
		Lower Bound	Upper Bound	F	df_1	df_2	p
Single Measures	.496[a]	.226	.734	3.955	19	38	<.001
Average Measures	.747[c]	.467	.892	3.955	19	38	<.001

Two-way mixed effects model where people effects are random and measures effects are fixed.

a. The estimator is the same, whether the interaction effect is present or not.

b. Type C intraclass correlation coefficients using a consistency definition. The between-measure variance is excluded from the denominator variance.

c. This estimate is computed assuming the interaction effect is absent, because it is not estimable otherwise.

表 5.10 下方注解第一行说明，在双因素混合模型中，被试（参与者）效应是随机的，而测量效应是固定的。表下方还对表中信息提供了 3 条解释：a 条说明不管交互效应是否存在，估计值相同；b 条说明 C 型组内相关系数的计算使用了相对一致性（consistency）定义。计算时，不同测量之间的方差从分母方差中排除出去；c 条说明系数估计在假设没有交互效应时计算得到，否则无法估计。

表 5.10 显示，单一测量和平均测量相对一致性组内相关系数分别为 0.496 和 0.747（等同于 Cronbach's Alpha 值），与我们前面的计算结果一致。在两种测量方法中，95% 置信区间的上下限均不包含"0"值。这说明由此得到的系数具有统计显著性意义。方差分析 F 比率的分子和分母自由度为 df_1 和 df_2。组内相关系数统计检验的零假设是相关系数为 0（即各个测量之间没有关联），实际观察到的 F 值为 $F(19,38) = \frac{MS_R}{MS_E} = \frac{6.4246}{1.6246} \approx 3.955$，两种测量结果均有统计显著性（$p<.001$），与 95% 置信区间的上下限反映的情况一致。实际研究中，信度系数的大小比统计显著性检验结果更重要。关于方差分析，详见第八、第九章。

问题与思考

1. 在两个不同的时间段使用同一个测试，通过检验分数之间的关系确定测试的信度。这是什么类型的信度分析？

2. 能够测量评阅者评阅结果或观测结果一致性的信度分析类型有哪些？

3. KR20 与 Cronbach's Alpha 有怎样的关系？

4. 某研究者设计 5 点式利克特量表调查语言学专业研究生对统计学课程学习压力的感知。学习压力感知量表包括 6 个题项，量表值 1—5 代表感知的压力依次增大。30 名语言学专业研究生接受了问卷调查，调查结果如下表。

第五章 信度分析

> 题项1:1,1,2,1,2,3,3,2,3,2,2,2,2,2,3,3,3,3,4,4,4,3,4,3,4,5,4,5,5,5;
> 题项2:2,4,3,2,1,2,4,5,2,5,5,4,4,3,3,5,4,3,1,5,4,5,1,2,4,2,4,4,3,4,3;
> 题项3:1,2,1,3,2,3,1,2,1,3,3,2,2,3,1,4,2,3,2,5,4,4,2,4,3,4,3,5,4,3,4;
> 题项4:2,2,1,5,1,2,1,2,1,2,3,3,4,4,3,3,4,2,3,5,4,3,5,5,2,4,4,5,5,4;
> 题项5:3,2,2,3,3,2,2,2,1,3,1,2,1,2,3,2,3,4,3,2,1,4,3,4,4,5,3,3;
> 题项6:1,2,2,3,1,3,3,3,1,2,2,2,1,2,3,2,3,3,4,2,3,2,2,2,5,3,4,4,2,4.

要求:选择恰当的信度分析方法检验本研究设计的学习压力感知量表测量的信度;解释是否有必要对量表中的个别题项做出调整。

5. 两位评阅者 A 和 B 听 20 个简短的英语对话,交际一方为男性母语者,另一方为女性非母语者。要求评阅者判断男性交谈者的英语发音是英式的(British)还是美式的(American)。观测频数如下表所示。

			B 英式	B 美式	边际比率
A	英式	计数	7	3	
		观测比率			
		期望比率			
	美式	计数	1	9	
		观测比率			
		期望比率			
		边际比率			

要求:填写上表单元空格中的观测比率、期望比率以及边际比率,计算并解释评阅者评分一致性系数 Cohen's Kappa(κ)。

6. 某研究者拟根据 200 名大学生英语口语演讲比赛的录音材料对比赛选手的英语口语成绩进行评分。研究者决定聘请一名评阅者对所有的录音材料进行评阅。为了确保被聘请的评阅者的评分有较好的信度,研究者从 200 份语音材料中随机抽取 40 份,邀请三名有经验的评阅者按照 10 分制进行试评。试评结果如下表所示。

> 第一位评阅者:7.6,9.1,7.4,9.4,8.5,6.8,8.1,9.1,6.5,9.5,8.5,9.6,9.0,6.5,7.7,8.2,8.4,
> 8.7,8.9,9.2,9.6,8.6,8.5,6.0,8.9,9.6,9.5,8.5,9.3,6.5,9.7,8.2,9.1,8.3,
> 8.1,8.7,6.5,8.3,8.2,9.3;
> 第二位评阅者:7.2,8.3,7.1,9.8,9.3,6.4,7.7,9.4,6.3,9.7,8.1,9.4,9.2,6.4,7.1,7.6,8.3,
> 7.7,8.6,9.3,9.6,8.1,7.6,6.5,9.4,9.9,9.6,9.5,9.8,6.7,9.7,7.9,9.3,7.8,
> 7.3,8.5,6.6,7.6,8.4,8.4;
> 第三位评阅者:7.0,7.5,7.0,8.3,8.0,6.3,7.1,8.1,6.4,8.9,7.5,8.7,8.4,6.3,7.0,7.2,7.4,
> 7.3,7.7,8.3,8.8,7.2,7.3,6.0,7.4,9.8,8.7,8.4,9.3,6.3,9.1,7.1,8.1,7.2,
> 7.1,7.6,6.0,7.2,7.1,7.7.

试问:三位评阅者的相对一致性和绝对一致性评分信度如何?根据试评结果,从中选择一名评阅者开展后期的评阅工作是否可行?

第六章 相关分析
Chapter Six　Correlation Analysis

相关(correlation)表示不同变量之间的联系,通常特指双变量相关(bivariate correlation),即两个变量之间的关联。相关分析的目的是探索不同变量之间关联的强度和方向。变量之间的相关类型可分为两种。一种是线性相关(linear correlation),另一种是曲线相关(curvilinear correlation)。线性(linearity)是指两个相关变量之间是直线(straight line)性的关系,曲线性(curvilinearity)则指非线性(nonlinearity),表示两个相关变量之间是非直线性的关系。两个变量线性相关时,散点图(scattergram;scatterplot)上的所有数据点形成或近似形成一条直线。本章介绍两种常见的相关分析方法。一是皮尔逊相关分析,二是斯皮尔曼相关分析。

6.1　线性相关分析的基本概念

线性相关分析的目的是检验两个变量之间线性关系的强弱和方向。根据关系的方向,变量之间的线性关系分为正相关(positive correlation)、零相关(zero correlation)和负相关(negative correlation)三种。在正相关关系中,一个变量的值增大,另一个变量的值也随之增大。相反,一个变量的值减小了,另一个变量的值也随之减小。在零相关关系中,一个变量值增加或减小与另一个变量没有关系。在负相关关系中,一个变量的值增大,另一个变量的值却减小;一个变量的值减小,另一个变量的值却增大。图 6.1 显示两个变量之间线性关系的方向。

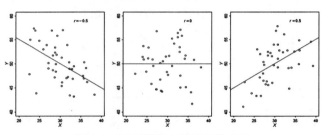

图 6.1　两个变量之间关系散点图

图 6.1 中的各个点代表变量 X 和 Y 的配对值,直线代表最优线性拟合线。左边散点图显示,随着 X 值的增大,Y 值呈明显的减小趋势,说明这两个变量之间的关系为负相关。中间的散点图显示,在变化总体趋势上,Y 值没有随着 X 值的增大而增大,也没有随着 X 值的减小而减小,说明这两个变量之间的关系为零相关。右边的散点图显示,随着 X 值的增大,Y 值也呈增大之势,说明这两个变量之间的关系为正相关。图 6.1 右上角标出两个变量之间皮尔逊相关系数(r)值。

相关系数的值介于 -1 和 +1 之间,正相关系数的值大于 0,负相关系数的值小于 0。两个变量之间零相关时,相关系数为 0。图 6.2 显示不同强度的相关性。

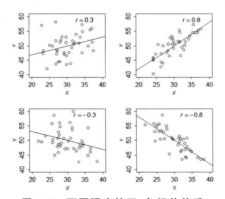

图 6.2　不同强度的正、负相关关系

图 6.2 显示,在正相关系数($r=0.3$)较小时,斜线坡度(体现斜率,slope)较平缓,数据点较分散。当正相关系数($r=0.8$)很大时,斜线很陡峭,数据点较集中。同样,在负相关系数($r=-0.3$)绝对值较小时,斜线坡度较平缓,数据点较分散。当负相关系数($r=-0.8$)绝对值很大时,斜线坡度很陡峭,数据点较集中。两个变量相关的强度与相关系数的正、负号没有关系。

在二语习得研究中,正、负相关或零相关的例子都很常见。譬如,二语词汇量与二语阅读能力之间的关系为正相关关系;单词复习时间与遗忘率之间的关系是负相关关系;学习者身高与二语水平之间的关系为零相关关系。当正相关系数增加到 1 时,一个变量完全可用另一个变量来预测或解释。我们称这两个变量完全正相关(perfect positive correlation)。在按时计酬的工作制中,薪水与工作小时之间的关系是完全正相关关系。当负相关系数减小到 -1 时,两个变量呈完全负相关(perfect negative correlation)。譬如,在距离恒定时,速度与时间的关系呈完全负相关。完全正相关或负相关的例子在二语习得研究中很少遇到。

判定某个样本中两个变量之间的相关关系是否存在于总体中需要开展统计显著性检验,即要通过 p 值来判断某种相关性偶然发生的可能性。如果 $p<.05$,说明变

量之间的这一关系偶然发生的概率不到5%,我们可以推断两个变量之间存在显著相关性。如果 $p>.05$,说明变量之间的这一关系偶然发生的概率超过5%,我们可以推断变量之间不存在显著的相关性,即相关系数没有统计显著性意义。

需要注意的是,相关关系不一定是因果关系(causation)。有时候,相关关系反映因果关系。比如,女性比男性更容易对考试产生焦虑(anxiety),我们认为性别(gender)影响考试焦虑的程度,但是我们不能说焦虑的程度影响了性别。有时候,在两个相关的变量中,我们很难说一个影响了另一个。比如,在情感稳定性(emotional stability)与焦虑(anxiety)的关系中,是情感更稳定导致焦虑度的降低?还是焦虑度的增加导致了情感更趋于不稳定?两种情况都存在,两个变量是相互影响的(George & Mallery, 2006:126)。还有些时候,两个变量之间的相关是由第三个变量引起的。比如,夏天冰淇淋的销售量与中暑人数存在正相关。我们不能说冰淇淋的销售量是中暑的原因或结果,两者都是由于天气炎热造成的。另外,相关系数仅仅是对两个变量之间关系大小的度量,不能进行算术运算。例如,不能说相关系数0.8是0.4的两倍。

6.2 皮尔逊相关分析

6.2.1 皮尔逊相关分析方法

皮尔逊相关分析(Pearson correlation analysis)由卡尔·皮尔逊(Karl Pearson)开创,是参数检验(parametric test)。凡参数检验都需要满足某些条件或统计假设(statistical assumptions),皮尔逊相关分析也不例外。统计假设是准确使用某个统计检验必不可少的先决条件。皮尔逊相关分析要求满足以下五个统计假设:(1)观测值必须是定距或定比数据,即相关变量是连续性(continuous)变量;(2)观测值独立(independent),且没有异常值(异常点)(outlier);(3)两个变量数据服从(或近似服从)正态分布(normal distribution);(4)方差齐性(homoscedasticity);(5)关系线性(linearity)。观测值的独立性(independence of observations)是指对不同被试的观测值之间没有关联。如果某次语言水平考试中学生互相抄袭,那么就违背了这一必要条件,因为考试分数不再彼此独立。

正态分布假设要求两个相关变量服从双元正态分布。图6.3显示总体相关系数(ρ)在不同条件下的双元正态分布。

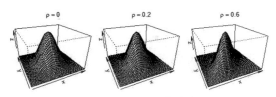

图 6.3 双元正态分布

图 6.3 显示,双变量正态分布概率密度(density)图的形状像秋天一堆耙拢的树叶(raked leaves),呈钟形(bell-shaped)。密度线下面的体积为 1;随着相关系数 ρ 的增加,双元正态概率密度分布沿着一条线集中。

SPSS 25 没有提供双元正态分布检验程序。一个简单的做法是对每个变量进行正态分布检验。如果每个变量均服从正态分布,大致可以认为两个变量服从双元正态分布。需要注意的是,如果两个变量服从多元正态分布,它们一定都服从单变量边际(marginal)正态分布,但是每个变量均服从边际正态分布并不一定意味着它们就服从双元正态分布。

双变量分布方差齐性、关系线性和异常值诊断都可以借助散点图。在相关分析中,方差齐性指在给定变量 X 值的情况下变量 Y 值的变异(即条件变异)不依赖于 X 值;方差异质性指 Y 值的条件变异随 X 值变化(鲍贵,2017a:26—27)。图 6.4 显示双变量分布方差变化的不同情形。

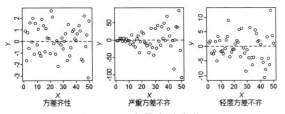

图 6.4 双变量方差变化

最左边的散点图显示,两个变量 X 和 Y 构成的数据点随机分散在"0"点线周围,说明方差齐性。中间的散点图显示,在 X 取小值时,Y 值差异较小,但是随着 X 值增大,Y 值差异增大,数据点不再随机分散在"0"点线周围,分布形状呈扇形,且开口度大。这说明 X 和 Y 数据分布严重违反方差齐性假设。最右边的散点图与中间散点图相似,只是扇形开口度较小,X 和 Y 数据分布轻度违反方差齐性假设。

图 6.5 显示双变量非线性关系。图中的虚线为最优线性拟合线,实线为拟合数据的平滑曲线。

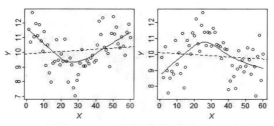

图 6.5　双变量非线性关系

在以上两幅散点图中,线性拟合线近似为水平线,似乎表明两个变量之间没有关系。但是,平滑线显示一个 V 形或颠倒的 V 形曲线,表明这两个变量之间有较强的非线性关系。实际研究中,如果研究者忽视变量之间关系的本质,就会得出错误的结论,譬如将两个变量之间没有线性关系误认为是它们之间没有关联性。

同平均数和标准差一样,相关系数 r 也较易受到异常值的影响。图 6.6 显示两个变量线性关系的散点图。线性关系用于测量两个变量的数据点围绕线性拟合线聚集的程度。图中实线显示变量 X 和 Y 之间有较强的线性正相关关系。但是,右上方有一个异常点,对拟合线产生了很大的影响。当不考虑这个异常点时,两个变量之间没有线性关系,如图中的水平虚线所示。这个例子说明,一个异常点可能会实质性地改变两个变量之间的相关性质,出现棒棒糖效应(the lollipop effect)。

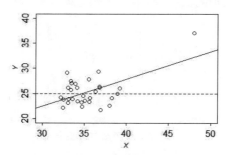

图 6.6　含有异常值的双变量散点图

单变量分布和双变量分布异常值不是一回事。在单变量分布中某个数值不是异常值未必在双变量分布中也不是异常值。单变量异常值的诊断常用 Q-Q 图和箱图等图形;双变量异常值诊断常用散点图。

皮尔逊相关系数的基本计算公式为:

$$r = \frac{\sum(Z_X Z_Y)}{n-1} \qquad (公式 6.1)$$

其中,r 表示皮尔逊相关系数,Z_X 是某个观测值在变量 X 中的 Z 分数(标准分),Z_Y

第六章 相关分析

是某个观测值在变量 Y 中的 Z 分数,n 是样本量。由于 Z 分数是由观测值与平均数的离差除以标准差计算而来,r 的计算公式中又用到两个变量 Z 分数的乘积,因而皮尔逊相关系数又称皮尔逊积差相关系数(Pearson product-moment correlation coefficient)。从公式 6.1 可以看出,r 利用两个变量的标准化值,因而 r 不会随变量测量尺度的改变(如把长度的测量单位由米改为厘米)而改变。

在使用皮尔逊相关系数时,n 不宜小于 30,最好在 50 以上。n 过小,即使相关系数 r 很大,两个变量之间的关系也不见得真的很密切。

皮尔逊相关系数基本计算公式的两个变化形式是:

$$r=\frac{cov(X,Y)}{S_X S_Y}=\frac{\sum(X_i-\bar{X})(Y_i-\bar{Y})}{\sqrt{\sum(X_i-\bar{X})^2 \sum(Y_i-\bar{Y})^2}} \quad (公式 6.2)$$

其中,$cov(X,Y)$ 是变量 X 和 Y 的协方差,S_X 和 S_Y 分别是变量 X 和 Y 的标准差,$\bar{X}$ 是各个 X_i 值的平均数,$\bar{Y}$ 是各个 Y_i 值的平均数。

皮尔逊相关分析统计检验的步骤是:(1)确立零假设:H_0:$\rho=0$(ρ 是总体相关系数,$\rho=0$ 表示总体中不存在任何线性相关);(2)利用公式 6.1 或 6.2 计算检验统计量 r(r 是对 ρ 的一个估计);(3)确定显著性水平 α,做推理统计。两个样本之间相关系数的统计显著性采用 t 检验(关于 t 检验,见第七章)。统计量 t 的计算公式为:

$$t=r\sqrt{\frac{n-2}{1-r^2}} \quad (公式 6.3)$$

其中,r 是皮尔逊相关系数,n 是样本量,$n-2$ 是统计量 t 的自由度。根据 t 检验得到的 p 值来判断相关系数 r 偶然出现的可能性。如果统计显著性检验得到的 p 值小于或等于 α,则拒绝零假设,推断总体中两个变量有线性关系。若 p 值大于 α,接受零假设,推断总体中两个变量没有线性关系。

相关系数 r 为常用的效应量(effect size)估计。根据相关系数的大小,变量之间的线性关系可分为完全相关、高相关、中等相关、低相关和零相关。根据 Cohen (1988),不考虑 r 的符号,$r=0.10$、$r=0.30$ 和 $r=0.50$ 分别代表小(small)、中(medium)、大(large)效应量。需要注意的是,在使用高相关和低相关等表达方式时,不要忘记参考样本量的大小和统计显著性检验的结果。

相关系数可以有助于用一个变量值的变化方式去预测或解释另一个相关变量值的变化方式。即是说,我们可以这样来解释相关系数 r:观测到的 X(或 Y)变量的变异解释了观测到的 Y(或 X)变量 P%(等于 r 的平方)的变异(The observed variation in X [or Y] accounts for P% of the observed variation in Y [or X]. The value of P is obtained by squaring the value of r)(Woods et al.,2000:168)。譬如,当变量 X 和 Y 的相关系数 $r=0.5$ 时,我们可以说 Y 值 25%(r^2)的变异可由 X 值的变异来解释,或者 X 值 25%的变异是由 Y 值的变异引起的。

【问题 6.1】某研究者对 30 名英语学习者($n=30$)开展了一次英语阅读理解力测试和英语词汇知识测试,两项测试的卷面满分均为 40 分。测试评分结果如表 6.1 所示。试计算英语阅读理解力和英语词汇知识之间的皮尔逊相关系数,并推断两个变量之间是否有统计显著性相关。

表 6.1 英语阅读理解力和词汇知识测试

阅读理解力:30,33,32,33,26,32,30,30,31,34,30,23,27,34,31,27,33,30,25,30,30,30,34, 28,31,26,33,24,33,28;
词汇知识:25,31,27,27,33,36,30,29,35,32,33,26,27,34,32,29,33,32,25,29,26,30,30, 31,28,29,27,35,29。

【解】我们可以使用公式 6.1 或 6.2 计算皮尔逊相关系数。若使用公式 6.1,则需计算两个变量的标准分。根据以上数据,得到:$M_{\text{Read}}=29.9333$,$SD_{\text{Read}}=3.0618$,$M_{\text{Vocabulary}}=30$,$SD_{\text{Vocabulary}}=3.0513$。利用标准分公式 $Z=\dfrac{X_i-\bar{X}}{S}$,得到:

英语阅读理解力标准分:

　　0.0218,1.0016,0.6750,1.0016,−1.2846,0.6750,0.0218,0.0218, 0.3484,1.3282,0.0218,−2.2645,−0.9580,1.3282,0.3484,−0.9580, 1.0016,0.0218,−1.6112,0.0218,0.0218,0.0218,1.3282,−0.6314,0.3484, −1.2846,1.0016,−1.9378,1.0016,−0.6314;

英语词汇知识标准分:

　　−1.6387,0.3277,−0.9832,−0.9832,0.9832,1.9664,0.0000,−0.3277,1.6387, 0.6555,0.9832,−1.3109,−0.9832,1.3109,0.6555,−0.3277,0.9832,0.6555, −1.6387,−0.3277,−1.3109,0.0000,0.0000,0.0000,0.3277,−0.6555,−0.3277, −0.9832,1.6387,−0.3277。

因此,

$$r=\dfrac{0.0218\times(-1.6387)+1.0016\times 0.3277+\ldots+1.0016\times 1.6387+(-0.6314)\times(-0.3277)}{30-1}$$

≈ 0.495。

若使用公式 6.2,则需计算两个变量的协方差。根据协方差公式 5.2,得到:

$$cov(X,Y) = \frac{1}{30-1}[(30-29.9333)\times(25-30)+ \cdots +(28-29.9333)\times(29-30)]$$
$$\approx 4.6207。$$

因此，$r = \frac{4.6207}{3.0618\times 3.0513} \approx 0.495$。从相关系数的大小来看，英语阅读理解力和英语词汇知识之间有较强的线性关系（$r=0.495$）。即是说，英语阅读理解力大约24.5%的变异可由英语词汇知识变异来解释。

根据公式6.3，得到：$t(28) = 0.495 \times \sqrt{\frac{30-2}{1-0.495^2}} \approx 3.015$。在双侧检验中，$t(28) = 3.015$对应的显著性概率$p=.005 < .01$，由此推断英语阅读理解力和英语词汇知识之间的线性关系有统计显著性。

6.2.2 皮尔逊相关分析的SPSS操作

【问题6.2】利用【问题6.1】的数据，操作SPSS，检验英语阅读理解力和英语词汇知识之间是否有统计显著性线性相关关系。

将数据输入到SPSS窗口，"英语阅读理解力"和"英语词汇知识"的英文变量名分别为"Read"和"Vocabulary"，标签分别为"阅读理解力"和"词汇知识"，并保存文件（文件名为ch6Pearson）。

在开展皮尔逊相关分析之前，需要检验统计假设。利用正态Q-Q图和散点图（详见第三章）诊断双变量数据分布的特点。图6.7为英语词汇知识和阅读理解力数据正态性诊断的Q-Q图。

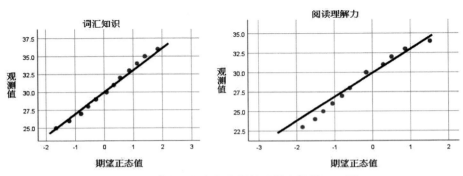

图6.7 英语词汇知识和阅读理解力数据Q-Q图

左分图显示，词汇知识所有数据点均非常接近正态分布拟合线。$|Skew.2SE|=$

$\left|\frac{0.179}{2\times 0.427}\right|\approx 0.21<1$，$|Kurt.2SE|=\left|\frac{-0.792}{2\times 0.833}\right|\approx 0.48<1$，$W=0.97$，$p=.444>.05$。由此推断，词汇知识数据服从正态分布。

右分图显示，阅读理解力大部分数据点接近正态分布拟合线，只是下（左）尾巴数据点向下偏离拟合线，使数据分布呈轻度左（负）偏态分布。正态分布检验发现阅读理解力数据违反正态分布，$W=0.93$，$p=.046<.05$。但是，$|Skew.2SE|=\left|\frac{-0.620}{2\times 0.427}\right|\approx 0.73<1$，$|Kurt.2SE|=\left|\frac{-0.393}{2\times 0.833}\right|\approx 0.24<1$。综合判断，阅读理解力数据近似服从正态分布。

图 6.8 为英语词汇知识和阅读理解力数据分布散点图。

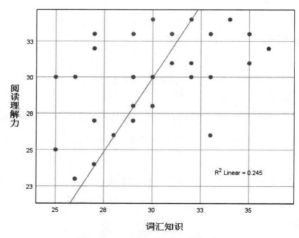

图 6.8 英语词汇知识和阅读理解力数据散点图

图 6.8 显示，词汇知识和阅读理解力有明显的线性关系，$R^2=0.245$。随着词汇知识的增加，英语阅读理解力也呈提升之势。图 6.8 没有显示明显的异常值和方差不齐性倾向。

综上所示，本例数据基本满足皮尔逊相关分析统计假设。

SPSS 开展皮尔逊相关分析的操作步骤如下：

第一步　按 Analyze→Correlate→Bivariate…的操作顺序打开 Bivariate Correlations（双变量相关分析）对话框，将左栏中的"阅读理解力[Read]"和"词汇知识[Vocabulary]"两个变量键入右边的 Variables（变量）栏，其他选项默认，如图 6.9 所示。

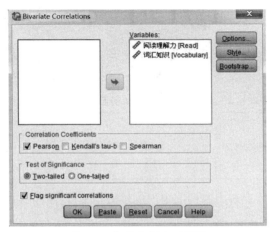

图 6.9　相关分析主对话框

Correlation Coefficients(相关系数)栏中有三个选项。Pearson(皮尔逊)相关系数为 SPSS 默认选项。Kendall's tau-b 为 Kendall 等级(秩次)相关系数。Spearman(斯皮尔曼)相关系数为等级(秩次)相关系数。对话框中提供两种显著性检验(Test of Significance)方式:Two-tailed(双尾)检验和 One-tailed(单尾)检验。双尾检验为 SPSS 默认采用的方式,也是大多数研究接受的检验方式。

SPSS 用星号显示显著性相关(Flag significant correlations)。在.05 水平上的显著性相关用一个星号(*)表示,在.01 水平上的显著性相关用两个星号(**)表示。

第二步　点击 Options…,进入 Options(选项)子对话框,勾选 Statistics(统计量)面板中的 Means and standard deviations(平均数和标准差),其他选项默认,如图 6.10 所示。

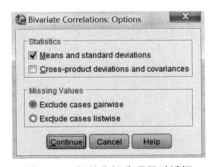

图 6.10　相关分析选项子对话框

在统计量栏中的另一个选项是 Cross-product deviations and covariances(交乘积离差和协方差)。它们用于计算相关系数。

第三步　点击 Continue（继续），回到相关分析主对话框，再点击 OK（确认），完成操作。

表 6.2 报告描述性统计量，包括变量名、平均数（Mean，M）、标准差（Std. Deviation，SD）和样本量（N）。

表 6.2　英语阅读理解力和词汇知识描述性统计

	M	SD	N
阅读理解力	29.93	3.062	30
词汇知识	30.00	3.051	30

表 6.3 为英语阅读理解力和词汇知识皮尔逊相关（Pearson Correlation）分析表。

表 6.3　英语阅读理解力和词汇知识皮尔逊相关分析

		阅读理解力	词汇知识
阅读理解力	皮尔逊相关	1	.495**
	p（双尾）		.005
	N	30	30
词汇知识	皮尔逊相关	.495**	1
	p（双尾）	.005	
	N	30	30

**. Correlation is significant at the 0.01 level (2-tailed).

表 6.3 显示，本例样本量 $N=30$，每个变量与本身的皮尔逊相关系数为 1（完全正相关），无须报告双尾检验的显著性检验结果。词汇知识和阅读理解力有较强的统计显著性正相关线性关系（$r=0.50, p=.005<.01$）。相关分析的变量没有孰先孰后的问题，所以表中上下两个部分显示的相关系数是一样的。由于表 6.3 比较简单，实际研究中建议用文字表述代替表格。

6.3　斯皮尔曼相关分析

6.3.1　斯皮尔曼相关分析方法

斯皮尔曼秩次相关系数（Spearman rank correlation coefficient）检验，又称斯皮尔曼

相关系数(Spearman correlation coefficient)检验,由查尔斯·斯皮尔曼(Charles Spearman)创立,是非参数检验方法。样本相关系数记作 r_s;总体秩次相关系数记作 ρ_s (Spearman's rho)。斯皮尔曼相关系数测量两个变量之间递增或递减关联度(strength of association),即单调(monotonic)关联度。两个变量之间的关联性未必是线性的。图 6.11 显示变量 X 和 Y 之间单调递增的关系。

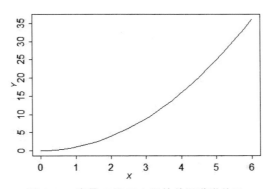

图 6.11　变量 X 和 Y 之间的单调递增关系

斯皮尔曼(秩次)相关分析对数据的要求不像皮尔逊相关分析那样严格。如果数据不是定距或定比数据而是定序数据,或者数据虽是定距或定比数据但不服从正态分布,检验两个变量之间的关系时,可以使用斯皮尔曼相关分析。

在没有等值(ties)时,斯皮尔曼相关系数 r_s 的计算公式为:

$$r_s = 1 - \frac{6\sum_{i=1}^{n} D_i^2}{n(n^2-1)} \qquad \text{(公式 6.4)}$$

其中,n 是样本量,D 为配对秩次(ranks)的差异。配对秩次差异的平方和 $\sum_{i=1}^{n} D_i^2 = \sum (R_i - S_i)^2$,其中 R_i 是变量 X 的秩次,S_i 是变量 Y 的秩次,$i=1,\cdots,n$。

根据 Hollander *et al.*(2014:429),样本中有等值时,斯皮尔曼相关系数 r_s 的计算公式为:

$$r_s = \frac{n(n^2-1) - 6\sum_{s=1}^{n} D_s^2 - \frac{1}{2}\left\{\sum_{i=1}^{g}[t_i(t_i^2-1)] + \sum_{j=1}^{h}[u_j(u_j^2-1)]\right\}}{\sqrt{[n(n^2-1) - \sum_{i=1}^{g} t_i(t_i^2-1)][n(n^2-1) - \sum_{j=1}^{h} u_j(u_j^2-1)]}}$$

(公式 6.5)

其中，n 是样本量，$\sum_{s=1}^{n} D_s^2$ 与 $\sum_{i=1}^{n} D_i^2$ 同义，只是标注方式有差异；g 表示变量 X 数据集中等值集合数，t_i 表示变量 X 数据集中第 i 个集合等值数；h 表示变量 Y 数据集中等值集合数，u_j 表示变量 Y 数据集中第 j 个集合等值数。r_s 的数值范围同 r 一样，介于 -1 和 1 之间。对于来自正态分布总体的、样本量中等的样本，可以大致用解释 r^2 的方式来解释 r_s^2，但是 r_s 倾向于低估真实的相关性，而且与 r 相比，r_s 随样本更具有变化性(Woods et al.,2000:172)。

同皮尔逊相关系数 r 统计显著性检验一样，斯皮尔曼秩次相关系数 r_s 统计显著性检验也采用 t 检验，检验的自由度为 $n-2$。统计量 t 的计算公式为：

$$t = r_s \sqrt{\frac{n-2}{1-r_s^2}} \qquad \text{（公式 6.6）}$$

如果 t 检验得到的 p 值小于或等于显著性水平(如 $\alpha=.05$)，拒绝零假设 $H_0:p_s=0$，推断两个变量有统计上的显著相关性。如果 t 检验得到的 p 值大于显著性水平(如 $\alpha=.05$)，接受零假设 $H_0:p_s=0$，推断两个变量没有统计上的显著相关性。

【问题 6.3】若对【问题 6.1】中的数据采用斯皮尔曼相关分析，试计算斯皮尔曼相关系数，并推断两个变量之间是否有统计显著性相关。

【解】将【问题 6.1】中英语阅读理解力和英语词汇知识测试原始数据分别转换为秩次数据。转化结果如表 6.4 所示。

表 6.4　英语阅读理解力和词汇知识测试数据秩次

阅读理解力：13.5,25.0,21.5,25.0,4.5,21.5,13.5,13.5,19.0,29.0,13.5,1.0,6.5,29.0,19.0,6.5,25.0,13.5,3.0,13.5,13.5,13.5,29.0,8.5,19.0,4.5,25.0,2.0,25.0,8.5；
词汇知识：1.5,19.5,6.5,6.5,25.0,30.0,16.5,12.0,28.5,22.0,25.0,3.5,6.5,27.0,22.0,12.0,25.0,22.0,1.5,12.0,3.5,16.5,16.5,16.5,19.5,9.0,12.0,6.5,28.5,12.0。

表 6.4 显示两个变量数据中均有等秩现象。表 6.5 概括出现频次大于或等于 2 的秩次。

表 6.5　英语阅读理解力和词汇知识测试数据中的等秩

阅读理解力	秩次	4.5	6.5	8.5	13.5	19	21.5	25	29
	频次	2	2	2	8	3	2	5	3
词汇知识	秩次	1.5	3.5	6.5	12	16.5	19.5	22	25	28.5
	频次	2	2	4	5	4	2	3	3	2

利用表 6.5，得到：

$$\sum_{i=1}^{g}[t_i(t_i^2-1)]=2\times(2^2-1)+\cdots+3\times(3^2-1)=696;$$

$$\sum_{j=1}^{h}[u_j(u_j^2-1)]=2\times(2^2-1)+\cdots+2\times(2^2-1)=312。$$

又知：

$$n(n^2-1)=30\times(30^2-1)=26970;$$

$$6\sum_{s=1}^{n}D_s^2=6\times[(13.5-1.5)^2+(25.0-19.5)^2+\cdots+(8.5-12.0)^2]=13239。$$

将以上结果代入公式 6.5，得到：

$$r_s=\frac{26970-13239-0.5\times(696+312)}{\sqrt{(26970-696)\times(26970-312)}}\approx 0.50。$$

我们在上一节得到英语阅读理解力和词汇知识之间皮尔逊相关系数 $r=0.495$，与斯皮尔曼相关系数 $r_s=0.50$ 几乎相同。这主要是因为本例数据基本满足皮尔逊相关分析的统计假设。

根据公式 6.6，得到：$t(28)=0.50\times\sqrt{\frac{30-2}{1-0.50^2}}\approx 3.055$。在双侧检验中，$t(28)=3.055$ 对应的显著性概率 $p=.005<.01$，由此推断英语阅读理解力和英语词汇知识之间的关联有统计显著性。

虽然斯皮尔曼相关系数较少地受到数据性质的限制，但是在把定距数据或定比数据转化成定序数据时，使用斯皮尔曼相关系数会丢掉不少原始数据的信息，计算出的相关系数的准确度要低于皮尔逊相关系数。

在实际研究中，凡是在数据满足皮尔逊相关分析统计假设时，应选用皮尔逊相关分析。只有当数据不能满足皮尔逊相关分析统计假设时，我们才会考虑选用斯皮尔曼相关分析。

6.3.2　斯皮尔曼相关分析的 SPSS 操作

【问题 6.4】操作 SPSS，对【问题 6.1】中的数据开展斯皮尔曼相关分析。

由于本例数据基本满足皮尔逊相关分析统计假设，因而在实际研究中应选择皮尔逊相关分析。主要出于演示的目的，本节对【问题 6.1】的数据开展斯皮尔曼相关分析。斯皮尔曼相关分析的操作步骤与皮尔逊相关分析的操作步骤基本相同。

SPSS 开展斯皮尔曼相关分析的操作步骤如下：

第一步　与 SPSS 开展皮尔逊相关分析的第一个操作步骤相同。在双变量相关分析主对话框，取消 SPSS 默认的 Correlation Coeffeicients（相关系数）面板中的选项 Pearson（皮尔逊），勾选 Spearman（斯皮尔曼）。

第二步　点击 Continue（继续），回到相关分析主对话框，再点击 OK（确认），完成操作。

表 6.6 报告斯皮尔曼相关分析的结果。

表 6.6　英语阅读理解力和词汇知识斯皮尔曼相关分析

		阅读理解力	词汇知识
阅读理解力	r_s	1.000	.500**
	p（双尾）	.	.005
	N	30	30
词汇知识	r_s	.500**	1.000
	p（双尾）	.005	.
	N	30	30

**. Correlation is significant at the 0.01 level (2-tailed).

表 6.6 显示，英语阅读理解力和词汇知识有统计显著性正相关关系（$r_s=0.50$，$p=.005<.01$）。

为了说明皮尔逊与斯皮尔曼相关分析之间的关系，我们将上一节英语阅读理解力和英语词汇知识秩次转化后的结果输入到 SPSS 窗口，并对秩次数据开展皮尔逊相关分析。统计结果表明，$r=0.50$，$p=.005<.01$，与上面开展斯皮尔曼相关分析得到的结果相同。斯皮尔曼相关系数 r_s 是两个相关变量的数据分别秩次转化后计算得到的皮尔逊相关系数 r，即 r_s 是 r 的特例。

问题与思考

1. 皮尔逊相关分析与斯皮尔曼相关分析的联系与区别是什么？

2. 两个连续性变量 X 和 Y 的线性相关系数为 $r=0.4$。如果变量 X 的每个值增加 5，变量 Y 的每个值增加到两倍。下面的哪个选项是正确的？

　（a）变量 X 和 Y 的线性相关系数将会增加，但是增加量未知。

　（b）变量 X 和 Y 的线性相关系数保持不变。

　（c）变量 X 和 Y 的线性相关系数为 $r=0.8$。

　（d）变量 X 和 Y 的线性相关系数为 $r=0.2$。

3. 下面哪些关于相关系数 r 的陈述是错误的？

　（a）$r=0.85$ 比 $r=0.65$ 显示两个变量之间更强的因果关系。

　（b）$r=0.85$ 比 $r=-0.85$ 显示更强的相关度。

(c) r 接近 0 表示两个变量之间有非线性关系。

(d) 在双变量线性相关分析中,如果将其中一个变量的值缩小一半,r 值也会缩小一半。

4. 如果 SPSS 输出两个变量之间相关系数统计显著性检验的结果为 Sig.=.000。正确的报告方式为:

(a) $p<0.01$ (b) $p<0.001$ (c) $p>0.01$ (d) $p=0.000$

5. 如果对某个相关系数 r 开展统计显著性检验得到的概率 $p=0.03$,那么:

(a) 我们得到的结果有实际重要性。

(b) 我们的假设为真。

(c) 在零假设为真的情况下,我们得到的结果由抽样误差造成的概率只有 3%。

(d) 我们得到的结果正确的可能性只有 3%。

6. 双变量线性正相关关系的意思是:

(a) 存在一个重要的关系。

(b) 一个变量的值增加,另一个变量的值也趋于增加。

(c) 一个变量的值增加,另一个变量的值却趋于减少。

(d) 两个变量均有较多的大值。

7. 两个变量 A 和 B 的相关系数 $r=-0.6$,变量 B 能够解释变量 A 变异的比率是多少?

(a) 60% (b) 64% (c) 36% (d) 6%

8. 下图为连续性变量 X 和 Y 数据的散点图。这两个变量的相关系数 r 值最有可能为:

(a) $+1$ (b) -1 (c) $+0.8$ (d) -0.8

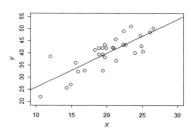

9. 某教师调查所在学校学生参加课外活动的数量与平均绩点(grade point average)之间的关系,发现参加课外活动的数量与平均绩点之间的相关系数 r 几乎为 0。对以上发现的正确解释是:

(a) 积极参加课外活动的学生往往是成绩差的学生;不积极参加课外活动的学生往往是成绩好的学生。

(b) 对于多次参加课外活动的学生来说,他们得到高绩点和低绩点的可能性几乎相同。同样,对于很少参加课外活动的学生来说,他们得到高绩点和低绩点的可能性也几乎相同。

(c) 对于该校的学生来说,参加课外活动的数量与平均绩点之间没有线性关系。

(d) 对于该校的学生来说,参加课外活动的数量与平均绩点密切相连。

10. 一项研究调查 32 名英语学习者($n=32$)英语水平与书面作文词汇复杂度之间的关系。英语水平测试包括听、说、读、写、各项技能,满分为 100 分。词汇复杂度操作定义为每 100 个词的作文中包括的低词频词数。学习者英语水平与书面作文词汇复杂度测量的结果如下表所示。

英语水平:51,56,57,60,60,60,61,61,63,64,64,64,65,65,66,66,66,67,67,68,70,71,73,74,76,78,78,79,79,80,72,65;

词汇复杂度:4.13,7.47,10.42,10.00,6.85,3.89,5.53,5.86,6.57,12.03,9.97,8.84,8.53,4.37,4.93,12.19,16.20,5.75,11.54,6.91,6.64,4.84,12.27,8.76,11.75,10.64,9.33,10.38,13.32,10.92,12.52,6.32。

要求:选择恰当的统计分析方法,检验学习者英语水平与书面作文词汇复杂度之间是否存在统计显著性相关?

第七章 t 检验
Chapter Seven t-Test

在样本量小、总体方差未知的情况下,威廉·戈塞特(William Gosset)发现了 t 分布(t distribution),开创了 t 检验(t-test; t test)。戈塞特曾就职于都柏林的吉尼斯(Guinness)啤酒酿造公司。酿酒公司不允许员工公开发表论文,以免泄露商业机密。戈塞特在发表有关 t 分布的论文时采用笔名"Student",因而 t 分布又称 Student's t 分布,t 检验又称 Student's t 检验。t 检验是重要的参数检验(parametric test)方法。本章介绍三种 t 检验方法:单样本 t 检验(one-sample t-test)、独立样本 t 检验(independent-samples t-test)和配对样本 t 检验(paired-samples t-test)。

7.1 t 分布

t 检验是总体平均数差异检验方法,检验统计量 t 服从 t 分布。t 分布的形状取决于自由度(degrees of freedom, df, v),而自由度又与样本量 n 有密切联系。同正态分布一样,t 分布也是对称分布。但是,与正态分布不同的是,t 分布为重尾巴分布,即小值和大值偏多。图 7.1 比较不同自由度条件下的 t 分布和标准正态分布。

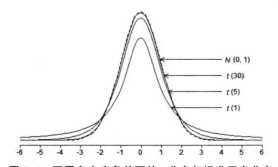

图 7.1 不同自由度条件下的 t 分布与标准正态分布

图 7.1 中,实线为不同自由度时的 t 分布,虚线为 $\mu=0$ 和 $\sigma=1$ 时的标准正态分布。图中显示,t 分布形状呈丘形(mound-shaped),且围绕"0"值呈对称分布。在自由度 $v=1$

时,尾巴(tails)最重(heavy),即小值和大值最多。随着 t 分布自由度增大,分布的尾巴越来越轻。当自由度 v 为 30 时,t 分布与正态分布非常接近。

图 7.2 比较 t 分布与正态分布尾巴的概率。

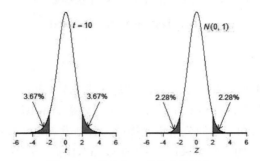

图 7.2　t 分布与正态分布的尾巴

图 7.2 中,当 $t \leqslant -2$ 时,t 分布下尾巴分布的概率 $p \approx 3.67\%$;当 $t \geqslant 2$ 时,t 分布上尾巴分布的概率 $p \approx 3.67\%$。这两个尾巴分布的概率相同。当 $Z \leqslant -2$ 时,正态分布下尾巴分布的概率 $p \approx 2.28\%$;当 $Z \geqslant 2$ 时,正态分布上尾巴分布的概率 $p \approx 2.28\%$。这两个尾巴分布的概率也相同。以上结果表明,t 分布的尾巴比正态分布的尾巴包含更多的极端值。

所有类型的 t 检验均要求数据满足三个最基本的统计假设:(1)因变量(dependent variable)是定距或定比变量,即连续性变量;自变量(independent variable)是名义或定序变量;(2)观测值独立;(3)总体呈(或近似呈)正态分布。大多数情况下,总体分布是未知的,研究者收集的数据通常只是来自总体的样本。因此,在使用 t 检验之前,研究者需要检验样本是否来自正态分布的总体。

7.2　单样本 t 检验

7.2.1　单样本 t 检验方法

单样本 t 检验(one-sample t-test)用于检验某个样本所在的总体平均数是否与某个设定的值有统计显著性差异。换句话说,单样本 t 检验的目的是检验样本是否来自一个平均数为 μ_0 的总体。如果 $p \leqslant .05$,拒绝零假设,有证据表明样本来自的总体不同于平均数为 μ_0 的总体,样本来自平均数为 μ 的另一总体。如果 $p > .05$,接受(或不拒绝)零假设，有证据表明样本来自平均数为 μ_0 的总体。在单样本 t 检验中，t 统计量的计算公式为：

$$t = \frac{\bar{X} - \mu_0}{S/\sqrt{n}} \quad \text{（公式 7.1）}$$

其中，分子是样本平均数与总体平均数的差异，分母是样本平均数标准误差（SE）。样本平均数为 $\bar{X}$，μ_0 是参照总体的平均数，S 是样本标准差，n 是样本量。零假设（$H_0: \mu = \mu_0$）成立时，统计量 t 服从自由度为 $n-1$ 的 t 分布。下面举个单样本 t 检验的例子。

【问题 7.1】有人预测今年全国大学英语四级统考成绩总体上好于去年，也有人预测今年不如去年。为此，某研究者从今年全国大学英语四级统考试卷中随机抽取了 25 份（$n=25$）。考试成绩（即分数，scores；采用百分制）分布如下：

58，63，68，57，62，63，65，61，70，61，64，66，60，58，69，53，66，62，66，64，70，57，68，70，62。

已知去年全国大学英语四级统考成绩平均分 $u_0 = 66$。试问：根据本次抽样，有足够的证据表明今年的全国大学英语四级统考成绩平均分不同于去年的平均分吗？

【解】已知：$n=25$，$u_0 = 66$。根据以上样本数据，得到：

$$\bar{X} = \frac{58 + \cdots + 62}{25} = 63.32; \quad S = \sqrt{\frac{(58-63.32)^2 + \cdots + (62-63.32)^2}{25-1}} \approx 4.5891。$$

根据公式 7.1，得到：

$$t = \frac{63.32 - 66}{4.5891/\sqrt{25}} \approx -2.92。$$

设定统计显著性水平 $\alpha = .05$。单样本 t 检验统计量 t 的自由度 $v = n-1 = 24$。在零假设 $H_0: \mu = \mu_0$ 为真的条件下双尾检验统计显著性概率 $p \approx .007$。由此推断，今年的全国大学英语四级统考成绩显著不同于去年的成绩（$t(24) = -2.92, p \approx .007 < .01$）。换言之，今年的全国大学英语四级统考平均成绩不如去年。

总体平均数 95% 置信区间的计算与单样本 t 检验有关。在置信区间的计算中，我们不再参照某个总体平均数。针对本例，$t_{0.975,24} \approx 2.0639$，$SE = \frac{S}{\sqrt{n}} = 0.9178$。根据公式 4.10，今年的全国大学英语四级统考平均分 95% CI 为 [61.43, 65.21]。该区间不包括去年全国大学英语四级统考成绩平均分 66。由此同样可以推断，今年的全国大学英语四级统考平均成绩不如去年。

在统计分析中，不仅要开展统计显著性检验，还需要计算效应量。t 检验效应量的测量通常采用 Cohen's d。单样本 t 检验中，Cohen's d 的计算公式为：

$$d = \frac{\bar{X} - \mu_0}{S} \qquad \text{（公式 7.2）}$$

其中，μ_0 是参照总体的平均数，$\bar{X}$ 是来自研究总体的样本平均数，S 是样本标准差。

如果知道统计量 t 值，则可以使用以下公式计算效应量 d：

$$d = \frac{t}{\sqrt{n}} \qquad \text{（公式 7.3）}$$

Cohen(1988)提出的总体效应量 δ 大小的参考标准是：$\delta = 0.2$，小效应量（small effect size）；$\delta = 0.5$，中等效应量（medium effect size）；$\delta = 0.8$，大效应量（large effect size）。总体效应量样本估计 d 的大小也大致参照这一标准。在本例中，效应量 $d = \frac{\bar{X} - \mu_0}{S} = \frac{63.32 - 66}{4.5891} \approx -0.58$。在判断效应量的大小时，不考虑效应的方向（即效应值的符号）。参照 Cohen(1988)的标准，本例效应量达到中等程度。

7.2.2 单样本 t 检验的 SPSS 操作

【问题 7.2】利用【问题 7.1】中的数据，操作 SPSS，检验今年的全国大学英语四级统考成绩平均分与去年统考成绩平均分是否有统计显著性差异。

按照常规，在开展单样本 t 检验之前先进行正态分布检验。关于正态分布检验，参见第四章。关于正态分布图形诊断，详见第三章。将【问题 7.1】中的数据输入到 SPSS 窗口，并且保存（文件名为 ch7Onesample）。利用 SPSS 的探索性分析菜单（Analyze→Descriptive Statistics→Explore…），发现本例数据服从正态分布（$|Skew. 2SE| = \left|\frac{-0.294}{2 \times 0.464}\right| \approx 0.32 < 1$，$|Kurt. 2SE| = \left|\frac{-0.463}{2 \times .902}\right| \approx 0.26 < 1$，$W(25) = 0.96$，$p = .484 > .05$）。由此推断，本例数据适合使用单样本 t 检验。

单样本 t 检验的 SPSS 操作步骤如下：

第一步　按照 Analyze→Compare Means→One-Sample T Test… 的操作顺序打开 One-Sample T Test（单样本 t 检验）主对话框。

第二步　将左栏中的变量"四级成绩[Scores]"键入右边 Test Variable(s)（检验变量）栏，再将 Test Value（检验值）栏中的默认值"0"改为 66，如图 7.3 所示。

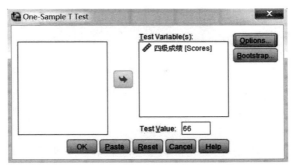

图 7.3　单样本 t 检验主对话框

选项(Options…)子对话框包括 SPSS 默认的 95% 置信区间(Confidence Interval)和 Missing Values(缺失值)选项。SPSS 提供两种缺失值处理方式。默认的方式是 Exclude cases analysis by analysis(剔除各分析中含有缺失值的个案)。每项检验均使用所有有效个案,各检验的样本量可能不同。另一种方式是 Exclude cases listwise(剔除含有缺失值的所有个案)。

t 检验主对话框中还有一个选项为自助方法(Bootstrap…)。SPSS 提供两种统计量(如平均数)标准误差和置信区间的计算方法:Percentile(百分位数自助法)和 Bias corrected accelerated(BCa)(偏差修正及加速自助法)。在样本数据违反正态分布的情况下,可采用自助方法。

第三步　点击 OK(确认),完成操作。

表 7.1 报告样本量(N,N)、样本平均数(Mean,M)、标准差(Std. Deviation,SD)和平均数标准误差(Std. Error Mean,SE)。

表 7.1　四级成绩描述性统计

N	M	SD	SE
25	63.32	4.589	.918

表 7.2 报告单样本 t 检验结果,包括检验值(Test Value)、t 值、自由度(df)、双尾 p 值(Sig. [2-tailed])、平均数差异(Mean Difference)以及平均数差异 95% 置信区间 (95% Confidence Interval of the Difference,95% CI)等。

表 7.2　单样本 t 检验

	检验值=66					
					95% CI	
	t	df	p	平均数差异	下限	上限
四级成绩	−2.920	24	.007	−2.680	−4.57	−.79

表 7.2 显示，当检验值为 66、自由度为 24 时，t 值是 -2.92。在 $\alpha=.05$ 的水平上，该值有统计显著性意义（$p=.007<.01$）。在研究报告中表示为：$t(24)=-2.92$，$p=.007<.01$。两个平均数的差异是 -2.68。平均数差异 95% 置信区间的下限（Lower）与上限（Upper）之间不包含"0"值，说明平均数差异有统计显著性。若下限与上限之间包含"0"值，则说明平均数差异不显著。置信区间的解释与 p 值是一致的。

7.3 独立样本 t 检验

7.3.1 独立样本 t 检验方法

独立样本 t 检验（independent-samples t-test）用于检验两个独立的样本是否来自平均数不同的总体。如果研究中只有一个因变量（连续性变量）和一个自变量（定序或类别变量，如组别），自变量只有两个水平（如性别分为男、女两个类别），且被试（subjects）不重复出现在自变量的不同水平中，我们可以选择独立样本 t 检验开展组间平均数差异比较。例如，我们采用两种不同的外语教学方法对两组学生实施教学，对对照组（control group）采用传统的语法翻译法，对实验组（experimental group）采用交际法。通过一个学期的教学，若我们想了解这两组学生在语言能力上是否有统计显著性差异，在满足统计假设的情况下就可以使用独立样本 t 检验。

经典的（传统的）独立样本 t 检验除了要求总体服从正态分布、因变量为连续性变量之外，还要求总体方差齐性（homogeneity of variances, homoscedasticity）。方差齐性是指两个总体之间的方差相等，即 $\sigma_1^2=\sigma_2^2$。总体方差通常是未知的，我们只能通过样本方差去估计总体方差。如果经检验发现两个样本方差差异不具有统计显著性，我们可以由此推断总体方差齐性，否则我们就推断总体方差不齐。方差齐性和方差不齐性情况下的 t 检验方式是不同的。在满足方差齐性条件的独立样本 t 检验中，t 统计量的计算公式为：

$$t=\frac{\bar{X}_1-\bar{X}_2}{\sqrt{\frac{(n_1-1)S_1^2+(n_2-1)S_2^2}{n_1+n_2-2}(\frac{1}{n_1}+\frac{1}{n_2})}}$$ （公式 7.4）

其中，分子是样本平均数差异，分母是样本平均数差异标准误差（SE）；n_1 和 n_2 分别为两个独立样本量；S_1^2 和 S_2^2 分别为两个独立样本的方差；$\bar{X}_1$ 和 $\bar{X}_2$ 分别是两个独立样本的平均数。零假设 $H_0:\mu_1=\mu_2$ 成立时,统计量 t 服从自由度为 $v=n_1+n_2-2$ 的 t 分布。

当违背方差齐性假设时,比经典的独立样本 t 检验更好的统计分析方法是由 Welch(1938)提出的检验方法,称作 Welch t 或 Welch's t 检验(Welch's t test)。检验统计量 t_w 的计算公式为:

$$t_w = \frac{\bar{X}_1 - \bar{X}_2}{\sqrt{\frac{S_1^2}{n_1}+\frac{S_2^2}{n_2}}} \qquad (公式\ 7.5)$$

其中,分子是样本平均数差异,分母是样本平均数差异标准误差(SE)。零假设条件下 t_w 分布的自由度(v)的计算公式为:

$$v = \frac{(S_1^2/n_1 + S_2^2/n_2)^2}{(S_1^2/n_1)^2/(n_1-1) + (S_2^2/n_2)^2/(n_2-1)} \qquad (公式\ 7.6)$$

在 t 检验之前,需要对组间样本的方差进行齐性检验。Levene 检验能够对两组或多组数据进行方差齐性检验。该检验首先将原观测值 X_{ij}(第 j 组第 i 个观测值)中心化。利用平均数的中心化方法是计算每个实际观测值与平均数离差绝对值 z_{ij}($z_{ij}=|X_{ij}-\bar{X}_j|$)。利用中位数的中心化方法是计算每个实际观测值与中位数离差绝对值 z_{ij}($z_{ij}=|X_{ij}-Mdn|$)。另外一种不常用的中心化方法是计算每个实际观测值与截尾平均数离差的绝对值 z_{ij}($z_{ij}=|X_{ij}-\bar{X}_t|$)。利用平均数中心化数据计算 Levene F 统计量,计算公式为:

$$F = \frac{(N-k)\sum n_j (\bar{z}_j - \bar{z})^2}{(k-1)\sum (z_{ij} - \bar{z}_j)^2} \qquad (公式\ 7.7)$$

其中,N 是两组合并样本量,n_j 是第 j 组样本量,k 是样本组数,z_{ij} 是第 j 组第 i 个观测值,$\bar{z}_j$ 是第 j 组样本观测值的平均数,$\bar{z}$ 是各样本观测值的总平均数。Levene F 统计量的自由度为 $v_1=k-1$ 和 $v_2=N-k$。利用中位数或 5% 截尾平均数中心化数据计算 Levene F 统计量的方法也参照公式 7.7,只是将平均数 $\bar{z}_j$ 改为中位数或 5% 截尾平均数。

【问题 7.3】某研究者将 56 名大学一年级英语学习者随机平分成两个组($n_1=n_2=28$)。一个组(称作意义组)在阅读一篇含有 16 个生词的英语短文之后完成生词意义拓展类任务,另一个组(称作混合组)在阅读同一篇短文之后完成生词拼写和意义拓展类任务。在意义类任务中,被试先做生词词义辨认题(从三个词语选项中选择与生词词义相近的词),然后做生词产出题(根据英文定义正确写出生词)。在混合类任务中，被试先做生词拼写辨认题(从三个选项中选择生词拼写正确的题项)，然后做同样的生词产出题。生词汉语释义在阅读短文中给出。在任务期间，允许被试查阅阅读短文提供的生词释义。任务结束后，所有被试参加生词词义即时后测，写出16个生词的汉语释义。实验结果如表7.3所示。

表 7.3　意义组和混合组词义知识测量

意义组：7.0,13.0,2.0,3.0,13.0,9.0,8.0,14.0,6.0,15.0,4.0,11.0,7.0,1.0,11.0,15.0,6.0,12.0,9.0,8.0,7.0,5.0,10.0,2.0,10.0,7.0,2.0,10.0；
混合组：8.0,7.0,8.5,8.0,3.0,7.0,10.0,3.0,7.0,15.0,9.0,7.0,7.0,8.0,9.5,8.5,3.0,14.5,4.0,6.0,3.0,8.0,12.0,5.5,14.0,4.0,6.0,0.0。

要求：开展 Levene 方差齐性检验，并使用独立样本 t 检验分析两个任务组在生词词义知识方面是否存在统计显著性差异。

【解】本例中 $N=n_1+n_2=56$，$k=2$。意义组和混合组平均数分别为 $\bar{X}_1=8.1071$，$\bar{X}_2=7.3393$。利用平均数的各组离差绝对值 z_{ij} 如下：

意义组数值与平均数离差绝对值：

　　　1.1071,4.8929,6.1071,5.1071,4.8929,0.8929,0.1071,5.8929,2.1071,6.8929,4.1071,2.8929,1.1071,7.1071,2.8929,6.8929,2.1071,3.8929,0.8929,0.1071,1.1071,3.1071,1.8929,6.1071,1.8929,1.1071,6.1071,1.8929；

混合组数值与平均数离差绝对值：

　　　0.6607,0.3393,1.1607,0.6607,4.3393,0.3393,2.6607,4.3393,0.3393,7.6607,1.6607,0.3393,0.3393,0.6607,2.1607,1.1607,4.3393,7.1607,3.3393,1.3393,4.3393,0.6607,4.6607,1.8393,6.6607,3.3393,1.3393,7.3393。

因此，$\bar{z}_1=3.3291$，$\bar{z}_2=2.685$，$\bar{z}=3.007$。根据公式7.7，得到：

$$F=\frac{(56-2)\times 28\times[(3.3291-3.007)^2+(2.685-3.007)^2]}{(2-1)\{[(1.1071-3.3291)^2+\cdots+(1.8929-3.3291)^2]+[(0.6607-2.685)^2+\cdots+(7.3393-2.685)^2]\}}\approx 1.072。$$

已知 $v_1=1$，$v_2=54$，在 F 分布上 $F=1.072$ 对应的尾巴概率 $p=.305>.05$，由此推断两组方差齐性($F(1,54)=1.072,p\approx .305>.05$)。关于 F 分布，见下一章。

利用平均数中心化原数据的方法是较传统的方法。平均数容易受到异常值的影响，利用中位数是更稳健的中心化方法。本例意义组和混合组中位数分别为 $Mdn_1=8$，$Mdn_2=7$。利用中位数将原数据中心化后，根据公式7.7，得到 $F=1.096$。根据 F

分布自由度 $v_1=1$ 和 $v_2=54$，$F(1,54)=1.096$，$p \approx .300 > .05$。

5%截尾平均数中心化方法能够减少异常值的影响，也是较为稳健的方法。这里以意义组数据为例计算 5%截尾平均数。先将观测值或个案排序，得到：

1,2,2,2,3,4,5,6,6,7,7,7,7,8,8,9,9,10,10,10,11,11,12,13,13,14,15,15。

将排序的观测值记作 $y_1, \cdots, y_n$，其中 n 为样本量。第 i 个观测值（$i=1,\cdots,n$）的权重值记作 c_i，累积频数记作 cc_i，$cc_i = \sum_{k=1}^{i} c_k$，因而 $n = cc_n = \sum_{k=1}^{n} c_k$。

5%截尾平均数的计算公式为：

$$T_{0.9} = \frac{1}{0.9n} \left[(cc_{k_1+1} - tc) y_{k_1+1} + (n - cc_{k_2-1} - tc) y_{k_2} + \sum_{i=k_1+2}^{k_2-1} c_i y_i \right] \qquad （公式 7.8）$$

其中，$tc=0.05n$，k_1 和 k_2 满足以下条件：$cc_{k_1} < tc \leq cc_{k_1+1}$，$n - cc_{k_2} < tc \leq n - cc_{k_2-1}$。

结合本例，$n=28$，$tc=1.4$，根据以上 k_1 和 k_2 满足的条件，得到：$cc_{k_1+1}=2$，$y_{k_1+1}=2$，$cc_{k_2-1}=26$，$y_{k_2}=15$，$k_2-1=26$，$i=k_1+2=3$。因此，截尾后保留在剩余数据中的两个尾巴值加权后的值为：$(cc_{k_1+1}-tc)y_{k_1+1}=(2-1.4)\times 2=1.2$，$(n-cc_{k_2-1}-tc)y_{k_2}=(28-26-1.4)\times 15=9$。截尾后保留在剩余数据中的非尾巴值的加权值为：$c_i=1$，$\sum_{i=k_1+2}^{k_2-1} c_i y_i = 2+2+3+4+5+6+6+7+7+7+7+8+8+9+9+10+10+10+11+11+12+13+13+14=194$。根据公式 7.8，意义组数据 5%截尾平均数为 $\bar{X}_{t1} = T_{0.9} = \frac{1}{0.9 \times 28} \times (1.2 + 9 + 194) \approx 8.10318$。采用同样的计算方法得到混合组数据 5%截尾平均数 $\bar{X}_{t2}=7.28175$。利用 5%截尾平均数将原数据中心化后，根据公式 7.7，得到 $F=1.082$。根据 F 分布自由度 $v_1=1$ 和 $v_2=54$，$F(1,54)=1.082$，$p \approx .303 > .05$。三种中心化计算方法得出的结论相同。由以上三种方法得出的结论通常相同。实际研究中报告何种检验方法由研究者自行决定。我们建议报告利用中位数的 Levene 方差齐性检验方法。

下面开展独立样本 t 检验。已知 $S_1^2=16.6918$，$S_2^2=13.1121$。采用传统的 t 检验，利用公式 7.4 得到：

$$t = \frac{8.1071 - 7.3393}{\sqrt{\frac{(28-1)\times 16.6918 + (28-1)\times 13.1121}{28+28-2} \times \left(\frac{1}{28}+\frac{1}{28}\right)}} \approx 0.744。$$

已知 $v=54$，在双尾检验时，$t=0.744$ 在 t 分布上的尾巴概率 $p=.460>.05$。由此推断两组平均数没有统计显著性差异（$t(54)=0.744$，$p=.460>.05$）。

若采用 Welch's t 检验,则利用公式 7.5,得到:

$$t_w = \frac{8.1071 - 7.3393}{\sqrt{\frac{16.6918}{28} + \frac{13.1121}{28}}} \approx 0.744。$$

由于本例两个组的样本量相同,因而 $t = t_w$。

根据公式 7.6,Welch's t 检验的自由度为:

$$v = \frac{(16.6918/28 + 13.1121/28)^2}{(16.6918/28)^2/(28-1) + (13.1121/28)^2/(28-1)} \approx 53.232。$$

本例中两种 t 检验的自由度差异很小,主要是因为本例数据满足方差齐性假设。已知 $v = 53.232$,在双尾 t 检验时,$t = 0.744$ 在 t 分布上的尾巴概率 $p = .460 > .05$。由此推断两组平均数没有统计显著性差异($t(53.232) = 0.744, p = .460 > .05$)。

在方差齐性假设满足的条件下,传统的 t 检验和 Welch's t 检验会得出相同的结论。但是,在方差不齐性条件下,Welch's t 检验比传统的 t 检验更稳健(robust)。如果研究者不打算在研究报告中报告 Levene 方差齐性检验结果,可以只开展 Welch's t 检验。需要注意的是,Welch's t 检验和传统的 t 检验一样均要求每个组的数据服从或近似服从正态分布。

在研究报告中,效应量的报告不可或缺。在独立样本 t 检验中,效应量测量通常采用 Cohen's d,计算公式为:

$$d = \frac{\bar{X}_1 - \bar{X}_2}{s_p} \qquad \text{(公式 7.9)}$$

其中,$\bar{X}_1$ 和 $\bar{X}_2$ 是两个独立样本(n_1 和 n_2)的平均数,s_p 是两个样本的合并标准差。合并标准差的计算公式为:

$$s_p = \sqrt{\frac{\sum(X_{i1} - \bar{X}_1)^2 + \sum(X_{i2} - \bar{X}_2)^2}{n_1 + n_2 - 2}} = \sqrt{\frac{S_1^2(n_1 - 1) + S_2^2(n_2 - 1)}{n_1 + n_2 - 2}}$$

(公式 7.10)

利用合并标准差计算效应量的假设是总体方差齐性,合并标准差是总体标准差的最佳估计。根据独立样本 t 检验统计量 t 的计算公式 7.4,通过简单的运算得到 d 与统计量 t 之间的函数关系:

$$d = t\sqrt{\frac{n_1 + n_2}{n_1 n_2}} \qquad \text{(公式 7.11)}$$

针对本例，$n_1=n_2=28$，$\bar{X}_1=8.1071$，$\bar{X}_2=7.3393$，$S_1^2=16.6918$，$S_2^2=13.1121$。根据公式 7.10，得到：$s_p=\sqrt{\dfrac{16.6918\times(28-1)+13.1121\times(28-1)}{28+28-2}}\approx 3.8603$。再根据公式 7.9，得到：$d=\dfrac{8.1071-7.3393}{3.8603}\approx 0.20$。若利用公式 7.11，$t(54)=0.744$，$d=0.744\times\sqrt{\dfrac{28+28}{28\times 28}}\approx 0.20$。本例效应量小，与组间平均数无统计显著性差异的推理结果一致。

7.3.2 独立样本 t 检验的 SPSS 操作

【问题 7.4】利用【问题 7.3】中的数据，操作 SPSS，检验两个任务组在生词词义知识方面是否有统计显著性差异。

在开展独立样本 t 检验之前先进行正态分布假设和方差齐性假设检验。将【问题 7.3】中的数据输入到 SPSS 窗口，并保存（文件名为 ch7Independent）。该文件中，自变量为"任务[Task]"，包括两个水平（1 代表"意义组"，2 代表"混合组"）；因变量为"词义知识[Wmean]"。利用 SPSS 的探索性分析菜单，发现本例意义组数据服从正态分布（$|Skew.2SE|=\left|\dfrac{-0.044}{2\times 0.441}\right|\approx 0.05<1$，$|Kurt.2SE|=\left|\dfrac{-0.856}{2\times 0.858}\right|\approx 0.50<1$，$W(28)=0.96$，$p=.425>.05$）。同样，混合组数据也服从正态分布（$|Skew.2SE|=\left|\dfrac{0.373}{2\times 0.441}\right|\approx 0.42<1$，$|Kurt.2SE|=\left|\dfrac{0.183}{2\times 0.858}\right|\approx 0.11<1$，$W(28)=0.95$，$p=.248>.05$）。由此推断，本例两组数据均满足正态分布假设。在实际研究中，建议研究者在探索性分析中使用图形（详见第三章）。本例利用 SPSS 数据窗口"图形制作器"（Chart Builder）菜单绘制组间比较箱图，结果如图 7.4 所示。

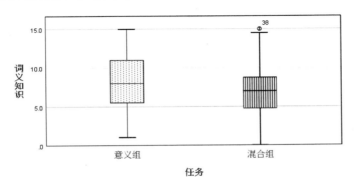

图 7.4 任务组比较箱图

图 7.4 显示,在意义组数据分布中,中位数线大致位于分布的中央,上下触须长度相当,说明该组数据基本服从正态分布。混合组数据分布上尾巴略长,有一个异常值(编号是 38,数值为 15.0),不过该异常值距离上触须较近,极端性程度不明显,大致可以认为该组数据近似服从正态分布。

如果研究者决定只报告 Welch's t 检验结果,可以忽略方差齐性检验。如果研究者希望在方差齐性假设满足的情况下报告传统的 t 检验结果,则需进行 Levene 方差齐性检验。Levene 方差齐性检验的 SPSS 操作步骤如下:

第一步　按 Analyze→Compare Means→One-Way ANOVA … 的操作顺序打开 One-Way ANOVA(单因素方差分析)主对话框。将左栏中的"词义知识[Wmean]"键入右边 Dependent list(因变量列表)栏中,将左栏中的"任务[Task]"键入右边 Factor(因素)栏中。

第二步　点击 options…,进入 options(选项)子对话框,勾选 Homogeneity of variance test(方差齐性检验)。

第三步　点击 Continue(继续),回到单因素方差分析主对话框,再点击 OK(确认),完成操作。

利用平均数的方差齐性检验(Test of Homogeneity of Variances)结果显示,本例数据满足方差齐性假设($F(1,54)=1.072, p=.305>.05$)。利用中位数的方差齐性检验结果也显示,本例数据满足方差齐性假设($F(1,54)=1.096, p=.300>.05$)。利用 5% 截尾平均数的方差齐性检验结果同样显示,本例数据满足方差齐性假设($F(1,54)=1.082, p=.303>.05$)。此外,SPSS 还输出利用中位数和调整自由度(adjusted df,利用 Satterthwaite 近似方法计算自由度)的方差齐性检验结果:$F(1,53.830)=1.096, p=.300>.05$。实际研究中选择一种检验方法(如利用中位数的方差齐性检验)的结果即可。

综合以上结果,本例数据基本适合采用传统的 t 检验。SPSS 开展独立样本 t 检验的操作步骤如下:

第一步　按 Analyze→Compare Means→Independent-Samples T Test … 的操作顺序打开 Independent-Samples T Test(独立样本 t 检验)主对话框。

第二步　将左栏中的变量"词义知识[Wmean]"键入右边 Test Variable(s)(检验变量)栏,再将变量"任务[Task]"键入 Grouping Variable(分组变量)栏。

第三步　点击 Define Groups…,进入 Define Groups(组别定义)子对话框。在使用设定值(Use Specified Values)选项的下方有两栏用于设置组别值。组别值仅为代码,与研究者对组别水平的定义一致。针对本例,在 Group 1(组 1)和 Group 2(组 2)后面的栏中分别输入 1 和 2,代表"意义组"和"混合组"。

第四步　点击 Continue(继续)，回到主对话框，在组别定义栏中可以看到已定义的组别(Task[1 2])。

第五步　点击 OK(确认)，完成操作。

表 7.4 报告描述性统计量，包括变量名及其水平、各组样本量(n)、平均数(M)、标准差(SD)和平均数标准误差(SE)。

表 7.4　描述性统计

	任务	n	M	SD	SE
词义知识	意义	28	8.107	4.0856	.7721
	混合	28	7.339	3.6211	.6843

表 7.4 显示，两组数据标准差接近，大体上可以断定总体方差是齐性的。从平均值来看，意义组好于混合组，但是差异不大。这一差异是否有统计显著性意义，有待 t 检验结果的报告。

表 7.5 报告独立样本 t 检验的结果。

表 7.5　独立样本 t 检验

	Levene 方差齐性检验		平均数相等 t 检验					95% CI	
	F	p	t	df	p	$\hat{\psi}$	SE	下限	上限
假设方差齐性	1.072	.305	.744	54	.460	.7679	1.0317	−1.3006	2.8363
不假设方差齐性			.744	53.232	.460	.7679	1.0317	−1.3013	2.8370

$\hat{\psi}$ 表示平均数差异。

在论文报告中很少使用类似于表 7.5 的形式。在报告独立样本 t 检验结果之前，通常报告 Levene 方差齐性检验结果，如"利用平均数的 Levene 方差齐性检验发现，两个任务组数据满足方差齐性假设($F(1,54)=1.07, p=.305>.05$)"。注意，统计量 F 用斜体，自由度放在括号里，完整报告 p 值，除非 p 值小于 .001。独立样本 t 检验在设计上比较简单，因而 t 检验结果的报告通常不用表格。例如，本例可做以下报告：独立样本 t 检验发现，两个任务组在生词词义知识方面没有统计显著性差异($t(54)=0.74, p=.460>.05$)，平均数差异 95% 置信区间 [−1.30, 2.84]。从以上结果报告中可以看出，两个任务组平均数差异 95% 的置信区间包括"0"值，说明平均数差异没有达到统计显著性，与 t 检验得到的 p 值一致。

在社会科学研究报告中,p 值通常保留三位小数,其他统计量保留两位小数。如果研究者在论文中使用表格,不建议同时报告"假设方差齐性(Equal variances assumed)"和"不假设方差齐性(Equal variances not assumed)"两种情况下的所有 SPSS 统计结果。研究者必须根据统计假设检验的结果做出明智的选择。

7.4 配对样本 t 检验

7.4.1 配对样本 t 检验方法

配对样本 t 检验(paired-samples t-test),又称相关样本 t 检验(related-samples t-test),用于检验两个配对或相关的样本是否来自平均数不同的总体。该检验要求两个样本有相关性。样本的相关性有两种情况:一是比较同一组被试实验前后或在不同条件下的测量差异;二是将被试按某些相同的条件进行配对(paired),比较在不同条件下的测量差异。

配对样本 t 检验的零假设是:$H_0: \mu_1 = \mu_2$(总体平均数相等)。如果 $d_i = x_i - y_i$(配对观测值差异),则 $\mu_d = \mu_1 - \mu_2$。t 统计量的计算公式为:

$$t = \frac{\bar{d} - 0}{S/\sqrt{n}} \qquad (公式 7.12)$$

其中,$\bar{d}$ 是观测值配对差异($d_i, i=1,\dots,n$)平均数,$S/\sqrt{n}$ 是观测值配对差异标准误差(SE),n 是配对样本量,S 是 n 个配对观测值差异的标准差。由于配对样本 t 检验使用配对差异值,因而该检验本质上是单样本 t 检验。公式 7.12 中的分子使用 0 值没有计算意义,只有概念意义,即为了说明配对样本 t 检验的零假设是 $\mu_d = 0$。配对样本 t 检验与单样本 t 检验的统计假设相同。在零假设条件下,统计量 t 服从 $v = n-1$ 的 t 分布。与独立样本 t 检验相比,配对样本 t 检验使用配对或相关样本,因而减少了由组间或不同条件之间个体差异造成的误差。在其他条件相同的情况下,配对样本 t 检验得到与独立样本 t 检验同样的统计效力(statistical power)所需的样本量大大减少。例如,在显著性水平 $\alpha = .05$ 的双尾 t 检验中,若 Cohen's $d = 0.5$(中等效应),要使统计效力水平达到 0.8,独立样本 t 检验所需的每组样本量为 64,而配对样本 t 检验所需的配对样本量为 34。

【问题 7.5】某研究者比较在两种听力条件(A 和 B)下 35 名大学英语学习者($n=$

35)的听力差异。两种听力条件下的听力材料难易度相当,听力测试类型和难易度相同,卷面满分均为 50 分。听力测试结果如表 7.6 所示。

表 7.6 不同听力条件下的听力测量

听力条件 A:35,36,29,28,33,33,28,35,29,29,21,31,36,27,26,34,28,32,20,23,29,27,36, 37,27,34,31,29,31,37,26,26,32,23,31;
听力条件 B:35,39,36,29,38,38,35,44,29,40,26,31,37,35,33,37,30,34,34,32,32,29,39,33, 31,35,42,39,36,36,37,37,41,34,35。

试问:两种听力条件下的学习者听力是否存在统计显著性差异?

【解】根据表 7.6 的数据,得到以下配对观测值差异 $d_i(i=1,\cdots,35)$:0,−3,−7,−1,−5,−5,−7,−9,0,−11,−5,0,−1,−8,−7,−3,−2,−2,−14,−9,−3,−2,−3,4,−4,−1,−11,−10,−5,1,−11,−11,−9,−11,−4。根据以上差异值,得到:$\bar{d}=-5.1143$, $S=\sqrt{\dfrac{(0+5.1143)^2+\cdots+(-4+5.1143)^2}{35-1}}\approx 4.3371$。根据公式 7.12,得到 $t=\dfrac{-5.1143}{4.3371/\sqrt{35}}\approx -6.976$。配对样本 t 检验的自由度 $v=34$,在零假设条件下双尾 t 检验 $t=-6.976$ 对应的尾巴概率 $p<.001$,因而有强有力的证据表明两种条件下的学习者听力有统计显著性差异,即条件 B 比条件 A 更能显著提高学习者的听力。

配对样本 t 检验的报告通常包括效应量。Cohen's d 的计算公式为:

$$d=\frac{\bar{d}}{S} \quad\quad\text{(公式 7.13)}$$

其中,$\bar{d}$ 是配对组数值差异的平均数,S 是所有 d_i 值的标准差。如果知道配对样本 t 检验统计量 t 值,也可以利用以下公式计算 Cohen's d:

$$d=\frac{t}{\sqrt{n}} \quad\quad\text{(公式 7.14)}$$

本例中,$n=35$,$\bar{d}=-5.1143$,$S=4.3371$,根据公式 7.13,得到 $d=\dfrac{-5.1143}{4.3371}\approx$ −1.18。若利用公式 7.14,则 $d=\dfrac{-6.976}{\sqrt{35}}\approx -1.18$。本例的效应量很大,与配对样本 t 检验得到的 p 值一致。

7.4.2 配对样本 t 检验的 SPSS 操作

【问题 7.6】利用【问题 7.5】中的数据,操作 SPSS,检验两种听力条件下的学习者听力是否存在统计显著性差异。

在开展配对样本 t 检验之前先进行差异分值正态分布检验。将【问题 7.5】中的数据输入到 SPSS 窗口,并保存(文件名为 ch7Paired)。该文件中,A 和 B 两种听力条件下听力测试成绩分别记作"ListenA"和"ListenB"。按 Transform→Compute Variable… 的顺序打开 Compute Variable(计算变量)主对话框,在 Target Variable(目标变量)栏中输入 d(作为差异分值变量),在 Numeric Expression(数字表达式)栏中输入 ListenA－ListenB(详见第二章),得到差异分值。利用 SPSS 的探索性分析菜单,发现本例差异分值服从正态分布($|Skew.2SE|=\left|\dfrac{-0.126}{2\times 0.398}\right|\approx 0.16<1, |Kurt.2SE|=\left|\dfrac{-0.788}{2\times 0.778}\right|\approx 0.51<1, W(35)=0.97, p=.311>.05$)。由此推断本例两组数据配对差异满足正态分布假设。在实际研究中,建议研究者在探索性分析中使用图形。本例差异分值箱图如图 7.5 所示。

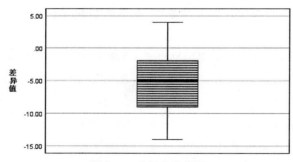

图 7.5 差异分值箱图

图 7.5 显示,本例数据没有异常值,上下尾巴沿着中位数线大致对称,说明数据大致服从正态分布,采用配对样本 t 检验是合适的。该图还显示,箱体向下偏离"0"值,说明相关样本平均数可能有统计显著性差异。

配对样本 t 检验的 SPSS 操作步骤如下:

第一步 按 Analyze→Compare Means→Paired-Samples T Test… 的操作顺序打开 Paired-Samples T Test…(配对样本 t 检验……)主对话框。

第二步 选中左栏中的 ListenA 和 ListenB,将之键入 Paired Variables(配对变量)栏。

第三步 点击 OK(确认),完成操作。

表 7.7 报告描述性统计量,包括样本平均数(M)、样本量(N)、标准差(SD)和平均数标准误差(SE)。从平均值来看,听力 B 条件比听力 A 条件更有利于提高被试听力。两种条件下的平均数差异是否有统计显著性意义,还有待进一步检验。

表 7.7 描述性统计

	M	N	SD	SE
听力条件 A	29.97	35	4.502	.761
听力条件 B	35.09	35	4.025	.680

SPSS 输出结果中报告,学习者在 A 和 B 两种听力条件下的听力成绩呈显著正相关($r=0.49, p=.003<.01$)。表 7.8 报告配对样本 t 检验的结果。

表 7.8 配对样本 t 检验

	M	SD	SE	95% CI 下限	95% CI 上限	t	df	p
听力条件 A−B	−5.114	4.337	.733	−6.604	−3.624	−6.976	34	<.001

表 7.8 显示,两组差异平均数(M)是−5.114,表示条件 B 比条件 A 平均值大。差异分值标准差(SD)是 4.337,差异平均数标准误差(SE)是 0.733。95%的置信区间不包含"0"值,说明差异平均数有统计显著性意义。若下限与上限之间包含"0"值,则不同条件之间的差异没有统计显著性意义。配对样本 t 检验同样发现不同条件之间的差异有统计显著性($t(34)=-6.98, p<.001$)。

问题与思考

1. t 分布与正态分布有何异同?
2. 下面关于 t 分布特点的陈述哪些是正确的?
   (a) t 分布随样本量的变化而变化。
   (b) t 分布呈丘形(mound-shaped),且对称。
   (c) 随着样本量的增大,t 分布接近正态分布。
   (d) 在样本量较小时,相对于正态分布,t 分布是重尾巴(heavy-tailed)分布。
3. 下面关于 t 分布性质的陈述中,哪个或哪些是正确的?
   (a) 自由度 $df=10$ 的 t 分布中±3 个标准差以外的尾巴面积比自由度 $df=15$ 的 t 分布中±3 个标准差以外的尾巴面积大。
   (b) 在某个显著性水平 α 上,随着自由度的增加,t 检验的临界值增大。
   (c) 自由度 $df=10$ 的 t 分布中±1 个标准差之间的曲线下面积比自由度 $df=15$ 的 t 分布

中±1个标准差之间的曲线下面积大。

(d) 在某个显著性水平 α 上，随着自由度的减少，t 检验的临界值增大。

4. 随着样本方差的增加，t 检验的统计量 t 值（不考虑正负号）如何变化？
   (a) 保持不变 (b) 减少 (c) 增加 (d) 变化的方向不确定

5. 在双尾 t 检验中，下面哪种 t 检验结果最有可能得出统计显著性的结论？
   (a) $t(78)=2.05$
   (b) $t(15)=2.05$
   (c) $t(12)=2.05$
   (d) $t(10)=2.05$

6. Cohen's d 是适用于_____的_____测量。
   (a) 显著性检验；平均数差异重要性
   (b) 相关系数；置信区间
   (c) t 检验；效应量
   (d) Cohen's Kappa 检验；一致性

7. 如果一项研究使用相关样本 t 检验，另一项研究使用独立样本 t 检验，统计量 t 的自由度均为 50，哪项研究使用的样本量较小？

8. 如果研究者开展配对样本 t 检验后报告以下结果：$t(49)=2.75, p<.01$。本研究的样本量有多大？

9. 某研究开展两个总体平均数差异 t 检验。样本量为 $n_1=25$ 和 $n_2=35$ 的样本分别从独立的、正态分布的总体中随机抽样得到。如果假设两个总体的方差相等，则 t 检验的自由度是多少？

10. 某研究者调查大学一年级男生和女生在每周课外练习英语口语的时间上有无差异。这位研究者从某大学校园随机抽取大学一年级男生和女生各 25 名（$n_1=n_2=25$）。每位学生课外练习英语口语的时间（单位：分钟）如下表所示。

男生：115,126,127,129,132,142,145,147,148,150,151,153,154,158,159,164,168,170,170, 182,182,186,189,190,192；
女生：131,190,168,196,186,195,186,202,174,164,168,145,162,169,175,172,141,163,218, 192,220,174,178,176,156。

回答以下问题：
(a) 利用箱图探索本研究数据的特点。
(b) 本研究恰当的统计分析方法是什么？
(c) 本研究的零假设 H_0 和备择假设 H_1 是什么？
(d) 开展适当的统计分析，报告统计检验结果。
(e) 拒绝零假设吗？研究得出的结论是什么？
(f) 计算并解释效应量 Cohen's d。

第八章 被试间方差与协方差分析
Chapter 8 Between-Subjects ANOVA and ANCOVA

方差分析（analysis of variance，ANOVA）由罗纳德·费希尔（Ronald Fisher）开创。费希尔是威廉·戈塞特（William Gosset）和卡尔·皮尔逊（Karl Pearson）的同代人。为了纪念费希尔，Fisher 的首字母 F 被用于方差分析的别名，即 F 检验（F test）。按照研究设计中被试的分配方式，方差分析可分为被试间（between-subjects）方差分析、被试内（within-subjects）方差分析和混合（mixed，即 mixed between-within subjects）方差分析。被试间设计是独立组（independent groups）设计。第七章介绍了应用于两个独立组设计的参数检验——独立样本 t 检验。独立组数在两个以上时，独立样本 t 检验应让位于被试间设计方差分析。被试内设计是相关组（related groups）设计。两个相关组设计的参数检验是配对样本 t 检验。相应地，两个以上相关组的参数检验是被试内设计方差分析。当研究设计同时包括被试间和被试内因素时，对应的参数检验称作混合方差分析，又称裂区（split-plot）方差分析。

根据被试间因素的数量，被试间方差分析又分为单因素方差分析（one-way/factor ANOVA）和因素（析因）方差分析（factorial ANOVA）。因素方差分析包括双因素方差分析（two-way/factor ANOVA）和三因素方差分析（three-way/factor ANOVA）等。如果设计与统计分析中包括协变量（covariate），被试间方差分析又称作协方差分析（analysis of covariance，ANCOVA）。如果测量的因变量数有多个，则方差分析称作多元方差分析（multivariate ANOVA，MANOVA）。

本章介绍单因素方差分析、双因素方差分析、单因素协方差分析和单因素多元方差分析。这些方差分析的原理适用于更高阶的方差分析，如双因素方差分析的原理适用于三因素方差分析。

8.1 F 分布

F 检验和 t 检验一样是平均数差异检验方法，检验统计量 F 服从 F 分布。我们在后面会了解到，统计量 F 是效应均方和误差均方的比率。均方是平方和与对应自由度的比值。F 比率有两个自由度，即分子自由度（v_1）和分母自由度（v_2）。分子自由度（v_1）是效应自由度，分母自由度（v_2）是误差自由度。F 分布的形状取决于这两个自由度，而自由度又与因素水平(levels)数和样本量 n 密切联系。与 t 分布不同的是，F 分布是正偏态分布。图 8.1 比较不同自由度条件下的 F 分布。

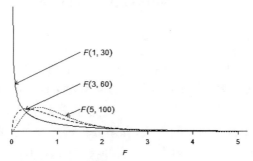

图 8.1　不同自由度条件下的 F 分布

如图 8.1 所示，$F(1,30)$ 的分布曲线最陡峭，随着自由度的增加，F 分布的坡度趋缓。比较图中的三条曲线可以发现，F 值为非负数，几乎总是为正值。F 分布是不对称的，有长长的右尾巴，呈正（右）偏态分布。随着自由度的增加，偏态程度减弱。

F 分布为多组（或多个条件）平均数差异比较检验提供临界值（critical value）。假如我们比较三个独立组（$n_1=n_2=n_3=30$）的平均数是否有统计显著性差异，即三组是否来自平均数相同的总体。零假设是三组平均数在 $\alpha=.05$ 的水平上没有统计显著性差异，即 $H_0: \mu_1=\mu_2=\mu_3$。备择假设是 H_1：至少 $\mu_i \neq \mu_j$，$i=1,2,3$，$j=1,2,3$，$i \neq j$，即至少有两个总体平均数有差异。假如利用样本计算得到统计量 $F(2,87)=2.75$。图 8.2 显示 F 统计量在 $F(2,87)$ 分布上的位置。

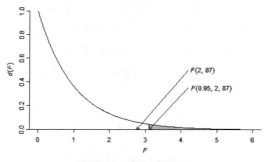

图 8.2　F 检验拒绝区

图 8.2 中，横坐标代表 F 值，纵坐标代表概率密度值。如图所示，在 $\alpha=.05$、自由度 $v_1=2$ 和 $v_2=87$ 时，拒绝零假设的 F 临界值 $F(0.95,2,87)=3.10$。即是说，F 统计

量等于或大于 F 临界值时,它落入图中阴影部分显示的拒绝区,拒绝零假设,否则接受(或不拒绝)零假设。本例中 F 统计量 2.75 小于 F 临界值 3.10,落在拒绝区之外,因而接受(或不拒绝)零假设,推断三组平均数在 $\alpha=.05$ 的水平上没有统计显著性差异。F 检验是无方向性(non-directional)的检验。这不同于 t 检验,因为 t 检验可以是有方向(单侧)的检验,也可以是无方向(双侧)的检验。

被试间(设计)方差分析与独立样本 t 检验都要求数据满足四个最基本的统计假设:(1)因变量(dependent variable)是定距或定比变量,即连续性变量。自变量(因素)是名义或定序变量;(2)观测值独立;(3)总体呈(或近似呈)正态分布;(4)方差齐性。在使用 F 检验之前,研究者需要检验样本数据是否来自正态分布的总体,是否满足方差齐性假设。

8.2 单因素方差分析

8.2.1 单因素方差分析方法

单因素方差分析是最简单的方差分析,因为该分析只涉及一个因素或自变量。它是独立样本 t 检验向多组比较的推广,本质上仍然是总体平均数比较。单因素方差分析检验的零假设是 $H_0: \mu_1 = \mu_2 = \cdots = \mu_k$,即 K 个独立组在因变量测量上的总体平均数相同。备择假设是 H_a:K 个独立组在因变量测量上的总体平均数不全相等。

方差分析就是方差分解(decomposition),将总平方和(total sum of squares)或总方差分解成若干部分。在单因素方差分析中,总平方和(SS_T,T 是 total 的缩称)分解成两个部分。一个是组内平方和(SS_W,W 是 within groups 的缩称)。组内平方和又叫误差(error)或残差(residuals)平方和,用 SS_E 表示。另一个是组间平方和,用 SS_B 表示(B 是 between groups 的缩称)。相应地,总平方和的自由度为 $v_T = N-1$,其中 N 是总样本量。组内平方和的自由度为 $v_2 = N-K$,其中 K 是因素水平数,即独立组数。组间平方和的自由度为 $v_1 = K-1$。各个平方和与自由度之间的关系为:$SS_T = SS_E + SS_B$,$v_T = v_1 + v_2$。因此,各个平方和的均方(MS,mean square)为:$MS_T = \dfrac{SS_T}{v_T}$,$MS_W = \dfrac{SS_W}{v_2}$,$MS_B = \dfrac{SS_B}{v_1}$。单因素方差分析 F 统计量的计算公式为:

$$F = \frac{MS_B}{MS_W}$$

(公式 8.1)

在零假设为真时,统计量 F 服从自由度为 v_1 和 v_2 的 F 分布。如果统计量 F 在自由度为 v_1 和 v_2 的 F 分布中对应的尾巴概率 p 值小于或等于显著性水平 α,或者统计量 F 大于或等于 F 分布中显著性水平 α 对应的 F 临界值,拒绝零假设,否则接受(或不拒绝)零假设。

在对多组平均数进行比较时,除了违反方差齐性假设之外,如果研究数据满足常规方差分析的其他统计假设,则统计分析可以采用稳健的 Welch's F 检验(Welch's F test)(Welch, 1951)。

令独立组样本平均数为 $\bar{X}_i, \dots, \bar{X}_j$,$j=1,\dots,J$(J为组数),样本方差为 $s_1^2,\dots,s_j^2$。要计算 Welch's F 检验统计量 F_w,先计算第 j 组权重(weight):$w_j = \frac{n_j}{s_j^2}$。每个样本加权平均数为 $w_j \bar{X}_j$。根据每个样本加权平均数计算所有样本总的加权平均数($\widetilde{X}$),即 $\widetilde{X} = \frac{\sum w_j \bar{X}_j}{\sum w_j}$。Welch's F 检验统计量的计算公式为:

$$F_w = \frac{\sum w_j (\bar{X}_j - \widetilde{X})^2 / (J-1)}{1 + \frac{2(J-2)}{J^2-1} \sum \frac{1}{n_j - 1} (1 - \frac{w_j}{\sum w_j})^2} \quad \text{(公式 8.2)}$$

F_w 比率的分子和分母自由度依次为 $v_1 = J-1$,$v_2 = [\frac{3}{J^2-1} \sum \frac{1}{n_j-1} (1 - \frac{w_j}{\sum w_j})^2]^{-1}$。在零假设为真的情况下,$F_w$ 近似服从分子和分母自由度为 v_1 和 v_2 的 F 分布。若 $F_w \geq F_{1-\alpha, v_1, v_2}$,拒绝零假设,否则接受零假设。

F 检验显著性结果只能告诉我们在比较的各组平均数中至少有两个组的平均数存在统计显著性差异,但是不能告诉我们显著性差异具体表现在哪个或哪些配对组之间。因此,当 F 检验发现统计显著性差异时,要准确知道显著性差异的具体位置,我们就需要利用事后多重比较(post hoc multiple comparisons)。组间配对比较的次数为 $\frac{K(K-1)}{2}$,其中 K($K=J$)是组数。譬如,如果因素有三个水平,则需要比较的配对数为三对。事后多重比较的方法有多种,本章介绍常用的两种方法——Tukey's HSD(honestly significant difference)检验和 Dunnett's T3 程序。

Tukey's HSD 检验,又称 Tukey 检验(Tukey's test),假设正态分布和方差齐性。该检验利用学生化极差统计量(Studentized range statistic, q)。同 t 分布一样,学生化极差分布也用于比较配对平均数。根据 Sahai & Ageel(2000: 576),令(X_1,

…,X_2,…,X_p)为来自正态分布 $N(\mu,\sigma^2)$ 的一个随机样本,s^2 是基于自由度 v 的 σ^2 的无偏估计,则学生化极差统计量的计算公式为:

$$q[p,v]=\frac{max(X_i)-min(X_i)}{s} \quad (公式8.3)$$

其中,$[p,v]$ 表示 q 的分布取决于 p 和 v,$max(X_i)$ 和 $min(X_i)$ 分别表示最大和最小观测值。通常情况下,学生化极差统计量是来自正态分布总体、大小为 p 的样本的极差与独立变量 $\chi^2[v]/v$ 平方根的比率。在方差分析应用中,正态分布样本通常是样本量相同的独立样本的平均数,公式中的分母是共同标准误差的独立估计(Sahai & Ageel,2000:576)。在方差分析中,$q[p,v]$ 中的 p 是比较的组数或比较的平均数个数,v 是 F 比率分母自由度,则 $q[p,v]=\frac{\bar{X}_{max}-\bar{X}_{min}}{s_{\bar{X}}}$,其中 $\bar{X}_{max}$ 和 $\bar{X}_{min}$ 分别表示最大和最小平均数,$s_{\bar{X}}$ 是标准误差。

表8.1显示在 $\alpha=.05$、$p=3,4,5,6$ 和 $v=27,36,45,60,72,90,120$ 时的学生化极差分位数(quantiles)。

表8.1 不同条件下的学生化极差分位数

v	p			
	3	4	5	6
27	3.51	3.87	4.13	4.33
36	3.46	3.81	4.06	4.25
45	3.43	3.77	4.02	4.21
60	3.40	3.74	3.98	4.16
72	3.38	3.72	3.96	4.14
90	3.37	3.70	3.94	4.12
120	3.36	3.68	3.92	4.10

从表8.1的排来看,自由度 v 恒定时,随着比较组数 p 的增加,学生化极差分位数增大。从列来看,比较组数 p 恒定时,随着自由度 v 的增加,学生化极差分位数减小。

检验零假设 $H_0:\mu_j=\mu_k$ 时,学生化极差统计量的计算公式为:

$$q=\frac{\bar{X}_j-\bar{X}_k}{\sqrt{\frac{MS_W}{2}(\frac{1}{n_j}+\frac{1}{n_k})}} \quad (公式8.4)$$

若 $|q|\geq q_{(1-\alpha_{FWE},K,v)}$,拒绝零假设,接受备择假设 $H_1:\mu_j\neq\mu_k$。临界值 $q_{(1-\alpha_{FWE},K,v)}$ 确保错误拒绝零假设的概率不超过 α_{FWE}(族[第一类]错误率,familywise error rate)。由于 HSD 对第一类错误率进行了最大的控制,因而该检验有些保守。

Dunnett's T3 程序假设数据服从正态分布,允许方差不齐。根据 Wilcox(2012:575),令 s_j^2 为第 j 组方差,n_j 为样本量,设 $q_j=\dfrac{s_j^2}{n_j}$,$j=1,\dots,J$,则配对检验统计量的计算公式为:

$$W=\frac{\bar{X}_j-\bar{X}_k}{\sqrt{q_j+q_k}} \qquad (公式 8.5)$$

对应的自由度为:

$$v_{jk}=\frac{(q_j+q_k)^2}{\dfrac{q_j^2}{n_j-1}+\dfrac{q_k^2}{n_k-1}} \qquad (公式 8.6)$$

在配对比较零假设为真时,W 服从自由度为 v_{jk} 和比较总数为 C 的学生化最大模数分布(Studentized maximum modulus distribution)。

利用标准差对一组独立的正态随机变量的最大绝对值学生化后得到的值为学生化最大模数统计量。根据 Sahai & Ageel(2000:577),令 $X_1,\dots,X_p$ 是来自正态分布 $N(\mu,\sigma^2)$ 的一个随机样本,则学生化最大模数统计量的计算公式为:

$$m[p,v]=\frac{max|(X_i-\bar{X})|}{s} \qquad (公式 8.7)$$

其中,$\bar{X}=\sum\limits_{i=1}^{p}X_i/p$,$s^2=\sum\limits_{i=1}^{p}(X_i-\bar{X})^2/(p-1)$,$v$ 是自由度。若比较数 $C=1$,$\alpha=.05$,则 $1-\alpha$ 对应的学生化最大模数统计量 c(作为临界值)等同于自由度为 v 的 t 分布中.975 分位数。在推理统计时,如果 $|W|\geq c$,拒绝零假设 $H_0:\mu_j=\mu_k$,否则接受(或不拒绝)零假设。

表 8.2 显示在 $\alpha=.05$ 时不同自由度和比较组数条件下的学生化最大模数分布分位数(Wilcox,2017)。

表 8.2 学生化最大模数分位数

v	C								
	2	3	4	5	6	7	8	9	10
2	5.57	6.34	6.89	7.31	7.65	7.93	8.17	8.83	8.57
3	3.96	4.43	4.76	5.02	5.23	5.41	5.56	5.69	5.81
5	3.09	3.39	3.62	3.79	3.93	4.04	4.14	4.23	4.31
10	2.61	2.83	2.98	3.10	3.19	3.28	3.35	3.41	3.47
16	2.46	2.65	2.78	2.89	2.97	3.04	3.09	3.15	3.19

续表

v	C								
	2	3	4	5	6	7	8	9	10
20	2.41	2.59	2.72	2.82	2.89	2.96	3.02	3.07	3.11
30	2.35	2.52	2.64	2.73	2.80	2.87	2.92	2.96	3.01
40	2.32	2.49	2.60	2.69	2.76	2.82	2.87	2.91	2.95
60	2.29	2.45	2.56	2.65	2.72	2.77	2.82	2.86	2.90

从表 8.2 中的排来看,自由度 v 恒定时,随着比较组数 C 的增加,学生化最大模数分位数增大。从列来看,比较组数 C 恒定时,随着自由度 v 的增加,学生化最大模数分位数减小。

【问题 8.1】某研究者开展实验研究任务类型(Task1、Task2 和 Task3)对 75 名英语学习者 24 个目标生词习得的影响。每个实验任务组不同被试的数量相等($n_1=n_2=n_3=25$)。词汇知识测量结果如表 8.3 所示。

表 8.3 不同任务中的词汇知识测量

任务一:3,10,5,12,9,11,9,13,7,5,5,0,4,5,7,6,1,4,17,11,17,7,8,7,3;
任务二:5,18,6,15,4,0,8,13,14,17,1,18,6,10,11,5,0,7,9,5,5,10,8,11,9;
任务三:8,18,15,17,6,16,4,10,6,2,20,9,11,10,14,19,20,7,6,5,6,21,12,8,9。

试问:三种任务对英语学习者词汇习得的影响是否有统计显著性差异?如综合检验发现统计显著性差异,则利用 Tukey's HSD 检验或 Dunnett's T3 程序开展事后配对比较。

【解】已知:$n=n_1=n_2=n_3=25$,$K=3$,$v_1=2$,$v_2=72$。根据以上数据,得到:

$M_1=7.44$,$M_2=8.6$,$M_3=11.16$,$M_G=9.0667$(样本总平均数);

$$MS_W = \frac{\sum(X_{ij}-\bar{X}_j)^2}{nK-K} =$$

$$\frac{[(3-7.44)^2+\cdots+(3-7.44)^2]+[(5-8.6)^2+\cdots+(9-8.6)^2]+[(8-11.16)^2+\cdots+(9-11.16)^2]}{25\times 3-3}$$

$\approx 26.0767;$

$$MS_B = \frac{n[\sum(M_j-M_G)^2]}{K-1} =$$

$$\frac{25\times[(7.44-9.0667)^2+(8.6-9.0667)^2+(11.16-9.0667)^2]}{3-1} \approx 90.5733。$$

根据 F 统计量计算公式 8.1,得到 $F=3.473$。

在零假设为真时，$F(2,72)=3.473$ 在 F 分布上的尾巴概率为 $p=.036<.05$。由此推断，任务类型对英语学习者词汇习得有统计显著性影响。

综合方差分析结果报告通常包括效应量。两个常用的效应量估计是 $\hat{\eta}^2$（eta-squared）和 $\hat{\eta}_p^2$（partial eta-squared）。$\hat{\eta}^2$，称作方差比（proportion of variance; PV），是 r^2（即最小二乘法回归分析中的决定系数，coefficient of determination）的广义形式，表示组别关系解释因变量总方差的比率（Cohen, 1988: 280）。效应量 $\hat{\eta}^2$ 的计算公式为：

$$\hat{\eta}^2 = \frac{SS_{effect}}{SS_T} \qquad (公式 8.8)$$

其中，SS_{effect} 和 SS_T 分别是方差分析中的效应平方和与总平方和。本例中，$\hat{\eta}^2 = \frac{90.5733 \times 2}{90.5733 \times 2 + 26.0767 \times 72} \approx 0.09$。

$\hat{\eta}_p^2$ 是偏方差比率，主要用于因素（析因）方差分析，可以被理解为在排除其他因素时某个因素解释的因变量方差的比率。在效应估计的计算上，$\hat{\eta}_p^2$ 表示效应平方和占它与误差平方和之和的比率：

$$\hat{\eta}_p^2 = \frac{SS_{effect}}{SS_{effect} + SS_{error}} \qquad (公式 8.9)$$

其中，SS_{error} 指误差平方和，等同于 SS_W。计算 $\hat{\eta}_p^2$ 还可以利用以下公式：

$$\hat{\eta}_p^2 = \frac{F(K-1)}{F(K-1)+(N-K)} \qquad (公式 8.10)$$

其中，F 是方差分析统计量，K 是因数水平数，N 是总样本量。在单因素方差分析中，$\hat{\eta}^2 = \hat{\eta}_p^2$。针对本例，$\hat{\eta}_p^2 = \frac{90.5733 \times 2}{90.5733 \times 2 + 26.0767 \times 72} \approx 0.09$。Cohen（1988: 286—288）提出了 $\hat{\eta}_p^2$ 大小的参考标准：$\hat{\eta}_p^2 = 0.01$、0.06、0.14 分别指小、中、大效应。本例中任务效应量达到中等水平。

事后配对比较采用 Tukey's HSD 检验。根据公式 8.4，三个配对比较的学生化极差统计量如下：

$$q_{12} = \frac{7.44-8.6}{\sqrt{\frac{26.0767}{2} \times (\frac{1}{25}+\frac{1}{25})}} \approx -1.1358; \quad q_{13} = \frac{7.44-11.16}{\sqrt{\frac{26.0767}{2} \times (\frac{1}{25}+\frac{1}{25})}} \approx -3.6424;$$

$$q_{23} = \frac{8.6-11.16}{\sqrt{\frac{26.0767}{2} \times (\frac{1}{25}+\frac{1}{25})}} \approx -2.5066。$$

第八章 被试间方差与协方差分析

由表 8.1 得知,在 $\alpha=.05$ 时,$q_{(0.95,3,72)}=3.38$。$|q_{12}|<3.38$,$|q_{23}|<3.38$,$|q_{13}|>3.38$,由此推断只有任务一和任务三之间有统计显著性差异,即任务三对词汇习得的效果比任务一更好。三个学生化极差统计量在学生化极差分布上的尾巴概率为:$p_{12}=0.702$,$p_{13}=.032$,$p_{23}=.186$。在 $\alpha=.05$ 时由概率做出的推论与上面相同。配对比较效应统计结果表明,任务一与任务二比较的效应量小(Cohen's $d=0.24$),任务二与任务三比较的效应量为中等水平(Cohen's $d=0.47$),任务一与任务三比较的效应量达到中等以上水平(Cohen's $d=0.74$)。关于配对比较效应量的计算方法,详见第七章。

若采用 Welch's F 检验,依据 $K=J=3$,$M_1=7.44$,$M_2=8.6$,$M_3=11.16$,$w_1=1.3096$,$w_2=0.9259$,$w_3=0.7778$,$\tilde{X}=\dfrac{1.3096\times 7.44+0.9259\times 8.6+0.7778\times 11.16}{1.3096+0.9259+0.7778}\approx 8.7567$。根据公式 8.2,得到:

$$Fw=\dfrac{\left[\dfrac{1.3096\times(7.44-8.7567)^2+0.9259\times(8.6-8.7567)^2+0.7778\times(11.16-8.7567)^2}{2}\right]}{1+\dfrac{2\times(3-2)}{3^2-1}\times\dfrac{1}{25-1}\times\left[\left(1-\dfrac{1.3096}{1.3096+0.9259+0.7778}\right)^2+\left(1-\dfrac{0.9259}{1.3096+0.9259+0.7778}\right)^2+\left(1-\dfrac{0.7778}{1.3096+0.9259+0.7778}\right)^2\right]}\approx 3.346$$

$$v_1=2,\ v_2=\left\{\dfrac{3}{3^2-1}\times\dfrac{1}{25-1}\times\left[\left(1-\dfrac{1.3096}{1.3096+0.9259+0.7778}\right)^2+\left(1-\dfrac{0.9259}{1.3096+0.9259+0.7778}\right)^2+\left(1-\dfrac{0.7778}{1.3096+0.9259+0.7778}\right)^2\right]\right\}^{-1}\approx 47.41。$$

$F_w=3.346$ 在自由度 $v_1=2$、$v_2=47.41$ 的 F 分布上对应的尾巴概率 $p=.044$。由此推断,任务类型对英语学习者词汇习得有统计显著性影响。这与传统的方差分析得出的结论相同。这主要是因为方差分析具有某种程度的稳健性,本例数据满足方差分析统计假设(见下一节)。

允许方差不齐条件下的配对比较采用 Dunnett's T3 程序,计算过程如下:

已知:$M_1=7.44$,$M_2=8.6$,$M_3=11.16$,$q_1=0.7636$,$q_2=1.08$,$q_3=1.2856$。根据公式 8.5 和 8.6,得到:

$$W_{12}=\dfrac{7.44-8.6}{\sqrt{0.7636+1.08}}\approx -0.8543,\ v_{12}=\dfrac{(0.7636+1.08)^2}{\dfrac{0.7636^2}{25-1}+\dfrac{1.08^2}{25-1}}\approx 46.6267;$$

$$W_{13}=\dfrac{7.44-11.16}{\sqrt{0.7636+1.2856}}\approx -2.5987,\ v_{13}=\dfrac{(0.7636+1.2856)^2}{\dfrac{0.7636^2}{25-1}+\dfrac{1.2856^2}{25-1}}\approx 45.0751;$$

$$W_{23}=\dfrac{8.6-11.16}{\sqrt{1.08+1.2856}}\approx -1.6644,\ v_{23}=\dfrac{(1.08+1.2856)^2}{\dfrac{1.08^2}{25-1}+\dfrac{1.2856^2}{25-1}}\approx 47.6401。$$

在 $\alpha=.05$ 时,各个配对自由度对应的学生化最大模数临界值为:$c_{12}=2.4729$,$c_{13}=2.4765$,$c_{23}=2.4708$。由此推断,只有任务一和任务三之间有统计显著性差异($W_{13}=|-2.5987|>2.4765$,$p<.05$)。由 Dunnett's T3 程序与 Tukey's HSD 检验得出的结论相同。

8.2.2 单因素方差分析的 SPSS 操作

【问题 8.2】利用【问题 8.1】中的数据,操作 SPSS,统计分析任务类型对英语学习者词汇习得的影响是否有统计显著性。若综合检验发现任务影响的统计显著性,需开展事后配对比较。

在开展单因素方差分析之前先进行正态分布假设和方差齐性假设检验。将【问题 8.1】中的数据输入到 SPSS 窗口,并保存(文件名为 ch8Oneway)。该文件中,自变量为"任务[Task]",包括三个水平(1 代表"Task 1",2 代表"Task 2",3 代表"Task 3");因变量为"词汇知识[Word]"。利用 SPSS 的探索性分析菜单,发现任务一数据服从正态分布($W(25)=0.96, p=.354>.05$)。同样,任务二和任务三数据也服从正态分布(任务二:$W(25)=0.96, p=.407>.05$;任务三:$W(25)=0.93, p=.104>.05$)。实际研究中,研究者可以根据需要报告偏度和峰度值,最好结合图形诊断结果。SPSS 同时开展方差齐性检验与综合方差分析,但是建议在研究报告中先报告方差齐性检验结果。若各组数据不满足方差齐性假设,则使用 Welch's F 检验(Welch's F test)。相应地,事后配对比较建议使用 Dunnett's T3 程序。

SPSS 开展单因素方差分析的操作步骤如下:

第一步 打开 SPSS 数据文件 ch8Oneway,按 Analyze→Compare Means→One-Way ANOVA...的顺序打开 One-Way ANOVA(单因素方差分析)主对话框,将"任务[Task]"键入 Factor(因素)栏,"词汇知识[Word]"键入 Dependent List(因变量列表)栏。

第二步 点击 Post Hoc...,进入 Post Hoc Multiple Comparisons(事后多重比较)子对话框,在 Equal Variances Assumed(假设方差齐性)栏中选中 Tukey,如图 8.3 所示。如果组间方差不齐,则要在 Equal Variances Not Assumed(不假设方差齐性)栏中勾选 Dunnett's T3。在 Significance level(显著性水平)栏中,SPSS 默认值为.05。我们通常采用这一默认方式。

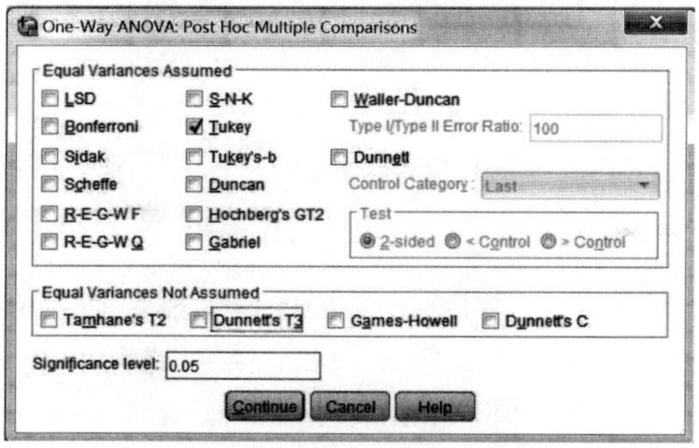

图 8.3 单因素方差分析事后多重比较子对话框

第三步　点击 Continue(继续),回到单因素方差分析主对话框。点击 Options…,进入 Options(选项)子对话框。在 Statistics(统计量)面板中勾选 Descriptive(描述性统计量)和 Homogeneity of variance test(方差齐性检验),再勾选 Means plot(平均数变化图),其他选项默认。操作结果如图 8.4 所示。

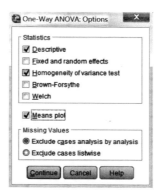

图 8.4　单因素方差分析选项子对话框

如果方差齐性检验发现组间方差不齐,则应勾选 Statistics(统计量)面板中的 Welch 检验。

第四步　点击 Continue(继续),回到单因素方差分析主对话框。再点击 OK(确认),完成操作。

表 8.4 报告描述性统计量,包括任务水平、样本量(N,n)、平均数(Mean,M)、标准差(Std. Deviation,SD)和平均数标准误差(Std. Error,SE)、平均数 95% 的置信区间(95% Confidence Interval for Mean,95% CI)、最小值(Minimum,Min)和最大值(Maximum,Max)。

表 8.4　不同任务中的词汇知识描述性统计

	n	M	SD	SE	95% CI		Min	Max
					下限	上限		
任务一	25	7.44	4.369	.874	5.64	9.24	0	17
任务二	25	8.60	5.196	1.039	6.46	10.74	0	18
任务三	25	11.16	5.669	1.134	8.82	13.50	2	21
汇总	75	9.07	5.274	.609	7.85	10.28	0	21

从表 8.4 报告的平均数来看,任务一的平均数最小,任务三的平均数最大,任务二的平均数接近任务一的平均数。图 8.5 直观地显示平均数随任务类型变化的递增

趋势。

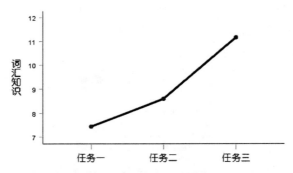

图 8.5　词汇知识平均数随任务类型变化的趋势

SPSS 对 Levene 方差齐性检验结果的报告有四种形式：基于平均数（Based on Mean）、基于中位数（Based on Median）、基于中位数和调整自由度（Based on Median and with adjusted df）以及基于 5％ 截尾平均数（Based on trimmed mean）。关于这些方法的介绍，详见 7.3 节。利用中位数的 Levene 方差齐性检验发现，本例数据满足方差齐性假设（$F(2,72)=1.24, p=.295>.05$）。这部分说明事后配对比较检验使用 Tukey's HSD 检验是合适的。

表 8.5 报告单因素方差分析的结果，包括组间（Between Groups）、组内（Within Groups）和汇总（Total）平方和（Sum of Squares, SS）、自由度（df）和均方（Mean Square, MS），还包括 F 值和 p 值（Sig.）。结果表明，任务类型对词汇知识习得有统计显著性影响（$F(2,72)=3.47, p=.036<.05$）。

表 8.5　任务类型对词汇知识习得影响的方差分析

	SS	df	MS	F	p
组间	181.147	2	90.573	3.473	.036
组内	1877.520	72	26.077		
汇总	2058.667	74			

表 8.6 报告各个任务配对事后多重比较 Tukey's HSD（Tukey HSD）检验的结果，包括平均数差异（Mean Difference, $\bar{D}$）、标准误差（Std. Error, SE）、p 值（Sig.）和 95％ 置信区间（95％ Confidence Interval, 95％ CI）。

第八章 被试间方差与协方差分析

表 8.6 任务配对多重比较

	$\hat{\psi}$	SE	p	95%置信区间	
				下限	上限
任务一和二	−1.160	1.444	.702	−4.62	2.30
任务一和三	−3.720*	1.444	.032	−7.18	−.26
任务二和三	−2.560	1.444	.186	−6.02	.90

* The mean difference is significant at the .05 level.

表 8.6 显示,任务一和任务二之间没有统计显著性差异($p=.702>.05$)。同样,任务二和任务三之间也没有统计显著性差异($p=.186>.05$)。但是,任务三显著好于任务一($p=.032<.05$)。表 8.6 中合并标准误差的计算公式为:$SE=\sqrt{MS_W(\frac{1}{n_j}+\frac{1}{n_k})}=\sqrt{26.077\times(\frac{1}{25}+\frac{1}{25})}\approx 1.444$。

表 8.7 报告 $\alpha=.05$ 时 Tukey's HSD 检验平均数相似性子集(Homogeneous Subsets)。Tukey's HSD 检验使用的谐和平均样本量(Harmonic Mean Sample Size)为 25。表 8.7 显示,任务一和任务二组形成相似性子集($p=.702>.05$),任务二和任务三形成相似性子集($p=.186>.05$)。任务一和任务三不在同一个相似性子集中,说明这两个任务的平均数有统计显著性差异($p<.05$)。表 8.7 报告的主要信息包含在表 8.6 中,研究报告通常忽略表 8.7。

表 8.7 词汇知识相似性子集

	n	$\alpha=0.05$ 时的子集	
		1	2
任务一	25	7.44	
任务二	25	8.60	8.60
任务三	25		11.16
p		.702	.186

Uses Harmonic Mean Sample Size=25.000.

8.3 双因素方差分析

8.3.1 双因素方差分析方法

双因素方差分析(two-way/factor ANOVA)是最简单的因素设计(factorial

design)方差分析方法。假如有两个因素 A 和 B,因素 A 的水平有 a 个,因素 B 的水平有 b 个,n 是单元格(cell)样本量(A、B 因素不同水平组合中的样本量)。假设每个单元格样本量相同,则总样本量为 $a \times b \times n$(简称 abn)。在双因素方差分析中,总平方和(SS_T)体现总变异(variation),包含两大部分:被试间或组间平方和($SS_{Between}$)和误差平方和(或残差平方和)(SS_W,SS_E)。组间平方和又包括三个平方和——因素 A 平方和(SS_A)、因素 B 平方和(SS_B)和因素 A、B 交互作用平方和($SS_{A \times B}$)。换言之,$SS_T = SS_{Between} + SS_E$,$SS_{Between} = SS_A + SS_B + SS_{A \times B}$。因素 A 和 B 对因变量的独立作用称作主效应(main effect),它们的共同作用称作交互效应(interaction effect)。误差是总变异中主效应和交互效应不能解释的变异部分。不同平方和之间的关系如图 8.6 所示。

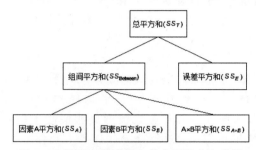

图 8.6 双因素被试间方差分析平方和分解

被试间设计双因素方差分析中各个统计量的计算见表 8.8。

表 8.8 双因素方差分析各个统计量的计算

变异来源(SS)	自由度(df)	均方差(MS)	统计量 F
$SS_T = \sum Y_{ijk}^2 - CF$	$abn - 1$		
$SS_{Between} = \dfrac{\sum Y_{\cdot jk}^2}{n} - CF$	$ab - 1$		
$SS_E = SS_T - SS_B$	$ab(n-1)$	$MS_E = \dfrac{SS_E}{ab(n-1)}$	
$SS_A = \dfrac{\sum Y_{\cdot j \cdot}^2}{nb} - CF$	$a - 1$	$MS_A = \dfrac{SS_A}{a-1}$	$F_A = \dfrac{MS_A}{MS_E}$
$SS_B = \dfrac{\sum Y_{\cdot \cdot k}^2}{na} - CF$	$b - 1$	$MS_B = \dfrac{SS_B}{b-1}$	$F_B = \dfrac{MS_B}{MS_E}$
$SS_{A \times B} = SS_{Between} - SS_A - SS_B$	$(a-1)(b-1)$	$MS_{A \times B} = \dfrac{SS_{A \times B}}{(a-1)(b-1)}$	$F_{A \times B} = \dfrac{MS_{A \times B}}{MS_E}$

表 8.8 中前两个变异来源的均方差可以通过平方和除以对应的自由度得到,但

是在计算 F 统计量时用不到它们,故未列出。CF 是 correction factor 的缩写,为校正因子。$CF = \frac{Y_{...}^2}{abn}$($Y_{...}$ 是所有观测值之和)。Y_{ijk} 表示因素 A 第 j 个水平和因素 B 第 k 个水平上第 i 个观测值,$\sum Y_{ijk}^2$ 为所有观测值平方和,$\sum Y_{.jk}^2$ 表示因素 A 第 j 个水平和因素 B 第 k 个水平上各个观测值之和的平方和,$\sum Y_{.j.}^2$ 表示因素 A 第 j 个水平上各个观测值之和的平方和,$\sum Y_{..k}^2$ 表示因素 B 第 k 个水平上各个观测值之和的平方和。

研究中我们最关注的是三个 F 统计量。我们可以用它们来回答三个问题:(1)因素 A 是否对因变量有显著主效应?(2)因素 B 是否对因变量有显著主效应?(3)因素 A 和 B 是否对因变量有显著交互效应?在我们得出 F_A、F_B 和 $F_{A\times B}$ 三个统计量之后,计算在零假设条件下 F 分布中统计量 F 的显著性概率。如果 F 对应的概率小于或等于显著性水平 α,拒绝零假设,推断某个因素或因素的交互作用对因变量有统计显著性影响,否则推断某个因素或因素的交互作用没有统计显著性影响。

一个因素的主效应是在忽略其他因素情况下一个因素的效应。交互效应表示一个因素的效应随另一个因素水平的变化而变化。如果没有交互效应,研究的焦点为主效应。如果发现交互效应,解释主效应通常没有太大的意义。交互效应的出现表明主效应不能充分描述研究结果,对一个因素效应的解释只有结合其他因素的水平才有意义。交互效应包括无序(disordinal)和有序(ordinal)交互效应。

如果表示一个因素不同水平上相对效应的因变量平均数排列的秩次随另一个因素水平的变化而变化,则交互效应是无序的(Gould,2002:340)。无序交互与两条代表平均数变化的线条是否交叉没有必然的联系。如果表示一个因素不同水平上相对效应的因变量平均数排列的秩次在另一个因素不同水平上保持不变,则交互效应是有序的(Gould,2002:339)。图 8.7 显示双因素交互作用的不同模式。

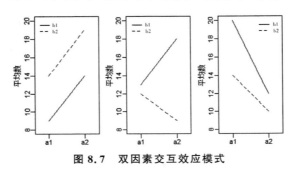

图 8.7 双因素交互效应模式

图 8.7 显示三个 2×2 双因素(A 和 B)设计,其中的 2×2 表示两个因素中每个因素的水平均为 2。因素 A 的两个水平为 a1 和 a2,因素 B 的两个水平为 b1 和 b2。左

分图显示两条平行线，在 b1 水平上 a2 与 a1 对比（平均）值为 $\hat{\psi}_{a2-a1} = \bar{X}_{a2} - \bar{X}_{a1} = 14 - 9 = 5$；在 b2 水平上 a2 与 a1 对比值为 $\hat{\psi}_{a2-a1} = \bar{X}_{a2} - \bar{X}_{a1} = 19 - 14 = 5$，两个对比值相同，因而因素 A 和 B 没有交互效应。中间分图显示两条非平行线，在 b1 水平上，$\bar{X}_{a2} > \bar{X}_{a1}$，但是在 b2 水平上，$\bar{X}_{a2} < \bar{X}_{a1}$。因此，中间分图显示无序交互作用（实际研究中我们需要利用方差分析检验交互效应的统计显著性）。右分图也显示两条非平行线，在 b1 水平上，$\bar{X}_{a2} < \bar{X}_{a1}$；在 b2 水平上，$\bar{X}_{a2} < \bar{X}_{a1}$。虽然配对比较差异的大小不同，但是变化的方向一致，因而右分图中的交互作用为有序交互作用。

【问题 8.3】某研究者以 90 名大学英语学习者为被试，通过实验调查性别（Gender）和任务（Task）对 18 个英语目标生词词义（Meaning）习得的影响。性别有两个水平：男性（male）和女性（female）。任务包括三个水平，称作任务一、任务二和任务三。目标生词词义测量结果见表 8.9（满分为 18 分）。

表 8.9 性别和任务不同水平上的词义知识

男性	任务一：2.0, 11.5, 2.0, 4.0, 6.0, 5.0, 9.0, 8.0, 10.0, 4.0, 3.0, 5.0, 7.0, 5.0, 6.0;
	任务二：2.0, 5.0, 13.0, 2.0, 4.0, 12.0, 9.0, 8.0, 12.0, 6.0, 4.0, 11.0, 7.0, 4.0, 11.0;
	任务三：12.0, 8.0, 10.0, 9.0, 9.5, 10.0, 5.0, 9.0, 11.0, 10.0, 9.0, 6.0, 9.5, 10.0, 13.0
女性	任务一：4.0, 6.0, 3.0, 10.0, 9.0, 1.0, 10.0, 1.0, 7.0, 6.0, 5.0, 6.0, 3.5, 4.0, 4.0;
	任务二：8.0, 9.0, 15.0, 9.0, 10.0, 9.0, 12.0, 10.0, 7.0, 2.0, 10.0, 7.0, 3.0;
	任务三：11.0, 12.0, 9.0, 10.0, 9.0, 13.0, 8.0, 14.0, 7.0, 9.0, 5.0, 6.0, 8.5, 7.0, 12.0。

试问：性别和任务对词义习得是否均有显著主效应？它们之间是否存在显著交互效应？

【解】本例实验设计为 2×3 被试间均衡设计（balanced design，即每个单元格样本量相同）。本节根据表 8.8 和表 8.9 演示双因素方差分析的计算程序。数据正态分布和方差齐性假设检验在下一节进行。

（1）平方和与自由度

①校正因子

已知：$a = 2, b = 3, n = 15$。$CF = \dfrac{(2.0 + 11.5 + \cdots + 7.0 + 12.0)^2}{2 \times 3 \times 15} = 4995.225$。

②总平方和

$SS_T = (2.0^2 + 11.5^2 + \cdots + 7.0^2 + 12.0^2) - 4995.225 = 970.025$。

③组间平方和

$SS_{Between} = \dfrac{(2.0 + \cdots + 6.0)^2 + (2.0 + \cdots + 11.0)^2 + \cdots + (8.0 + \cdots + 3.0)^2 + (11.0 + \cdots + 12.0)^2}{15} - 4995.225 \approx 220.8917$。

第八章 被试间方差与协方差分析

④误差平方和与自由度

$SS_E = 970.025 - 220.8917 = 749.1333$，$df_E = 2 \times 3 \times (15-1) = 84$。

⑤性别平方和与自由度

$$SS_{Gender} = \frac{(2.0 + \cdots + 13.0)^2 + (4.0 + \cdots + 12.0)^2}{15 \times 3} - 4995.225 \approx 0.4694, \quad df_{Gender} = 2-1 = 1。$$

⑥任务平方和与自由度

$$SS_{Task} = \frac{(2.0 + \cdots + 4.0)^2 + (2.0 + \cdots + 3.0)^2 + (12.0 + \cdots + 12.0)^2}{15 \times 2} - 4995.225$$

≈ 218.6167，$df_{Task} = 3-1 = 2$。

⑦性别与任务交互平方和与自由度

$SS_{Gender \times Task} = 220.8917 - 0.4694 - 218.6167 = 1.8056$，$df_{Gender \times Task} = (2-1) \times (3-1) = 2$。

（2）均方

⑧性别均方

$$MS_{Gender} = \frac{0.4694}{2-1} = 0.4694。$$

⑨任务均方

$$MS_{Task} = \frac{218.6167}{3-1} \approx 109.3084。$$

⑩误差均方

$$MS_E = \frac{749.1333}{2 \times 3 \times (15-1)} \approx 8.9183。$$

⑪性别与任务交互均方

$$MS_{Gender \times Task} = \frac{1.8056}{(2-1) \times (3-1)} = 0.9028。$$

（3）统计量 F

⑫性别检验

$$F_{Gender} = \frac{0.4694}{8.9183} \approx 0.0526；$$

⑬任务检验

$$F_{Task} = \frac{109.3084}{8.9183} \approx 12.2567；$$

⑭性别与任务交互检验

$$F_{Gender \times Task} = \frac{0.9028}{8.9183} \approx 0.1012。$$

（4）统计推断

确定 $\alpha=.05$。根据各个效应 F 比率的自由度，计算显著性概率。本例性别效应 F 比率自由度为 $v_1=1, v_2=84, p=.819>.05$。由此推断，性别对词义习得没有显著主效应。本例任务效应 F 比率自由度为 $v_1=2, v_2=84, p=.00002<.05$。由此推断，任务对词义习得有显著主效应。性别与任务交互效应 F 比率自由度为 $v_1=2, v_2=84, p=.904>.05$。由此推断，性别与任务对词义习得没有显著交互效应。

研究报告中通常报告效应量。针对本例，根据公式 8.9，得到：性别效应量 $\hat{\eta}_p^2 = \dfrac{0.4694}{0.4694+749.1333} \approx 0.001$，任务效应量 $\hat{\eta}_p^2 = \dfrac{218.6167}{218.6167+749.1333} \approx 0.226$，性别与任务交互作用效应量 $\hat{\eta}_p^2 = \dfrac{1.8056}{1.8056+749.1333} \approx 0.002$。这些结果表明，性别以及性别与任务交互作用的效应量很小，几乎可以忽略不计，但是任务效应量大。

8.3.2 双因素方差分析的 SPSS 操作

【问题 8.4】利用【问题 8.3】中的数据，操作 SPSS，检验性别和任务对词义习得是否均有显著主效应？它们之间是否存在显著交互效应？

将表 8.9 中的数据输入到 SPSS 数据视窗。因素名为"性别[Gender]"和"任务[Task]"，因变量为"词义[Meaning]"。在变量视窗中，将"性别"水平定义为：0＝男性，1＝女性；将"任务"水平定义为：1＝任务一，2＝任务二，3＝任务三。"性别"和"任务"的测量属性定义为：Nominal（名义）。"词义"的测量属性定义为：Scale（尺度）。文件名定为 ch8Factorial。

在开展双因素方差分析之前，先检验方差分析的两个统计假设：正态分布和方差齐性。正态分布假设检验利用 SPSS 探索性分析功能（见第四章）。由于本例为双因素设计，需要检验每个单元格（2×3＝6 个单元格）数据是否服从或近似服从正态分布。正态分布假设检验的 SPSS 操作步骤如下：

第一步 打开 SPSS 数据文件 ch8Factorial。按 Analyze→Descriptive Statistics→Explore…的操作顺序进入 Explore（探索性分析）对话框。将左栏中的变量"性别[Gender]"和"任务[Task]"键入 Factor List（因素列表）框，将"词义[Meaning]"键入 Dependent List（因变量列表）框。

第二步 点击 Plots…（图形）选项，勾选 Normality plots with tests（带检验的正态图），点击 Continue（继续），回到探索性分析主对话框。点击 Paste（粘贴），在 SPSS 命令行 EXAMINE VARIABLES＝Meaning BY Gender Task 中的 Gender 和 Task 之间添加 BY，执行 RUN→All。

表 8.10 报告正态分布检验主要结果。

表 8.10　性别与任务每个单元格数据正态分布检验

性别	任务	Skewness（SE）	Kurtosis（SE）	Shapiro-Wilk		
				W	df	p
男性	任务一	.542（.580）	−.364（1.121）	.953	15	.571
	任务二	.088（.580）	−1.492（1.121）	.919	15	.185
	任务三	−.583（.580）	1.074（1.121）	.930	15	.269
女性	任务一	.290（.580）	−.553（1.121）	.939	15	.375
	任务二	.105（.580）	.500（1.121）	.934	15	.310
	任务三	.170（.580）	−.752（1.121）	.973	15	.893

表 8.10 显示，各个单元格数据标准化偏度值和标准化峰度值（$Skew.2SE$ 和 $Kurt.2SE$）的绝对值均小于 1，W 检验得到的 p 值均大于 .05，说明本例数据满足正态分布假设。

SPSS 同时开展方差齐性假设检验与综合方差分析，操作步骤基本相同，因而不再单独进行方差齐性假设检验。

本例双因素方差分析的操作步骤如下：

第一步　打开 SPSS 数据文件 ch8Factorial。按 Analyze→General Linear Model→Univariate…的顺序打开 Univariate（单因变量）方差分析主对话框，将自变量"性别[Gender]"和"任务[Task]"键入 Fixed Factor(s)（固定因素）栏，将因变量"词义[Meaning]"键入 Dependent Variable（因变量）栏，操作结果如图 8.8 所示。

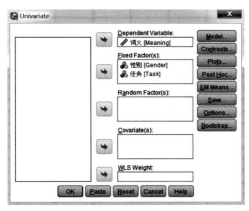

图 8.8　单因变量方差分析主对话框

第二步　点击 Plots…，进入 Profile Plots（轮廓图）子对话框，将 Factors（因素）栏中的 Task 键入 Horizontal Axis（横坐标轴）栏中，Gender 键入分离线（Separate

Lines)栏中,再点击 Add(添加),将两个因素置入 Plots(图形)栏内。勾选 Error Bars(误差条)面板中的选项 Include Error bars(包括误差条),SPSS 默认采用 95.0% Confidence Intervals(95% 置信区间)。点击 Continue(继续),回到主对话框。这里的轮廓图是线图,用于比较因素不同水平组合上的平均数。线图的制作也可以利用第三章介绍的方法。

第三步 点击 Post Hoc…,进入 Post Hoc Multiple Comparisons for Observed Means(观测平均数事后多重比较)子对话框,将因素栏中的 Task 键入 Post Hoc Tests for(事后检验)栏中,再勾选 Tukey。事后配对检验适用于包括两个以上水平的因素。本例中 Gender 只有两个水平,没有必要进行事后多重比较检验。点击 Continue(继续),回到主对话框。

第四步 点击 Options…,进入 Options(选项)子对话框。在 Display(显示)面板中,勾选 Descriptive statistics(描述性统计量)、Estimates of effect size(效应量估计)和 Homogeneity tests(方差齐性检验)。

第五步 点击 Continue(继续),回到主对话框。再点击 OK(确认),完成操作。

表 8.11 报告本例数据描述性统计结果,包括各单元格样本量(n)、平均数(M)、标准差(SD)和平均数 95% 置信区间(95% CI)。

表 8.11 性别与任务单元格词义知识描述性统计

性别	任务	n	M	SD	95% CI
男性	任务一	15	5.833	2.8263	[4.268, 7.398]
	任务二	15	7.333	3.8110	[5.223, 9.444]
	任务三	15	9.400	2.0195	[8.282, 10.518]
女性	任务一	15	5.300	2.8398	[3.727, 6.873]
	任务二	15	7.467	3.4614	[5.550, 9.383]
	任务三	15	9.367	2.6218	[7.915, 10.819]

表 8.11 显示,各个单元格数据标准差接近,初步判断各单元格数据方差齐性。利用中位数的 Levene 误差方差齐性检验发现,各个单元格数据满足方差齐性假设($F(5,84)=1.77, p=.128>.05$)。结合前面正态分布检验结果,推断本例数据满足正态分布和方差齐性假设。

表 8.11 还显示,不论是在男性中还是在女性中,任务三的平均数最大,任务一的平均数最小,任务二的平均数居中。各个单元格平均数随性别和任务水平变化的趋势如图 8.9 所示。

第八章 被试间方差与协方差分析

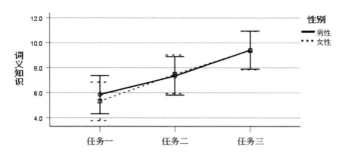

图 8.9 词义平均数随性别和任务水平变化的趋势

图 8.9 显示,在任务的每个水平上,男、女生词义知识平均数很接近,平均数 95% 置信区间高度重合(overlap),初步推断性别对词义知识习得没有统计显著性影响。在性别的每个水平上,词义知识平均数随任务水平呈明显的线性增加之势。任务一和任务三的平均数 95% 置信区间没有重合,初步推断这两个任务的平均数有统计显著性差异;其他任务配对的平均数 95% 置信区间都有一定程度的重合,平均数统计显著性差异有待进一步检验。

表 8.12 报告双因素方差分析结果。

表 8.12 性别和任务对词义知识习得影响的方差分析

Source	SS	df	MS	F	p	$\hat{\eta}_p^2$
Corrected Model	220.892[a] ($SS_{Between}$)	5	44.178	4.954	.001	.228
Intercept	4995.225 (CF)	1	4995.225	560.112	<.001	.870
Gender	.469 (SS_{Gender})	1	.469	.053	.819	.001
Task	218.617 (SS_{Task})	2	109.308	12.257	<.001	.226
Gender * Task	1.806 ($SS_{Gender \times Task}$)	2	.903	.101	.904	.002
Error	749.133 (SS_E)	84	8.918			
Total	5965.250 ($SS_T + CF$)	90				
Corrected Total	970.025 (SS_T)	89				

a. R Squared=.228 (Adjusted R Squared=.182)

为了便于理解表 8.12 中的平方和 SS(Sum of Squares),我们在表中增加了注解。这些注解为上一节计算的统计量。汇总(Total)平方和 5965.250 是校正的总平方和 970.025 与截距项(Intercept)平方和(即校正因子 CF)4995.225 的简单相加。通常,研究报告结果不包括 Corrected Model(校正模型)、Intercept、Total,甚至 Corrected Total(校正汇总)。

表 8.12 显示,性别对学习者词义知识习得没有显著主效应($F(1,84)=0.05$,

$p=.819>.05$，$\hat{\eta}_p^2=0.001$）。性别与任务也没有显著交互作用（$F(2,84)=0.10$，$p=.904>.05$，$\hat{\eta}_p^2=.002$）。但是，任务对学习者词义知识习得有显著主效应（$F(2,84)=12.26$，$p<.001$，$\hat{\eta}_p^2=0.23$）。注意，不要将任务效应的显著性概率报告为 $p=.000$。SPSS 的输出结果只保留三位小数，.000 只表示概率很小。

由于本例统计分析没有发现任务与性别之间的显著交互作用，任务效应配对比较采用简单主效应（simple main effects）检验。本例检验方法是 Tukey's HSD。SPSS 统计结果如表 8.13 所示。表 8.13 采用了不同于 SPSS 结果的表达方法。即，$\hat{\psi}$ 表示平均数差异（Mean Difference），SE 表示合并标准误差（Std. Error），显著性概率用 p 代替 Sig.。95% 置信区间（95% CI）的下限和上限值放在中括号里，省去 Lower Bound 和 Upper Bound。

表 8.13 任务效应多重配对比较

		$\hat{\psi}$	SE	p	95% CI
任务一	任务二	−1.833	.7711	.051	[−3.673, 0.006]
	任务三	−3.817*	.7711	<.001	[−5.656, −1.977]
任务二	任务三	−1.983*	.7711	.032	[−3.823, −0.144]

*. The mean differece is significant at the 0.05 level.

表 8.13 显示，任务一和任务二之间没有统计显著性差异，只有边际显著性差异（$p=.051<.1$）。平均数差异 95% 置信区间包括"0"值，但是上限值（0.006）接近"0"值。配对比较效应量 Cohen's $d=0.57$（效应量中等）。任务一和任务三有统计显著性差异（$p<.001$）。平均数差异 95% 置信区间不包括"0"值。配对比较效应量 Cohen's $d=1.49$（效应量大）。任务二和任务三有统计显著性差异（$p=.032<.05$）。平均数差异 95% 置信区间不包括"0"值。配对比较效应量 Cohen's $d=0.66$（效应量中等）。

当交互效应显著时，通常需要进行后续简单效应（simple effects）检验。简单效应是具体单元（cell）平均数之间的差异，即一个因素在另一个因素不同水平上的效应。简单效应检验的目的是要弄清一个因素在另一个因素的哪个（些）水平上的作用是显著的，在哪个（些）水平上的作用是不显著的。

简单效应检验的一种方法是使用 SPSS 命令。假如我们要对本例开展简单效应分析（即便没有发现统计显著性交互作用，有时候也可能需要开展此类分析）。在如图 8.8 所示的单因变量方差分析主对话框中，点击 EM Means…（估计平均数……），进入 Estimated Marginal Means（估计边际平均数）子对话框，将左栏中的交互作用项 Gender * Task 键入 Display Means for（显示平均数）栏中，再点击 Continue（继续），回到方差分析主对话框。点击 Paste(粘贴)，得到 SPSS 句法命令。复制包括单元格平均数估计的命令行/EMMEANS＝TABLES（Gender * Task），将之粘贴在原命令行的下面。在第一个命令行/EMMEANS＝TABLES（Gender * Task）后输入 compare（Gender）adj（bonferroni），表示在任务的每个水平上比较性别差异。在第二个命令行/EMMEANS＝TABLES（Gender * Task）后输入 compare（Task）adj（bonferroni），表示在性别的每个水平上比较任务配对之间的差异。这两个命令可以有不同的顺序，不影响统计分析结果。本例采用的 p 值校正方法（adjustment method）是 Bonferroni 校正 α 值。每个比较检验的错误率（α）等于族错误率（α_{FWE}, familywise error rate）除以检验次数（c），即 $\alpha = \alpha_{FWE}/c$。譬如，开展三个配对比较时，若 $\alpha_{FWE}=.05$，则对于每个比较，$\alpha=.0167$。在实际使用中，可以将配对比较未校正的 p 值与 α_{FWE}/c 进行比较。Bonferroni 校正方法是很保守的检验方法。本例修改后的命令如下：

```
UNIANOVA Meaning BY Gender Task
  /METHOD=SSTYPE(3)
  /INTERCEPT=INCLUDE
  /POSTHOC=Task(TUKEY)
  /PLOT＝PROFILE（Task * Gender）TYPE＝LINE ERRORBAR＝CI MEANREFERENCE＝NO YAXIS＝AUTO
  /EMMEANS＝TABLES（Gender * Task）compare（Gender）adj（bonferroni）
  /EMMEANS＝TABLES（Gender * Task）compare（Task）adj（bonferroni）
  /PRINT ETASQ DESCRIPTIVE HOMOGENEITY
  /CRITERIA＝ALPHA(.05)
  /DESIGN＝Gender Task Gender * Task.
```

执行 RUN→All，得到如表 8.14 和表 8.15 所示的结果。

表 8.14 每个任务中的性别差异比较

		$\hat{\psi}$	SE	p	95% CI
任务一	男性－女性	.533	1.090	.626	[－1.635, 2.702]
任务二	男性－女性	－.133	1.090	.903	[－2.302, 2.035]
任务三	男性－女性	.033	1.090	.976	[－2.135, 2.202]

表 8.14 显示，所有的配对比较都没有统计显著性差异（$p>.05$）。这与性别没有显著主效应、性别与任务也没有显著交互效应的结果是一致的。

表 8.15　每个性别中的任务配对差异比较

		$\hat{\psi}$	SE	p	95% CI
男性	任务一—任务二	−1.500	1.090	.518	[−4.164, 1.164]
	任务一—任务三	−3.567*	1.090	.005	[−6.231, −0.903]
	任务二—任务三	−2.067	1.090	.185	[−4.731, 0.597]
女性	任务一—任务二	−2.167	1.090	.151	[−4.831, 0.497]
	任务一—任务三	−4.067*	1.090	.001	[−6.731, −1.403]
	任务二—任务三	−1.900	1.090	.255	[−4.564, 0.764]

*. The mean difference is significant at the 0.05 level.

表 8.15 显示，在性别的每个水平上，任务一和任务二、任务二与任务三均没有统计显著性差异（$p > .05$），但是任务一和任务三有统计显著性差异（$p < .01$）。

简单效应检验的另外一种方法是在一个因素的每个水平上对另一个因素开展单因素方差分析，多重配对比较采用 Tukey's HSD 检验。假如我们要在性别的每个水平上检验任务配对差异，SPSS 操作步骤如下：

第一步　在文件 ch8Factorial 的 SPSS 数据窗口，按 Data→Split File…的顺序打开 Split File（文件拆分）对话框。

第二步　勾选 Organize output by groups（分组安排输出），将变量"性别[Gender]"键入 Groups based on（分组依据）栏中，点击 OK（确认）。

第三步　执行双因素方差分析的第一个步骤，进入双因素方差分析主对话框。点击 Post Hoc…，进入 Post Hoc Multiple Comparisons for Observed Means（观测平均数事后多重比较）子对话框，将因素栏中的变量 Task 键入 Post Hoc Tests for（事后检验）栏中，再勾选 Tukey。

第四步　点击 Continue（继续），回到主对话框。再点击 OK（确认），完成操作。

任务简单效应检验结果如表 8.16 所示。

表 8.16　每个性别中任务配对差异比较（Tukey's HSD）

		$\hat{\psi}$	SE	p	95% CI
男性	任务一—任务二	−1.500	1.0871	.360	[−4.141, 1.141]
	任务一—任务三	−3.567*	1.0871	.006	[−6.208, −0.926]
	任务二—任务三	−2.067	1.0871	.151	[−4.708, 0.574]
女性	任务一—任务二	−2.167	1.0938	.129	[−4.824, 0.491]
	任务一—任务三	−4.067*	1.0938	.002	[−6.724, −1.409]
	任务二—任务三	−1.900	1.0938	.204	[−4.557, 0.757]

*. The mean difference is significant at the 0.05 level.

表 8.16 显示,在性别的每个水平上,任务一和任务二、任务二与任务三均没有统计显著性差异($p>.05$),但是任务一和任务三有统计显著性差异($p<.01$)。这与由表 8.15 得出的结论相同。需要注意的是,不是在所有的情况下,Bonferroni 校正与 Tukey's HSD 检验得出的结论都会相同,因为 Bonferroni 校正比 Tukey's HSD 更保守。

8.4 协方差分析

8.4.1 协方差分析方法

协方差分析(analysis of covariance,简称 ANCOVA)同方差分析一样用于检验多个独立样本组因变量平均数之间是否存在统计显著性差异。不同的是,协方差分析在统计上控制混淆变量(confounding variable)对因变量的影响。在统计学中被控制的混淆变量称作协变量(covariate)。协变量必须独立于因变量反应。如果因变量反应改变了协变量,则使用协方差分析就不适合。协方差分析的目的是检验在排除(partial out)协变量的影响后主要(primary)自变量(即因素)对因变量是否有影响。

根据研究设计因素的数量,协方差分析可分为单因素(one-way/factor)协方差分析和因素(析因)协方差分析(factorial ANCOVA),如双因素(two-way/factor)协方差分析。协变量通常是定距或定比变量,数量可以是一个,也可以是多个。本节介绍只包括一个协变量的单因素协方差分析。

协方差分析要求满足以下条件:(1)各个组样本彼此独立,各观测值彼此独立;(2)因变量是定距或定比变量,各个组的数据服从正态分布;(3)各个组的数据方差齐性;(4)满足回归线性(linearity of regression)假设,即协变量与因变量之间有线性关系存在;(5)满足回归齐性(homogeneity of regression;又称回归斜率齐性,homogeneity of regression slopes)假设。以上五个条件中,前三个是方差分析的一般条件。第四个条件是回归线性假设,同皮尔逊相关分析的线性假设一样通常利用散点图(scatterplot)诊断。第五个条件是协方差分析独有的统计假设。

包含一个协变量的单因素协方差分析是最简单的协方差分析。如果代表一个因素不同水平的比较组之间的协变量平均数相等,协方差分析的主要目的是减少误差。如果不同比较组之间的协变量平均数不相等,协方差分析的主要目的不仅是减少误差,还调整因变量平均数。因素 A 有 a 个水平,协变量为 X,因变量为 Y,则因素 A 第

j 个水平 ($j=1,\ldots,a$) 上调整平均数 $\bar{Y}_{j\mathrm{adj}}$ 的计算公式为：

$$\bar{Y}_{j\mathrm{adj}} = \bar{Y}_j - b_w(\bar{X}_j - \bar{X}_G) \qquad (公式\ 8.11)$$

其中，$\bar{Y}_j$ 是第 j 个水平上未调整的因变量 Y 平均数，b_w 是合并组内回归系数，$\bar{X}_j$ 是第 j 个水平上的协变量 X 平均数，$\bar{X}_G$ 代表协变量 X 总平均数。假如三组被试参加了一项实验，每组接受因素 A 的一个处理水平 ($a=3$)，实验前各组在协变量 C 上被测量，实验结束后所有组被试在因变量 Y 上被测量。各组因变量平均数的调整模式如图 8.10 所示。

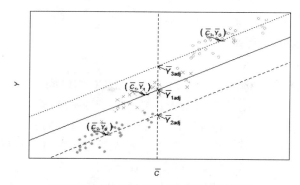

图 8.10　单因素协方差分析平均数调整

图 8.10 显示，三个组在协变量 C 上差异较大。第二个组的平均数 $\bar{C}_2$ 最小，第一个组的平均数 $\bar{C}_1$ 次之，第三个组的平均数 $\bar{C}_3$ 最大。各个组在因变量 Y 上的平均数差异模式等同于在协变量 C 上的平均数差异模式。图中表示斜率 (slopes) 的三条线显示，协变量 C 与因变量 Y 有较强的线性关系，说明本例数据满足线性假设。即便处理没有效应，组间在因变量上的差异也会因为协变量的差异而存在。要比较各个组的处理效应 ($\bar{Y}_{j\mathrm{adj}}$)，就需要从因变量平均数 ($\bar{Y}_j$) 中排除协变量造成的差异 ($b_w(\bar{C}_j - \bar{C}_G)$)。协变量对因变量影响的排除利用合并组内回归系数 b_w。只有各个组的总体回归系数相同时，使用协方差分析才有意义。这就是(传统的)协方差分析要求满足回归齐性假设的原因。

图 8.10 还表明，在排除协变量 X 对因变量 Y 的影响后，第一个组的因变量平均数 ($\bar{Y}_{1\mathrm{adj}}$) 有所增加，第二个组的因变量平均数 ($\bar{Y}_{2\mathrm{adj}}$) 有较大幅度的增加，第三个组的因变量平均数 ($\bar{Y}_{3\mathrm{adj}}$) 则有较大幅度的减少。在这个例子中，使用协方差分析不仅会减少因素效应估计偏差，而且还会减少误差。

单因素协方差分析同单因素方差分析一样，其原理是利用平方和(变异)的可分解性。图 8.11 显示单因素协方差分析中各个平方和之间的关系。

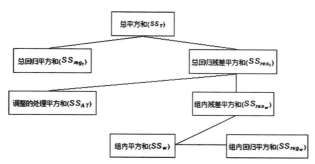

图 8.11 单因素协方差分析平方和分解

图 8.11 显示总平方和(SS_T)有两大来源：总回归(regression)平方和(SS_{reg_t})与总回归残差(residuals)平方和(SS_{res_t})。总回归残差平方和分解为两个部分：调整的处理(或因素 A 效应)平方和(SS_{AT})与组内残差平方和(SS_{res_w})。组内残差平方和为误差(error)平方和。组内残差平方和与组内回归平方和(SS_{reg_w})构成组内平方和(SS_w)。各个平方和及其相关统计量的计算如表 8.17 所示。

表 8.17 单因素协方差分析各个统计量的计算

变异来源	平方和(SS)	自由度(df)	均方差(MS)	统计量 F
总平方和	$SS_T = \sum (Y_{ij} - \bar{Y}_G)^2$	$df_T = an - 1$		
总回归	$SS_{reg_t} = \dfrac{[\sum (X_{ij} - \bar{X})(Y_{ij} - \bar{Y})]^2}{\sum (X_{ij} - \bar{X})^2}$			
总回归残差	$SS_{res_t} = SS_T - SS_{reg_t}$			
组内平方和	$SS_w = \sum (Y_{ij} - \bar{Y}_j)^2$			
组内回归	$SS_{reg_w} = \dfrac{[\sum (X_{ij} - \bar{X}_j)(Y_{ij} - \bar{Y}_j)]^2}{\sum (X_{ij} - \bar{X}_j)^2}$	$df_{reg_w} = 1$	$MS_{reg_w} = \dfrac{SS_{reg_w}}{df_{reg_w}}$	$F = \dfrac{MS_{reg_w}}{MS_{res_w}}$
组内残差	$SS_{res_w} = SS_w - SS_{reg_w}$	$df_{res_w} = an - a - 1$	$MS_{res_w} = \dfrac{SS_{res_w}}{df_{res_w}}$	
调整的 A 效应	$SS_{AT} = SS_{res_t} - SS_{reg_w}$	$df_A = a - 1$	$MS_{AT} = \dfrac{SS_{AT}}{df_A}$	$F = \dfrac{MS_{AT}}{MS_{res_w}}$

表 8.17 显示，因变量 Y 的总变异(总平方和，SS_T)为各个观测值 Y_{ij} 与总平均数 $\bar{Y}_G$ 离差的平方和。总回归平方和(SS_{reg_t})反映协变量观测值 X_{ij} 与因变量观测值 Y_{ij} 的共同变异。从总平方和中排除总回归平方和得到总回归残差平方和(SS_{res_t})。从总回归残差平方和中排除组内残差平方和得到处理效应平方和(SS_{AT})。处理效应平方和的自由度为 $df_A = a - 1$，与单因素方差分析处理效应平方和的自由度相同。处理效应 F 检验使用的误差为组内残差均方，计算上为组内残差平方和(SS_{res_w})除以对应的自由度(df_{res_w}

$=an-a-1$)。在单因素协方差分析中,组内平方和中包括组内回归平方和(SS_{reg_w})。组内回归平方和是协变量系统解释的因变量变异部分,不是误差。因此,单因素协方差分析 F 检验使用的误差(即组内残差平方和,SS_{res_w})是从组内平方和中排除组内回归平方和后剩下的部分,几乎总是小于组内平方和。这正是协方差分析比方差分析通常有更高统计效力的主要原因。尽管单因素协方差分析中组内残差平方和的自由度比单因素方差分析组内残差平方和的自由度小(使用一个协变量消耗一个自由度),但是误差较大幅度的减少足以弥补损失一个自由度导致的 F 检验临界值的微弱增加。当处理效应 F 统计量大于或等于自由度 $v_1=a-1$、$v_2=an-a-1$ 的 F 分布中某个 α 水平上的临界值时,拒绝零假设 $H_0: \mu_{1adj} = \cdots = \mu_{aadj}$,推断至少有两个调整的平均数之间有统计显著性差异。协变量效应检验方法也采用与处理效应相同的方法,只是使用的 F 比率的分子自由度为 $v_1=1$(因为只有一个协变量)。

【问题 8.5】某研究者通过教学改革实验调查不同形式的作文反馈(feedback)对写作能力的影响。75 名大学英语学习者($N=75$)被随机分配到三种形式的作文反馈中,三种形式分别称作 F1、F2 和 F3。所有被试在实验前接受词汇量前测(vocabulary size pretest),卷面满分为 150 分。经过三个月的教学改革实验之后,所有被试接受作文水平测试,卷面满分为 20 分。词汇量前测和作文水平测试成绩如表 8.18 所示。

表 8.18 英语学习者词汇量前测和作文水平测试成绩

F1组	词汇量:110,100,105,107,105,81,89,67,56,95,90,75,95,91,101,105,85,95,78,103,84,87,94,89,120;
	作文:18,15,17,16,16,14,12,16,15,16,15,13,15,12,15,17,12,15,14,16,16,11,15,13,18;
F2组	词汇量:87,110,85,110,107,102,90,91,103,102,97,89,93,73,98,76,91,122,93,78,94,87,92,73,85;
	作文:12,15,11,14,13,12,10,11,13,10,14,11,12,14,12,13,13,15,9,10,15,12,13,12,8;
F3组	词汇量:91,97,93,106,98,101,101,103,87,84,102,111,90,82,65,114,81,94,88,70,82,92,110,84,85;
	作文:11,9,11,14,13,14,10,14,12,14,16,13,10,9,15,17,8,14,11,13,12,16,14,13。

试问:在排除词汇量的影响后各个反馈形式在作文水平方面是否存在统计显著性差异?

【解】本例实验设计为单因素协方差分析均衡设计。本节根据表 8.17 和表 8.18 演示单因素协方差分析的计算程序,并开展配对比较检验。协方差分析统计假设的检验留到下一节。

(一)平方和

已知:$\bar{X}_1=92.28$,$\bar{X}_2=93.12$,$\bar{X}_3=92.44$,$\bar{X}=92.61333$,$\bar{Y}_1=14.88$,$\bar{Y}_2=12.16$,$\bar{Y}_3=$

12.6，$\bar{Y}_G = 13.21333$。

① 总平方和

$SS_T = (18-13.21333)^2 + (15-13.21333)^2 + \cdots + (14-13.21333)^2 + (13-13.21333)^2 \approx 404.5867$。

② 总回归平方和

$$SS_{reg_t} = \frac{[(110-92.61333) \times (18-13.21333) + \cdots + (85-92.61333) \times (13-13.21333)]^2}{(110-92.61333)^2 + (100-92.61333)^2 + \cdots + (84-92.61333)^2 + (85-92.61333)^2}$$

≈ 52.48835。

③ 总回归残差平方和

$SS_{res_t} = 404.5867 - 52.48835 \approx 352.0983$。

④ 组内平方和

$SS_w = [(18-14.88)^2 + \cdots + (18-14.88)^2] + [(12-12.16)^2 + \cdots + (8-12.16)^2] + [(11-12.6)^2 + \cdots + (13-12.6)^2] = 298$。

⑤ 组内回归平方和

$$SS_{reg_w} = \frac{[(110-92.28) \times (18-14.88) + \cdots + (120-92.28) \times (18-14.88)]^2}{[(110-92.28)^2 + \cdots + (120-92.28)^2] + [(87-93.12)^2 + \cdots + (85-93.12)^2] + [(91-92.44)^2 + \cdots + (85-92.44)^2]}$$

$$+ \frac{[(87-93.12) \times (12-12.16) + \cdots + (85-93.12) \times (8-12.16)]^2}{[(110-92.28)^2 + \cdots + (120-92.28)^2] + [(87-93.12)^2 + \cdots + (85-93.12)^2] + [(91-92.44)^2 + \cdots + (85-92.44)^2]}$$

$$+ \frac{[(91-92.44) \times (11-12.6) + \cdots + (85-92.44) \times (13-12.6)]^2}{[(110-92.28)^2 + \cdots + (120-92.28)^2] + [(87-93.12)^2 + \cdots + (85-93.12)^2] + [(91-92.44)^2 + \cdots + (85-92.44)^2]}$$

≈ 55.85478。

⑥ 组内残差平方和

$SS_{res_w} = 298 - 55.85478 = 242.1452$。

⑦ 效应平方和

$SS_{AT} = 352.0983 - 242.1452 = 109.9531$。

(二) 平方和的自由度

已知：$a=3, n=25$。$df_T = 3 \times 25 - 1 = 74$；$df_{reg_w} = 1$，$df_{res_w} = 3 \times 25 - 3 - 1 = 71$，$df_A = 3 - 1 = 2$。

(三) 均方

⑧ 组内回归均方

$MS_{reg_w} = \frac{55.85478}{1} = 55.85478$。

⑨ 组内残差均方

$MS_{res_w} = \frac{242.1452}{71} \approx 3.4105$。

⑩ 效应均方

$MS_{AT} = \frac{109.9531}{2} \approx 54.9766$。

(四) F 统计量

⑪ 回归效应 F 统计量

$$F_{reg_w} = \frac{55.85478}{3.4105} \approx 16.3773。$$

⑫ 处理效应 F 统计量

$$F_{AT} = \frac{54.9766}{3.4105} \approx 16.1198。$$

(五) 统计推断

确定 $\alpha = .05$。根据各个效应 F 比率的自由度,计算统计显著性概率。本例词汇量效应 F 比率自由度为 $v_1 = 1, v_2 = 71, p < .001$。由此推断,词汇量对写作水平有显著效应。作文反馈效应 F 比率自由度为 $v_1 = 2, v_2 = 71, p < .001$。由此推断,反馈对写作水平有显著效应。

研究报告中通常报告效应量。在协方差分析中,协变量不是主要变量,因素是主要变量。根据公式 8.10,本例反馈的效应量为 $\hat{\eta}_p^2 = \frac{2 \times 16.1198}{2 \times 16.1198 + 71} \approx 0.31$(效应量很大)。

综合协方差分析只告诉我们在控制词汇量的影响后三种作文反馈形式之间有统计显著性差异。我们需要开展配对比较检验进一步了解显著性差异的具体位置。合并组内回归系数 b_w 的计算公式为:

$$b_w = \frac{\sum (X_{ij} - \bar{X}_j)(Y_{ij} - \bar{Y}_j)}{\sum (X_{ij} - \bar{X}_j)^2} \quad \text{(公式 8.12)}$$

本例中,$b_w = 0.068637$。根据公式 8.11,各组写作水平调整的平均数为:$\bar{Y}_{1adj} = 14.903, \bar{Y}_{2adj} = 12.125, \bar{Y}_{3adj} = 12.612$。

根据 Huitema(2011:219),调整平均数配对比较 Tukey 检验统计量的计算公式为:

$$q = \frac{\bar{Y}_{iadj} - \bar{Y}_{jadj}}{\sqrt{\frac{MS_{res_w}\left[\frac{1}{n_i} + \frac{1}{n_j} + \frac{(\bar{X}_i - \bar{X}_j)^2}{SS_{w_X}}\right]}{2}}} \quad \text{(公式 8.13)}$$

其中,$\bar{Y}_{iadj}$ 和 $\bar{Y}_{jadj}$ 表示配对组的调整平均数,MS_{res_w} 是组内残差均方,n_i 和 n_j 是配对组的样本量,$\bar{X}_i$ 和 $\bar{X}_j$ 是配对组协变量平均数,SS_{w_X} 是以协变量为因变量开展方差分析得到的组内(误差)平方和。

针对本例,已知:$n_1 = n_2 = n_3 = 25$, $\bar{X}_1 - \bar{X}_2 = -0.84$, $\bar{Y}_{1adj} - \bar{Y}_{2adj} = 2.778$, $\bar{X}_1 - \bar{X}_3 = -0.16$, $\bar{Y}_{1adj} - \bar{Y}_{3adj} = 2.291$, $\bar{X}_2 - \bar{X}_3 = 0.68$, $\bar{Y}_{2adj} - \bar{Y}_{3adj} = -0.487$, $MS_{res_w} = 3.4105$, $SS_{w_X} = 11855.84$。利

用公式 8.13，得到 $q_1=7.5185, q_2=6.2027, q_3=-1.3182$。各个统计量在组数为 3、自由度为 71 的学生化极差分布上的尾巴概率为：$p_1<.001, p_2<.001$ 和 $p_3=.622>.05$，由此推断第一种反馈形式(F1)显著好于第二种(F2)和第三种反馈形式(F3)，但是第二种和第三种反馈形式之间没有统计显著性差异。

配对比较效应量是统计分析报告不可或缺的。单因素协方差分析配对比较效应量的计算公式为：

$$d=\frac{\hat{\psi}}{\sqrt{MS_{error}}} \qquad \text{（公式 8.14）}$$

其中，$\hat{\psi}$ 表示调整平均数配对差异，即 $\bar{Y}_{iadj}-\bar{Y}_{jadj}$，$\sqrt{MS_{error}}$ 为合并标准差估计。合并标准差估计的一种方法是利用协方差分析的误差（残差均方）。本例协方差分析中，$MS_{error}=3.4105$。根据公式 8.14，得到：$d_1=1.50$（效应量大），$d_2=1.24$（效应量大），$d_3=0.26$（效应量小）。

8.4.2 协方差分析的 SPSS 操作

【问题 8.6】操作 SPSS，利用【问题 8.5】中的数据开展协方差分析，检验在排除词汇量前测的影响后，三种作文反馈形式对学习者作文水平的影响是否有统计显著性差异。

将表 8.18 中的数据输入到 SPSS 窗口，协变量名为"Pretest[词汇量前测]"，因素名为"Feedback[反馈]"（因素水平定义为：F1、F2 和 F3），因变量名为"Writing [作文水平]"，文件名为 ch8ANCOVA。

在开展协方差分析之前，需要进行正态分布、回归线性、斜率齐性和方差齐性假设检验。协方差分析在各个因素水平上开展正态分布假设检验的 SPSS 操作步骤等同于单因素方差分析开展正态分布检验的操作步骤。这里操作步骤从略。表 8.19 报告正态分布检验结果。

表 8.19　各个单元格数据正态检验

Feedback	$Skewness(SE)$	$Kurtosis(SE)$	Shapiro-Wilk		
			W	df	p
F1	$-.386(.464)$	$-.409(.902)$	.941	25	.159
F2	$-.337(.464)$	$-.301(.902)$	.957	25	.366
F3	$-.160(.464)$	$-.508(.902)$	.970	25	.644

表 8.19 显示，各个单元格数据标准化偏度值和标准化峰度值（$Skew.2SE$ 和

$Kurt.2SE$)的绝对值均小于 1,W 检验得到的 p 值均大于.05,说明本例数据满足正态分布假设。

回归线性假设的散点图诊断针对整个样本数据,而不是对每个单元格数据进行诊断。散点图的绘制利用"图形制作器"(Chart Builder)(详见第三章)。针对本例,整个样本数据的散点图如图 8.12 所示。

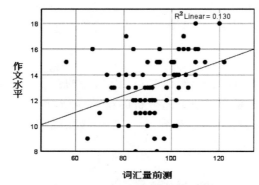

图 8.12　线性假设诊断散点图

图 8.12 显示的最优拟合线(line of best fit)是线性回归线。大多数数据点的变化围绕这条线。词汇量前测对作文水平的预测力为 13%。皮尔逊相关分析发现,词汇量前测与作文水平呈显著正相关($r=0.36, p=.002<.01$)。以上结果表明,本例数据满足回归线性假设。

回归齐性假设诊断或检验针对各个单元格数据,通常采用统计分析推断每个单元格数据的回归线是否相同。协变量与因素在因变量上有统计显著性交互作用说明回归斜率不同,违反回归齐性假设。协变量与因素在因变量上没有统计显著性交互作用说明回归线平行(或大致平行),回归斜率齐性假设得到满足。图 8.13 为本例数据的回归齐性假设诊断散点图。

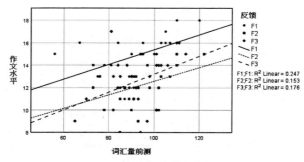

图 8.13　各个单元格回归线比较

图 8.13 中的三条线分别代表三种作文反馈形式中的回归线。最上端的实线代表 F1 中的回归线,下端的点线和虚线分别代表 F2 和 F3 中的回归线。这三条线并非完全平行(parallel),但是斜率相似。F2 和 F3 中的回归线很近似,F1 中的回归线位于这两条线的上方。这表明 F1 比 F2 和 F3 更能促进作文水平的提高,F2 和 F3 对作文水平的作用效果相当。

回归齐性假设正式检验的 SPSS 操作步骤如下:

第一步 打开 SPSS 数据文件 ch8ANCOVA,按 Analyze→General Linear Model→Univariate…的顺序打开 Univariate(单因变量)协方差分析主对话框,将左栏中的变量"作文水平[Writing]"键入右边的 Dependent Variable(因变量)栏,将"反馈[Feedback]"键入 Fixed Factor(s)(固定因素)栏,将"词汇量前测[Pretest]"键入 Covariate(s)(协变量)栏。

第二步 点击 Model…,进入 Specify Model(设定模型)子对话框,选中 Build terms(构建效应项)。将 Factors & Covariates(因素和协变量)列表中的固定因素 Feedback 和协变量 Pretest 分别作为 Main effects 项(主效应项)键入右边 Model(模型)栏。同时选中 Feedback 和协变量 Pretest,将之作为 Interaction 项(交互作用项)键入右边 Model 栏。

第三步 点击 Continue(继续),回到主对话框。再点击 OK(确认),完成操作。

表 8.20 报告回归齐性假设检验结果。

表 8.20 被试间效应检验

Source	SS	df	MS	F	p
Corrected Model	163.157ª	5	32.631	9.326	<.001
(Intercept)	61.990	1	61.990	17.717	<.001
Feedback	3.212	2	1.606	.459	.634
Pretest	55.020	1	55.020	15.725	<.001
Feedback * Pretest	.716	2	.358	.102	.903
Error	241.429	69	3.499		
Total	13499.000	75			
Corrected Total	404.587	74			

a. R Squared=.403 (Adjusted R Squared=.360)

我们这里只关注反馈和词汇量前测的交互作用。表 8.20 显示,反馈和词汇量前测没有统计显著性交互效应($F(2,69)=0.10, p=.903>.05$)。因此,本例数据满足回归齐性假设。

SPSS 同时开展综合协方差分析和针对因变量调整的观测值的方差齐性检验,操作步骤基本相同,因而不再单独进行方差齐性检验。

本例协方差分析 SPSS 操作步骤如下:

第一步　打开 SPSS 数据文件 ch8ANCOVA,重复回归齐性假设检验 SPSS 操作的第一步。

第二步　点击 Plots…,进入 Profile Plots(轮廓图)子对话框,将 Factors(因素)栏中的因素 Feedback 键入 Horizontal Axis(横坐标轴)栏中,再点击 Add(添加),将因素置入 Plots(图形)栏内。勾选 Error Bars(误差条)面板中的选项 Include Error bars(包括误差条),SPSS 默认采用 95.0% Confidence Intervals(95%置信区间)。点击 Continue(继续),回到单因变量协方差分析主对话框。

第三步　点击 EM Means…,进入 Estimated Marginal Means(边际平均数估计)子对话框,将左栏 Factor(s) and Factor Interactions(因素和因素交互效应)中的 Feedback 键入 Display Means for(显示平均数)栏。勾选 Compare main effects(比较主效应),在 Confidence interval adjustment(置信区间调整)的下拉菜单中选择 Bonferroni 校正方法。点击 Continue(继续),回到主对话框。

第四步　点击 Options…,进入 Options(选项)子对话框。勾选 Display(显示)面板中的 Descriptive statistics(描述性统计量)、Estimates of effect size(效应量估计)和 Homogeneity tests(齐性检验)。点击 Continue(继续),回到主对话框。

第五步　点击 OK(确认),完成操作。

表 8.21 报告描述性统计量,包括因素名称、因素水平、因变量平均数(mean, M)、标准差(std. deviation, SD)和样本量(N, n)。

表 8.21　各个反馈形式中的作文水平描述性统计

反馈	M	SD	n
F1	14.88	1.878	25
F2	12.16	1.864	25
F3	12.60	2.327	25
汇总	13.21	2.338	75

表 8.21 显示各个反馈形式中未调整的因变量平均数。F1 的平均数最大,F3 的平均数次之,F2 的平均数最小,但是 F2 和 F3 的平均数接近。

表 8.22 报告调整的因变量平均数估计。表 8.22 显示调整的因变量平均数的差异模式与未调整的因变量平均数差异模式相同:F1 的调整平均数最大,F3 的调整平均数次之,F2 的调整平均数最小,但是 F2 和 F3 的调整平均数接近。

表 8.22　反馈形式各个单元格调整的平均数估计

反馈	M	SE	95% CI
F1	14.903[a]	.369	[14.166, 15.639]
F2	12.125[a]	.369	[11.389, 12.862]
F3	12.612[a]	.369	[11.875, 13.348]

a. Covariates appearing in the model are evaluated at the following values: 词汇量前测=92.61.

图 8.14 显示调整平均数随反馈形式的变化。

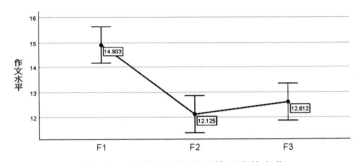

图 8.14　调整平均数随反馈形式的变化

图 8.14 中的数值为调整平均数,误差条为调整平均数 95% 置信区间。图中显示,F1 的调整平均数 95% 置信区间与 F2 和 F3 的调整平均数 95% 置信区间不重合,但是 F2 和 F3 的调整平均数 95% 置信区间高度重合。初步推断,在促进作文水平的提升方面,F1 显著好于 F2 和 F3,但是 F2 和 F3 之间可能没有统计显著性差异。由于图 8.14 包含的信息与表 8.22 包含的主要信息重复,研究中建议选择其中的一种报告方式。

Levene 误差方差齐性检验发现,各个单元格在调整的因变量观测值上方差齐性 ($F(2,72)=0.61, p=.549>.05$)。表 8.23 报告协方差分析被试间效应检验结果。

表 8.23　反馈形式对作文水平影响的被试间效应检验

Source	SS	df	MS	F	p	$\hat{\eta}_p^2$
Corrected Model	162.441[a]	3	54.147	15.877	<.001	.401
Intercept	63.807	1	63.807	18.709	<.001	.209
Pretest	55.855	1	55.855	16.377	<.001	.187
Feedback	109.953	2	54.977	16.120	<.001	.312
Error	242.145	71	3.410			
Total	13499.000	75				
Corrected Total	404.587	74				

a. R Squared=.401 (Adjusted R Squared=.376)

表 8.23 显示,实验前学习者的词汇量对英语作文水平有统计显著性影响($F(1, 71)=16.38, p<.001$)。在排除词汇量的影响之后,反馈形式对作文水平有统计显著性影响($F(2,71)=16.12, p<.001$)。建议读者参照上一节的计算程序理解表 8.23 中的各个统计量。上一节的计算没有利用截距项(Intercept),SPSS 25 则利用了截距项。在实际研究报告中,建议将表 8.23 简化为表 8.24 的形式或者使用文字表述的形式。

表 8.24 反馈形式对作文水平影响的协方差分析

Source	SS	df	MS	F	p	$\hat{\eta}_p^2$
Pretest	55.86	1	55.86	16.38	<.001	.19
Feedback	109.95	2	54.98	16.12	<.001	.31
Error	242.15	71	3.41			

表 8.25 报告事后配对比较的结果。

表 8.25 不同反馈形式中调整平均数的配对比较

	$\hat{\psi}$	SE	p	95% CI
F1−F2	2.778*	.523	<.001	[1.496, 4.059]
F1−F3	2.291*	.522	<.001	[1.010, 3.572]
F2−F3	−.487	.522	≈1.000	[−1.768, .794]

$\hat{\psi}$ 表示平均数差异(Mean Difference);SE 表示合并标准误差。

表 8.25 显示,第一种反馈形式(F1)显著好于第二种(F2)和第三种反馈形式(F3)($p<.001$),但是第二种和第三种反馈形式之间没有统计显著性差异($p≈1$)。本例 Bonferroni 校正得出的结论与 Tukey 检验(见上一节)得出的结论相同。但是,Bonferroni 校正比 Tukey 检验更保守。譬如,在 Tukey 检验中,第二种和第三种反馈形式平均数差异检验得到的 p 值为 .622,而 Bonferroni 校正后的 p 值接近 1。

8.5 多元方差分析

8.5.1 多元方差分析方法

在方差分析中,如果我们同时研究两个或两个以上彼此相关的因变量,则要使用多元方差分析(Multivariate ANOVA, MANOVA)。根据自变量(因素)的数量,多元方差分析可分为单因素(one-way/factor)和双因素(two-way/factor)等多元方差分析。多元方差分析是单因变量方差分析的延伸,用于检验一个或多个因素的水平在多元平均数(又称作形心,centroid)上是否有统计显著性差异。

多元方差分析利用多元方差(multivariance; multivariate variance)。多元方差是单因变量方差的概念向多元因变量的推广,定义上为多元方差与协方差矩阵(常称作协方差矩阵)的行列式(determinant),用于测量多元平均数(即形心)周围数值的离散程度(dispersion)。行列式是与任一方阵 A 相联系的一个值(实数),记作 $|A|$。譬如,$A = \begin{pmatrix} a & b \\ c & d \end{pmatrix}$,行列式为 $|A| = ad - bc$。多元方差还有其他测量方式,如协方差矩阵的迹(trace)和特征值(eigenvalue)。一个方阵对角元素之和是方阵的迹,常记作 tr。譬如方阵 $B = \begin{pmatrix} 10 & 8 & 11 \\ 5 & 9 & 12 \\ 4 & 10 & 23 \end{pmatrix}$ 的迹为 tr(B) = 10 + 9 + 23 = 42。特征值、特征向量(eigenvector)与行列式、迹一样都是方阵的基本属性。令 A 为 $n \times n$ 方阵,则 A 的特征值为矩阵 A 特征方程的特征根(roots of the characteristic equation)。特征值 λ 是标量(scalar)。矩阵 A 特征方程为 $|A - \lambda I_n| = 0$,其中 I_n 是单位阵(identity matrix, I)。即是说,$A - \lambda I_n$ 是奇异(singular)矩阵,其行列式值为 0。满足 $Ax = \lambda x$ 的向量 x 称作特征向量。

单因变量方差分析利用单因变量上两个方差的比率(即 F 比率),多元方差分析利用两个多元协方差矩阵行列式的比率(如 Wilks' Λ)。多元方差分析零假设的形式为 $H_0: \mu_1 = \cdots = \mu_k$,其中 μ 为因变量总体平均数向量(形心),表示在每个因变量上 k 组平均数相等。

多元方差分析本质上是检验一个或多个因素对因变量线性组合的影响。这些因变量在概念上必须是有关联的,共同代表一个潜在变量(latent variable)。多元方差分析的优点在于:(1) 减少第一类错误率。在因变量相关时,如果用单因变量方差分析开展多次检验,第一类错误率就会增加。由于多元方差分析整体控制 α 水平,从而降低第一类错误率。(2) 多元方差分析可以检验因素不同水平在所有因变量测量上的总体差异,这是单因变量方差分析所做不到的。

本节介绍单因素多元方差分析,其原理也适用于多元因素方差分析。多元方差分析比较复杂。下面举个例子说明多元方差分析的原理。

【问题 8.7】假如某研究者通过实验调查三种词汇记忆方法(mnemonic methods)对学习者英语生词记忆的影响。75 名英语学习者被随机分配到三种记忆方法(称作 M1、M2 和 M3)中。实验使用的英语生词数共 18 个。生词记忆即时后测包括生词拼写

(spelling)和词义(meaning)测试,每项测试卷面满分均为 18 分。测量结果如表 8.26 所示。

表 8.26 词汇记忆测量

M1	拼写:9,7,12,10,14,4,9,8,10,8,10,10,9,5,12,13,8,8,10,6,13,13,7,10,9; 词义:12,8,5,3,4,4,5,2,7,5,3,6,4,3,6,9,6,7,6,8,10,7,6,8,5;
M2	拼写:8,12,10,10,12,10,8,7,12,6,14,9,8,8,11,10,8,12,12,10,10,8,10,8,8; 词义:9,11,11,10,13,8,6,9,7,9,8,6,5,5,6,6,7,8,9,6,7,8,12,10,9;
M3	拼写:9,7,14,13,11,10,14,11,10,13,14,16,11,12,12,15,17,9,10,15,10,12,14,13,16; 词义:10,9,13,14,12,11,16,12,13,16,15,17,8,9,14,17,13,9,9,10,9,15,13,13,15。

试问:三种记忆方法在生词记忆效果方面是否有统计显著性差异?

【解】多元方差分析利用平方和与交乘积(sums of squares and cross products, SSCP)矩阵,包括模型/假设平方和与交乘积矩阵(model SSCP matrix, **H**)、残差/误差平方和与交乘积矩阵(residual SSCP matrix, **E**)以及总平方和与交乘积矩阵(total SSCP matrix, **T**)。在有 p 个因变量的多元方差分析中,所有的平方和与交乘积矩阵均为 $p \times p$ 矩阵。在有两个因变量的多元方差分析中,所有的平方和与交乘积矩阵均为 2×2 矩阵。下面利用表 8.26 中的数据介绍多元方差分析程序。

(一)计算模型平方和与交乘积矩阵

模型平方和与交乘积矩阵包括针对每个因变量的模型平方和与每个配对因变量的模型交乘积。本例模型平方和与交乘积矩阵为:

$$H = \begin{pmatrix} 133.52 & 261.64 \\ 261.64 & 548.72 \end{pmatrix}。$$

在 **H** 矩阵中,对角线上的元素表示每个因变量的组间平方和,对角线之外的元素表示每个配对因变量的交乘积。本例中,两个因变量上的组间平方和分别为 133.52 和 548.72,交乘积为 261.64。因变量之间没有线性相依性(linear dependency)时,矩阵 **H** 的秩(rank)是 p(因变量数)与 v_H($v_H = k - 1$,假设或模型的自由度)中的小值。本例 **H** 矩阵的秩为 2。矩阵的秩是行列式值不为 0 的 **X** 最大子方阵(submatrix)的阶(order)。**X** 的列秩是该矩阵线性独立列的最大数,记作 C(**A**);排秩是该矩阵线性独立排的最大数,记作 R(**A**)。矩阵的秩是最大子方阵数,因而列秩和排秩是相同的,通常只说矩阵秩($\rho(\boldsymbol{X})$)。矩阵 **X** 的秩总是小于或等于 m(矩阵排数)和 n(列数)中的小值,即 $\rho(\boldsymbol{X}) \leqslant min(m, n)$。当 $m \times n$ 矩阵 **X** 的秩 $\rho(\boldsymbol{X}) = min(m, n)$ 时,矩阵为满秩(full rank)。譬如,矩阵 $\boldsymbol{X} = \begin{pmatrix} 1 & 3 & 5 \\ 9 & 4 & 7 \end{pmatrix}$ 是 2×3 矩阵,因此 $\rho(\boldsymbol{X}) \leqslant 2$,$\rho(\boldsymbol{X})$ 要么为 1,要么为 2。如果 $\rho(\boldsymbol{X})=2$,则有常数 a_1 和 a_2 使得 $a_1(1,3,5)+a_2(9,4,7)=0$,那么 $a_1+9a_2=0, 3a_1+4a_2=0, 5a_1+7a_2=0$。该组方程的解为 $a_1=a_2=0$,矩阵 $\boldsymbol{X}$ 的两排向量是独立的,因此秩为 2,即 $\rho(\boldsymbol{X})=2$。

(二) 计算残差平方和与交乘积矩阵

残差平方和与交乘积矩阵包括每个因变量上的残差平方和与每个配对因变量上的残差交乘积。本例残差平方和与交乘积矩阵为:

$$\boldsymbol{E}=\begin{pmatrix} 400.96 & 166.32 \\ 166.32 & 433.20 \end{pmatrix}。$$

矩阵 $\boldsymbol{E}$ 对角线上的元素为每个因变量的组内(单元格内)误差,对角线之外的元素为每个配对因变量的残差交乘积。矩阵 $\boldsymbol{E}$ 的秩为 p(因变量数),除非误差自由度 v_E($v_E=k(n-1)$)小于 p。

(三) 计算总平方和与交乘积矩阵

总平方和与交乘积矩阵是模型平方和与交乘积矩阵以及残差平方和与交乘积矩阵之和。本例总平方和与交乘积矩阵为:

$$\boldsymbol{T}=\boldsymbol{H}+\boldsymbol{E}=\begin{pmatrix} 133.52 & 261.64 \\ 261.64 & 548.72 \end{pmatrix}+\begin{pmatrix} 400.96 & 166.32 \\ 166.32 & 433.20 \end{pmatrix}$$

$$=\begin{pmatrix} 534.48 & 427.96 \\ 427.96 & 981.92 \end{pmatrix}。$$

(四) 计算 $\boldsymbol{E}^{-1}\boldsymbol{H}$

在单因变量方差分析中,检验统计量 F 是系统变异(效应均方)与误差变异(误差均方)的比率。多元方差分析也使用类似的比率,即 $\boldsymbol{E}^{-1}\boldsymbol{H}$,其中 $\boldsymbol{E}^{-1}$ 为 $\boldsymbol{E}$ 的逆矩阵。本例 $\boldsymbol{E}^{-1}\boldsymbol{H}$ 为:

$$\boldsymbol{E}^{-1}\boldsymbol{H}=\begin{pmatrix} 0.09809322 & 0.1511936 \\ 0.56630918 & 1.2086184 \end{pmatrix}。$$

(五) 计算特征值和特征向量

本例 $\boldsymbol{E}^{-1}\boldsymbol{H}$ 的两个特征值为:$\lambda_1=1.281$,$\lambda_2=0.0257$。两个特征向量为:

$$e_1=\begin{pmatrix} -0.1267838 \\ -0.9919304 \end{pmatrix}, e_2=\begin{pmatrix} -0.9019648 \\ 0.4318095 \end{pmatrix}。$$

(六) 判别函数分析

单因变量方差分析检验统计量 F 是一个值,而 $\boldsymbol{E}^{-1}\boldsymbol{H}$ 是一个矩阵,包含多个值。多元方差分析数值简化的方法是利用判别函数(discriminant function),将多个因变量转化为判别函数变量(discriminant function variates,即潜在变量)。利用以上特征向量计算各组被试在两个判别函数变量上的值,再利用这些值计算矩阵$E^{-1}H$。判别函数变量是因变量的线性组合,用于预测组别。第一个判别函数变量(V_1)是最大化组间差异的因变量线性组合,体现系统变异(模型变异)与非系统变异(误差变异)的比率在V_1上的最大化。系统变异与非系统变异的比率在后续的判别函数变量上依次减小。判别函数变量数为因变量数p和$k-1$中的小值,也就是矩阵H的秩。本例自变量有三个水平,包括两个因变量,因而判别函数变量有两个(V_1和V_2)。判别函数变量可以用多元线性回归方程来表示。譬如,在有两个因变量(DV_1和DV_2)时,$V_{1i}=b_0+b_1DV_{1i}+b_2DV_{2i}$,其中$b$是权重(weight);$b_0$相当于常规回归分析中的截距项,在判别分析中只用$b_1$和$b_2$区分组别。在常规的回归分析中,$b$通过最小二乘法(least squares)计算得到。但是,在判别函数分析中,b为矩阵$E^{-1}H$的特征向量。由判别函数分析得到的矩阵$E^{-1}H$为对角矩阵,减少统计显著性检验需要考虑的数值量。

利用以上特征向量计算各组被试在两个判别函数变量上的值,然后利用这些值计算矩阵H和E,再计算$E^{-1}H$。本例的计算结果为:

$$H = \begin{pmatrix} 6.078541e+02 & 2.391716e-06 \\ 2.391716e-06 & 7.132445e+00 \end{pmatrix};$$

$$E = \begin{pmatrix} 4.745148e+02 & 1.001582e-05 \\ 1.001582e-05 & 2.774158e+02 \end{pmatrix};$$

$$E^{-1}H = \begin{pmatrix} 1.281 & 0 \\ 0 & 0.0257 \end{pmatrix}。$$

由矩阵$E^{-1}H$得到两个特征值:$\lambda_1=1.281$,$\lambda_2=0.0257$。这些特征值与前面利用原始数据得到的特征值相同。上面的这一计算过程说明多元方差分析利用判别函数分析。特征值代表因素效应或组间效应。大的特征值代表大的因素效应或组间效应。这些特征值概念上等同于单因变量方差分析中的F比率。

(七)计算检验统计量,做统计推断

利用以上特征值开展统计显著性检验的统计量有四个:Pillai 迹(Pillai's trace,V)、Wilks' Λ(Wilks' lambda)、Hotelling-Lawley 迹(Hotelling-Lawley trace,U;又称 Hotelling's generalized T^2)和 Roy 最大根(Roy's largest root,λ_1)。

(1)Pillai 迹与统计推断

Pillai 迹的计算公式为:

$$V = \mathrm{tr}[(E+H)^{-1}H] = \sum_{i=1}^{s} \frac{\lambda_i}{1+\lambda_i} \qquad (公式 8.15)$$

第八章　被试间方差与协方差分析

其中，tr 表示矩阵迹，λ 是每个判别函数变量的特征值，s 代表判别函数变量数，等于矩阵 $\boldsymbol{H}$ 的秩。Pillai 迹表示在判别函数变量上被解释的方差比率之和。

统计量 V 的显著性检验可以利用 F 检验。将 V 值转化为 F 值的计算公式为：

$$F = \frac{V}{s-V} \frac{v_E - p + s}{d} \qquad (公式\ 8.16)$$

其中，v_E 是残差自由度（$v_E = k(n-1)$，其中 k 是因素水平数），s 为因变量数 p 与 v_H（$v_H = k-1$）中的小值（即矩阵 $\boldsymbol{H}$ 的秩），$d = max(p, v_H)$（即 p 和 v_H 中的较大值）。F 检验的自由度为 $v_1 = ds$ 和 $v_2 = s(v_E - p + s)$。本例中，$d=2$，$s=2$，$v_E=72$，$p=2$，$V=0.58665$，$F(4,144)=14.943$，$p<.001$。因此，三种记忆方法在因变量线性组合上有统计显著性差异。

（2）Wilks' Λ 与统计推断

Wilks' Λ 表示在每个判别函数变量上未被解释的方差的乘积，即误差平方和矩阵（$\boldsymbol{E}$）行列式与总平方和矩阵（$\boldsymbol{T}$）行列式的比率。它的计算公式为：

$$\Lambda = \frac{|\boldsymbol{E}|}{|\boldsymbol{E}+\boldsymbol{H}|} = \prod_{i=1}^{s} \frac{1}{1+\lambda_i} \qquad (公式\ 8.17)$$

其中，Π 表示乘积，s 是因变量数 p 与 v_H 中的小值。小的特征值反映较大的因素/组间效应，因而在有统计显著性效应时，Wilks' Λ 值较小。Λ 的取值范围是：$0 \leq \Lambda \leq 1$。

Wilks' Λ 统计显著性检验可以利用 F 检验。将 Λ 值转化为 F 值的计算公式为：

$$F = \frac{1-\Lambda^{1/t}}{\Lambda^{1/t}} \frac{df_2}{df_1} \qquad (公式\ 8.18)$$

其中，$df_1 = pv_H$，$df_2 = wt - \frac{1}{2}(pv_H - 2)$，$w = v_E + v_H - \frac{1}{2}(p + v_H + 1)$，$t = \sqrt{\frac{p^2 v_H^2 - 4}{p^2 + v_H^2 - 5}}$。本例中，$\Lambda = 0.4274$，$F(4,142) = 18.801$，$p < .001$。因此，三种记忆方法在因变量线性组合上有统计显著性差异。

（3）Hotelling-Lawley 迹与统计推断

Hotelling-Lawley 迹是每个判别函数变量特征值之和，类似于单因变量方差分析中的 F 比率。Hotelling-Lawley 迹的计算公式为：

$$U = tr(\boldsymbol{E}^{-1}\boldsymbol{H}) = \sum_{i=1}^{s} \lambda_i \qquad (公式\ 8.19)$$

其中，$\sum_{i=1}^{s} \lambda_i$ 可以被看作是单因变量方差分析中 F 比率向多元的推广。

Hotelling-Lawley 迹统计显著性检验可以利用 F 检验。将 U 值转化为 F 值的计算公式为：

$$F=U\left(\frac{s(v_E-p-1)+2}{s^2 d}\right) \quad \text{（公式 8.20）}$$

其中，s 为因变量数 p 与 v_H 中的小值，v_E 是残差自由度，$d=max(p,v_H)$（即 p 和 v_H 中的较大值）。F 比率对应的自由度为 $v_1=ds$ 和 $v_2=s(v_E-p-1)+2$。本例中，$U=1.3067$，$d=2$，$s=2$，$v_E=72$，$p=2$，$F(4,140)=22.867$，$p<.001$。因此，三种记忆方法在因变量线性组合上有统计显著性差异。

（4）Roy 最大根与统计推断

Roy 最大根（λ_1）是第一个判别函数变量的特征值，表示第一个函数变量被解释的方差与未被解释的方差的比率，类似于单因变量方差分析中的 F 比率。

将 λ_1 值转化为 F 上限值的计算公式为：

$$F=\frac{(N-d-1)\lambda_1}{d} \quad \text{（公式 8.21）}$$

其中，N 是总样本量，λ_1 是最大特征值，$d=max(p,v_H)$。F 检验的两个自由度为 d 和 $N-d-1$。本例中，$N=75$，$d=2$，$\lambda_1=1.281$，$F(2,72)=46.116$，$p<.001$。因此，三种记忆方法在因变量线性组合上有统计显著性差异。

在多数情况下，不推荐使用 Roy 检验。当协方差矩阵不齐时，Pillai 迹通常好于 Wilks' Λ 和 Hotelling 迹。如果协方差矩阵不是严重不齐，Wilks' Λ 也不逊色。

多元方差分析效应量计算的一个简单方法是利用公式 8.10。依据 Pillai 迹对应的 F 统计量值 $F(4,144)=14.943$，得到 $\hat{\eta}_p^2=\frac{4\times 14.943}{4\times 14.943+144}\approx 0.29$（效应量大）。

当多元方差分析综合检验发现统计显著性时，事后检验的一种方法是在每个因变量上开展单因变量方差分析。本例的后续检验采用单因素方差分析，在每个因变量上检验记忆方法的效应，统计分析结果见 8.5.3 节。

8.5.2 多元方差分析统计假设

多元方差分析的统计假设是：（1）有两个或两个以上的定距或定比因变量和一个或多个名义型（或定序型）自变量（因素）；（2）各个观测值独立；（3）各组（各个自变量/因素水平）中的数据呈多元正态分布；（4）方差齐性（homogeneity of variances，每个因变量上各个组的方差近似）和协方差矩阵齐性（homogeneity of covariance matrices，各个组配对因变量之间的协方差近似）；（5）非多元共线性。在多元方差分析中，两个或两个以上的因变量在概念上应当彼此相关,关联的程度应在低、中等水平,或者相关系数在 0.3—0.6 左右(Leech et al.,2005:162;Meyers et al.,2013:570)。如果变量之间不相关,则没有理由将之放在一起加以分析(Leech et al.,2005:162)。另一方面,如果因变量之间出现了高度相关,说明有多元共线性(multicollinearity)存在。多元共线性减小了统计效力。在共线性存在的情况下,则要考虑合并某些因变量或删除某个(些)因变量。SPSS 25 没有提供多元正态分布检验方法,通常可以近似采用单因变量正态分布检验方法(如 W 检验)。下面简要介绍协方差矩阵齐性检验。

在上一节"记忆方法"研究的例子中,每种记忆方法中两个因变量(拼写和词义)的协方差矩阵 S 为:

$$S_1 = \begin{pmatrix} 6.49 & 1.35 \\ 1.35 & 5.62 \end{pmatrix}; S_2 = \begin{pmatrix} 3.82 & 0.87 \\ 0.87 & 4.67 \end{pmatrix}; S_3 = \begin{pmatrix} 6.39 & 4.72 \\ 4.72 & 7.76 \end{pmatrix}。$$

以上三个样本协方差矩阵显示,各组在每个因变量上的方差(对角线值)比较接近,因变量之间的协方差(对角线外值)一定程度上存在组间差异。在三个组(三种记忆方法)中,因变量之间存在正向关系。这些样本协方差矩阵是否来自同一个总体协方差矩阵 Σ,则需要开展正式的检验。Box 检验(Box's test;Box's M test)是常用的协方差矩阵齐性假设检验方法。

Box(1949)提出的协方差矩阵齐性检验是 Bartlett 单因变量方差齐性检验的推广。检验的零假设是 $H_0: \sum_1 = \cdots = \sum_K$,即 K 个组协方差矩阵相同。Box 检验统计量为 M,计算公式为:

$$M = v_e \ln|S_e| - \sum_{k=1}^{K} v_k \ln|S_k| \quad (公式 8.22)$$

其中,K 表示因素水平数或组数,ln 为自然对数(对数的底为 2.718282),v_e 为误差自由度,S_e 为误差协方差矩阵(E/v_e,其中 E 是误差平方和与交乘积矩阵),v_k 为第 k 组自由度($n_k - 1$,其中 n_k 是第 k 组样本量),S_k 是第 k 组协方差矩阵。

Box's M 统计量的显著性检验可以利用 F 分布。检验时,将 Box's M 统计量转化 F 统计量(Rencher & Christensen,2012:266—269)。

样本量相等时,统计量 F 的计算利用 C_1 和 C_2。它们的计算公式为:

$$C_1 = \frac{(K+1)(2p^2+3p-1)}{6Kv(p+1)} \quad (公式 8.23)$$

$$C_2 = \frac{(p-1)(p+2)(K^2+K+1)}{6K^2v^2} \quad (公式 8.24)$$

其中，K 是自变量水平数或组数，p 是因变量数，v 是每个组的自由度。令 $a_1 = \frac{1}{2}(K-1)p(p+1)$，$a_2 = \frac{a_1+2}{|C_2-C_1^2|}$，$b_1 = \frac{1-C_1-a_1/a_2}{a_1}$，$b_2 = \frac{1-C_1-2/a_2}{a_2}$。若 $C_2 > C_1^2$，则 $F = b_1 M$。若 $C_2 < C_1^2$，则 $F = \frac{a_2 b_2 M}{2a_1(1-b_2 M)}$。在零假设为真时，$F$ 统计量近似服从自由度为 a_1 和 a_2 的 F 分布。

对"记忆方法"数据开展协方差矩阵 Box's M 检验时先计算检验统计量 M。根据公式 8.22，得到 $M = 7.6867$。利用公式 8.23 和 8.24，经计算得到 $F(6, 129201.2) = 1.2297$，$p = .287 > .05$。由此推断，本例数据满足协方差矩阵齐性假设。

8.5.3 多元方差分析的 SPSS 操作

【问题 8.8】利用【问题 8.7】中的数据，操作 SPSS，开展多元方差分析。试问：三种记忆方法在生词记忆效果方面是否有统计显著性差异？如果有，三种记忆方法是否在每类词汇知识测量上均有统计显著性差异？

将表 8.26 中的数据输入到 SPSS 窗口，因素名为"记忆方法[Mnemonic]"（因素水平定义为：M1、M2 和 M3），两个因变量名为"拼写[Spelling]"和"词义[Meaning]"，文件名为 ch8MANOVA。

在开展多元方差分析之前，需要进行多元正态分布、多元共线性、方差齐性和协方差矩阵齐性假设检验。本例多元正态分布检验近似采用每个单因变量上的正态分布检验。多元方差分析在各个因素水平上开展正态分布假设检验的 SPSS 操作步骤与单因素方差分析开展正态分布检验的操作步骤相同。操作步骤在此从略。表 8.27 报告正态分布检验结果。

表 8.27 记忆方法各个单元格数据正态分布检验

记忆方法		Skewness (SE)	Kurtosis (SE)	Shapiro-Wilk		
				W	df	p
拼写	M1	−.078(.464)	−.266(.902)	.965	25	.520
	M2	.298(.464)	−.478(.902)	.930	25	.086
	M3	−.056(.464)	−.598(.902)	.976	25	.801
词义	M1	.602(.464)	.414(.902)	.964	25	.494
	M2	.447(.464)	−.420(.902)	.952	25	.283
	M3	−.015(.464)	−1.201(.902)	.933	25	.101

表 8.27 显示，各个因变量上的单元格数据标准化偏度值和标准化峰度值（$Skew.2SE$ 和 $Kurt.2SE$）的绝对值均小于 1，W 检验得到的 p 值均大于 .05，说明本例各个

因变量上的单元格数据满足单因变量正态分布假设。

皮尔逊相关分析发现,拼写(spelling)和词义(meaning)测量之间有统计显著性正相关关系($r = .591, p < .001$),没有明显的多元共线性问题。

方差齐性和协方差矩阵齐性检验与多元方差分析的 SPSS 操作步骤相同,因而统计假设检验的结果与多元方差分析的结果一起报告。

本例多元方差分析的 SPSS 操作步骤如下:

第一步　打开 SPSS 文件 ch8MANOVA,按 Analyze→General Linear Model→Multivariate… 的顺序打开 Multivariate(多元方差分析)主对话框,将因素"记忆方法[Mnemonic]"键入 Fixed Factor(s)(固定因素)栏,将因变量"拼写[Spelling]"和"词义[Meaning]"键入 Dependent Variables(因变量)栏,如图 8.15 所示。

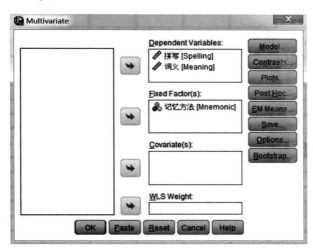

图 8.15　多元方差分析主对话框

第二步　点击 Post Hoc…,进入 Post Hoc Multiple Comparisons for Observed Means(观测平均数事后多重比较)子对话框,将因素栏中的因素 Mnemonic 键入 Post Hoc Tests for(事后检验)栏中,勾选 Tukey。点击 Continue(继续),回到主对话框。

第三步　点击 Options…,进入 Options(选项)子对话框。在 Display(显示)面板中勾选 Descriptive statistics(描述性统计量)、Estimates of effect size(效应量估计)和 Homogeneity tests(齐性检验)。点击 Continue(继续),回到主对话框。

第四步　点击 OK(确认),完成操作。

表 8.28 报告描述性统计量,包括各个单元格平均数(M)、标准差(SD)和样本量(n)。

表 8.28 记忆方法各个单元格数据描述性统计

	记忆方法	M	SD	n
拼写	M1	9.36	2.548	25
	M2	9.64	1.955	25
	M3	12.32	2.529	25
	汇总	10.44	2.688	75
词义	M1	5.96	2.371	25
	M2	8.20	2.160	25
	M3	12.48	2.786	25
	汇总	8.88	3.643	75

表 8.28 显示,在三种记忆方法中,M3 中的拼写知识测量平均数最高,另外两种记忆方法中的平均数接近;M3 中的词义知识测量平均数仍然最高,M2 中的词义知识测量平均数较明显地高于 M1 中的平均数。三种记忆方法在每种测量中的标准差接近。利用中位数的 Levene 方差齐性检验发现,三种记忆方法在每种测量中方差齐性(拼写:$F(2,72)=0.92, p=.403>.05$;词义:$F(2,72)=1.06, p=.353>.05$)。Box 协方差矩阵齐性检验(Box's Test of Equality of Covariance Matrices)发现,本例数据满足协方差矩阵齐性假设(Box's $M=7.69, F(6,129201.23)=1.23, p=.287>.05$)。Box 检验易受数据非正态分布的影响。如果各个单元格样本量相等(即研究设计为均衡设计),Box 检验可以被忽略,建议报告 Pillai 迹。如果单元格样本量不等,需开展 Box 检验。如果 Box 检验得到的概率 $p<.001$,则多元统计分析的结果不足为信。由于表 8.27 和表 8.28 均报告描述性统计量,建议在实际研究中将这两张表合并。

表 8.29 报告多元方差分析的结果,是最重要的一张表。

表 8.29 记忆方法对生词记忆影响的多元检验

		统计量	F	v_H	v_E	p	$\hat{\eta}_p^2$
截距	Pillai's Trace	.961	875.057	2	71	<.001	.961
	Wilks' Lambda	.039	875.057	2	71	<.001	.961
	Hotelling's Trace	24.649	875.057	2	71	<.001	.961
	Roy's Largest Root	24.649	875.057	2	71	<.001	.961
记忆方法	Pillai's Trace	.587	14.943	4	144	<.001	.293
	Wilks' Lambda	.427	18.800	4	142	<.001	.346
	Hotelling's Trace	1.307	22.867	4	140	<.001	.395
	Roy's Largest Root	1.281	46.116	2	72	<.001	.562

表 8.29 中的与 Intercept(截距)有关的统计量通常忽略。研究报告只包括与主要因素(如 Mnemonic)有关的结果,且通常只报告表 8.29 中与 Pillai's Trace 或

Wilks' Lambda 有关的结果。在统计假设满足的情况下,通常报告 Wilks' Lambda。关于各个统计量的解释,参看 8.5.1 节。本例 Pillai 迹 $V=0.59, F(4,144)=14.94, \hat{\eta}_p^2=0.29, p<.001$,由此推断词汇记忆方法对英语生词知识记忆(拼写和词义知识的线性组合)有统计显著性影响。由 Wilks' Lambda 等其他统计量得出的结论相同。

表 8.30 报告单因变量被试间效应检验的结果。

表 8.30　记忆方法对生词记忆影响的单因变量方差分析

		SS	v	MS	F	p	$\hat{\eta}_p^2$
校正模型	拼写	133.520[a]	2	66.760	11.988	<.001	.250
	词义	548.720[b]	2	274.360	45.600	<.001	.559
截距	拼写	8174.520	1	8174.520	1467.891	<.001	.953
	词义	5914.080	1	5914.080	982.950	<.001	.932
记忆方法	拼写	133.520	2	66.760	11.988	<.001	.250
	词义	548.720	2	274.360	45.600	<.001	.559
误差	拼写	400.960	72	5.569			
	词义	433.200	72	6.017			
汇总	拼写	8709.000	75				
	词义	6896.000	75				
校正汇总	拼写	534.480	74				
	词义	981.920	74				

a. R Squared = .250 (Adjusted R Squared = .229)
b. R Squared = .559 (Adjusted R Squared = .547)

表 8.30 是多元方差分析后续检验的结果。表中显示,记忆方法对拼写和词义知识习得均有统计显著性影响(拼写:$F(2,72)=11.99, \hat{\eta}_p^2=0.25, p<.001$;词义:$F(2,72)=45.60, \hat{\eta}_p^2=0.56, p<.001$)。以上结果表明,词汇记忆方法在词义记忆上的效应比在拼写记忆上的效应大。

表 8.31 报告记忆方法在每个因变量测量上的 Tukey 配对检验结果。

表 8.31　记忆方法多重比较

		$\hat{\psi}$	SE	p	95% CI
拼写	M1—M2	−.28	.667	.908	[−1.88, 1.32]
	M1—M3	−2.96*	.667	<.001	[−4.56, −1.36]
	M2—M3	−2.68*	.667	<.001	[−4.28, −1.08]
词义	M1—M2	−2.24*	.694	.005	[−3.90, −.58]
	M1—M3	−6.52*	.694	<.001	[−8.18, −4.86]
	M2—M3	−4.28*	.694	<.001	[−5.94, −2.62]

* The mean difference is significant at the .05 level.

表 8.31 显示,在拼写测量方面,M3 显著好于 M1 和 M2($p<.001$),但是 M1 和 M2 没有统计显著性差异($p>.05$)。在词义测量方面,M3 显著好于 M1 和 M2($p<.001$),M2 也显著好于 M1($p<.01$)。这些结果表明,记忆方法对生词拼写知识和词义知识习得均有显著性影响,不同方法之间的显著性差异模式在两类词汇知识记忆测量上并非完全一致。

在研究报告中,建议报告在各个因变量上配对比较的效应量。利用合并标准差,本例在拼写知识记忆测量上的配对比较效应量为:M1—M2 配对比较 Cohen's $d=0.12$;M1—M3 配对比较 Cohen's $d=1.17$;M2—M3 配对比较 Cohen's $d=1.19$。在词义知识记忆测量上的配对比较效应量为:M1—M2 配对比较 Cohen's $d=0.99$;M1—M3 配对比较 Cohen's $d=2.52$;M2—M3 配对比较 Cohen's $d=1.72$。

问题与思考

1. F 分布的特点是什么?
2. 与被试间方差分析相比,被试间协方差分析有什么优势?
3. 2×3 析因方差分析包括几个因素?
4. 在均衡设计被试间方差分析中,因素 A 有两个水平,因素 B 有三个水平,每个条件中的被试数为 15,F 比率中误差的自由度是多少?
5. 下面哪一项是对 F 比率的正确描述?
   (a) F 比率是组间方差与组内方差的比率。
   (b) F 比率是组间方差与组内方差之差。
   (c) F 比率是组内方差与组间方差的比率。
   (d) F 比率是组间方差与组内方差之和。
6. 在方差分析中,如果零假设为真,F 比率等同于或接近什么数值?如果拒绝零假设,F 比率至少大于什么数值?
7. 某研究者调查英语学习者年级与作文语篇连贯性之间的关系,利用单因素方差分析比较三个年级组的语篇连贯性,发现 $p=.005$。回答以下问题:
   (a) 本研究的零假设是什么?要求用文字和统计术语两种形式写出零假设。
   (b) 解释语篇连贯性在年级之间比较的结果。
8. 实验研究中每组被试内的差异称作什么?
   (a) 个体偏差(Individual biases)
   (b) 被试间误差(Between-subjects error)
   (c) 被试内误差(Within-subjects error)
   (d) 处理效应(Treatment effects)
9. 某研究者采用 2×2 被试间均衡设计调查因素 A 和 B 对因变量 DV 的影响。双因素方差分析部分统计结果如下表所示。

Source	SS	df	MS	F	p	$\hat{\eta}_p^2$
A	83.333				.075	
B	218.700				.004	
A * B	580.800				<.001	
Error	3004.467	116				

回答以下问题：

(a) 本研究使用的总样本量是多少？

(b) 在表中对应的方框内填入各个统计量的值(保留三位小数)。

(c) 用文字表述本研究检验因素 A 和 B 主效应和交互效应的零假设。

(d) 在显著性水平为.05 时，本研究中哪个（哪些）效应具有统计显著性？哪个（哪些）效应没有统计显著性？

(e) 本研究的结论是什么？

10. 某研究者调查三个英语水平组共 60 名英语学习者在口语文本中句法复杂性方面的差异。句法复杂性由 T 单位(T-unit)长度(WT)和 T 单位复杂性(CT)两个指标测量。T 单位是一个句子能够被缩减的最小单位，包括一个主句及它所附带的任何从句。T 单位长度操作定义为每个文本中平均每个 T 单位包括的词数。T 单位复杂性操作定义为每个文本中平均每个 T 单位包括的子句(clauses)数。测量数据如下表所示。

低水平组	WT:12.57,11.82,9.87,10.50,8.00,9.54,11.33,9.17,13.00,7.64,10.52,9.53, 11.37,10.81,14.47,10.36,9.97,8.00,13.93,12.67;
	CT:1.43,1.68,1.52,1.38,1.46,1.33,1.78,1.43,1.38,1.42,1.38,1.66,1.56, 1.43,1.71,1.57,1.42,1.42,1.86,1.67;
中等水平组	WT:10.04,10.88,10.41,9.57,9.86,12.54,10.25,13.31,8.25,9.07,13.33,9.84, 9.80,10.90,9.11,10.74,9.38,8.04,11.27,9.87;
	CT:1.50,1.69,1.30,1.40,1.28,1.69,1.63,1.75,1.10,1.46,1.67,1.50,1.83, 1.34,1.39,1.52,1.50,1.44,1.38,1.78;
高水平组	WT:15.33,14.38,9.66,11.07,12.44,10.79,13.13,13.48,13.38,12.00,11.29, 15.29,8.50,10.00,13.26,10.21,12.50,11.74,9.21,12.50;
	CT:1.33,1.94,1.44,1.50,1.33,1.64,1.88,1.68,1.65,1.62,1.57,1.76,1.38, 1.37,1.87,1.52,1.50,1.74,1.42,1.55。

回答以下问题：

(a) 检验本例数据是否基本满足多元方差分析的统计假设。

(b) 如果采用多元方差分析，报告与解释多元方差分析的结果。

(c) 如果多元方差分析发现统计显著性结果，开展单因变量方差分析，进一步报告与解释统计分析结果。

第九章 被试内和混合方差分析
Chapter Nine Within-Subjects and Mixed ANOVA

9.1 被试内设计

第八章介绍了被试间设计方差分析方法。在被试间设计中,为了使不同实验条件组被试具有可比性,我们通常优先考虑使用随机分配方法控制外扰变量。在非实验设计中,我们尽可能使比较组在研究变量之外的重要变量(外扰变量)上具有可比性。这样做的目的是提高因果推论或结果解释的合理性。被试内设计通过使用被试自身作为对照控制外扰变量。

被试内设计的主要优点是减少样本量和增加统计效力(statistical power)。统计效力指在零假设为误的情况下拒绝零假设的概率。相对于被试间设计,被试内设计使用较少的被试就能达到同样的统计效力。在被试难以招募的情况下,被试内设计显得更符合实际。与统计效力相关联的是,被试内设计在不同处理或比较条件中使用同一批被试,因而消除了不同条件中由被试之间个体差异造成的随机误差。相比之下,即便被试间设计采用了随机分配,不同实验条件之间的被试仍然存在个体差异,因而随机误差较大,在样本量小的情况下更是如此。

被试内设计也有不足之处。譬如,被试内设计面临测量题项威胁。在被试内设计中,由于被试会记得前一次测量的若干结果,我们不能在后一次测量中重复与前一次相同的题项。或者,由于实验条件的不同,我们需要采用测量同一个构念的不同题项。如果不能使测量题项难易度在不同条件之间达到对等,测量的题项就会成为系统地影响测量结果的外扰变量。此外,在被试内设计中,被试在第一个处理中得到了"热身"训练,对完成实验任务变得更加熟练,因而会提高后续处理的测量值,产生练习效应(practice effects)。Greenwald(1976:316—317)建议:(1)如果研究兴趣是在没有练习或练习很少的情况下的处理效应,但是练习可能影响被试行为,则研究者应避免使用被试内设计,选用被试间设计。(2)如果研究兴趣是处理效应对被试熟练技能的影响,采用被试内设计是可以的。在使用被试内设计时,研究者可以通过抵消抗衡(counterbalancing)技术和/或实验前的大量练习减少练习效应的影响。(3)如果练习效应是研究的目的,采用被试内设计通常是合适的。如果研究兴趣是不同练习水平上的处理效应,混合使用被试间和被试内设计可能是最好的选择,即每个被试只在一个处理条件下接受不同练习水平上的测量。

练习对行为既可能产生积极的作用,也可能产生消极的作用。练习效应是由练习产生的提高行为测量结果的效应,是积极效应。疲劳效应(fatigue effects)是由练习产生的削弱行为测量结果的效应,是消极效应。减少疲劳效应的方法包括缩短实验时间、增加实验的趣味性。如果前一个处理的效应滞留在后一个处理的效应中,就会产生滞留效应(carry-over effects)。练习和疲劳效应通常是由被试多次接触同一种测量造成的,而滞留效应则是由被试接受多个处理造成的前一个处理对后一个处理测量结果的影响。增加不同处理的时间间隔是减少滞留效应的主要手段。

本章介绍被试内设计方差分析方法,包括单因素被试内方差分析、双因素被试内方差分析和混合方差分析。

9.2 单因素被试内方差分析

9.2.1 单因素被试内方差分析方法

单因素被试内方差分析又称重复测量单因素方差分析(repeated measures one-way ANOVA),因为被试在因素的每个水平上被测量。单因素被试内方差分析同单因素被试间方差分析一样利用方差(平方和)的可分解性。在单因素被试内方差分析中,假设被试内(固定)因素为 A,有 a 个水平,则总平方和(SS_T)的分解如图 9.1 所示。

图 9.1 单因素被试内方差分析平方和分解

图 9.1 显示,总平方和(SS_T)包括以下三个部分:因素 A 平方和(SS_A)、被试因素 S(随机因素)平方和(SS_S)以及因素 A 与被试因素 S 交互平方和($SS_{A\times S}$)。SS_A 反映因素 A 水平之间的效应差异程度。如果因素 A 每个水平上的平均数相同,则 $SS_A=0$。SS_S 反映每个被试平均数之间的差异程度。$SS_{A\times S}$ 反映被试在因素 A 不同水平上反应的差异程度。如果不同被试在因素 A 不同水平上的反应模式相同或相似,$SS_{A\times S}$ 就小。反之,如果不同被试在因素 A 不同水平上的反应模式不同,$SS_{A\times S}$ 就大。

单因素被试内(重复测量)方差分析是最简单的重复测量方差分析方法。在第八章讨论的单因素被试间设计方差分析中,因素 A 不同水平中的被试不同,即每个被试被嵌套在因素 A 的某一个水平中(S/A)。在单因素被试内设计方差分析中,每个被试都代表因素 S 的一个水平,出现在因素 A 的每个水平中,因而被试因素 S 与因素 A 交叉($A\times S$)。这使得单因素被试内方差分析有些像双因素(A 和 B)被试间设计方差分析,因为在这一设计中因素 A 和 B 交叉($A\times B$)。不同的是,在单因素被试内方差分析中,被试因素 S 与因素 A 的交互作用被视作误差,而在双因素(A 和 B)被试间方差分析中,因素 A 和 B 的交互作用是被试间处理效应。

表 9.1 为单因素被试内方差分析中各个统计量的计算。

表 9.1　单因素被试内方差分析统计量的计算

变异来源	平方和(SS)	自由度(df)	均方差(MS)	统计量 F
因素 A	$n\sum(\bar{Y}_{.j}-\bar{Y}_G)^2 = \dfrac{\sum_{j=1}^{a} T_{.j}^2}{n} - \dfrac{G^2}{N}$	$a-1$	$\dfrac{SS_A}{df_A}$	$\dfrac{MS_A}{MS_{A\times S}}$
被试因素 S	$a\sum(\bar{Y}_{S_i}-\bar{Y}_G)^2 = \dfrac{\sum_{S=1}^{} T_{S_i}^2}{a} - \dfrac{G^2}{N}$	$n-1$		
因素 A 与 S 交互作用	$\sum(Y_{ij}-\bar{Y}_{.j}-\bar{Y}_{S_i}+\bar{Y}_G)^2$	$(a-1)(n-1)$	$\dfrac{SS_{A\times S}}{df_{A\times S}}$	
汇总	$\sum(Y_{ij}-\bar{Y}_G)^2 = \sum Y_{ij}^2 - \dfrac{G^2}{N}$	$an-1$		

表 9.1 提供两种计算总平方和(SS_T)的方法。一种方法是利用总平均数 $\bar{Y}_G = \dfrac{\sum Y_{ij}}{an}$,其中 Y_{ij} 表示因素 A 第 j 个($j=1,\cdots,a$)水平上第 i 个观测值($i=1,\cdots,n$)。另一种方法是利用校正因子 $\dfrac{G^2}{N}$,其中 G 是各个观测值之和,N 是观测值总个数(an)。在因素 A 平方和的计算中,$\bar{Y}_{.j}$ 表示因素 A 第 j 个水平上的平均数,$T_{.j}^2$ 表示第 j 组所有观测值之和的平方。在被试间因素平方和(SS_S)的计算中,$\bar{Y}_{S_i}$ 表示第 i

第九章 被试内和混合方差分析

个被试所有观测值的平均数,T_{S_i} 表示第 i 个被试所有观测值之和。被试间效应通常不是研究关注的焦点,研究报告中通常忽略此项。

单因素被试内方差分析检验的零假设是 $H_0:\mu_1=\cdots=\mu_j$,即相关总体的平均数相等。检验统计量 F 的计算公式为:

$$F=\frac{MS_A}{MS_{A\times S}} \quad (公式\ 9.1)$$

零假设为真时,F 统计量服从自由度为 $v_1=a-1$ 和 $v_2=(a-1)(n-1)$ 的 F 分布,其中 v_1 和 v_2 为 F 比率中分子和分母的自由度。统计量的大小参照零假设为真条件下 F 分布的临界值。若 F 比率大于或等于 F 分布中 $\alpha=.05$ 对应的临界值或 F 比率对应的尾巴概率 $p<.05$,拒绝零假设,推断样本所在总体的平均数不全相同。若 F 比率小于 F 分布中 $\alpha=.05$ 对应的临界值或 $p>.05$,接受(或不拒绝)零假设,推断样本所在总体的平均数相同。

单因素被试内方差分析满足以下条件:(1)有一个因变量和一个被试内因素。因变量数据为定距(或定比)数据;(2)所有测量数据均来自同一批被试,即被试被重复测量;(3)因素各个水平中的因变量数据服从(或近似服从)正态分布;(4)测量数据满足球性假设(sphericity assumption)。该假设要求所有不同条件下测量数据差异的方差都相等。

常用的球性假设检验方法是 Mauchly 球性检验(Mauchly's test of sphericity),统计量为似然比(likelihood-ratio)检验统计量 W。W 的计算公式为:

$$W=\frac{\Pi\lambda_l}{\left[\frac{1}{J-1}\sum\lambda_l\right]^{(J-1)}} \quad (公式\ 9.2)$$

其中,J 表示因素水平数,Π 表示乘积,λ_l 为总体协方差估计的第 l 个特征值。由于精确计算 W 对应的概率 p 值相当复杂,通常将 W 值转化为卡方值(χ^2),采用近似卡方值计算 p 值。$\chi^2=-(N-1)d\log W$,其中 N 为总样本量,$d=1-[2(J-1)^2+(J-1)+2]/[6(J-1)(N-1)]$,log 表示自然对数(natural logarithm)。χ^2 值对应的自由度 $v=\frac{1}{2}J(J-1)-1$。如果 $p>.05$,接受零假设,推断球性假设成立,否则拒绝零假设,推断球性假设不成立。

违反球性假设不会使方差分析无效,但是会导致 F 检验产生正偏差,使第一类错误率膨胀。常用的解决方法之一是 F 值自由度调整。F 值自由度调整有三种校正方法:Geisser-Greenhouse ε 下限(lower-bound)校正、Greenhouse-Geisser $\hat{\varepsilon}$ 校正和 Huynh-Feldt $\tilde{\varepsilon}$ 校正,最常用的校正方法是后两种。它们通过调整 F 比率的分子和分

母自由度使 F 检验更趋保守,减少第一类错误。ε 是校正因子,是球性程度的度量,其值介于 $1/(J-1)$ 和 1 之间。若 ε=1,球性假设成立。校正值 ε 越接近 1,球性假设满足程度就越大;反之,ε 值越接近下限,球性假设违反的程度就越大。譬如,$J=3$,则 ε 下限值为 $1/2$,ε 值分别乘以检验统计量 F 比率的分子和分母自由度,便可得到 ε 下限校正后 F 检验对应的 p 值。采用 Geisser-Greenhouse ε 下限校正很保守。根据 Howell(2013),Greenhouse-Geisser $\hat{\varepsilon}$ 和 Huynh-Feldt $\tilde{\varepsilon}$ 的校正公式分别为:

$$\hat{\varepsilon}=\frac{i^2(\bar{s}_{jj}-\bar{s})^2}{(i-1)(\sum s_{jk}^2-2i\sum \bar{s}_j^2+i^2\bar{s}^2)} \quad (公式\ 9.3)$$

$$\tilde{\varepsilon}=\frac{(N-g+1)(i-1)\hat{\varepsilon}-2}{(i-1)[N-g-(i-1)\hat{\varepsilon}]} \quad (公式\ 9.4)$$

其中,i 为被试内因素水平数,$\bar{s}_{jj}$ 为样本协方差矩阵对角线上所有元素的平均数,$\bar{s}$ 为协方差矩阵中所有元素的平均数,s_{jk} 为协方差矩阵第 jk 个元素,$\bar{s}_j$ 为协方差矩阵第 j 排所有元素的平均数,g 是不同被试组数(在单因素被试内设计中,$g=1$),$N=n\times g$(n 为单元格样本量)。Huynh-Feldt $\tilde{\varepsilon}$ 可能低估 ε,也可能高估 ε,甚至还会大于 1。当 Huynh-Feldt $\tilde{\varepsilon}$ 大于 1 时,将其设为 1。Greenhouse-Geisser $\hat{\varepsilon}$ 和 Huynh-Feldt $\tilde{\varepsilon}$ 都是 ε 的有偏估计(biased estimates),$\hat{\varepsilon}$ 要保守一些。两种校正方法通常得出同样的结论。如果结论不一致,建议采用较保守的 Greenhouse-Geisser $\hat{\varepsilon}$。

【问题 9.1】某研究者调查集中学习(massed learning)和分散学习(spaced learning)是否对 20 名($n=20$)英语学习者英美文化背景知识的学习效果有不同的影响。学习条件(learning condition)包括三个水平:集中学习、短间隔学习和长间隔学习。在集中学习条件下,被试在同一天学习背景知识,学习时间为 4 个小时。在短间隔条件下,被试花费两天学习背景知识,每天学习 2 个小时。在长间隔条件下,被试花费四天学习背景知识,每天学习 1 个小时。每个条件下的学习任务完成后,被试参加背景知识测试。三个条件下测试题项的难易度相同,卷面分均为 50 分。各个学习条件下的背景知识测量结果如表 9.2 所示。

表 9.2 三个学习条件下的背景知识

集中学习	29,24,30,34,31,33,30,29,31,27,28,35,29,32,28,23,29,31,33,34;
短间隔学习	31,31,28,35,34,39,31,34,29,31,30,35,31,37,30,34,34,36,34,36;
长间隔学习	35,41,39,36,40,45,40,40,41,38,39,42,37,39,43,36,43,42,43,42。

第九章 被试内和混合方差分析

试问：本研究数据是否满足球性假设？学习条件对背景知识学习是否有统计显著性影响？

【解】先检验球性假设。本例数据的样本协方差矩阵为：

$$S_s = \begin{pmatrix} 9.894737 & 4.421053 & 2.947368 \\ 4.421053 & 8.526316 & 2.578947 \\ 2.947368 & 2.578947 & 7.313158 \end{pmatrix}。$$

将样本协方差矩阵转化为总体(population)协方差矩阵估计。样本协方差矩阵中的每个元素减去对应的行平均数和列平均数再加上总平均数，由此得到的矩阵为总体协方差矩阵估计。本例总体协方差矩阵估计为：

$$S_p = \begin{pmatrix} 3.455848 & -1.438889 & -2.016960 \\ -1.438889 & 3.245321 & -1.806434 \\ -2.016960 & -1.806434 & 3.823391 \end{pmatrix}。$$

总体协方差矩阵估计 S_p 的特征值为：$\lambda_1 = 5.769023$，$\lambda_2 = 4.755539$。根据公式9.2计算得到 $W = 0.99073$。$N = 20, J = 3, \chi^2 = -(N-1)d\log W = 0.16764, v = 2, p = 0.920 > .05$，由此推断球性假设成立。

下面利用表9.1计算单因素被试内方差分析中的各个统计量。

（一）总平方和自由度

已知：$n = 20, a = 3, \bar{Y}_G = 34.35$。

$SS_T = (29 - 34.35)^2 + \cdots + (42 - 34.35)^2 = 1553.65$；

$df_T = 20 \times 3 - 1 = 59$。

（二）因素 A（学习条件）效应平方和、自由度和均方

已知：$\bar{Y}_{.1} = 30, \bar{Y}_{.2} = 33, \bar{Y}_{.3} = 40.05$。

$SS_A = 20 \times [(30 - 34.35)^2 + (33 - 34.35)^2 + (40.05 - 34.35)^2] = 1064.7$；

$df_A = 3 - 1 = 2$；

$MS_A = \dfrac{1064.7}{2} = 532.35$。

（三）被试效应平方和与自由度

$SS_S = 3 \times \left[\left(\dfrac{29 + 31 + 35}{3} - 34.35\right)^2 + \cdots + \left(\dfrac{34 + 36 + 42}{3} - 34.35\right)^2\right] \approx 288.9833$；

$df_S = 20 - 1 = 19$。

（四）因素 A（学习条件）与 S 交互效应（误差）平方和、自由度和均方

$SS_{A \times S} = \left(29 - 30 - \dfrac{29 + 31 + 35}{3} + 34.35\right)^2 + \cdots + \left(42 - 40.05 - \dfrac{34 + 36 + 42}{3} + 34.35\right)^2 \approx$

199.9667；

$df_{A×S} = (3-1)×(20-1) = 38$；

$MS_{A×S} = \dfrac{199.9667}{38} ≈ 5.2623$。

（五）计算统计量 F，做推理统计

学习条件效应 $F(2,38) = \dfrac{MS_A}{MS_{A×S}} = \dfrac{532.35}{5.2623} ≈ 101.163, p<.001$，由此推断学习条件对文化背景知识有统计显著性影响。

在统计报告中，效应量是必不可少的。根据公式 8.9，学习条件效应量 $\hat{\eta}_p^2 = \dfrac{SS_{effect}}{SS_{effect}+SS_{error}} = \dfrac{1064.7}{1064.7+199.9667} ≈ 0.84$（效应量很大）。

单因素被试内方差分析综合检验只能告诉我们，三种学习条件中至少有一个学习条件配对平均数有统计显著性差异。要知道差异的具体位置，需要开展事后配对比较。被试内方差分析和被试间方差分析一样，可以采用 Tukey's HSD 开展事后配对比较。检验零假设 $H_0: \mu_j = \mu_k$ 时，学生化极差统计量的计算公式为：

$$q = \dfrac{\bar{X}_j - \bar{X}_k}{\sqrt{\dfrac{MS_{A×S}}{n}}} \qquad (公式9.5)$$

令 v 为 F 比率分母（即误差）自由度，K 是被试内因素水平数。若 $|q| \geq q_{(1-\alpha_{FWE}, K, v)}$ 或者 $p \leq \alpha_{FWE}$（族第一类错误率），拒绝零假设，接受备择假设 $H_1: \mu_j \neq \mu_k$。临界值 $q_{(1-\alpha_{FWE}, K, v)}$ 确保错误拒绝零假设的概率不超过 α_{FWE}。

本例中，$MS_{A×S} = 5.2623$，三种学习条件下的平均数为：$\bar{Y}_{.1} = 30, \bar{Y}_{.2} = 33, \bar{Y}_{.3} = 40.05$。$|q_{12}| = \dfrac{33-30}{\sqrt{\dfrac{5.2623}{20}}} ≈ 5.849, p = .0005 < .001$，因此短间隔学习显著好于集中学习。$|q_{13}| = \dfrac{40.05-30}{\sqrt{\dfrac{5.2623}{20}}} ≈ 19.593, p < .001$，因此长间隔学习显著好于集中学习。$|q_{23}| = \dfrac{40.05-33}{\sqrt{\dfrac{5.2623}{20}}} ≈ 13.744, p < .001$，因此长间隔学习显著好于短间隔学习。

研究报告中，配对比较的效应量比方差分析综合效应量（如 $\hat{\eta}_p^2$）更重要。相关样本配对比较效应量的一种计算方法是利用公式 7.13。针对本例，$\bar{d}_{12} = -3, S_{12} = 3.0950, d_{12} = \dfrac{-3}{3.0950} ≈ -0.97$（效应量大）。$\bar{d}_{13} = -10.05, S_{13} = 3.3635, d_{13} = \dfrac{-10.05}{3.3635}$

≈ -2.99(效应量很大)。$\bar{d}_{23}=-7.05$，$S_{23}=3.2683$，$d_{23}=\frac{-7.05}{3.2683}\approx -2.16$(效应量很大)。

9.2.2　单因素被试内方差分析的 SPSS 操作

【问题 9.2】利用【问题 9.1】中的数据，操作 SPSS，检验不同学习条件对英美文化背景知识的学习效果是否存在统计显著性差异。

被试内方差分析与被试间方差分析的数据输入方式是不同的。在单因素被试间方差分析中，因素在 SPSS 窗口显示为一列，因变量为另一列。但是，在单因素被试内方差分析中，每个重复测量条件下（即各个被试内因素水平中）的因变量测量各显示为一列，因素名和测量名的定义在后续操作中进行。

针对本例，将表 9.2 中的数据输入到 SPSS 窗口，并保存（文件名为 ch9Onewithin）。该文件中，被试因素为“被试[Subject]”，三种学习条件下的文化背景知识测量结果的名称为“集中[Massed]”“短间隔时[Short]”和“长间隔[Long]”，如图 9.2 所示。

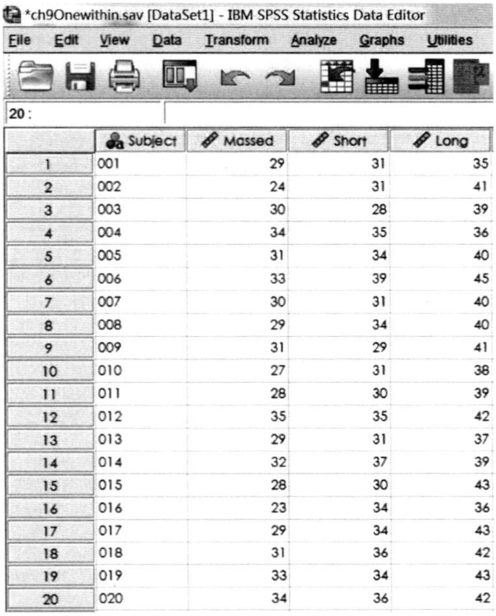
*ch9Onewithin.sav [DataSet1] - IBM SPSS Statistics Data Editor
File Edit View Data Transform Analyze Graphs Utilities
20:

	Subject	Massed	Short	Long
1	001	29	31	35
2	002	24	31	41
3	003	30	28	39
4	004	34	35	36
5	005	31	34	40
6	006	33	39	45
7	007	30	31	40
8	008	29	34	40
9	009	31	29	41
10	010	27	31	38
11	011	28	30	39
12	012	35	35	42
13	013	29	31	37
14	014	32	37	39
15	015	28	30	43
16	016	23	34	36
17	017	29	34	43
18	018	31	36	42
19	019	33	34	43
20	020	34	36	42

图 9.2　不同学习条件下文化背景知识测量数据 SPSS 视窗

在开展单因素被试内方差分析之前，先检验每个学习条件下的测量数据是否服从或近似服从正态分布。利用 SPSS 的探索性分析菜单,发现每个学习条件下文化背景知识测量数据均满足正态分布假设(集中:$W(20)=0.96$,$p=.459>.05$;短间隔:$W(20)=0.95$,$p=.399>.05$;长间隔:$W(20)=0.97$,$p=.685>.05$)。实际研究中,研究者可以根据需要报告偏度和峰度值,甚至使用诊断图形(详见第三章)。SPSS 同时开展球性检验与综合方差分析,但是建议在研究报告中先报告球性检验结果。

单因素被试内方差分析的 SPSS 操作步骤如下:

第一步 按 Analyze→General Linear Model→Repeated Measures…的顺序进入 Repeated Measures Define Factor(s)(重复测量定义因素)主对话框。

第二步 在 Within-Subject Factor Name(被试内因素名)栏内,输入有意义的因素名,本例用因素名"学习条件"。在 Number of Levels(因素水平数)栏中输入 3(代表三种学习条件),点击 Add(添加),在下栏中出现我们定义的因素名和因素水平数。如果有多个被试内因素,重复以上步骤。在 Measure Name(测量名称)栏中输入因变量名称"文化背景知识",点击 Add(添加)。

第三步 点击 Define(定义)进入 Repeated Measures(重复测量)子对话框。选中左栏中被试内因素的三个水平(集中[Massed]、短间隔[Short]和长间隔[Long]),将之键入右边 Within-Subjects Variables(被试内变量)栏中,替换原有的含有问号的空位(slots)。本例输入结果如图 9.3 所示。

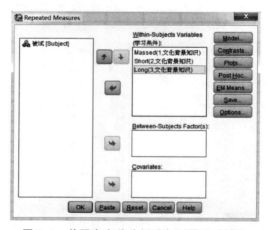

图 9.3 单因素方差分析重复测量子对话框

第四步 点击 EM Means…,进入重复测量 Estimated Marginal Means(边际平均数估计)子对话框。将左栏 Factor(s) and Factor Interactions(因素和因素交互效应)中的"学习条件"键入 Display Means for(显示平均数)栏。勾选 Compare main effects(比较主效应),在 Confidence interval adjustment(置信区间调整)的下拉菜单

中,选择 Bonferroni 校正方法。

第五步　点击 Continue(继续),回到 Repeated Measures 子对话框。点击 Options…,进入重复测量 Options(选项)子对话框。在 Display(显示)面板中勾选 Descriptive statistics(描述性统计量)和 Estimates of effect size(效应量估计)。再点击 Continue(继续),回到 Repeated Measures 子对话框。

第六步　点击 OK(确认),完成操作。

表 9.3 报告描述性统计量(保留两位小数),包括样本量(N,n)、平均数(mean,M)、标准差(std. deviation,SD)、标准误差(Std. Error,SE)和平均数95％置信区间(95％ Confidence Interval,95％ CI)。表中的标准误差和95％置信区间由开展 SPSS 探索性分析得到。实际研究中,建议在表 9.3 中包括各个单元格数据正态检验的结果。

表 9.3　不同学习条件下的描述性统计

	n	M	SD	SE	95% CI
集中	20	30.00	3.15	0.70	[28.53,31.47]
短间隔	20	33.00	2.92	0.65	[31.63,34.37]
长间隔	20	40.05	2.70	0.61	[38.78,41.32]

表 9.3 显示,长间隔学习条件下的平均数最高,短间隔学习条件下的平均数次之,集中学习条件下的平均数最低。

表 9.4 报告多元检验(Multivariate Tests)的结果。多元检验不要求满足球性假设。在违反球性检验时,可以利用多元检验的结果。本例多元检验表明三个学习条件之间有统计显著性差异($V=0.91, F(2,18)=87.65, p<.001, \hat{\eta}_p^2=0.91$)。不过,在违反球性假设时,我们通常使用 F 值自由度调整(见上一节)控制第一类错误率。因此,表 9.4 通常可以忽略。

表 9.4　学习条件对文化背景知识影响的多元检验

	统计量	F	Hypothesis df	Error df	p	$\hat{\eta}_p^2$
学习条件	Pillai's Trace	.907	87.649	2.000	18.000	<.001	.907
	Wilks' Lambda	.093	87.649	2.000	18.000	<.001	.907
	Hotelling's Trace	9.739	87.649	2.000	18.000	<.001	.907
	Roy's Largest Root	9.739	87.649	2.000	18.000	<.001	.907

表 9.5 报告 Mauchly 球性检验（Mauchly's Test of Sphericity）的结果。

表 9.5　Mauchly 球性检验

	Mauchly's W	χ^2	df	p	Epsilon		
					Greenhouse-Geisser	Huynh-Feldt	Lower-bound
学习条件	.991	.168	2	.920	.991	1.000	.500

表 9.5 显示，本例数据满足球性假设（$W=0.99$，$\chi^2(2)=0.17$，$p=.920>.05$）。如果球性假设不成立，我们就要报告被试内效应检验（Tests of Within-Subjects Effects）中 F 值自由度调整后的统计结果。被试内效应检验结果见表 9.6。这是最重要的一张表。

表 9.6　学习条件对文化背景知识影响的方差分析

		SS	df	MS	F	p	$\hat{\eta}_p^2$
学习条件	Sphericity Assumed	1064.700	2	532.350	101.163	<.001	.842
	Greenhouse-Geisser	1064.700	1.982	537.287	101.163	<.001	.842
	Huynh-Feldt	1064.700	2.000	532.350	101.163	<.001	.842
	Lower-bound	1064.700	1.000	1064.700	101.163	<.001	.842
误差（学习条件）	Sphericity Assumed	199.967	38	5.262			
	Greenhouse-Geisser	199.967	37.651	5.311			
	Huynh-Feldt	199.967	38.000	5.262			
	Lower-bound	199.967	19.000	10.525			

由于本研究数据满足球性假设，故只需要看 Sphericity Assumed（假设球性）所在行的结果。F 检验表明，三种学习条件在促进文化背景知识的记忆方面有统计显著性差异（$F(2,38)=101.163$，$p<.001$，$\hat{\eta}_p^2=0.84$）。

表 9.7 报告被试间效应检验（Tests of Between-Subjects Effects）的结果。表中的误差（Error）项平方和（SS_S）体现被试间变异。本研究的主要变量是被试内因素"学习条件"，而不是截距（Intercept）。截距效应检验的零假设是各个总体（populations）的总平均数（grand mean）为 0。本例三个条件下的总平均数 $\bar{Y}_G=34.35$，效应平方和 $SS_{\text{Intercept}}=\dfrac{G^2}{N}=\dfrac{2061^2}{20\times 3}=70795.35$，其中 G 是所有观测值之和，N 是所有观测值数。截距项效应检验通常意义不大，因而表 9.7 可以忽略。此外，SPSS 输出结果还包括被试内对比检验（Tests of Within-Subjects Contrasts），不是本研究关注的重点，在此忽略。

表 9.7　被试间效应检验

	SS	df	MS	F	p	$\hat{\eta}_p^2$
截距	70795.350	1	70795.350	4654.634	<.001	.996
误差	288.983	19	15.210			

表9.8报告配对比较(Pairwise Comparisons)的结果,包括平均数差异(Mean Difference (I-J),$\hat{\psi}$)、平均数差异标准误差(Std. Error,SE)、显著性概率(Sig.,p)以及平均数差异95%置信区间(95% Confidence Interval,95% CI)。

表 9.8　学习条件配对比较

(I) 学习条件	(J) 学习条件	$\hat{\psi}$	SE	p	95% CI
1(集中)	2(短间隔)	−3.00*	.692	.001	[−4.817,−1.183]
	3(长间隔)	−10.05*	.752	<.001	[−12.024,−8.076]
2(短间隔)	3(长间隔)	−7.05*	.731	<.001	[−8.968,−5.132]

$\hat{\psi}$表示配对平均数差异;*. The mean difference is significant at the .05 level.

表 9.8 显示,长间隔学习条件显著好于短间隔学习条件($\hat{\psi}=7.05, p<.001$)和集中学习条件($\hat{\psi}=10.05, p<.001$),短间隔学习条件又显著好于集中学习条件($\hat{\psi}=3, p=.001$)。本例 Bonferroni 校正与上一节 Tukey 检验得出的结论相同。

9.3　双因素被试内方差分析

9.3.1　双因素被试内方差分析方法

被试内单因素(重复测量)方差分析可以拓展到更高阶的方差分析。一种拓展方式是增加一个或多个被试内(固定)因素,另外一种拓展方式是增加一个或多个被试间(固定)因素。本节以双因素被试内设计为例介绍第一种拓展方式,第二种拓展方式留到9.4节再作介绍。

双因素被试内方差分析又称双因素重复测量方差分析。双因素被试内方差分析的设计形式为A×B×S,表示被试内因素 A 和 B 完全交叉(cross over),每个被试(S,subject)均出现在因素 A(有 J 个水平)和 B(有 K 个水平)的 $J×K$ 个水平组合中。被试内双因素方差分析与被试内单因素方差分析有同样的统计假设,如要求测量数据服从(或近似服从)正态分布,协方差矩阵满足球性假设。正态分布假设适用于每个单元格数据,球性假设针对主效应和交互效应。如果因素 A 或 B 只有两个水平,则球性假设自动成立。同单因素被试内设计相比,被试内双因素设计中每个被试在更多的结果变量上被重复测量,效率更高。被试内双因素设计可能带来的困难是被试在多个结果变量上被反复测量更容易导致被试疲劳效应和练习效应,实验材料选择的难度加大。

在双因素被试内方差分析中,样本观测值与样本总平均数的总离差为 $Y_{ijk}-\bar{Y}_G$。总离差进一步分解为:因素 A 效应 $a_j=\bar{Y}_{.j.}-\bar{Y}_G$,被试因素 S 与因素 A 交互效应 $(Sa)_{ij.}=\bar{Y}_{ij.}-\bar{Y}_{i..}-\bar{Y}_{.j.}+\bar{Y}_G$;因素 B 效应 $b_k=\bar{Y}_{..k}-\bar{Y}_G$,被试因素 S 与因素 B 交互效应 $(Sb)_{i.k}=\bar{Y}_{i.k}-\bar{Y}_{i..}-\bar{Y}_{..k}+\bar{Y}_G$;因素 A 和 B 交互效应 $(ab)_{jk}=\bar{Y}_{.jk}-\bar{Y}_{.j.}-\bar{Y}_{..k}+\bar{Y}_G$,被试因素 S 与因素 A 和 B 交互效应 $(Sab)_{ijk}=Y_{ijk}-\bar{Y}_{ij.}-\bar{Y}_{i.k}-\bar{Y}_{.jk}+\bar{Y}_{i..}+\bar{Y}_{.j.}+\bar{Y}_{..k}-\bar{Y}_G$;被试因素 S 的效应 $S_i=\bar{Y}_{i..}-\bar{Y}_G$。相应地,双因素被试内方差分析的总平方和($SS_T$,代表总变异)被分解成七个平方和,如图 9.4 所示。

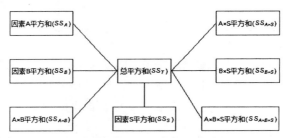

图 9.4 双因素被试内方差分析平方和分解

图 9.4 显示,最左边三项是因素 A、B 主效应及其交互效应平方和,即 SS_A、SS_B 和 $SS_{A\times B}$。最右边三项是因素 A、B 主效应及其交互效应对应的误差平方和,即 $SS_{A\times S}$、$SS_{B\times S}$ 和 $SS_{A\times B\times S}$。中间下方的平方和是被试间因素效应平方和。被试间因素效应不是研究重点(被试因素被视作随机因素),在统计分析报告时可以忽略。相应地,总自由度($abn-1$)也分解为 7 个自由度。被试因素平方和对应的自由度为 $n-1$;因素 A 效应平方和对应的自由度为 $a-1$,A 与 S 交互作用平方和对应的自由度为 $(a-1)(n-1)$;因素 B 效应平方和对应的自由度为 $b-1$,B 与 S 交互效应平方和对应的自由度为 $(b-1)(n-1)$;A 与 B 交互效应平方和对应的自由度为 $(a-1)(b-1)$,A、B 与 S 交互效应平方和对应的自由度为 $(a-1)(b-1)(n-1)$。

表 9.9 为双因素被试内方差分析中各个统计量的计算。

第九章 被试内和混合方差分析

表 9.9 双因素被试内方差分析统计量的计算

变异来源	平方和(SS)	自由度(v)	均方差(MS)	统计量 F
被试因素 S	$ab\sum_{i=1}^{n}(\bar{Y}_{i..}-\bar{Y}_G)^2$	$n-1$	$\dfrac{SS_S}{df_S}$	
因素 A	$bn\sum_{j=1}^{a}(\bar{Y}_{.j.}-\bar{Y}_G)^2$	$a-1$	$\dfrac{SS_A}{df_A}$	$\dfrac{MS_A}{MS_{A\times S}}$
A 与 S 交互作用	$b\sum_{j=1}^{a}\sum_{i=1}^{n}(\bar{Y}_{ij.}-\bar{Y}_{i..}-\bar{Y}_{.j.}+\bar{Y}_G)^2$	$(a-1)(n-1)$	$\dfrac{SS_{A\times S}}{df_{A\times S}}$	
因素 B	$an\sum_{k=1}^{b}(\bar{Y}_{..k}-\bar{Y}_G)^2$	$b-1$	$\dfrac{SS_B}{df_B}$	$\dfrac{MS_B}{MS_{B\times S}}$
B 与 S 交互作用	$a\sum_{k=1}^{b}\sum_{i=1}^{n}(\bar{Y}_{i.k}-\bar{Y}_{i..}-\bar{Y}_{..k}+\bar{Y}_G)^2$	$(b-1)(n-1)$	$\dfrac{SS_{B\times S}}{df_{B\times S}}$	
A 与 B 交互作用	$n\sum_{j=1}^{a}\sum_{k=1}^{b}(\bar{Y}_{.jk}-\bar{Y}_{.j.}-\bar{Y}_{..k}+\bar{Y}_G)^2$	$(a-1)(b-1)$	$\dfrac{SS_{A\times B}}{df_{A\times B}}$	$\dfrac{MS_{A\times B}}{MS_{A\times B\times S}}$
A,B 与 S 交互作用	$\sum_{k=1}^{b}\sum_{j=1}^{a}\sum_{i=1}^{n}(Y_{ijk}-\bar{Y}_{ij.}-\bar{Y}_{i.k}-\bar{Y}_{.jk}+\bar{Y}_{i..}+\bar{Y}_{.j.}+\bar{Y}_{..k}-\bar{Y}_G)^2$	$(a-1)(b-1)(n-1)$	$\dfrac{SS_{A\times B\times S}}{df_{A\times B\times S}}$	
汇总	$\sum(Y_{ijk}-\bar{Y}_G)^2$	$abn-1$		

表 9.9 中,$\bar{Y}_{i..}$ 表示第 i 个被试在所有因素 A 和 B 水平组合(组合数是 ab)上的平均数,$\bar{Y}_G=\dfrac{\sum Y_{ijk}}{abn}$ 表示样本总平均数。$\bar{Y}_{.j.}$ 表示因素 A 第 j 个水平上的平均数,$\bar{Y}_{..k}$ 表示因素 B 第 k 个水平上的平均数,$\bar{Y}_{ij.}$ 表示第 i 个被试在因素 A 第 j 个水平上的平均数,$\bar{Y}_{i.k}$ 表示第 i 个被试在因素 B 第 k 个水平上的平均数,$\bar{Y}_{.jk}$ 表示因素 A 第 j 个水平与因素 B 第 k 个水平组合(单元格)上的平均数,Y_{ijk} 表示第 i 个被试在因素 A 第 j 个水平和因素 B 第 k 个水平组合上的观测值,n 是单元格样本量。表 9.9 反映的一个典型特点是,每个因素及其交互效应 F 检验均使用不同的误差项。在第八章我们了解到,双因素被试间方差分析中各个效应的 F 检验均使用同一个误差项。不同误差项的使用是被试内和被试间方差分析的一个最重要的区别。

同双因素被试间方差分析一样,双因素被试内方差分析回答以下三个主要问题:(1)因素 A 在结果变量(因变量)测量上是否有显著主效应?(2)因素 B 在结果变量(因变量)测量上是否有显著主效应?(3)因素 A 和 B 在结果变量(因变量)测量上是否有显著交互效应?以上每个问题的回答均采用 F 检验,F 比率的计算公式如下:

$$F_A=\dfrac{MS_A}{MS_{A\times S}}$$

$$F_B=\frac{MS_B}{MS_{B\times S}}$$

$$F_{A\times B}=\frac{MS_{A\times B}}{MS_{A\times B\times S}} \qquad (公式 9.6)$$

更一般地,被试内因素方差分析 F 比率的计算公式为:

$$F=\frac{MS_{effect}}{MS_{effect\times S}} \qquad (公式 9.7)$$

其中,“effect”(效应)既可以是主效应,也可以是交互效应。MS_{effect} 体现不同被试中效应的平均大小,$MS_{effect\times S}$ 体现效应在不同被试中不一致性的程度。$MS_{effect\times S}$ 值越大,效应随被试变化的幅度就越大,F 比率就越小。零假设为真时,F 统计量服从自由度为 v_1 和 v_2 的 F 理论分布,其中 v_1 和 v_2 为 F 比率中分子和分母的自由度。若 $F\geq F_{1-\alpha,v_1,v_2}$,拒绝零假设,推断有显著效应存在,否则接受(或不拒绝)零假设,推断没有显著效应存在。

【问题 9.3】假如有两个被试内因素 A 和 B,各有两个水平($a=2,b=2$)。20 名被试($n=20$)接受两个因素所有水平上的实验处理,因变量(DV)测量结果如图 9.5 所示(文件名 ch9Twowithin)。

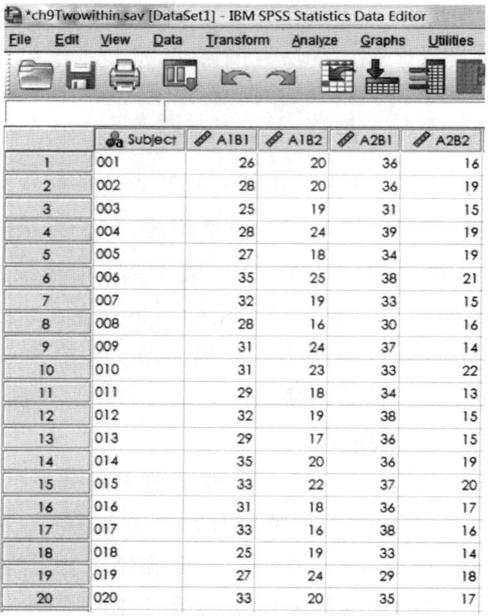

	Subject	A1B1	A1B2	A2B1	A2B2
1	001	26	20	36	16
2	002	28	20	36	19
3	003	25	19	31	15
4	004	28	24	39	19
5	005	27	18	34	19
6	006	35	25	38	21
7	007	32	19	33	15
8	008	28	16	30	16
9	009	31	24	37	14
10	010	31	23	33	22
11	011	29	18	34	13
12	012	32	19	38	15
13	013	29	17	36	15
14	014	35	20	36	19
15	015	33	22	37	20
16	016	31	18	36	17
17	017	33	16	38	16
18	018	25	19	33	14
19	019	27	24	29	18
20	020	33	20	35	17

图 9.5　两个被试内因素水平上的测量

试问:因素 A 和因素 B 是否对因变量测量均有显著主效应?因素 A 和因素 B 之间

第九章 被试内和混合方差分析

是否存在显著交互效应？

【解】下面利用表 9.9 和图 9.5 中的数据计算双因素被试内方差分析所需的各个统计量，并依据计算得到的统计量做统计推断。

（一）总平方和与自由度

已知：$a=2, b=2, n=20, \bar{Y}_G=25.475$。

$SS_T = (26-25.475)^2 + (28-25.475)^2 + \cdots + (18-25.475)^2 + (17-25.475)^2 = 4807.95$；

$df_T = 2 \times 2 \times 20 - 1 = 79$。

（二）被试因素 S 效应平方和与自由度

$SS_S = 2 \times 2 \times [(\frac{26+20+36+16}{2 \times 2} - 25.475)^2 + \cdots + (\frac{33+20+35+17}{2 \times 2} - 25.475)^2]$
$= 287.95$；

$df_S = 20 - 1 = 19$。

（三）因素 A 效应平方和、自由度与均方

已知：$\bar{Y}_{A1} = 24.975, \bar{Y}_{A2} = 25.975$。

$SS_A = 2 \times 20 \times [(24.975 - 25.475)^2 + (25.975 - 25.475)^2] = 20$；

$df_A = 2 - 1 = 1$；$MS_A = \frac{20}{1} = 20$。

（四）因素 A 效应误差（A 与 S 交互作用项）平方和、自由度与均方

$SS_{A \times S} = 2 \times [(\frac{26+20}{2} - \frac{26+20+36+16}{2 \times 2} - 24.975 + 25.475)^2 + \cdots + (\frac{35+17}{2} - \frac{33+20+35+17}{2 \times 2} - 25.975 + 25.475)^2] = 60$；

$df_{A \times S} = (2-1) \times (20-1) = 19$；$MS_{A \times S} = \frac{60}{19} \approx 3.1579$。

（五）因素 B 效应平方和、自由度与均方

已知：$\bar{Y}_{B1} = 32.425, \bar{Y}_{B2} = 18.525$。

$SS_B = 2 \times 20 \times [(32.425 - 25.475)^2 + (18.525 - 25.475)^2] = 3864.2$；

$df_B = 2 - 1 = 1$；$MS_B = \frac{3864.2}{1} = 3864.2$。

（六）因素 B 效应误差（B 与 S 交互作用项）平方和、自由度与均方

$SS_{B \times S} = 2 \times [(\frac{26+36}{2} - \frac{26+20+36+16}{2 \times 2} - 32.425 + 25.475)^2 + \cdots + (\frac{20+17}{2} - \frac{33+20+35+17}{2 \times 2} - 18.525 + 25.475)^2] = 162.8$；

$df_{B \times S} = (2-1) \times (20-1) = 19$；$MS_{B \times S} = \frac{162.8}{19} \approx 8.5684$。

（七）因素 A 和 B 交互效应平方和、自由度与均方

已知：$\bar{Y}_{A1B1}=29.9, \bar{Y}_{A1B2}=20.05, \bar{Y}_{A2B1}=34.95, \bar{Y}_{A2B2}=17$。

$SS_{A\times B}=20\times[(29.9-24.975-32.425+25.475)^2+\cdots+(17-25.975-18.525+25.475)^2]$
$=328.05$；

$$df_{A\times B}=(2-1)\times(2-1)=1; MS_{A\times B}=\frac{328.05}{1}=328.05。$$

（八）因素 A 和 B 交互效应误差（A、B 与 S 交互作用项）平方和、自由度与均方

$SS_{A\times B\cdot S}=[(26-\frac{26+20}{2}-\frac{26+36}{2}-29.90+\frac{26+20+36+16}{2\times2}+24.975+32.425-25.475)^2+$
$\cdots+(17-\frac{35+17}{2}-\frac{20+17}{2}-17+\frac{33+20+35+17}{2\times2}+25.975+18.525-25.475)^2]=84.95$；

$$df_{A\times B\cdot S}=(2-1)\times(2-1)\times(20-1)=19; MS_{A\times B\cdot S}=\frac{84.95}{19}\approx4.4711。$$

（九）计算 F 值，做统计推断

因素 A 效应 $F(1,19)=\frac{20}{3.1579}\approx6.333, p=.021<.05$，由此推断因素 A 有显著主效应。因素 B 效应 $F(1,19)=\frac{3864.2}{8.5684}\approx450.983, p<.001$，由此推断因素 B 有显著主效应。因素 A 和 B 交互效应 $F(1,19)=\frac{328.05}{4.4711}\approx73.371, p<.001$，由此推断因素 A 和 B 有显著交互效应。

在统计报告中，效应量是必不可少的。根据公式 8.9，因素 A 效应量 $\hat{\eta}_p^2=\frac{SS_{effect}}{SS_{effect}+SS_{error}}=\frac{20}{20+60}=0.25$；因素 B 效应量 $\hat{\eta}_p^2=\frac{3864.2}{3864.2+162.8}\approx0.96$；因素 A 与 B 交互作用效应量 $\hat{\eta}_p^2=\frac{328.05}{328.05+84.95}\approx0.79$。实际研究中，我们可以用文字报告方差分析结果，也可以采用类似于表 9.10 的报告形式。建议在报告中概率 p 值保留三位小数，其他统计量保留两位小数。

表 9.10　因素 A 与因素 B 对因变量影响的方差分析

变异来源	SS	df	MS	F	p	$\hat{\eta}_p^2$
被试	287.95	19				
因素 A	20	1	20	6.33	.021	0.25
误差（因素 A）	60	19	3.16			
因素 B	3864.2	1	3864.2	450.98	<.001	0.96
误差（因素 B）	162.8	19	8.57			
因素 A 与 B 交互	328.05	1	328.05	73.37	<.001	0.79
误差（因素 A 与 B 交互）	84.95	19	4.47			

由于因素 A 和因素 B 有统计显著性交互效应,后续检验主要是简单效应检验,即在一个因素的每个水平上配对检验另一个因素水平之间的差异。简单效应检验在下一节介绍。

9.3.2 双因素被试内方差分析的 SPSS 操作

【问题9.4】利用【问题9.3】中的数据,操作 SPSS,检验因素 A 和因素 B 对因变量 DV 是否有显著主效应和交互效应。

按照图 9.5 所示的方式将数据输入到 SPSS 窗口,并保存(文件名为 ch9Twowithin)。该文件中,被试因素为"被试[Subject]",因素 A 和 B 不同水平组合上的测量称作"A1B1""A1B2""A2B1"和"A2B2"。

双因素被试内方差分析与单因素被试内方差分析的 SPSS 操作步骤大致相同。

在开展双因素被试内方差分析之前先检验各个单元格数据是否满足正态分布假设。利用 SPSS 的探索性分析菜单(Analyze→Descriptive Statistics→Explore…),检验各个单元格数据分布的正态性。统计分析结果如表 9.11 所示。

表 9.11 因素 A 和 B 单元格数据正态性检验

	Skewness (SE)	Kurtosis (SE)	Shapiro-Wilk		
			W	df	p
A1B1	.022 (.512)	−1.092 (.992)	.948	20	.333
A1B2	.418 (.512)	−.855 (.992)	.922	20	.108
A2B1	−.661 (.512)	−.264 (.992)	.937	20	.212
A2B2	.354 (.512)	−.801 (.992)	.953	20	.413

表 9.11 显示,各个单元格数据标准化偏度值和标准化峰度值($Skew.2SE$ 和 $Kurt.2SE$)的绝对值均小于 1,W 检验得到的 p 值均大于 .05,说明本例数据满足正态分布假设。本研究为 2×2 被试内设计,满足被试内方差分析球性假设。因此,本研究数据适合使用双因素被试内方差分析。如果被试内因素的水平数大于 2,则需开展球性假设检验。SPSS 同时开展球性检验与综合方差分析,但是建议在研究报告中先报告球性检验结果。

双因素被试内方差分析的 SPSS 操作步骤如下:

第一步 按 Analyze→General Linear Model→Repeated Measures… 的顺序进入 Repeated Measures Define Factor(s)(重复测量定义因素)主对话框。

第二步 在组内因素名(Within-Subject Factor Name)栏内,输入因素名"A"。在 Number of Levels(因素水平数)栏中输入 2(代表因素 A 的两个条件),点击 Add

（添加）。对于因素 B，重复以上步骤。在 Measure Name（测量名称）栏中输入因变量名称"DV"，点击 Add（添加）。

第三步　点击 Define（定义），进入 Repeated Measures（重复测量）子对话框。左栏中的"A1B1"代表因素 A 和因素 B 的第一个水平的组合，将之键入右栏，替换"－？－(1,1,DV)"，将"A1B2"（代表第一个因素的第一个水平、第二个因素的第二个水平）键入右栏，替换"－？－(1,2,DV)"，以此类推。

第四步　点击 Plots…，进入重复测量 Profile Plots（轮廓图）子对话框。将因素 A 键入 Horizontal Axis（横坐标）栏中，将因素 B 键入 Separate Lines（分离线）栏中，点击 Add（添加），将 A∗B 添加到 Plots（图形）栏中。在 Error Bars（误差条）面板中勾选 Include Error Bars（包括误差条），以便在图中显示平均数 95% 置信区间（Confidence Interval(95.0%)）。

第五步　点击 Continue（继续），回到 Repeated Measures 子对话框。点击 EM Means…，进入 Estimated Marginal Means（边际平均数估计）子对话框。将左栏 Factor(s) and Factor Interactions（因素和因素交互效应）中的"A""B"和"A∗B"键入 Display Means for（显示平均数）栏中。勾选 Compare main effects（比较主效应），在 Confidence interval adjustment（置信区间调整）的下拉菜单中，选择 Bonferroni 校正方法。当因素 A（或者 B）只有两个水平或者因素 A 和因素 B 有交互效应时，通常没有必要开展简单主效应检验。这里进行简单主效应检验出于演示的目的。

第六步　点击 Continue（继续），回到 Repeated Measures 子对话框。点击 Options…，进入重复测量 Options（选项）子对话框。在 Display（显示）面板中勾选 Descriptive statistics（描述性统计量）和 Estimates of effect size（效应量估计）。

第七步　点击 Continue（继续），回到 Repeated Measures 子对话框。点击 Paste（粘贴），得到 SPSS 句法命令。删除命令行/WSFACTOR＝A2 Polynomial B2 Polynomial 中的 Polynomial（多项式）。复制包括单元格平均数估计的命令行/EMMEANS＝TABLES(A∗B)，将之粘贴在原命令行的下面。在第一个命令行/EMMEANS＝TABLES(A∗B)后添加 compare (A) adj (bonferroni)，表示在因素 B 的每个水平上比较因素 A 配对水平上的差异。在第二个命令行/EMMEANS＝TABLES(A∗B)后添加 compare (B) adj (bonferroni)，表示在因素 A 的每个水平上比较因素 B 配对水平上的差异。这两个命令可以有不同的顺序，不影响统计分析结果。本研究采用的 p 值校正方法是 Bonferroni 校正 α 值。编写以上命令的目的是开展简单效应检验。修改后的命令如下：

DATASET ACTIVATE DataSet1.
GLM A1B1 A1B2 A2B1 A2B2

```
/WSFACTOR=A 2 B 2
/MEASURE=DV
/METHOD=SSTYPE(3)
/PLOT=PROFILE(A*B) TYPE=LINE ERRORBAR=CI MEANREFERENCE=NO YAXIS=AUTO
/EMMEANS=TABLES(A) COMPARE ADJ(BONFERRONI)
/EMMEANS=TABLES(B) COMPARE ADJ(BONFERRONI)
/EMMEANS=TABLES(A*B) compare (A) adj (bonferroni)
/EMMEANS=TABLES(A*B) compare (B) adj (bonferroni)
/PRINT=DESCRIPTIVE ETASQ
/CRITERIA=ALPHA(.05)
/WSDESIGN=A B A*B.
```

执行 RUN→All,完成 SPSS 操作。

表 9.12 报告各个单元格数据描述性统计结果,包括样本量(N,n)、平均数(Mean,M)、标准差(Std. Deviation,SD)、标准误差(Std. Error,SE)和平均数 95% 置信区间(95% Confidence Interval,95% CI)。实际研究中,建议合并报告表 9.11 和表 9.12。

表 9.12 因素 A 和 B 单元格数据描述性统计

	n	M	SD	SE	95% CI
A1B1	20	29.90	3.127	.699	[28.436,31.364]
A1B2	20	20.05	2.743	.613	[18.766,21.334]
A2B1	20	34.95	2.781	.622	[33.648,36.252]
A2B2	20	17.00	2.513	.562	[15.824,18.176]

因变量 DV 平均数随因素 A 和 B 水平变化的趋势如图 9.6 所示,图中的误差条表示平均数 95% 置信区间。

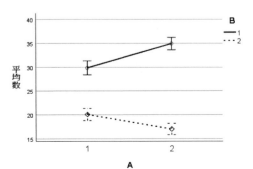

图 9.6 DV 平均数随因素 A 和 B 水平变化趋势

图 9.6 的绘制利用 Chart Editor 的功能。图中显示因素 A 和因素 B 有交互作用倾向。具体而言,在因素 B 第一个水平上,因素 A 第二个水平上的平均数高于第一个水平上的平均数,但是在因素 B 第二个水平上,因素 A 第一个水平上的平均数高于第二个水平上的平均数。另一方面,在因素 A 的每个水平上,因素 B 第一个水平上的平均数均高于第二个水平上的平均数,但是在因素 A 的第二个水平上,平均数差异更大。图中所有配对比较平均数 95% 置信区间均不重合,说明配对平均数很有可能有统计显著性差异。

表 9.13 报告球性假设满足条件下被试内效应检验结果。这是重要的一张表,与表 9.10 本质上相同。关于表 9.13 的解释,见上一节。

表 9.13　被试内因素 A 和 B 效应检验

	SS	df	MS	F	p	$\hat{\eta}_p^2$
A	20.000	1	20.00	6.333	.021	0.25
误差(A)	60.000	19	3.158			
B	3864.200	1	3864.200	450.982	<.001	0.96
误差(B)	162.800	19	8.568			
A * B	328.050	1	328.050	73.372	<.001	0.79
误差(A * B)	84.950	19	4.471			

表 9.14 报告因素 A 和因素 B 简单主效应检验结果。

表 9.14　因素 A 和因素 B 简单主效应检验

		$\hat{\psi}$	SE	p	95% CI
A 第一个水平	A 第二个水平	−1.000*	.397	.021	[−1.832, −.168]
B 第一个水平	B 第二个水平	13.900*	.655	<.001	[12.530, 15.270]

$\hat{\psi}$ 表示平均数差异。*. The mean difference is significant at the .05 level.

由于因素 A 和因素 B 只有两个水平,每个因素只有一个配对比较,因而实际上在每个因素上的配对检验使用显著性水平 $\alpha = .05$,Bonferroni 校正没有产生实质性作用。表 9.14 显示,因素 A 第二个水平上的平均数显著高于第一个水平上的平均数($p<.05$);因素 B 第一个水平上的平均数显著高于第二个水平上的平均数($p<.001$)。这些结果与表 9.13 显示的结果一致,在研究报告中无须报告表 9.14 的结果。

表 9.15 和表 9.16 报告简单配对比较(Pairwise Comparisons,即简单效应检验)的结果。

第九章 被试内和混合方差分析

表 9.15 因素 A 简单效应检验

B	A	$\hat{\psi}$	SE	p	95% CI	Cohen's d
1	1−2	−5.050*	.655	<.001	[−6.421,−3.679]	1.72
2	1−2	3.050*	.578	<.001	[1.840,4.260]	1.18

The mean difference is significant at the .05 level. Cohen's d 的计算利用公式 7.13。

表 9.16 因素 B 简单效应检验

A	B	$\hat{\psi}$	SE	p	95% CI	Cohen's d
1	1−2	9.850*	.844	<.001	[8.084,11.616]	2.61
2	1−2	17.950*	.769	<.001	[16.340,19.560]	5.22

*. The mean difference is significant at the .05 level. Cohen's d 的计算利用公式 7.13。

表 9.15 显示,因素 A 和 B 的交互作用表现在,在因素 B 第一个水平上,因素 A 第一个水平上的平均数显著低于第二个水平上的平均数($p<.001$),但是在因素 B 第二个水平上,因素 A 第一个水平的平均数显著高于第二个水平上的平均数($p<.001$)。两个配对比较的效应量都较大。

表 9.16 显示,因素 A 和 B 的交互作用表现在,虽然在因素 A 每个水平上,因素 B 第一个水平上的平均数显著高于第二个水平上的平均数($p<.001$),但是在因素 A 第二个水平上配对比较的效应量(Cohen's $d=5.22$)比在因素 A 第一个水平上配对比较的效应量(Cohen's $d=2.61$)更大。

9.4 混合方差分析

9.4.1 混合方差分析方法

混合方差分析是因素(析因)方差分析,在设计上至少包括一个被试间因素和一个被试内因素。最简单的混合方差分析是包括一个被试间因素和一个被试内因素的双因素混合方差分析。本节介绍双因素混合方差分析方法,其原理适用于更高阶的混合设计方差分析。

令 A 为被试间因素,B 是被试内因素,S 是被试因素,则混合设计的形式为 A×(B×S)。在一个 2×3 混合设计的例子中,因素 A 有两个水平($a=2$),因素 B 有三个水平($b=3$),观察值的排列方式如表 9.17 所示。

表9.17　2×3混合设计

		b_1	b_2	b_3
s_{11}		Y_{111}	Y_{112}	Y_{113}
s_{21}		Y_{211}	Y_{212}	Y_{213}
s_{31}	a_1	Y_{311}	Y_{312}	Y_{313}
⋮		⋮	⋮	⋮
s_{n1}		Y_{n11}	Y_{n12}	Y_{n13}
s_{12}		Y_{121}	Y_{122}	Y_{123}
s_{22}		Y_{221}	Y_{222}	Y_{223}
s_{32}	a_2	Y_{321}	Y_{322}	Y_{323}
⋮		⋮	⋮	⋮
s_{n2}		Y_{n21}	Y_{n22}	Y_{n23}

表9.17显示,因素A的每个水平(a_1和a_2)上均有n个被试,被试编号为s_{ij},其中$i=1,\cdots,n$,$j=1,2$(一般式为$j=1,\cdots,a$,其中a是被试间因素水平数)。被试s_{ij}接受因素B每个水平上的处理或在因素B的每个水平上被重复测量。观测值计作Y_{ijk},其中$k=1,2,3$(一般式为$k=1,\cdots,b$,其中b是被试内因素水平数),如Y_{111}表示在因素A和B第一个水平上的第一个被试的观测值,Y_{321}表示在因素A第二个水平、因素B第一个水平上的第三个被试的观测值。

混合方差分析同被试内方差分析一样利用方差(变异)的可分解性。双因素混合方差分析各个平方和之间的关系如图9.7所示。

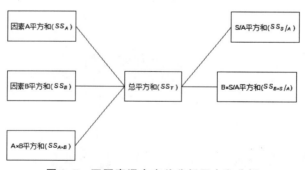

图9.7　双因素混合方差分析平方和分解

图9.7显示,双因素混合方差分析总平方和(SS_T)分解为五个部分:$SS_T = SS_A + SS_B + SS_{A\times B} + SS_{S/A} + SS_{B\times S/A}$。等号后最左边三项是因素A、B主效应和交互效应平方和,即SS_A、SS_B和$SS_{A\times B}$;最右边两项是因素A误差平方和($SS_{S/A}$)、因素A和因素B交互效应误差平方和($SS_{B\times S/A}$)。被试内因素B及其与被试间因素A交互效应使用同一个误差项$SS_{B\times S/A}$。相应地,总自由度$abn-1$也分解为五个部分。因素A

效应平方和对应的自由度为 $a-1$，因素 B 效应平方和对应的自由度为 $b-1$，因素 A 和因素 B 交互效应平方和对应的自由度为 $(a-1)(b-1)$，因素 A 效应误差项平方和对应的自由度为 $a(n-1)$，被试内因素 B 及其与被试间因素 A 交互效应误差平方和对应的自由度为 $a(b-1)(n-1)$。

双因素混合方差分析要求满足被试间和被试内方差分析的统计假设，包括：(1) 有一个因变量、一个被试间因素和一个被试内因素。因变量数据为定距(或定比)数据；(2) 因素各个水平组合中的测量数据服从(或近似服从)正态分布；(3) 被试间因素各个水平上的重复测量数据满足方差齐性要求；(4) 被试内因素各个水平上的重复测量数据满足球性假设；(5) 满足协方差矩阵齐性假设，即在被试间因素的每个水平上，重复测量数据的协方差矩阵相同。

双因素混合方差分析中各个统计量的计算如表 9.18 所示。

表 9.18 双因素混合方差分析统计量的计算

平方和(SS)	自由度(df)	均方(MS)	统计量 F
$SS_T = \sum(Y_{ijk}-\bar{Y}_G)^2$	$abn-1$		
$SS_A = nb\sum(\bar{Y}_{.j.}-\bar{Y}_G)^2$	$a-1$	$MS_A = \dfrac{SS_A}{a-1}$	$F_A = \dfrac{MS_A}{MS_{S/A}}$
$SS_{S/A} = b\sum(\bar{Y}_{ij.}-\bar{Y}_{.j.})^2$	$a(n-1)$	$MS_{S/A} = \dfrac{SS_{S/A}}{a(n-1)}$	
$SS_B = na\sum(\bar{Y}_{..k}-\bar{Y}_G)^2$	$b-1$	$MS_B = \dfrac{SS_B}{b-1}$	$F_B = \dfrac{MS_B}{MS_{B\times S/A}}$
$SS_{A\times B} = n\sum(\bar{Y}_{.jk}-\bar{Y}_{.j.}-\bar{Y}_{..k}+\bar{Y}_G)^2$	$(a-1)(b-1)$	$MS_{A\times B} = \dfrac{SS_{A\times B}}{(a-1)(b-1)}$	$F_{A\times B} = \dfrac{MS_{A\times B}}{MS_{B\times S/A}}$
$SS_{B\times S/A} = \sum(Y_{ijk}-\bar{Y}_{.jk}-\bar{Y}_{ij.}+\bar{Y}_{.j.})^2$	$a(b-1)(n-1)$	$MS_{B\times S/A} = \dfrac{SS_{B\times S/A}}{a(b-1)(n-1)}$	

【问题 9.5】某研究者采用 3×2 混合实验设计调查词汇学习任务(task)和词语意象性(word imageability)对大学英语学习者词汇知识习得的影响。任务为被试间因素，包括三个水平，分别称作任务一、任务二和任务三。词语意象性指词语使英语学习者在脑海里浮现某个物体或画面的难易程度。词语意象性为被试内因素，包括两个水平，分别称作低水平意象性和高水平意象性。75 名英语学习者被随机分配到三个词汇学习任务中。每个词汇学习任务均包括 16 个意象性水平低的生词(目标词)和 16 个意象性水平高的生词。词汇学习任务结束后，所有被试参加目标词知识即时测试。测试结果如表 9.19 所示。

表 9.19　任务和词语意象性数据

任务一	意象性低:2,4,1,5,3,3,1,5,4,2,4,6,6,8,5,5,4,3,3,3,5,7,9,3,4;
	意象性高:7,4,5,3,3,6,7,2,9,3,6,6,8,9,8,6,7,3,5,8,8,10,12,5,5;
任务二	意象性低:5,2,2,8,2,4,4,6,3,10,2,6,7,10,9,5,11,5,10,7,9,5,4,6,6;
	意象性高:8,2,3,8,2,7,7,5,6,7,6,9,7,7,11,10,13,10,13,10,14,7,4,5,8;
任务三	意象性低:9,12,10,6,4,8,7,9,8,4,5,6,6,5,7,6,5,4,6,11,8,3,10,5,4;
	意象性高:11,9,12,6,3,6,6,8,9,5,6,8,10,7,10,8,8,4,7,12,7,6,10,6,4。

试问:任务和词语意象性对词汇知识习得均有显著主效应吗？任务和词语意象性之间存在显著交互效应吗？

【解】本例为 3×2 双因素混合设计,混合方差分析各个统计量的计算利用表 9.18。

（一）总平方和与自由度

已知: $\bar{Y}_G = 6.353333, a=3, b=2, n_1=n_2=n_3=n=25$。

$SS_T = (2-6.353333)^2 + (4-6.353333)^2 + \cdots + (6-6.353333)^2 + (4-6.353333)^2$
≈ 1154.273;

$df_T = 3 \times 2 \times 25 - 1 = 149$。

（二）任务效应平方和、自由度与均方

已知: $\bar{Y}_{.1.} = 5.2, \bar{Y}_{.2.} = 6.74, \bar{Y}_{.3.} = 7.12$。

$SS_A = 25 \times 2 \times [(5.2-6.353333)^2 + (6.74-6.353333)^2 + (7.12-6.353333)^2] \approx 103.3733$;

$df_A = 3-1 = 2; MS_A = \dfrac{103.3733}{2} \approx 51.6867$。

（三）任务效应误差项平方和、自由度与均方

$SS_{S/A} = 2 \times \{[(\dfrac{2+7}{2}-5.2)^2 + \cdots + (\dfrac{4+5}{2}-5.2)^2] + [(\dfrac{5+8}{2}-6.74)^2 + \cdots + (\dfrac{6+8}{2}-6.74)^2] + [(\dfrac{9+11}{2}-7.12)^2 + \cdots + (\dfrac{4+4}{2}-7.12)^2]\} = 805.4$;

$df_{S/A} = 3 \times (25-1) = 72; MS_{S/A} = \dfrac{805.4}{72} \approx 11.1861$。

（四）词语意象性效应平方和、自由度与均方

已知: $\bar{Y}_{..1} = 5.613333, \bar{Y}_{..2} = 7.093333$。

$SS_B = 25 \times 3 \times [(5.613333-6.353333)^2 + (7.093333-6.353333)^2] \approx 82.14$;

$df_B = 2-1 = 1; MS_B = 82.14$。

（五）任务与词语意象性交互效应平方和、自由度与均方

已知: $\bar{Y}_{.11} = 4.2, \bar{Y}_{.21} = 5.92, \bar{Y}_{.31} = 6.72, \bar{Y}_{.12} = 6.2, \bar{Y}_{.22} = 7.56, \bar{Y}_{.32} = 7.52$。

$SS_{A \times B} = 25 \times [(4.2-5.2-5.613333+6.353333)^2$

$+(5.92-6.74-5.613333+6.353333)^2$
$+(6.72-7.12-5.613333+6.353333)^2$
$+(6.2-5.2-7.093333+6.353333)^2$
$+(7.56-6.74-7.093333+6.353333)^2$
$+(7.52-7.12-7.093333+6.353333)^2]$
$=9.48$;

$df_{A\times B}=(3-1)\times(2-1)=2$；$MS_{A\times B}=\dfrac{9.48}{2}=4.74$。

（六）任务与词语意象性交互效应误差项平方和、自由度与均方

$SS_{B\times S/A}=[(2-4.2-\dfrac{2+7}{2}+5.2)^2+\cdots+(4-4.2-\dfrac{4+5}{2}+5.2)^2]+\cdots+[(11-7.52-\dfrac{9+11}{2}+7.12)^2+\cdots+(4-7.52-\dfrac{4+4}{2}+7.12)^2]=153.88$；

$df_{B\times S/A}=3\times(2-1)\times(25-1)=72$；$MS_{B\times S/A}=\dfrac{153.88}{72}\approx 2.1372$。

（七）计算 F 比率，开展统计显著性检验

任务效应 $F(2,72)=\dfrac{51.6867}{11.1861}\approx 4.621, p=.013<.05$，由此推断任务有显著主效应。词语意象性效应 $F(1,72)=\dfrac{82.14}{2.1372}\approx 38.433, p<.001$，由此推断词语意象性有显著主效应。任务与词语意象性交互效应 $F(2,72)=\dfrac{4.74}{2.1372}\approx 2.218, p=.116>.05$，由此推断任务与词语意象性没有显著交互效应。

在统计报告中，效应量是必不可少的。根据公式 8.9，任务效应量 $\hat{\eta}_p^2=\dfrac{SS_{effect}}{SS_{effect}+SS_{error}}=\dfrac{103.3733}{103.3733+805.4}\approx 0.11$，词语意象性效应量 $\hat{\eta}_p^2=\dfrac{82.14}{82.14+153.88}\approx 0.35$，任务与词语意象性交互作用效应量 $\hat{\eta}_p^2=\dfrac{9.48}{9.48+153.88}\approx 0.06$。实际研究中，我们既可以用文字报告方差分析结果，也可以用类似于表 9.20 的报告形式。

表 9.20 任务和词语意象性对词汇知识习得影响的混合方差分析

变异来源	SS	df	MS	F	p	$\hat{\eta}_p^2$
任务	103.3733	2	51.6867	4.621	.013	0.11
任务误差	805.4	72	11.1861			
意象性	82.14	1	82.14	38.433	<.001	0.35
任务×意象性	9.48	2	4.74	2.218	.116	0.06
任务与意象性交互效应误差	153.88	72	2.1372			

本例方差分析没有发现任务和词语意象性之间存在统计显著性交互作用,但是发现它们均有主效应,后续检验通常为简单主效应检验。简单主效应检验等同于在每个因素上开展单因素方差分析。任务简单主效应的检验可以采用 Tukey 检验。词语意象性只有两个水平,无须后续检验。根据前面给出的在词语意象性两个水平上的平均数,推断意象性高的词语比意象性低的词语更容易被习得。关于任务简单主效应的检验,留到下一节介绍。

9.4.2 混合方差分析的 SPSS 操作

【问题 9.6】利用问题【9.5】中的数据,操作 SPSS,检验任务和词语意象性是否对词汇知识习得均有显著主效应,任务和词语意象性是否存在显著交互效应。

双因素混合方差分析与双因素被试内方差分析的 SPSS 操作步骤大体相同。在开展双因素混合方差分析之前先检验各个单元格数据是否满足正态分布。将表 9.19 中的数据输入到 SPSS 窗口,并保存(文件名为 ch9MixedANOVA)。该文件中,被试因素为“编号[id]”;被试间因素为“任务[Task]”,包括三个水平(1=任务一,2=任务二,3=任务三);被试内因素为词语意象性(imageability),两个水平上的测量称作“低水平意象性[Low]”和“高水平意象性[High]”。部分数据输入结果如图 9.8 所示。

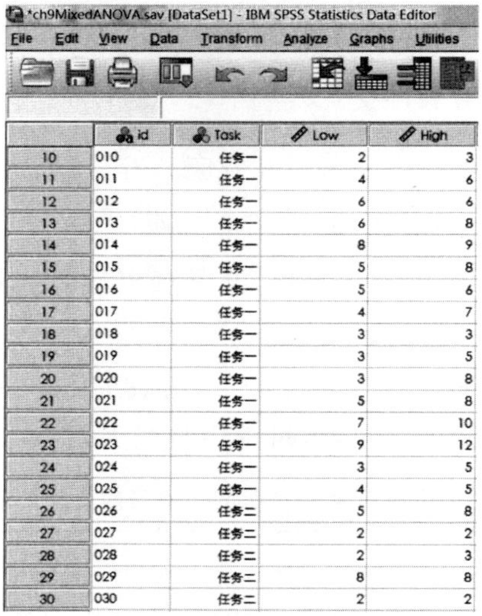

	id	Task	Low	High
10	010	任务一	2	3
11	011	任务一	4	6
12	012	任务一	6	6
13	013	任务一	6	8
14	014	任务一	8	9
15	015	任务一	5	8
16	016	任务一	5	6
17	017	任务一	4	7
18	018	任务一	3	3
19	019	任务一	3	5
20	020	任务一	3	8
21	021	任务一	5	8
22	022	任务一	7	10
23	023	任务一	9	12
24	024	任务一	3	5
25	025	任务一	4	5
26	026	任务二	5	8
27	027	任务二	2	2
28	028	任务二	2	3
29	029	任务二	8	8
30	030	任务二	2	2

图 9.8 词汇知识测量部分数据 SPSS 窗口

利用 SPSS 的探索性分析菜单,检验各个单元格数据分布的正态性。统计分析结果如表 9.21 所示。

第九章 被试内和混合方差分析

表 9.21 任务和词语意象性单元格数据正态性检验

		Skewness (SE)	Kurtosis (SE)	Shapiro-Wilk		
				W	df	p
低水平意象性	任务一	.610 (.464)	.398 (.902)	.951	25	.259
	任务二	.241 (.464)	−.952 (.902)	.938	25	.131
	任务三	.547 (.464)	−.543 (.902)	.945	25	.198
高水平意象性	任务一	.284 (.464)	−.222 (.902)	.968	25	.591
	任务二	.205 (.464)	−.249 (.902)	.964	25	.501
	任务三	.181 (.464)	−.562 (.902)	.965	25	.517

表 9.21 显示，任务和词语意象性各个单元格数据标准化偏度值和标准化峰度值 (*Skew.2SE* 和 *Kurt.2SE*) 的绝对值均小于 1，W 检验得到的 p 值均大于 .05，说明本研究数据满足正态分布假设。

本研究被试内因素只有两个水平，因而满足球性假设。SPSS 同时开展方差齐性检验、球性检验、协方差矩阵齐性检验与综合方差分析，但是建议在研究报告中先报告方差齐性检验、球性检验和协方差矩阵齐性检验结果。

混合方差分析的 SPSS 操作步骤如下：

第一步 按 Analyze→General Linear Model→Repeated Measures… 的顺序进入 Repeated Measures Define Factor(s)（重复测量定义因素）主对话框。

第二步 在 Within-Subject Factor Name（被试内因素名）栏内，输入因素名"词语意象性"。在 Number of Levels（因素水平数）栏中输入 2（代表词语意象性因素的两个水平），点击 Add（添加），在下栏中出现被定义的因素名和因素水平数。在 Measure Name（测量名称）栏中输入因变量名称"词汇知识"（代表因变量），点击 Add（添加）。

第三步 点击 Define（定义），进入 Repeated Measures（重复测量）子对话框。将左栏中的"低水平意象性[Low]"和"高水平意象性[High]"键入右栏，替换"－？－(1,词汇知识)"和"－？－(2,词汇知识)"，将左栏中的"任务[Task]"键入 Between-Subjects Factor(s)（被试间因素）栏。

第四步 点击 Plots…，进入重复测量 Profile Plots（轮廓图）子对话框。将"Task"键入 Horizontal Axis（横坐标）栏中，将"词语意象性"键入 Separate Lines（分离线）栏中，再点击 Add（添加），将"Task＊词语意象性"置入 Plots（图形）栏。在 Error Bars（误差条）栏中勾选 Include Error Bars（包括误差条），以便在图中显示平均数 95% 置信区间 (Confidence Interval(95.0%))。

第五步 点击 Continue（继续），回到 Repeated Measures 子对话框。点击 Post Hoc…，进入 Post Hoc Multiple Comparisons for Observed Means（观测平均数事后多重比较）子对话框。将 Factor(s)（因素）栏中的被试间因素"Task"键入 Post Hoc Tests for

(事后检验)栏,勾选 Equal Variances Assumed(假设方差齐性)面板中的 Tukey(Tukey 检验)。通常情况下,只有在被试间因素有主效应,且与其他因素没有交互效应时,利用 Tukey 检验开展简单主效应检验才有意义。如果研究数据不能满足方差齐性假设,则要在 Equal Variances Not Assumed(不假设方差齐性)栏中勾选 Dunnett's T3。

第六步 点击 Continue(继续),回到 Repeated Measures 子对话框。再点击 EM Means…,进入重复测量 Estimated Marginal Means(边际平均数估计)子对话框。将左栏 Factor(s) and Factor Interactions(因素和因素交互效应)中的"Task * 词语意象性"键入 Display Means for(显示平均数)栏中,目的是报告单元格标准误差和 95% 置信区间统计结果。

第七步 点击 Continue(继续),回到 Repeated Measures 子对话框。再点击 Options…,进入重复测量 Options(选项)子对话框。在 Display(显示)面板中勾选 Descriptive statistics(描述性统计量)、Estimates of effect size(效应量估计)和 Homogeneity Tests(齐性检验)。

第八步 点击 Continue(继续),回到 Repeated Measures 子对话框。点击 Paste(粘贴),得到 SPSS 句法命令。注意,在没有发现统计显著性交互效应时,通常不需要编辑 SPSS 句法命令。本例中任务和词语意象性对词汇知识习得的影响没有统计显著性交互效应,这一步可以省略。主要出于演示目的,我们增加了这一步。取消命令行/WSFACTOR=词语意象性 2 Polynomial 中的 Polynomial(多项式)。复制包括单元格平均数估计的命令行/EMMEANS=TABLES(Task * 词语意象性),将之粘贴在原命令行的下面。在第一个命令行/EMMEANS=TABLES(Task * 词语意象性)后添加 compare(Task) adj (bonferroni),表示在因素"词语意象性"的每个水平上比较因素"Task"配对水平上的差异。在第二个命令行/EMMEANS=TABLES(Task * 词语意象性)后添加 compare(词语意象性) adj (bonferroni),表示在因素"Task"的每个水平上比较词语意象性的两个水平。这两个命令可以有不同的顺序,不影响统计分析结果。本例采用的 p 值校正方法是 Bonferroni 校正 α 值。本例修改后的命令如下:

DATASET ACTIVATE DataSet1.
GLM Low High BY Task
/WSFACTOR=词语意象性 2
/MEASURE=词汇知识
/METHOD=SSTYPE(3)
/POSTHOC=Task(TUKEY)
/PLOT=PROFILE(Task * 词语意象性) TYPE=LINE ERRORBAR=CI MEANREFERENCE=NO YAXIS=AUTO
/EMMEANS=TABLES(Task*词语意象性) compare (Task) adj (bonferroni)
/EMMEANS=TABLES(Task*词语意象性) compare (词语意象性) adj (bonferroni)

```
/PRINT=DESCRIPTIVE ETASQ HOMOGENEITY
/CRITERIA=ALPHA(.05)
/WSDESIGN=词语意象性
/DESIGN=Task.
```

执行 RUN→All,完成 SPSS 操作。

表 9.22 报告各个单元格数据描述性统计结果,包括样本量(N,n)、平均数(Mean,M)、标准差(Std. Deviation,SD)、标准误差(Std. Error,SE)和平均数 95% 置信区间(95% Confidence Interval,95% CI)。

表 9.22　任务和词语意象性单元格数据描述性统计

意象性	任务	n	M	SD	SE	95% CI
低	任务一	25	4.20	1.979	.484	[3.236,5.164]
	任务二	25	5.92	2.783	.484	[4.956,6.884]
	任务三	25	6.72	2.424	.484	[5.756,7.684]
高	任务一	25	6.20	2.483	.547	[5.110,7.290]
	任务二	25	7.56	3.216	.547	[6.470,8.650]
	任务三	25	7.52	2.434	.547	[6.430,8.610]

表 9.22 显示,各个单元格标准差接近。利用中位数的 Levene 误差方差齐性检验发现,词语意象性不同水平上的任务数据满足方差齐性假设(低水平:$F(2,72)=1.61,p=.207>.05$;高水平:$F(2,72)=0.53,p=.589>.05$)。Box 协方差矩阵齐性检验发现,本例数据满足协方差矩阵齐性假设(Box's $M=5.84,F(6,129201.23)=0.93,p=.469>.05$)。

词汇知识平均数随任务和词语意象性水平变化的趋势如图 9.9 所示,图中的误差条表示平均数 95% 置信区间。

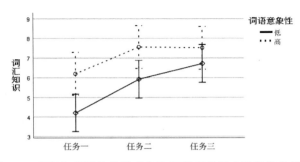

图 9.9　词汇知识平均数随任务和词语意象性水平变化的趋势

图 9.9 的绘制利用 Chart Editor 的功能。图中显示任务和词语意象性没有明显

的交互作用倾向。总体上,在各个任务中,意象性水平高的词汇知识平均数高于意象性水平低的词汇知识平均数。从平均数来看,任务二和任务三对词汇知识习得的作用相当,任务一的作用要小一些。从平均数95%置信区间来看,在词语意象性低水平上,任务二与任务三中置信区间的重合度很高,与任务一中置信区间的重合度低于50%,说明任务二与任务三之间可能没有统计显著性差异,它们与任务一很可能有统计显著性差异。在词语意象性高水平上,三个任务置信区间的重合度均接近或超过50%,任务二与任务三中置信区间的重合度尤其高,说明三个任务之间可能没有统计显著性差异。在任务一和任务二中,特别是在任务一中,词语意象性两个水平在词汇知识测量上的平均数95%置信区间有较少的重合度;在任务三中词语意象性两个水平在词汇知识测量上的平均数95%置信区间有50%以上的重合度。这表明,在任务一和任务二中,词语意象性两个水平可能有统计显著性差异;在任务三中,词语意象性两个水平可能没有统计显著性差异。

表9.23报告被试间效应检验(Tests of Between-Subjects Effects)和球性假设满足条件下被试内效应检验(Tests of Within-Subjects Effects)的结果。这是重要的一张表,与表9.20本质上相同。

表9.23 任务和词语意象性对词汇知识影响的方差分析

	SS	df	MS	F	p	$\hat{\eta}_p^2$
任务	103.373	2	51.687	4.621	.013	.114
误差(任务)	805.400	72	11.186			
意象性	82.140	1	82.140	38.433	<.001	.348
任务×意象性	9.480	2	4.740	2.218	.116	.058
误差(意象性)	153.880	72	2.137			

由于本例没有发现交互效应($F(2,72)=2.22, p=.116>.05, \hat{\eta}_p^2=0.06$),后续检验为主效应检验。由于词语意象性只有两个水平,无须开展配对比较。根据表9.22和表9.23,推断意象性水平高的词汇知识平均数显著高于意象性水平低的词汇知识平均数($F(1,72)=38.43, p<.001, \hat{\eta}_p^2=0.35$)。如果我们要报告效应量Cohen's d,则利用公式7.13计算得到Cohen's $d=0.7$(效应量大)。

表9.24报告利用Tukey HSD开展任务效应多重比较(Multiple Comparisons)的结果。

表 9.24 任务效应多重比较

	$\hat{\psi}$	SE	p	95% CI
任务一和任务二	−1.54	.669	.062	[−3.14,.06]
任务一和任务三	−1.92*	.669	.015	[−3.52,−.32]
任务二和任务三	−.38	.669	.837	[−1.98,1.22]

$\hat{\psi}$ 表示平均数差异。* 表示统计显著性差异。

表 9.24 显示,任务三显著好于任务一($p<.05$),但是与任务二没有统计显著性差异($p>.05$)。任务一与任务二之间的差异只有统计显著性倾向($p<.1$)。如果要报告配对比较效应量,可以利用公式 7.9 计算 Cohen's d。针对本例,任务一和任务二比较效应量 Cohen's $d=0.64$(效应量中等),任务一和任务三比较效应量 Cohen's $d=0.9$(效应量大),任务二和任务三比较效应量 Cohen's $d=0.15$(效应量小)。

出于演示的目的,在前面的 SPSS 操作中我们编写了开展简单效应检验的句法命令。表 9.25 和表 9.26 报告利用 Bonferroni 校正开展配对比较(Pairwise Comparisons,即简单效应检验)得到的结果。

表 9.25 任务简单效应检验

词语意象性	任务配对	$\hat{\psi}$	SE	p	95% CI
低水平	任务一和任务二	−1.720*	.684	.042	[−3.39,−.044]
	任务一和任务三	−2.520*	.684	.001	[−4.196,−.844]
	任务二和任务三	−.800	.684	.738	[−2.476,.876]
高水平	任务一和任务二	−1.360	.773	.249	[−3.256,.536]
	任务一和任务三	−1.320	.773	.277	[−3.216,.576]
	任务二和任务三	.040	.773	≈1.000	[−1.856,1.936]

$\hat{\psi}$ 表示平均数差异。* 表示统计显著性差异。

表 9.26 词语意象性简单效应检验

任务	词语意象性	$\hat{\psi}$	SE	p	95% CI
任务一	低与高水平	−2.000*	.413	<.001	[−2.824,−1.176]
任务二	低与高水平	−1.640*	.413	<.001	[−2.464,−.816]
任务三	低与高水平	−.800	.413	.057	[−1.624,.024]

$\hat{\psi}$ 表示平均数差异。* 表示统计显著性差异。

表 9.25 显示,任务显著主效应主要表现在意象性水平低的词汇知识习得中,任务对意象性水平高的词汇知识习得没有统计显著性影响($p>.05$)。具体而言,在意象性水平低的词汇知识习得中,任务二和任务三显著好于任务一($p<.05$),但是任务二和任务三之间没有统计显著性差异($p>.05$)。如果在实际研究中报告被试间因素

简单效应检验结果,建议包括效应量 Cohen's d(利用公式 7.9)。

表 9.26 显示,在任务一和任务二中,意象性高的词汇知识比意象性低的词汇知识更容易被习得($p<.001$);在任务三中,两类词汇知识的习得只有边际统计显著性差异($p<.1$)。如果在实际研究中报告被试内因素简单效应检验结果,建议包括效应量 Cohen's d(利用公式 7.13)。

问题与思考

1. 被试间设计和被试内设计方差分析有什么区别?
2. 在一个包括三个水平的单因素被试内设计方差分析中,如果误差自由度为 60,则该研究的样本量是多少?
3. 被试内设计方差分析的一个优点是排除以下哪一项的影响?
   (a)被试个体差异　(b)测量误差　(c)被试偏差　(d)练习效应
4. 一项实验研究以同一批学习者为被试,调查教学时间安排(上午、下午和晚上)和教学方式(讲座型教学和小组讨论型教学)对教学效果的影响。该设计是什么类型的设计(被试间、被试内或混合设计)? 是 3×2 设计还是 2×2 设计?
5. 一项研究采用 2×2 设计调查因素 A 和因素 B 对某个因变量的影响。平均数线图显示两条很不平行的线段,这表明以下哪种效应很有可能会存在?
   (a) 因素 A 主效应
   (b) 因素 B 主效应
   (c) 因素 A 与 B 交互效应
   (d) 以上所有效应
6. 如果一个变量的效应随另一个变量水平的变化而变化,这表明有以下哪种效应?
   (a) 交互效应
   (b) 一个因素的主效应
   (c) 一个因素在另一个因素某个水平上的主效应
   (d) 以上所有效应
7. 在双因素被试内设计方差分析中,方差来源包括什么?
   (a) 两个因素各自的主效应及其交互效应和一个共同误差
   (b) 一个因素的主效应和误差、另一个因素的主效应和误差以及两个因素的交互效应和误差
   (c) 两个因素各自的主效应和交互效应
   (d) 两个因素各自的主效应和一个共同误差,两个因素的交互效应和一个误差
8. 因素设计方差分析中的简单效应(simple effect)指什么?
   (a) 在另一个因素的一个水平上一个因素的两个水平之间的差异
   (b) 一个因素对另一个因素的影响
   (c) 一个因素在忽略另一个因素时的效应

(d) 得到统计显著性结果的简单方法

9. 某研究者采用 2×2 被试内设计检验因素 A 和因素 B 对某个因变量的影响。双因素重复测量方差分析部分统计结果如下表所示。

Source	SS	df	MS	F	p	$\hat{\eta}_p^2$
A	750				<.001	
Error (A)	645.5					
B	270				.003	
Error (B)	734.5					
A * B	0.133				.933	
Error (A * B)	542.367	29				

回答以下问题：

(a) 本研究使用的总样本量是多少？

(b) 在表中对应的方框内填入各个统计量的值(保留三位小数)。

(c) 用文字表述本研究检验因素 A 和 B 主效应及其交互效应的零假设。

(d) 在显著性水平为.05 时,本研究中哪个(哪些)效应具有统计显著性？哪个(哪些)效应没有统计显著性？

(e) 本研究的结论是什么？

10. 一项实验研究采用 2×2 混合设计调查英语水平(Proficiency)和准备时间(Planning time)对 50 名英语学习者($N=50$)短文朗读错误的影响。英语低和高水平组各有 25 人参与了实验。所有学生朗读按照随机顺序呈现的两篇难易度和长度对等的英语短文。一篇短文的朗读允许有准备时间(Planning),另一篇短文的朗读不允许有准备时间(No planning)。学习者两种朗读条件下的朗读错误数如下表所示。

低水平组	无准备:8,17,15,16,16,17,17,18,16,13,14,12,13,13,16,13,11,13,21,17,22,14,16,16,12;
	有准备:8,11,14,7,10,10,12,9,15,10,11,13,9,7,15,4,13,10,12,11,15,7,14,15,10;
高水平组	无准备:11,8,9,9,14,9,9,12,7,14,8,6,9,13,10,9,10,6,15,11,14,9,8,9,12;
	有准备:10,5,4,9,9,5,5,3,7,5,7,6,8,9,5,6,9,4,7,6,13,9,5,11,10。

回答以下问题：

(a) 检验本研究数据是否基本满足混合方差分析的统计假设。

(b) 如果采用混合方差分析,报告与解释混合方差分析的结果。

(c) 绘制线图显示朗读错误平均数随英语水平和准备时间的变化模式,并做出必要的解释。

第十章 线性回归分析
Chapter Ten Linear Regression Analysis

回归(regression)是英国生物学家弗朗西斯·高尔顿(Francis Galton,1822—1911)最早使用的一个术语。在研究父母的身高和子女身高的关系时,高尔顿发现,平均看来,子女的身高不像父母那样异常,而是趋于平均身高,即向平均数回归(regression toward the mean)。也就是说,高个子父母有高个子的子女,但是他们并没有父母那么高;矮个子父母有矮个子的子女,但是他们也没有父母那么矮。子女的身高有向总体的平均身高回归的趋势。这种从两个极端向平均数返回的趋势产生了回归的概念。回归的含义后来得到了拓展。在统计学中,回归是预测(prediction)的另一种说法,即利用一个或多个变量预测或解释另一个变量。由若干变量预测或解释另一个变量的统计分析称作回归分析(regression analysis)。

回归关系与相关关系既有区别,又有联系。两者的区别在于:相关关系反映两个变量之间的双向关系,不能根据相关系数用一个变量的值去估计另一个变量的值;回归关系表示一个被预测变量(predicted variable,即效标变量,criterion variable;有时又称因变量,dependent variable)随一个或多个预测变量(predictor variable(s),有时又称解释变量,explanatory variable(s),或者自变量,independent variable(s))变化的单向关系,可以根据回归线方程式用预测变量的值去预测或估计效标变量的值。回归关系与相关关系的联系在于:回归分析以变量之间的相关关系为前提。两个变量之间的相关关系越强,自变量对因变量的预测力或解释力就越强;两个变量之间的相关关系越弱,自变量对因变量的预测力或解释力就越弱。当两个变量之间不相关时,它们之间就不存在回归关系。

根据自变量的多少,回归分析可分为简单(一元)回归分析(simple regression analysis)和多元回归分析(multiple regression analysis)。简单回归分析中有一个预测变量和一个效标变量。多元回归分析中有一个因变量和两个或两个以上的预测变量。根据回归线形状的不同,回归分析又可分为线性回归和曲线回归。本章介绍采用普通最小二乘法(ordinary least squares,OLS)进行参数估计的线性回归,包括简单线性回归和二元线性回归(多元回归分析中最简单的一种)。虽然普通最小二乘法回归分析可以应用于预测变量是类别变量的情形(预测变量是类别变量时,t 检验或

第十章 线性回归分析

方差分析更常用),但是本章介绍的回归分析中的预测变量和效标变量均为连续性变量。

10.1 简单线性回归

10.1.1 普通最小二乘法回归

简单线性回归(simple linear regression)是所有回归分析中最简单的一种,因为它只有一个预测变量和一个效标变量。简单线性回归模型假定,在 X(预测变量)为横轴、Y(效标变量)为纵轴的坐标系中有一条直线,在 Y 轴上的截距项(intercept,又称常数[项],constant)为 α(又称 β_0),斜率(slope,即回归系数,regression coefficient)为 β,这条线称作总体回归线(population regression line)。简单线性回归模型为:

$$Y = \alpha + \beta X + \varepsilon \qquad (公式 10.1)$$

其中,α 和 β 是回归模型的参数(parameters),ε 是误差,即效标变量观测值与总体回归模型预测值之间的差异。在没有随机误差 ε 的情况下,所有 (x,y) 观测点都正好落在总体回归线上。公式 10.1 中包含了随机误差 ε,这意味着 (x,y) 观测点都会按照一定的随机误差量偏离总体回归线。图 10.1 显示两个观测点偏离总体回归线的情形。

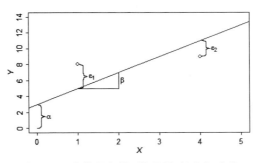

图 10.1 总体回归线、截距项、斜率和残差

图 10.1 显示截距项 $\alpha=3$,即在 $X=x_1=0$ 时变量 Y 的观测值 $Y_0=3$。$\beta=2$ 表示 X 值每增加一个单位,Y 预测值 $\hat{Y}$ 的增加量。当 $X=x_2=1$ 时,Y 预测值 $\hat{Y}_2=5$,实际观测

值为 $Y_2=8$，误差 $\varepsilon_1=8-5=3$。当 $X=x_3=4$ 时，Y 预测值 $\hat{Y}_3=11$，实际观测值为 $Y_3=9$，误差 $\varepsilon_2=9-11=-2$。

总体回归线中的截距项 α 和斜率 β 通常是未知的，需要用来自总体的样本统计量 a 和 b 进行估计。样本简单回归模型为：

$$Y = a + bX + \hat{\varepsilon} \qquad (公式\ 10.2)$$

其中，$\hat{\varepsilon}$，又作 e，为残差（residuals），是 ε 的样本估计。估计的回归线方程为：

$$\hat{Y} = a + bX \qquad (公式\ 10.3)$$

其中，$\hat{Y}$（读作 y hat）是预测值。在普通最小二乘法回归分析中，a（α 的点估计）的计算公式为：

$$a = \bar{Y} - b\bar{X} \qquad (公式\ 10.4)$$

斜率 b（β 的点估计）的计算公式为：

$$b = \frac{SS_{XY}}{SS_X} = r_{XY}\frac{S_Y}{S_X} \qquad (公式\ 10.5)$$

其中，SS_{XY} 是两个变量 X 和 Y 与各自平均数离差的交乘积之和（sum of cross-products），SS_X 是预测变量 X 与平均数离差的平方和（sum of squares），r_{XY} 是 X 和 Y 的皮尔逊相关系数，S_Y 是效标变量 Y 的标准差，S_X 是预测变量 X 的标准差。回归残差为观测值与预测值之差，即 $\hat{\varepsilon} = Y - \hat{Y}$。

普通最小二乘法使残差平方和为最小值（minimum），从而使回归线为拟合观测数据的最优拟合线（line of best fit）。下面用一个简单的例子说明普通最小二乘法的原理。

假如预测变量 X 的观测值（$n=10$）为：(5,13,6,5,10,16,9,12,8,9)，效标变量 Y 的观测值为：(25,32,30,25,30,33,30,30,32,29)。线性回归分析的目标是寻找一条回归线充分拟合数据点 (5,25), (13,32), …, (9,29)。令 $Y=a+bX+\hat{\varepsilon}$，则残差为：

$$\hat{\varepsilon}_1 = 25 - (a+5b)$$
$$\hat{\varepsilon}_2 = 32 - (a+13b)$$
$$\vdots$$
$$\hat{\varepsilon}_{10} = 29 - (a+9b)$$

残差平方和为：$f(a,b) = [25-(a+5b)]^2 + [32-(a+13b)]^2 + \ldots + [29-(a+9b)]^2 = 8828 - 592a - 5642b + 186ab + 10a^2 + 981b^2$。$f(a,b)$ 的一阶偏导数（first order partial derivatives)为:$f(a)=20a+186b-592$;$f(b)=186a+1962b-5642$。令每个偏导数为0,求解。经计算得到 a 和 b 的近似值:$a=24.1370, b=0.5874$。因此,本例的预测方程为:$\hat{Y}=24.1370+0.5874X$。这个方程表示,X 每增加一个单位,Y 的预测值就增加 0.5874 个单位。注意,在计算针对每个变量的函数偏导数时,函数中的其他变量视作常数,常数的导数为0。譬如,在计算函数 $f(x,y)=2x^2+3y^2$ 中针对 x 的偏导数时,y 项视作常数,其导数为0,因此 $\frac{\partial(x,y)}{\partial x}=\frac{\partial(2x^2+3y^2)}{\partial x}=2\times 2\times x+0=4x$。同样,在计算函数 $f(x,y)=2x^2+3y^2$ 中针对 y 的偏导数时,x 项视作常数,其导数为0,因此 $\frac{\partial(x,y)}{\partial y}=\frac{\partial(2x^2+3y^2)}{\partial y}=0+3\times 2\times y=6y$。

如果利用公式 10.4 和 10.5 计算截距项和斜率,则需要先计算公式中使用的统计量 $\bar{Y}$、$\bar{X}$、SS_{XY} 和 SS_X。本例中,$SS_{XY}=68.2$,$SS_X=116.1$,$\bar{X}=9.3$,$\bar{Y}=29.6$。根据公式 10.5,得到 $b=\frac{68.2}{116.1}\approx 0.5874$(更精确值为 0.5874246)。根据公式 10.4,得到 $a=29.6-9.3\times 0.5874246\approx 24.1370$。由此可见,利用公式 10.4 和 10.5 与利用偏导数求极值得出的结果相同。

【问题 10.1】为了检验英语专业学习者英语水平(proficiency)对作文词汇复杂度(lexical sophistication, LS)的预测力,某研究者从某高校英语专业二年级学生群体中随机抽取 25 名学生($n=25$)开展英语水平测试(满分为 100 分)。一段时间过后,这些学生完成了一篇命题作文。研究者将词汇复杂度定义为学生作文中每 100 个词包括常用 2000 词之外的低频词数量。英语水平和作文词汇复杂度的测量结果如表 10.1 所示。

表 10.1 英语水平和作文词汇复杂度数据

英语水平:74,79,57,63,58,64,81,67,70,73,61,69,77,66,74,51,65,63,68,76,78,76,75,63,80;
词汇复杂度:14.33,13.32,10.42,10.24,5.77,5.85,7.69,11.54,8.99,11.34,5.86,9.84,9.92, 7.05,8.76,4.13,7.36,6.57,5.86,12.50,9.33,11.75,10.71,8.33,10.92。

要求:利用最小二乘法估计简单回归方程。

【解】本例中,英语水平是预测变量,词汇复杂度是效标变量。最小二乘法估计截距项和斜率利用公式 10.4 和 10.5。根据表 10.1 得到:$SS_{XY}=315.9844$,$SS_X=1526.64$,$\bar{X}=69.12$,$\bar{Y}=9.1352$,$S_X=7.97559$,$S_Y=2.65040$,$r_{XY}=0.62285$。根据公式 10.5,得到斜率 b:$b=\frac{SS_{XY}}{SS_X}=\frac{315.9844}{1526.64}\approx 0.20698$,或者 $b=r_{XY}\frac{S_Y}{S_X}=\frac{0.62285\times 2.65040}{7.97559}\approx 0.20698$。根据公式

10.4，得到截距项 $a=\bar{Y}-b\bar{X}=9.1352-0.20698×69.12≈-5.1713$。因此，本例的预测方程为：$\hat{LS}=-5.1713+0.20698×\text{Proficiency}$。这个方程表明，英语水平每增加1分，作文词汇复杂度的预测值就增加0.20698。

10.1.2 回归线对数据的拟合优度检验

在得到估计的线性回归方程之后，我们还需要知道预测变量 X 对效标变量 Y 的预测力有多大，即回归线对数据的拟合优度（goodness of fit）如何。这里要用到决定系数和估计标准误差两个概念。

决定系数（coefficient of determination，简称 R^2 或 r^2）测量通过 X 和 Y 的线性关系可以解释效标变量 Y 方差（或变异）的比率。换句话说，R^2 是预测变量解释因变量变异的比率。效标变量 Y 观测值可以分解如下：

$$Y=\bar{Y}+(\hat{Y}-\bar{Y})+(Y-\hat{Y}) \qquad \text{（公式 10.6）}$$

该公式表示，每个 Y 观测值由平均数、回归产生的预测值与平均数的离差以及观测值与预测值的残差组成。公式 10.6 两边减去 $\bar{Y}$，得到：$Y-\bar{Y}=(\hat{Y}-\bar{Y})+(Y-\hat{Y})$。对转化等式求平方和，得到：$\sum(Y-\bar{Y})^2=\sum(\hat{Y}-\bar{Y})^2+\sum(Y-\hat{Y})^2+2\sum(\hat{Y}-\bar{Y})(Y-\hat{Y})$。由于 $\sum(\hat{Y}-\bar{Y})(Y-\hat{Y})=0$，$\sum(Y-\bar{Y})^2=\sum(\hat{Y}-\bar{Y})^2+\sum(Y-\hat{Y})^2$。以上平方和记作：

$$SS_T=SS_R+SS_e \qquad \text{（公式 10.7）}$$

该公式表示效标变量 Y 的总平方和（总变异）被分解为 Y 在 X 上的回归平方和（SS_R，regression sum of squares）以及回归残差平方和（SS_e，residual sum of squares）。公式 10.7 中各个平方和的计算利用以下公式：

$$SS_T=\sum(Y-\bar{Y})^2=\sum Y^2-\frac{(\sum Y)^2}{n}$$

$$SS_R=\sum(\hat{Y}-\bar{Y})^2=b\,SS_{XY}$$

$$SS_e=\sum(Y-\hat{Y})^2=\sum Y^2-a\sum Y-b\sum XY \qquad \text{（公式 10.8）}$$

其中，Y 是效标变量观测值，$\bar{Y}$ 是效标变量平均数，$\hat{Y}$ 是效标变量的预测值，n 是样本量，a 和 b 分别是截距项和回归系数，SS_{XY} 是两个变量 X 和 Y 与各自平均数离差的交乘积之和，$\sum XY$ 是原始分值乘积之和。

第十章 线性回归分析

决定系数的计算公式为：

$$R^2 = \frac{SS_R}{SS_T} = 1 - \frac{SS_e}{SS_T} \qquad \text{（公式 10.9）}$$

R 是多元相关系数（multiple correlation coefficient，复相关系数）。R^2 值介于 0—1 之间。如果 R^2 值很小，说明回归模型没有很好地拟合数据。反之，如果 R^2 值很大，说明回归模型很好地拟合了数据。

在【问题 10.1】的例子中，$n=25$，$\bar{Y}=9.1352$，$\sum Y^2 = 2254.888$，$\left(\sum Y\right)^2 = 52157.42$，$b=0.20698$，$SS_{XY}=315.9844$，$a=-5.1713$，$\sum Y=228.38$，$\sum XY=16101.61$。各个平方和为：

$$SS_T = \sum (Y-\bar{Y})^2 = [(14.33-9.1352)^2 + \cdots + (10.92-9.1352)^2] \approx 168.591，$$

或者 $SS_T = \sum Y^2 - \dfrac{\left(\sum Y\right)^2}{n} = 2254.888 - \dfrac{52157.42}{25} \approx 168.591$；

$$SS_R = b\, SS_{XY} \approx 65.402；$$

$$SS_e = \sum Y^2 - a\sum Y - b\sum XY = 2254.888 + 5.1713 \times 228.38 - 0.20698 \times 16101.61 \approx 103.198。$$

由于四舍五入的原因，手工计算结果与 SPSS 统计结果会存在微小的差异，但是不影响对统计概念和计算程序的理解。

根据公式 10.9，得到 $R^2 = \dfrac{SS_R}{SS_T} = \dfrac{65.402}{168.591} \approx 0.388$。这意味着，英语水平（的方差）大约能够解释作文词汇复杂度方差的 38.8%。根据 Cohen(1988)，回归分析效应量大小的参照标准是：$R^2=0.02$，效应量小（small）；$R^2=0.13$，效应量中等（medium）；$R^2=0.26$，效应量大（large）。本例回归分析效应量很大。

决定系数从正面检验线性回归模型的拟合优度，而估计标准误差（standard error of the estimate，s_e）则从反面体现线性回归模型的拟合优度。估计标准误差为残差标准差。在统计分析中，使用估计标准误差度量 $\hat{Y}$ 值近似地估计 Y 值产生的偏差。估计标准误差越小，样本各观测点就越接近回归线，回归线的预测效果就越好。估计标准误差的计算公式为：

$$s_e = \sqrt{\frac{SS_e}{n-k-1}} \qquad \text{（公式 10.10）}$$

其中，SS_e 是回归残差平方和，n 是样本量，k 表示预测变量数。

在【问题 10.1】的例子中,$n=25$,$SS_e=103.198$。根据公式 10.10,得到估计标准误差 $s_e = \sqrt{\frac{103.198}{25-2}} \approx 2.118$。

10.1.3 模型有用性检验

估计的简单线性回归方程是基于样本数据得到的。它是否真实地反映总体中预测变量 X 和效标变量 Y 之间的关系,还需要进行统计显著性检验,即模型有用性检验(model utility test)。两个主要的检验是线性关系统计显著性检验和回归系数统计显著性检验。

线性关系显著性检验是检验一个或多个预测变量和某个效标变量之间的线性关系是否有统计上的显著意义,检验的零假设为 $H_0: R^2=0$。该检验等同于同时性检验所有的回归系数是否均为 0 值,零假设是 H_0:所有 $\beta's=0$。在简单线性回归中,线性关系检验用于检验预测变量 X 和效标变量 Y 的线性关系是否达到统计上的显著意义,即它们之间的关系是否能真的多用模型 $Y=\alpha+\beta X+\varepsilon$ 来表示。线性关系显著性检验为 F 检验。统计量 F 的计算公式为:

$$F = \frac{SS_R/k}{SS_e/(n-k-1)} = \frac{R^2/k}{(1-R^2)/(n-k-1)} \quad \text{(公式 10.11)}$$

其中,SS_R 是回归平方和,SS_e 是回归残差平方和,R^2 是回归模型的预测力或解释力,n 是样本量,k 表示预测变量数。在简单线性回归分析中,$k=1$。在零假设为真的情况下,统计量 F 服从分子自由度 $v_1=k$、分母自由度 $v_2=n-k-1$ 的 F 分布。若统计量 F 在 F 分布上的尾巴概率 p 小于或等于显著性水平 α,则推断线性关系有统计显著性。

在【问题 10.1】的例子中,$n=25$,$SS_R=65.402$,$SS_e=103.198$。根据公式10.11,得到 $F(1,23) = \frac{65.402}{103.198/23} \approx 14.576$,$p=.0009<.001$,由此推断线性关系有统计显著性。

F 检验是综合显著性检验,而 t 检验用于检验各个预测变量上的回归系数 b_i($i=1,\ldots,k$,其中 k 表示预测变量数)是否有统计显著性。t 检验的零假设为 $H_0: \beta_i=0$。关于常数项的统计显著性检验,我们会在二元回归分析中介绍。样本回归系数 b_i 是对总体回归系数 β_i 的点估计(point estimate)。t 统计量的计算公式为:

$$t = \frac{b_i - 0}{s_{b_i}} \quad \text{(公式 10.12)}$$

其中，s_{b_i} 是统计量 b_i 的估计标准误差，$s_{b_i}=\frac{s_e}{\sqrt{SS_{X_i}}}$，其中 s_e 是估计标准误差，SS_{X_i} 是预测变量 X_i 的平均数离差平方和。t 检验的自由度为 $v=n-k-1$。在简单线性回归分析中，$t=\frac{b}{s_b}=r\sqrt{\frac{n-2}{1-r^2}}$。这意味着，在一元回归分析中，零假设 $H_0:\beta=0$ 的 t 检验等同于皮尔逊相关分析零假设 $H_0:\rho=0$ 的 t 检验。

在【问题 10.1】的例子中，$n=25$，$SS_X=1526.64$，$b=b_1=0.20698$，$s_e=2.118$，$r_{XY}=0.62285$。根据公式 $s_{b_i}=\frac{s_e}{\sqrt{SS_{X_i}}}$，$s_{b_1}=\frac{2.118}{\sqrt{1526.64}}\approx 0.05421$。根据公式 10.12，$t(23)=\frac{0.20698}{0.05421}\approx 3.818$，$p=.0009<.001$，由此推断回归系数 b 有统计显著性。如果根据 $t=r\sqrt{\frac{n-2}{1-r^2}}$，同样得到 $t=0.62285\times\sqrt{\frac{25-2}{1-0.62285^2}}\approx 3.818$。在一元线性回归分析中，因为只有一个自变量，因此 $F=t^2$，F 检验和 t 检验是一回事。

在有多个预测变量时，比较各个预测变量的大小通常使用标准化回归系数（standardized regression coefficient）。标准化回归系数 β 以标准差为单位表现预测变量 X 和效标变量 Y 之间的关系，意为：预测变量 X 每增加一个标准差，效标变量 Y 就平均增加 β 个标准差。标准化回归系数 β 在计算上等于非标准化的回归数 b 乘以预测变量 X 的平均数离差平方和（SS_X）的平方根与效标变量 Y 的平均数离差平方和（SS_Y）的平方根的商，即：

$$\beta=b\frac{\sqrt{SS_X}}{\sqrt{SS_Y}} \qquad (公式10.13)$$

在【问题 10.1】的例子中，$b=0.20698$，$SS_X=1526.64$，$SS_Y=SS_T=168.591$。根据公式 10.13，得到：$\beta=\frac{0.20698\times\sqrt{1526.64}}{\sqrt{168.591}}\approx 0.623$。这意味着，英语水平每增加一个标准差，作文词汇复杂度就平均增加 0.623 个标准差。在一元回归分析中，标准化回归系数等同于皮尔逊相关系数 r。这是因为：$b=\frac{SS_{XY}}{SS_X}$，$\beta=b\frac{\sqrt{SS_X}}{\sqrt{SS_Y}}=\frac{SS_{XY}}{SS_X}\times\frac{\sqrt{SS_X}}{\sqrt{SS_Y}}=\frac{SS_{XY}}{\sqrt{SS_X}\sqrt{SS_Y}}=\frac{SS_{XY}/(n-1)}{\sqrt{SS_X/(n-1)}\sqrt{SS_Y/(n-1)}}=\frac{cov(X,Y)}{S_X S_Y}=r$。

10.1.4 模型的交叉验证

如果模型中的同一个或同一组预测变量在不同样本中预测同样的因变量时预测

力明显下降,则该模型不具有推广性。交叉验证(cross-validation)用于评估模型在不同样本之间的推广性。交叉验证主要有两种方法。一种方法是利用修正的 R^2 (adjusted R^2, R_a^2),另一种方法是拆分数据(data splitting)。

R^2 是针对样本的精确估计,但它是对总体的乐观(过高)估计。基于样本的 R^2 沿着正方向(positive direction)围绕基于总体的 R^2 随机波动。同其他抽样分布一样,样本量越小,基于样本的 R^2 随机波动的幅度就越大(Tabachnick & Fidell, 2013:154)。修正的 R^2 被认为是对总体的更好估计(George & Mallery, 2016:201)。R_a^2 总是小于 R^2,体现预测力的收缩(shrinkage)。SPSS 使用 Wherry(1931)提出的 R_a^2 计算公式:

$$R_a^2 = 1 - \frac{n-1}{n-k-1}(1-R^2) \quad (\text{公式 } 10.14)$$

其中,k 是预测变量数,n 为样本量,R^2 是未修正的决定系数。在【问题 10.1】的例子中,如果利用 Wherry 修正公式 10.14,则得到 $R_a^2 = 0.361$。需要注意的是,Wherry 修正 R_a^2 值表示,如果模型从抽样的总体中得到,该模型能够预测因变量变异(方差)的比率,但是不能反映来自同一个总体的其他抽样中的预测效果。Stein(1960)提出的校正公式估计交叉验证平均预测力,能够体现模型交叉验证的效果:

$$R_a^2 = 1 - \left(\frac{n-1}{n-k-1}\right)\left(\frac{n-2}{n-k-2}\right)\left(\frac{n+1}{n}\right)(1-R^2) \quad (\text{公式 } 10.15)$$

其中,k 是预测变量数,n 为样本量,R^2 是未修正的决定系数。在【问题 10.1】的例子中,如果利用 Stein 调整公式 10.15,则得到 $R_a^2 = 0.306$。

拆分数据方法将样本数据随机分成两半。使用两半数据分别开展模型估计,比较模型估计的差异。

10.1.5 模型假设与回归诊断

10.1.5.1 模型主要假设

在开展线性回归分析时,我们需要检验样本数据是否满足模型假设,需要通过回归诊断(regression diagnostics)检查线性模型的恰当性(model adequacy)。最小二乘法回归模型要求满足以下四个重要的统计假设(Williams et al., 2013; Field, 2018)。

线性假设。线性回归分析要求满足线性假设(linearity assumption)。线性假设要求预测变量(连续性变量)与因变量(连续性变量)之间有线性关系。线性假设的图形诊断可以用散点图或残差图。如果线性假设成立,在预测变量和因变量数据的散点图上,数据点的变化模式近似成一条直线。如果散点图呈现明显的曲线变化趋势,则线性假设不成立。如果线性假设成立,标准化残差值(standardized residuals,ZRESID)或学生化残差(studentized residuals,SRESID)与标准化预测值(standardized predicted values,即预测值的 Z 分数)之间应该没有系统的关系;在残差图中,各个数据点应在"0"点线(标准化残差平均值为 0)周围随机分布,没有明显的曲线性关系。标准化残差值为残差的标准分,计算公式为:

$$ZRESID_i = \frac{\hat{\varepsilon}_i}{s_e}$$ (公式 10.16)

其中,$\hat{\varepsilon}_i$ 表示第 i 个残差,s_e 为残差标准差(见公式 10.10)。标准化残差的计算依据是假设所有的残差都有同样的方差。这个假设通常站不住脚。为了避免这一假设,建议采用学生化残差(Pedhazur,1997:44)。在简单回归分析中,第 i 个残差 $\hat{\varepsilon}_i$(即 e_i)标准差的计算公式为:

$$s_{e_i} = s_e \sqrt{1 - \left[\frac{1}{n} + \frac{(X_i - \bar{X})^2}{SS_X}\right]}$$ (公式 10.17)

其中,s_e 是估计标准误差,n 是样本量,$\bar{X}$ 是预测变量 X 的平均数,SS_X 是平均数离差平方和。(非标准化)残差值 $\hat{\varepsilon}_i$ 除以对应标准差 s_{e_i} 得到学生化残差。

图 10.2 中的左分图为预测变量 X 和因变量 Y 标准化数值之间线性关系诊断散点图,右分图为标准化预测值($\hat{y}$)和标准化残差值($\hat{\varepsilon}$)之间关系散点图。

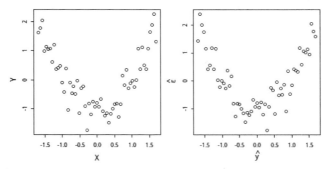

图 10.2 非线性关系散点图

左分图显示两个变量之间有明显的曲线性关系。右分图同样显示两个变量之间的非线性关系。

误差独立性假设。误差独立性(independence of errors)指对于任何两个观测值,误差项不相关。如果误差项彼此不独立,就会出现自相关(autocorrelation)问题。自相关问题常常出现在时间序列(time series)数据中。Durbin-Watson 检验(Durbin-Watson test)可用于诊断误差之间的序列相关。在违反误差独立性假设的情况下,虽然最小二乘法参数(回归系数)估计仍然有效,但不是最优估计,参数标准误差、置信区间估计和显著性检验会出现偏差(bias)。

　　误差正态性假设。线性回归模型假设误差正态分布。误差正态性假设之所以有用,是因为在假设成立时,我们能够对总体中的回归参数进行推断(开展统计显著性检验和计算参数置信区间),即便样本量较小(Williams et al.,2013:3)。误差正态分布时,普通最小二乘法是所有无偏估计(unbiased estimators)中最有效的(即估计最准确);误差非正态分布时,普通最小二乘法只是在线性无偏估计类别中最有效,显著性检验使用的统计量 t 和 F 可能不服从各自的 t 分布和 F 分布(Williams et al.,2013:3)。如果只是估计模型参数(回归系数),不开展统计显著性检验和参数置信区间估计,误差正态性假设则不重要。在小样本情况下,违反误差正态性假设会使统计显著性检验和参数置信区间估计无效,但是在大样本情况下,违反残差正态性假设则不会使统计显著性检验和参数置信区间估计无效,因为根据中心极限定理(the central limit theorem),即使误差不呈正态分布,回归系数的抽样分布也会随着样本量的增大趋于正态分布。总体回归模型中的误差通常无法观测到,但是可以根据样本数据计算得到的回归残差(即误差估计)诊断误差的性质。常用的图形诊断方法是标准化(或学生化)残差正态 P-P 图(normal probability-probability plot,normal P-P plot)、直方图(histogram)或 Q-Q 图(quantile-quantile plot)(详见第三章)。标准化残差正态概率图用于诊断标准化残差累积概率(cumulative probability)(概率值在 0 和 1 之间)分布是否与正态累积概率分布一致。在满足正态分布条件下,正态 P-P 图或 Q-Q 图中的数据点应近似落在一条直线上。在实际统计分析中,建议将图形诊断与 Shapiro-Wilk 检验(Shapiro-Wilk test,即 W 检验)并用。图 10.3 诊断标准化残差正态分布。

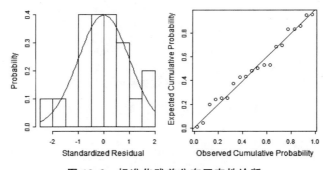

图 10.3　标准化残差分布正态性诊断

图 10.3 显示同一组标准化残差正态分布的两种诊断方式。左分图为残差分布直方图,图中曲线为参照的正态分布曲线。该图显示残差分布近似正态分布。右分图是正态 P-P 图,数据点近似形成一条对角线,说明残差分布近似正态分布。由此推断,误差分布近似呈正态。如果数据点像一条剧烈蠕动的蛇缠绕对角线,则说明标准化残差分布可能不是正态分布。

误差方差齐性假设。在残差分析中,方差齐性(homoscedasticity;homogeneity of variances)指残差的分布是恒定的(constant)。诊断方差齐性假设通常利用因变量标准化预测值和标准化(或学生化)残差值构成的散点图。图 10.4 和图 10.5 为标准化预测值与标准化残差关系图。

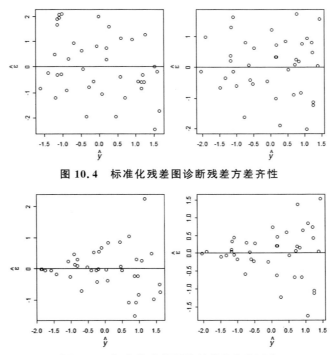

图 10.4　标准化残差图诊断残差方差齐性

图 10.5　标准化残差图诊断残差方差不齐

图 10.4 显示各个点随机分布在"0"点线(标准化残差平均值为 0)周围,说明误差方差齐性。图 10.5 显示各个点在"0"点线周围呈扇形分布,说明误差方差不齐。在违背方差齐性假设的情况下,虽然最小二乘法参数(回归系数)估计仍然有效,但不是最优估计,参数标准误差、置信区间估计和显著性检验会出现偏差。在违反方差齐性的情况下,可选择使用自助(bootstrap)方法、加权最小二乘法(weighted least squares)或其他稳健的(robust)回归方法。

10.1.5.2 其他假设

10.1.5.2.1 异常值和强影响观测值

其他一些假设,如没有异常值(outliers)、没有强影响观测值(influential observations)和没有多元共线性(multicollinearity),不是线性回归模型的理论限制,但是在讨论线性回归模型统计假设时要予以考虑。我们通常利用回归诊断探索这些问题。

异常值(outliers)是实质性偏离数据主要趋势的值(或个案)或是偏离数据分布整体模式的数据点。异常值通常有很大的残差,可能会对回归系数及其标准误差估计和整体预测产生很大的影响。异常值诊断使用个案统计量(case statistics),可以分为三类。一类是诊断预测变量空间的异常值,统计量包括杠杆值(leverage value)和马氏距离(Mahalanobis distance,MD)。另一类是诊断因变量上的异常值,统计量包括标准化残差、学生化残差和学生化剔除残差(studentized deleted residuals,SDRESID)。第三类是回归估计的影响测量(measures of influence),统计量包括库克距离(Cook's distance,Cook's D)、DFFIT(拟合值差异)、标准化 DFFIT(standardized DFFIT,DFFITS,标准化拟合值差异)和协方差比率(covariance ratio,CVR)、DFBETA(参数估计差异)、标准化 DFBETA(standardized DFBETA,DFBETAS,标准化参数估计差异)。

杠杆值是帽子矩阵对角元素(帽子值,hat value),测量某个个案的观测值与其他观测值偏离的程度。在简单回归分析中,杠杆值简便的计算公式为:

$$h_i = \frac{1}{n} + \frac{(X_i - \bar{X})^2}{SS_X} \qquad (公式\ 10.18)$$

其中,h 是帽子矩阵(hat matrix),h_i 是帽子矩阵中第 i 个对角元素,n 是样本量,$\bar{X}$ 是预测变量 X 平均数,SS_X 是 X 的 n 个个案与平均数离差的平方和。我们的例子依据 10.1.1 节的数据($n=10$;X:5,13,6,5,10,16,9,12,8,9;Y:25,32,30,25,30,33,30,30,32,29)。利用公式 10.18,得到预测变量 X 各个观测值的以下杠杆值:0.2592593,0.2179156,0.1937984,0.2592593,0.1042205,0.4866494,0.1007752,0.1627907,0.1145564,0.1007752。我们还可以通过计算帽子矩阵得到杠杆值。在多元回归分析中,帽子矩阵的计算公式为:

$$H = X(X'X)^{-1}X' \qquad (公式\ 10.19)$$

其中,X 是包括截距项(元素为 1 的单位向量,unit vector)和预测变量值(预测变量数为 k)的 $n \times p$ 的矩阵,n 是样本量,$p = k+1$;X' 是 X 的转置矩阵,$(X'X)^{-1}$ 是 $X'X$ 的

逆矩阵。之所以称矩阵 **H** 为帽子矩阵，是因为 $\hat{y}=Hy$，其中 $\hat{y}$（读作 y hat）是预测值，**y** 是 $n\times 1$ 矩阵。杠杆值的平均值为 $(k+1)/n$，其中 k 是预测变量数。最小杠杆值为 $1/n$（此时 $X_i=\bar{X}$），最大杠杆值为 1。如果某个观测值的杠杆值 $h_i>3(k+1)/n$，则该观测值可能是异常值（Stevens，2007）。在这个例子中，所有的杠杆值均小于 $\frac{3(k+1)}{n}=0.6$，因而本例观测值没有高杠杆值。

与杠杆值相联系的一个统计量是马氏距离（Mahalanobis distance），用于测量预测变量观测值与预测变量平均数的距离。它的计算公式为：

$$MD=(n-1)(h_i-1/n) \tag{公式 10.20}$$

其中，h_i 是杠杆值，n 是样本量。马氏距离服从自由度为预测变量数的卡方（χ^2）分布。异常值判断的一个标准是 $p=0.01$ 时的卡方分布临界值。譬如，若 $p=0.01$，在预测量数为 1 时，临界值为 6.63；在预测量数为 2 时，临界值为 9.21；预测量数为 3 时，临界值为 11.34。如果某个个案（或观测值）的马氏距离大于临界值，则判断其为异常值。以 10.1.1 节的数据（$n=10$）为例，利用公式 10.20，得到各个观测值的马氏距离：1.43333，1.06124，0.84419，1.43333，0.03798，3.47984，0.00698，0.56512，0.13101，0.00698。以上所有马氏距离均小于 6.63，因而本例数据没有异常值。杠杆值和马氏距离用于诊断预测变量空间的异常值，由此即便有异常值，它（们）也未必对模型拟合有强烈影响。

第二类个案统计量诊断预测值和观测值之间的差异。使用标准化残差时，如果数据中有 5% 以上个案标准化残差的绝对值大于 1.96，则可能有异常值存在，模型估计可能存在偏差（Field，2018）。使用学生化残差时，如果数据中 5% 以上个案学生化残差的绝对值大于 2，则可能有异常值存在，模型估计可能存在偏差（Fox，1991）。以 10.1.1 节的数据（$n=10$）为例，10 个残差值为：-2.07407407，0.22652885，2.33850129，-2.07407407，-0.01119724，-0.53574505，0.57622739，-1.18604651，3.16365202，-0.42377261。根据公式 10.17，得到各个残差值对应的标准差：1.561624，1.604612，1.629165，1.561624，1.717291，1.300021，1.720590，1.660200，1.707355，1.720590，由此得到以下学生化残差：-1.328152113，0.141173566，1.435398441，-1.328152113，-0.006520295，-0.412104935，0.334900988，-0.714399872，1.852955253，-0.246294897。以上所有学生化残差的绝对值均小于 2，因而因变量（效标变量）没有异常值存在。

学生化剔除残差用于评估模型对某个个案的预测能力。学生化剔除残差的计算方法与学生化残差的计算方法相似，只是估计标准误差的计算排除需要计算学生化剔除残差的个案。学生化剔除残差的计算利用如此方法计算估计标准误差的理由是，如果某个个案（或某个点）是异常值（或异常点），在分析中保留这个值（点）会使估计标准误差（s_e）上偏，从而可能诊断不出这个异常值（或异常点）（Pedhazur, 1997: 46）。学生化剔除残差标准误差（$s_{e_{(i)}}$）的计算公式为：

$$s_{e_{(i)}} = s_{y.x(i)} \sqrt{1 - \left[\frac{1}{n} + \frac{(X_i - \bar{X})^2}{SS_X}\right]} \qquad \text{（公式 10.21）}$$

其中，$s_{y.x(i)}$是回归分析中利用第i个个案之外的数据计算得到的估计标准误差，n是样本量，$\bar{X}$是预测变量X平均数，SS_X是平均数离差平方和。第i个个案残差除以学生化剔除残差标准误差便得到学生化剔除残差。计算$s_{y.x(i)}$需要剔除第i个个案值，利用其他个案值。如果样本量较大，针对每个个案计算$s_{y.x(i)}$显得较为烦琐。根据Pedhazur（1997: 46），一个简便的方法是利用以下公式计算学生化剔除残差（$SDRESID_{(i)}$）：

$$SDRESID_{(i)} = e_i \sqrt{\frac{n - k - 2}{SS_{res}(1 - h_i) - e_i^2}} \qquad \text{（公式 10.22）}$$

其中，e_i是第i个被试或个案的残差，n是样本量，k是预测变量数，SS_{res}是包括所有个案的回归分析得到的残差平方和，h_i是杠杆值。异常值判断的一个大致标准是，如果数据中5%以上个案学生化剔除残差的绝对值大于2，则可能有异常值存在。由于异常值可能会将回归线向其所在的方向拉近，减小异常值的异常程度，利用学生化剔除残差诊断异常值比利用标准化残差和学生化残差更有利于异常值诊断。以10.1.1节的数据（$n=10$）为例，$k=1$，$SS_{res} = 26.33764$，利用公式10.22，得到学生化剔除残差：-1.407159193，0.132220547，1.558266032，-1.407159193，-0.006099192，-0.389646828，0.315490480，-0.690653174，2.294136915，-0.231266197。在以上所有学生化剔除残差的绝对值中，只有一个值略大于2，因而因变量没有明显的异常值存在。

第三类个案统计量综合第一类和第二类统计量的信息，测量删除一个个案对模型拟合或参数估计的影响。对模型拟合产生实质性影响的异常值称作（强）影响观测值（influential observations）。

库克距离不仅考虑杠杆值，而且还考虑残差值，用于测量个案对模型的整体影响。它的计算公式为：

$$D_i = \left(\frac{ZRESID_i^2}{k+1}\right)\left(\frac{h_i}{1-h_i}\right) \qquad \text{（公式 10.23）}$$

其中，$ZRESID$是标准化残差，k是预测变量数，h_i是杠杆值。库克距离大于1表明某个个案可能是强影响观测值（Cook & Weisberg, 1982）。以10.1.1节的数据（$n=10$）为例，根据公式10.23，得到库克距离：0.30870，0.00278，0.24764，0.30870，

第十章 线性回归分析

0.00000,0.08050,0.00628,0.04962,0.22210,0.00340。以上所有库克距离均小于1,因而本例数据没有强影响观测值。库克距离和杠杆值是综合指标(global indices),表示某个个案可能是强影响观测值,但是不能揭示个案对具体参数估计的可能影响(Pedhazur,1997:52)。

$DFFIT$ 为剔除一个个案后该个案的预测值发生的改变。$DFFIT$ 的计算公式为:

$$DFFIT_{(i)} = \hat{Y}_i - \hat{Y}_{i(i)} \qquad (公式 10.24)$$

其中,$\hat{Y}_i$ 表示包括第 i 个个案时该个案的预测值,$\hat{Y}_{i(i)}$ 表示剔除第 i 个个案时该个案的预测值。

$DFFIT$ 受测量尺度的影响。为了便于诊断,通常采用标准化的 $DFFIT$,计算公式为:

$$DFFITS_{(i)} = \frac{\hat{Y}_i - \hat{Y}_{i(i)}}{\sqrt{MS_{res(i)} h_i}} = SDRESID_{(i)} \sqrt{\frac{h_i}{1-h_i}} \qquad (公式 10.25)$$

其中,$MS_{res(i)}$ 是剔除第 i 个个案后的回归残差均方,$SDRESID_{(i)}$ 是第 i 个个案学生化剔除残差,h_i 是第 i 个个案杠杆值。$DFFITS_{(i)}$ 大小的一个判断标准是,如果一个个案 $DFFITS_{(i)}$ 的绝对值大于 $2\sqrt{\frac{k+1}{n-k-1}}$,则该个案可能为强影响点(Fox,1991)。

当 $n=10$、$k=1$ 时,$2\sqrt{\frac{k+1}{n-k-1}}=1$。以 10.1.1 节的数据 ($n=10$) 为例,根据公式 10.25,得到标准化拟合值差异:−0.83249,0.06979,0.76400,−0.83249,−0.00208,−0.37938,0.10562,−0.30455,0.82518,−0.07742。以上所有标准化拟合值差异的绝对值均小于1,说明本例数据没有强影响点。

协方差比率测量一个个案对回归参数估计的影响程度。协方差比率的计算公式为:

$$CVR_{(i)} = \frac{1}{(1-h_i)\left(\frac{n-k-2+(SDRESID_{(i)})^2}{n-k-1}\right)^{k+1}} \qquad (公式 10.26)$$

其中,h_i 是第 i 个个案杠杆值,n 是样本量,k 是预测变量数,$SDRESID_{(i)}$ 是第 i 个个案学生化剔除残差。令 k 是预测变量数,n 是样本量,若 $1-[3(k+1)]/n < CVR_{(i)} < 1+[3(k+1)]/n$,则个案对模型参数的方差估计几乎没有影响(Belsley et al.,1980)。换言之,$CVR_{(i)}$ 接近1时,个案对模型参数估计没有实质性影响。当 $n=10$、$k=1$ 时,若 $0.4 < CVR_{(i)} < 1.6$,则个案对模型参数的方差估计几乎没有影响。以

10.1.1节的数据($n=10$)为例,根据公式10.26,得到各个个案上的协方差比率:1.07140,1.66174,0.89306,1.07140,1.45807,2.43743,1.41206,1.36739,0.48064,1.43055。第二和第六个个案上的协方差比率(1.66174和2.43743)大于1.6,它们可能会对模型参数的方差估计产生影响。

DFBETA(参数估计差异)和标准化DFBETA用于诊断个案对具体的参数估计的影响。DFBETA表示剔除个案i时参数估计(包括回归模型截距项)发生的变化。以简单回归分析为例,截距项估计DFBETA的计算公式为:

$$DFBETA_{a(i)} = a - a(i) = \left[\left(\frac{\sum X^2}{n\sum X^2 - (\sum X)^2}\right) + \left(\frac{-\sum X}{n\sum X^2 - (\sum X)^2}\right)X_i\right]\frac{e_i}{1-h_i}$$

(公式10.27)

其中,a为包括所有个案或被试的回归方程截距项估计,$a(i)$为剔除个案i时回归方程截距项估计,n是样本量,$\sum X^2$是预测变量X原始分值的平方和,$\sum X$是预测变量X原始分值之和,X_i是第i个个案值,e_i是第i个个案残差,h_i是第i个个案杠杆值。回归系数估计DFBETA的计算公式为:

$$DFBETA_{b(i)} = b - b(i) = \left[\left(\frac{-\sum X}{n\sum X^2 - (\sum X)^2}\right) + \left(\frac{n}{n\sum X^2 - (\sum X)^2}\right)X_i\right]\frac{e_i}{1-h_i}$$

(公式10.28)

其中,b为包括所有个案或被试的回归方程回归系数估计,$b(i)$为剔除个案i时回归方程回归系数估计,$\sum X$是预测变量X原始分值之和,$\sum X^2$是预测变量X原始分值的平方和,n是样本量,X_i是第i个个案值,e_i是第i个个案残差值,h_i是第i个个案杠杆值。DFBETA受原始分值测量尺度的影响。为了便于诊断,通常使用标准化DFBETA。截距项估计标准化DFBETA的计算公式为:

$$DFBETAS_{a(i)} = \frac{DFBETA_{a(i)}}{\sqrt{MSR_{(i)}\left(\frac{\sum X^2}{n\sum X^2 - (\sum X)^2}\right)}}$$

(公式10.29)

其中,$DFBETA_{a(i)}$是第i个个案(非标准化)截距项估计差异,$MSR_{(i)}$是剔除第i个个案后得到的残差均方,$\sum X^2$是预测变量X原始分值的平方和,n是样本量,$\sum X$是预测变量X原始分值之和。回归系数估计标准化DFBETA的计算公式为:

$$DFBETAS_{b(i)} = \frac{DFBETA_{b(i)}}{\sqrt{MSR_{(i)}(\frac{n}{n\sum X^2 - (\sum X)^2})}}$$ （公式 10.30）

其中，$DFBETA_{b(i)}$ 是第 i 个个案（非标准化）回归系数估计差异，n 是样本量，$MSR_{(i)}$ 是剔除第 i 个个案后得到的残差均方，$\sum X^2$ 是预测变量 X 原始分值的平方和，$\sum X$ 是预测变量 X 原始分值之和。根据 Pedhazur(1997:54)，$MSR_{(i)}$ 的计算公式为：

$$MSR_{(i)} = \frac{SS_{res} - \frac{(e_i)^2}{1-h_i}}{n-k-1-1}$$ （公式 10.31）

其中，SS_{res} 是利用所有个案开展回归分析得到的残差平方和，e_i 是第 i 个个案残差值，h_i 是第 i 个个案杠杆值，n 是样本量，k 是预测变量数。强影响观测值的一个判断标准是，对于小样本或中等样本，标准化 $DFBETA$ 的绝对值大于 1 表示个案为强影响观测值；对于大样本，标准化 $DFBETA$ 的绝对值大于 $2/\sqrt{n}$ 表示个案为强影响观测值。另一个判断标准是标准化 $DFBETA$ 的绝对值大于 $3/\sqrt{n}$ 表示个案为强影响观测值。关于异常值诊断的不同标准，可参见 Fox(1991) 和 Pedhazur(1997)。我们仍以 10.1.1 节的数据（$n=10$）为例，诊断各个个案对回归系数 b 的影响。根据公式10.31，得到剔除个案后的残差均方：2.932890，3.753147，2.793498，2.932890，3.762500，3.682646，3.709770，3.522487，2.147721，3.733990。再根据公式 10.30，得到标准化回归系数估计差异：0.65247，0.05134，−0.53152，0.65247，−0.00042，−0.33816，−0.00926，−0.18914，−0.29415，0.00679。这些标准化 $DFBETA$ 的绝对值均小于 1，因而本例数据没有强影响观测值。

10.1.5.2.2 多元共线性

当预测变量之间存在高度相关时（如 $r \geq 0.8$ 或 0.9），则会出现多元共线性问题。当一个预测变量是其他预测变量的线性组合时，如量表总分与分量表分值同时包括在回归模型中，则会出现奇异性(singularity)问题。奇异性表示变量之间有完全线性相依性(perfect linear dependency)。譬如，有三个变量 X_1、X_2 和 X_3，它们的数值矩阵如下：

$$\begin{bmatrix} 2 & 14 & 16 \\ 3 & 7 & 10 \\ 5 & 9 & 14 \\ 7 & 11 & 18 \\ 12 & 8 & 20 \\ 6 & 10 & 16 \end{bmatrix}。$$

该矩阵的三列依次代表 X_1、X_2 和 X_3，矩阵排为个案值。这个矩阵的特点是 $X_1 + X_2 = X_3$，如 $2+14=16$。三个变量的相关系数矩阵为：

$$\begin{pmatrix} 1.0000000 & -0.3900144 & 0.7479196 \\ -0.3900144 & 1.0000000 & 0.3195236 \\ 0.7479196 & 0.3195236 & 1.0000000 \end{pmatrix}。$$

这个相关系数矩阵的行列式（determinant）为 0。这个例子说明，如果一个预测变量是其他预测变量的线性组合，那么相关矩阵的行列式为 0，有奇异性存在。

随着多元共线性的增加，各个预测变量上回归系数的标准误差增加，回归系数估计在不同样本之间的变异性增加（即回归系数估计不稳定）。多重共线性问题有多种诊断方法。最常用的两种诊断方法是容忍度（tolerance）和方差膨胀因子（variance inflation factor，VIF）。

容忍度反映某个预测变量相对于回归方程中其他预测变量的非冗余程度或某个预测变量不能被其他预测变量解释的变异量。每个预测变量都有一个容忍度，计算公式为：

$$Tolerance = 1 - R_{j.}^2 \tag{公式 10.32}$$

其中，$R_{j.}^2$ 是第 j 个预测变量与其他预测变量之间多元相关系数的平方。即是说，$R_{j.}^2$ 是预测变量 X_j 被其他预测变量预测时的多元相关系数的平方。容忍度值介于 0—1 之间。在多元回归方程中，某个预测变量的容忍度值越接近于 0，它与其他预测变量之间信息的冗余度就越大，就越有可能与其他预测变量有共线性存在。当容忍度值为 0 时，便出现了奇异性问题。相反，某个预测变量的容忍度值越接近于 1，它与其他预测变量之间信息的冗余度就越小，就越不可能与其他预测变量有共线性存在。

方差膨胀因子是与容忍度密切相关的诊断方法。它是容忍度的倒数，计算公式为：

$$VIF = \frac{1}{Tolerance} = \frac{1}{1 - R_{j.}^2} \tag{公式 10.33}$$

在多元回归方程中，VIF 越大，越有可能有共线性存在。反之，VIF 越小，共线性存在的可能性就越小。通常情况下，容忍度值在 0.1—0.2 之间（即方差膨胀因子在 5—10 之间）表明有共线性问题，容忍度值小于 0.1（即方差膨胀因子大于 10）则表明有严重的共线性问题。

除了容忍度和方差膨胀因子之外，还有三个共线性诊断方法：特征值（eigenvalues，λ）、条件指针（condition indexes，CI）和方差比率（variance proportions，又称 variance-decomposition proportions，方差分解比率，π）。特征值的计算比较复杂。我们利用一个数

第十章 线性回归分析

值例子来说明。假如有两个预测变量 X_1 和 X_2，观测值如下：

X_1 值 ($n=50$)：86,80,83,86,83,82,81,70,82,78,81,83,81,86,77,79,83,83,77,79,76,85,83,84,84,80,78,74,74,88,80,78,84,72,82,69,81,77,79,74,73,74,71,82,83,89,76,74,89,85。

X_2 值 ($n=50$) 为：44,46,48,48,51,48,48,40,40,50,42,41,43,49,42,45,45,43,50,45,41,44,44,41,46,41,46,45,43,47,45,48,49,41,44,41,50,45,40,47,46,42,47,42,49,43,43,45,47,45。

设常数项（constant）是元素为 1 的向量，将常数项、预测变量 X_1 和 X_2 值转化为矩阵。利用以下公式将矩阵中各列数据进行尺度（scale）转化：

$$Z_{x_i} = \frac{x_i}{\sqrt{\sum SS_X}} \quad \text{（公式 10.34）}$$

其中，x_i 为预测变量 X 第 i 个观测值，$\sum SS_X$ 为观测值平方和。根据公式 10.34 得到尺度化矩阵 X。利用点乘（dot product）计算 X 的转置矩阵（X'）与 X 矩阵的乘积，得到以下平方和矩阵：

$$\begin{pmatrix} 1.0000000 & 0.9981534 & 0.9977531 \\ 0.9981534 & 1.0000000 & 0.9969304 \\ 0.9977531 & 0.9969304 & 1.0000000 \end{pmatrix}。$$

计算以上平方和矩阵的特征值，得到 $\lambda_1 = 2.995224717$，$\lambda_2 = 0.003107671$，$\lambda_3 = 0.001667612$。特征值是每个因子（factor）或主成分（principal component）解释数据的变异量。特征值为 0 表示预测变量之间存在完全线性相依性或完全共线性（perfect collinearity）。特征值越接近 0，预测变量线性相依性就越强。

条件指针是特征值的函数，计算公式为：

$$CI_i = \sqrt{\frac{\lambda_{max}}{\lambda_i}} \quad \text{（公式 10.35）}$$

其中，CI_i 表示在预测变量第 i 个线性组合（主成分）上的条件指针，λ_{max} 是线性组合中的最大特征值，λ_i 表示第 i 个线性组合上的特征值。根据公式 10.35，本例三个条件指针值为：$CI_1 = 1$，$CI_2 = 31.0454$，$CI_3 = 42.3806$。条件指针值越大，预测变量之间相依性就越强。

方差比率是与每个条件指针相关的截距项（a）以及各个回归系数（b）的方差比率（只有回归系数方差比率才是关注的焦点）。方差比率的计算利用尺度化矩阵 X 的奇异值分解（singular value decomposition）：

$$X = UDV'$$ （公式 10.36）

其中，$U'U = V'V = I_p$（$p \times p$ 单位阵，identity matrix，对角线之外所有元素的值均为 0，对角线上元素的值均为 1），D 为对角矩阵（对角线之外所有元素的值均为 0），对角线上的元素为矩阵 X 的奇异值（singular values，μ）。针对本例，奇异值为：$\mu_1 = 1.73067175$，$\mu_2 = 0.05574648$，$\mu_3 = 0.04083641$；矩阵 V' 为：

$$\begin{pmatrix} -0.5774818 & -0.5773231 & -0.5772459 \\ 0.1327314 & 0.6312594 & -0.7641295 \\ -0.8055415 & 0.5178896 & 0.2879119 \end{pmatrix}$$。

条件指针值等于最大奇异值除以各个奇异值，即 $CI_i = \dfrac{\mu_{max}}{\mu_i}$。例如，本例的第二个条件指针值为 $CI_2 = \dfrac{1.73067175}{0.05574648} \approx 31.0454$。根据 Belsley(1991)，令 $\varphi_{kj} \equiv \dfrac{V_{kj}^2}{\mu_j^2}$，$\varphi_k \equiv \sum_{j=1}^{p} \varphi_{kj}$，其中 $k, j = 1, \dots, p$，k 表示第 k 个回归系数，j 表示第 j 个分解成分，则方差比率的计算公式为：

$$\pi_{jk} = \dfrac{\varphi_{kj}}{\varphi_k}$$ （公式 10.37）

每个回归系数在各个成分上的方差比率之和等于 1。在条件指针值小时，如 5 或 10，不会有严重的多元共线性问题。如果在同样小的特征值上两个或两个以上的预测变量均有较大的方差比率，则有多元共线性存在。换言之，如果与某个大的条件指针值相关的两个或两个以上的预测变量均有较大的方差比率（0.5 或 0.5 以上），则存在多元共线性（Pedhazur, 1997: 305）。当有多个预测变量或者预测变量之间的相关模式复杂时，利用零阶相关（zero-order correlations）诊断多元共线性是不够的，将条件指针与方差比率结合使用有助于确定接近多元共线性的数量以及每个共线性包含的预测变量（Pedhazur, 1997: 305）。针对本例，根据公式 10.37，两个回归系数在三个成分上的方差比率为：

$$\begin{pmatrix} 0.0004 & 0.0005 \\ 0.4434 & 0.7904 \\ 0.5562 & 0.2091 \end{pmatrix}$$。

以上结果表明，与最大条件指针值（$CI_3 = 42.3806$）相关的两个方差比率为 $\pi_{32} = 0.5562$，$\pi_{33} = 0.2091$，与第二大条件指针值（$CI_2 = 31.0454$）相关的两个方差比率为

$\pi_{22}=0.4434$,$\pi_{23}=0.7904$,因而本例两个预测变量没有严重的共线性问题。

10.1.6 简单线性回归分析的 SPSS 操作

【问题 10.2】利用【问题 10.1】中的数据,操作 SPSS,采用普通最小二乘法回归分析检验英语水平对作文词汇复杂度是否有显著预测力。

在开展普通最小二乘法回归分析之前,将英语水平(Proficiency)和词汇复杂度(LS)两个变量输入到 SPSS 窗口,取文件名 ch10SimpleR,并保存。

本例开展简单线性回归分析的 SPSS 操作步骤如下:

第一步 按 Analyze→Regression→Linear… 的顺序打开 Linear Regression(线性回归)主对话框。将左边变量栏中的"英语水平[Proficiency]"键入右边的 Independent(s)(自变量)栏中,将"词汇复杂度[LS]"键入右边的 Dependent(因变量)栏中,如图 10.6 所示。

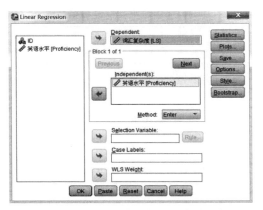

图 10.6 简单线性回归分析主对话框

第二步 点击 Plots…,进入线性回归分析 Plots(图形)子对话框。将左上栏中的 *ZPRED(standardized predicted values,标准化预测值)键入 X 轴栏,*SRESID(学生化残差)键入 Y 轴栏。在 Standardized Residual Plots(标准化残差图)面板中勾选 Normal probability plot(正态概率图,正态 P-P 图),如图 10.7 所示。

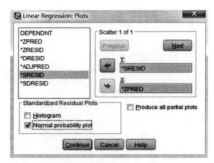

图 10.7 简单线性回归分析图形子对话框

第三步 点击 Continue(继续),回到线性回归分析主对话框。再点击 OK(确认),完成操作。

表 10.2—表 10.4 分别为简单线性回归分析模型概要(Model Summary)表、方差分析(ANOVA)表和回归系数(Coefficients)表。

表 10.2 简单线性回归分析模型概要

Model	R	R^2	R_a^2	s_e
1	.623	.388	.361	2.11812

a. Predictors:(Constant),英语水平
b. Dependent Variable:词汇复杂度

表 10.3 简单线性回归方差分析

Model		SS	df	MS	F	p
1	Regression	65.403	1	65.403	14.578	.001
	Residual	103.188	23	4.486		
	Total	168.591	24			

a. Predictors:(Constant),Predictors:(Constant),英语水平
b. Dependent Variable:词汇复杂度

表 10.4 简单线性回归分析系数

		Unstandardized Coefficients		Standardized Coefficients	t	p
		B	SE	β		
Model 1	(Constant)	−5.171	3.771		−1.371	.183
	英语水平	.207	.054	.623	3.818	.001

a. Dependent Variable:词汇复杂度

表 10.2 显示,$R=0.623$,$R^2=0.388$,$R_a^2=0.361$,$s_e=2.12$,回归模型能够解释词汇复杂度变异(或方差)的 38.8%。表 10.3 显示,英语水平对作文词汇复杂度有显著

预测力（$F(1,23)=14.58, p=.001$）。

表 10.4 中常数项（Constant）为截距项 a。截距项标准误差的计算公式为 $s_e\sqrt{\dfrac{1}{n}+\dfrac{\overline{X}^2}{SS_X}}$，其中 s_e 是估计标准误差（即残差标准差）（本例为 2.11812），n 是样本量（本例为 25），$\overline{X}$ 是预测变量平均数（本例为 69.12），SS_X 是平均数离差平方和（本例为 1526.64）。本例截距项标准误差为 3.771。截距项系数没有统计显著性意义（$t(23)=-1.37, p=.183>.05$）。"英语水平"非标准化回归系数（斜率 b）为 0.207，有统计显著性意义（$t(23)=3.82, p=.001$）。

表 10.5 是残差统计量（Residuals Statistics）表，包括一些冗余信息。这里有选择地检查一些统计量。

表 10.5　简单线性回归分析残差统计量

	Min	Max	M	SD	N
Predicted Value（预测值）	5.3847	11.5941	9.1352	1.65079	25
Std. Predicted Value（标准化预测值）	−2.272	1.490	.000	1.000	25
Standard Error of Predicted Value（预测值标准误差）	.424	1.070	.581	.149	25
Adjusted Predicted Value（调整的预测值）	5.8143	12.1902	9.1514	1.67051	25
Residual（残差）	−3.90413	4.18474	.00000	2.07352	25
Std. Residual（标准化残差）	−1.843	1.976	.000	.979	25
Stud. Residual（学生化残差）	−1.979	2.033	−.004	1.024	25
Deleted Residual（剔除残差）	−4.50016	4.43110	−.01620	2.27355	25
Stud. Deleted Residual（学生化剔除残差）	−2.125	2.195	.004	1.063	25
Mahal. Distance（马氏距离）	.000	5.162	.960	1.119	25
Cook's Distance（库克距离）	.001	.299	.049	.080	25
Centered Leverage Value（中心化杠杆值）	.000	.215	.040	.047	25

a. Dependent Variable：词汇复杂度

b. 调整的预测值是在回归系数的计算中剔除一个个案后得到的该个案的预测值。

表10.5显示,本例最大的马氏距离为5.162,小于$p=0.01$时的卡方分布($v=1$)临界值(6.63),因而本例没有高杠杆值(预测变量异常值)。SPSS计算的中心化杠杆值($\bar{h}_i$)通过将预测变量值中心化(预测变量观测值与对应平均数的离差)后计算得到。根据 Velleman & Welsch(1981),中心化杠杆值转化为(非中心化)杠杆值h_i的计算公式为:

$$h_i = \bar{h}_i + \frac{1}{n}$$
(公式10.38)

其中,n是样本量。本研究最大中心化杠杆值为0.215,利用公式10.38得到(非中心化)杠杆值为0.255,略大于$3(k+1)/n=0.24$(参考标准值)。检验原始数据发现,这个杠杆值对应个案的英语水平得分为51,词汇复杂度值为4.13,这两个值都是所有个案中的最低值。由此认为,本例没有明显异常的高杠杆值,有最大杠杆值的观测值不会是强影响观测值。

表10.5中,最大的学生化剔除残差值2.195,略大于2。利用SPSS开展线性回归分析提供的Save(保存)选项,在Residuals(残差)面板中勾选Studentized deleted(学生化剔除残差),执行操作后在SPSS窗口新增一列数据,SPSS默认的新增变量名为SDR_1。结果表明,绝对值大于2的残差值有3个(2.19533, 2.05806, -2.12472)。针对本例,$n=25$,因而$3/25=12\%>5\%$,因而可能有因变量异常值存在。鉴于这三个残差值的绝对值均接近2,因而它们对回归预测的影响不大。本研究中最大的库克距离为$0.299<1$,因而本例数据没有强影响点。如果要检查标准化$DFFIT$和标准化$DFBETA$值,可以利用SPSS开展线性回归分析提供的Save选项。诊断建议可参考10.1.5.2节。本例诊断发现,标准化$DFFIT$绝对值的最大值为$|-0.83019|$,略大于参照临界值$2\sqrt{\frac{k+1}{n-k-1}}=0.5898$,且只有两个个案标准化$DFFIT$值(另一个个案标准化$DFFIT$值为0.81729)的绝对值略大于0.5898。英语水平上的最大$DFBETA$绝对值为$|-0.69359|$,小于参照临界值1。概而言之,本例数据没有明显的强影响观测值。

图10.8是线性假设和方差齐性假设诊断散点图。

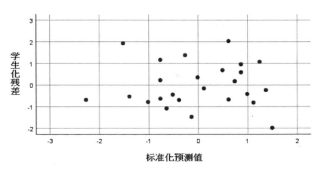

图 10.8　标准化预测值与学生化残差散点图

图 10.8 显示,标准化预测值与学生化残差构成的数据点在"0"点线周围随机分布,没有明显的曲线变化模式,说明预测变量和因变量之间有线性关系,误差方差齐性。

图 10.9 为误差正态性诊断 P-P 图。

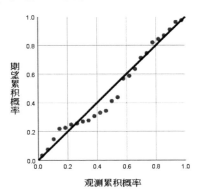

图 10.9　标准化残差正态 P-P 图

图 10.9 显示,各个数据点大致分布在正态分布拟合线附近,说明误差方差基本服从正态分布。

10.2　多元线性回归

10.2.1　多元线性回归分析方法

10.1 节介绍了简单线性回归。简单线性回归涉及一个预测变量和一个效标变量(因变量)。实际研究中,我们很少只用一个变量去预测另一个变量,通常使用多个变量预测另一个变量,以便提高预测的准确性。当我们研究多个预测变量和一个效标变量之间的线性关系时,我们便要用到多元线性回归分析(multiple linear regression analysis)。多元线性回归分析有时称作多元回归分析(multiple regression analysis),尽管在严格意义上前者包括在后者之中。

多元线性回归分析将简单线性回归中的一个预测变量扩大到k个预测变量($k \geqslant 2$),统计模型是:

$$Y = \alpha + \beta_1 X_1 + \beta_2 X_2 + \cdots + \beta_k X_k + \varepsilon \tag{公式 10.39}$$

其中,α是总体回归常数(regression constant,又作β_0),β_i是第i($i=1,\ldots,k$)个预测变量的总体回归系数(regression coefficient),ε是随机误差。总体回归模型中的α和β_i通常是未知的,需要用样本统计量a和b_i进行估计。估计的多元回归线性方程是:

$$Y = a + b_1 X_1 + b_2 X_2 + \cdots + b_k X_k + \hat{\varepsilon} \tag{公式 10.40}$$

其中,$\hat{\varepsilon}$,又作e,为残差(residuals),是ε的样本估计。回归系数b_i(非标准化回归系数)又称作偏回归系数(partial regression coefficient),因为它是在其他预测变量不变或被控制的情况下得到的某个预测变量上的回归系数。偏回归系数表示在控制其他预测变量的条件下,与某个预测变量一个单位的变化相联系的效标变量的期望变化。我们知道,简单线性回归估计方程在坐标系内体现为一条直线,但是多元线性回归方程在坐标系内则表现为一个回归平面(regression plane)。回归平面提供经过多维空间(multidimensional space)中各个数据点的最优拟合。

估计的多元回归线方程(公式 10.40)还可以用以下矩阵形式表示:

$$y = Xb + e \tag{公式 10.41}$$

其中,y是$n \times 1$矩阵(即原始分的列向量),X是常数项(元素为1的单位向量)和预测变量原始分构成的$n \times (1+k)$矩阵,回归系数b(包括常数项a,在矩阵代数中称作b_0)是$(1+k) \times 1$矩阵(即列向量),e是$n \times 1$矩阵(即列向量)。同简单线性回归分析一样,多元线性回归分析中a(即b_0)和b_i($i=1,\ldots,k$)的计算利用最小二乘法原理,即最小化预测残差平方和($\sum e^2$;矩阵表达式为$e'e$,其中e'是e的转置矩阵)。

多元回归预测方程为:

$$\hat{Y} = a + b_1 X_1 + b_2 X_2 + \cdots + b_k X_k \tag{公式 10.42}$$

其中,$\hat{Y}$是预测值。

本节主要介绍包括两个预测变量的多元回归分析（即二元线性回归分析），其中的原理和结果的解释同样适用于包含更多预测变量数的多元回归分析。

在最小二乘法二元线性回归分析中，偏回归系数的计算公式为：

$$b_1 = \left(\frac{S_Y}{S_{X_1}}\right)\left(\frac{r_{YX_1} - r_{YX_2}r_{X_1X_2}}{1 - r_{X_1X_2}^2}\right);$$

$$b_2 = \left(\frac{S_Y}{S_{X_2}}\right)\left(\frac{r_{YX_2} - r_{YX_1}r_{X_1X_2}}{1 - r_{X_1X_2}^2}\right)$$

（公式 10.43）

其中，S_Y、S_{X_1} 和 S_{X_2} 分别是效标变量 Y、预测变量 X_1 和 X_2 的标准差；r_{YX_1} 和 r_{YX_2} 分别是 Y 与 X_1 以及 X_2 的皮尔逊相关系数；$r_{X_1X_2}$ 是 X_1 和 X_2 的皮尔逊相关系数。

常数 a（α 的点估计）的计算公式为：

$$a = \bar{Y} - b_1\bar{X}_1 - b_2\bar{X}_2$$

（公式 10.44）

其中，$\bar{Y}$、$\bar{X}_1$ 和 $\bar{X}_2$ 分别是效标变量 Y、预测变量 X_1 和 X_2 的平均数。

如果采用矩阵代数，则使 $e'e$ 最小化的回归系数 b 的解为：

$$\boldsymbol{b} = (\boldsymbol{X'X})^{-1}\boldsymbol{X'y}$$

（公式 10.45）

其中，$\boldsymbol{X'}$ 是 $\boldsymbol{X}$ 的转置矩阵，$(\boldsymbol{X'X})^{-1}$ 是 $\boldsymbol{X'X}$ 的逆矩阵，$\boldsymbol{y}$ 是原始分列向量。

下面利用一个具体的例子说明回归系数和常数项的计算方法。

【问题 10.3】假如某研究者调查中学生记忆力（memory）和英语学习动机（motivation）对英语学习成就（achievement）的解释力。60 名中学生（$n = 60$）参加了记忆力测试（满分为 100 分）、英语学习动机测量（满分为 60 分）和英语学习成就测试（满分为 100 分），测量结果如表 10.6 所示。

表 10.6 记忆力、学习动机和英语学习成就数据

记忆力：68,77,78,70,80,72,76,77,63,83,75,73,80,70,76,67,79,71,72,72,72,65,72,71,78, 74,74,74,82,72,72,85,78,82,77,78,78,72,69,86,76,77,85,79,84,72,79,71,75,77, 77,71,76,70,68,77,80,73,72,69；
动机：42,43,40,43,44,37,38,39,36,38,42,44,46,38,40,40,47,41,32,37,45,38,41,47,44, 41,36,33,43,39,33,37,36,42,40,38,35,40,43,39,39,40,40,45,44,47,42,29,39,44, 36,40,37,48,39,40,44,35,36,40；
成就：62,71,72,69,72,66,72,63,64,74,75,72,78,60,70,56,78,66,61,65,62,61,64,70,75, 73,60,65,80,75,62,84,72,72,77,70,68,64,63,83,64,76,71,80,79,77,77,64,75,78, 70,69,71,68,70,78,84,57,59,65。

试计算记忆力和动机对学习成就的线性回归预测方程。

【解】我们用 X_1 和 X_2 分别代表记忆力和学习动机，用 Y 代表学习成就。根据表 10.6，$S_{X_1}=5.011738$，$S_{X_2}=3.955223$，$S_Y=6.972018$，$\bar{X}_1=74.96667$，$\bar{X}_2=40.01667$，$\bar{Y}=69.96667$，$r_{X_1 X_2}=0.1522264$，$r_{YX_1}=0.7052541$，$r_{YX_2}=0.4444029$。利用公式 10.43，得到 $b_1=\left(\dfrac{6.972018}{5.011738}\right)\times\left(\dfrac{0.7052541-0.4444029\times0.1522264}{1-0.1522264^2}\right)\approx0.90804$，$b_2=\left(\dfrac{6.972018}{3.955223}\right)\times\left(\dfrac{0.4444029-0.7052541\times0.1522264}{1-0.1522264^2}\right)\approx0.60822$。利用公式 10.44，得到 $a=b_0=69.96667-0.90804\times74.96667-0.60822\times40.01667\approx-22.445$。因此，本例记忆力和学习动机对英语学习成就的线性回归预测方程为：学习成就 $=-22.445+0.908\times$记忆力 $+0.608\times$动机。需要注意的是，非标准化系数 b 受测量尺度的影响，不能用于比较预测变量在模型预测或解释中的重要性。

10.2.2 回归方程对数据的拟合优度检验

在得到估计的二元线性回归方程之后，我们还需要知道 X_1 和 X_2 对 Y 的预测力有多大或回归方程对数据的拟合优度，即需要计算决定系数和估计标准误差。

决定系数（R^2）测量预测变量 X_1 和 X_2 解释效标变量 Y 方差（变异）的比率。在多元线性回归分析中，如同在简单线性回归分析中一样，总变异（总平方和 SS_T，SS_Y）分解为回归平方和（SS_R）与残差平方和（SS_e），即 $SS_T=SS_R+SS_e$。SS_T 和 SS_R 的计算公式如下：

$$SS_T=SS_Y=\sum(Y-\bar{Y})^2$$
$$SS_R=b_1 SS_{X_1 Y}+b_2 SS_{X_2 Y}+\cdots+b_k SS_{X_k Y} \quad （公式 10.46）$$

其中，k 是预测变量数，$SS_{X_i Y}$ 是第 i 个预测变量与效标变量 Y 的平均数离差交乘积之和（sum of cross-products），$i=1,\cdots,k$。如果采用矩阵代数，则回归平方和（SS_R）的计算公式如下：

$$SS_R=\boldsymbol{b}'\boldsymbol{X}'\boldsymbol{y}-\dfrac{(\sum Y)^2}{n} \quad （公式 10.47）$$

其中，$\boldsymbol{b}'$ 是回归系数列向量 $\boldsymbol{b}$ 的转置，$\boldsymbol{X}'$ 是 $\boldsymbol{X}$ 的转置矩阵，$\boldsymbol{y}$ 是原始分列向量，n 是样本量，$\sum Y$ 是原始分之和，$\dfrac{(\sum Y)^2}{n}$ 是校正项。总平方和（SS_T）的计算公式为：

$$SS_T=\boldsymbol{y}'\boldsymbol{y}-\dfrac{(\sum Y)^2}{n} \quad （公式 10.48）$$

因此，残差平方和 $SS_e = e'e = y'y - b'X'y$。

决定系数（R^2）的计算公式为：

$$R^2 = \frac{SS_R}{SS_T}$$

（公式 10.49）

Wherry 修正 R_a^2 值公式 10.14 和 Stein 修正 R_a^2 值公式 10.15 适用于包括任意预测变量数的线性回归。

在"学习成就"的例子中，总平方和为：

$$SS_T = (62-69.96667)^2 + (71-69.96667)^2 + \cdots + (65-69.96667)^2 \approx 2867.933。$$

回归平方和为：

$$SS_{X_1Y} = (68-74.96667) \times (62-69.96667) + (77-74.96667) \times (71-69.96667) +$$
$$\cdots + (69-74.96667) \times (65-69.96667) \approx 1453.933；$$
$$SS_{X_2Y} = (42-40.01667) \times (62-69.96667) + (43-40.01667) \times (71-69.96667) +$$
$$\cdots + (40-40.01667) \times (65-69.96667) \approx 723.0333；$$
$$SS_R = 0.90804 \times 1453.933 + 0.60822 \times 723.0333 \approx 1759.99。$$

因此，$R^2 = \frac{1759.99}{2867.933} \approx 0.6137$。这表明，本研究回归预测效应量很大，记忆力和英语学习动机能够解释英语学习成就方差（变异）的 61.37%。已知：$n=60$，$k=2$，Wherry 修正值 $R_a^2 = 1 - \frac{60-1}{60-2-1} \times (1-0.6137) \approx 0.6001$，表明在样本所在的总体中，记忆力和英语学习动机对英语学习成就的预测力很强。Stein 修正值 $R_a^2 = 1 - \left(\frac{60-1}{60-2-1}\right) \times \left(\frac{60-2}{60-2-2}\right) \times \left(\frac{60+1}{60}\right) \times (1-0.6137) \approx 0.5790$，表明交叉验证平均预测力很强。

决定系数从正面检验线性回归模型的拟合优度，估计标准误差从反面体现线性回归模型的拟合优度。在"学习成就"的例子中，$SS_e = SS_T - SS_R = 2867.933 - 1759.99 = 1107.943$（由于四舍五入的原因，这一结果与 SPSS 计算的结果稍有出入），利用公式 10.10，得到估计标准误差 $s_e = \sqrt{\frac{SSe}{n-k-1}} = \sqrt{\frac{1107.943}{60-2-1}} \approx 4.409$。

10.2.3 模型有用性检验

估计的多元线性回归方程是基于样本数据得到的。它是否真实地反映总体中预测变量 $X_1, X_2, \cdots, X_k$ 对效标变量 Y 有预测力，还需要进行模型有用性检验（model utility test)。同简单线性回归分析相似,两个主要的检验是线性关系统计显著性检验和偏回归系数统计显著性检验。

线性关系检验为 F 检验,即检验多元相关系数 R 或预测力(或解释力)R^2 是否有统计上的显著意义,即是否显著不为 0。F 统计量的计算公式为:

$$F = \frac{MS_R}{MS_e} = \frac{SS_R/df_R}{SS_e/df_e} \qquad (公式\ 10.50)$$

在零假设成立时,F 统计量服从 SS_R 自由度为 $df_R=k$(预测变量数)、SS_e 自由度为 $df_e=n-k-1$ 的 F 分布。在某个显著性水平 α(通常设为.05)上,如果 F 统计量大于(或等于)临界值 $F_{(1-\alpha,k,n-k-1)}$,或者在零假设 F 分布条件下出现大于或等于 F 统计量的概率小于(或等于)α,则拒绝零假设,推断 $X_1,X_2,\cdots,X_k$ 与 Y 之间的线性关系有统计显著性。如果 F 统计量小于临界值 $F_{(1-\alpha,n-k-1)}$,或者在零假设 F 分布条件下出现大于或等于 F 统计量的概率大于 α,则接受(或不拒绝)零假设,推断 $X_1,X_2,\cdots,X_k$ 与 Y 之间的线性关系没有统计显著性意义。

在"学习成就"的例子中,$SS_R=1759.99$,$df_R=2$,$SS_e=1107.943$,$df_e=60-2-1=57$,$F=\dfrac{1759.99/2}{1107.943/57}\approx 45.273$,$p<.001$,因而记忆力、动机与学习成就有统计显著性线性关系。

在多元回归分析中,各个回归系数(包括常数项 a 或 b_0)是否具有统计显著性需要开展 t 检验。回归系数标准误差的计算公式为:

$$S_{b_j} = s_e\sqrt{c_{jj}} \qquad (公式\ 10.51)$$

其中,b_j 表示第 j 个回归系数($j=1,\cdots,k+1$),s_e 表示模型估计标准误差,c_{jj} 表示矩阵 c 的第 j 个对角元素,$c=(X'X)^{-1}$,X 是包括常数 1 和预测变量值的 $n\times p$ 矩阵(n 是样本量,$p=k+1$,k 是预测变量数),X' 是 X 的转置矩阵,$(X'X)^{-1}$ 是 $X'X$ 的逆矩阵。c_{11} 对应于 b_0,c_{22} 对应于 b_1,以此类推。

在"学习成就"的例子中,矩阵 c 为:

$$\begin{pmatrix} 4.87562029 & -0.0464549825 & -0.0343951295 \\ -0.04645498 & 0.0006908021 & -0.0001332481 \\ -0.03439513 & -0.0001332481 & 0.0011091453 \end{pmatrix}。$$

因此,$c_{11}=4.87562029$,$c_{22}=0.0006908021$,$c_{33}=0.0011091453$。已知 $s_e=4.409$,利用公式 10.51,得到:$S_{b_0}=9.7354$(常数项),$S_{b_1}=0.1159$(记忆力),$S_{b_2}=0.1468$(动机)。

在二元线性回归分析中,第 i 个预测变量($i=1,2$)上回归系数的标准误差的计算还可以利用以下公式:

$$S_{b_i} = \frac{S_Y}{S_{X_i}} \sqrt{\frac{1-R_{Y.X_1X_2}^2}{(1-r_{X_1X_2}^2)(n-k-1)}}$$ （公式 10.52）

譬如，在"学习成就"的例子中，$S_Y=6.972018$，$S_{X_1}=5.011738$，$R_{Y.X_1X_2}^2=0.6137$，$r_{X_1X_2}=0.1522264$，$n=60$，$k=2$，根据公式 10.52，得到：

$$S_{b_1} = \frac{6.972018}{5.011738} \times \sqrt{\frac{1-0.6137}{(1-0.1522264^2)\times(60-2-1)}} \approx 0.1159。$$

第 i 个预测变量（$i=1,\dots,k$）标准化回归系数的计算公式为：

$$\beta_i = b_i \left(\frac{S_{X_i}}{S_Y}\right)$$ （公式 10.53）

其中，b_i 是第 i 个预测变量非标准化回归系数，S_{X_i} 是预测变量 X_i 的标准差，S_Y 是效标变量 Y 的标准差。

标准化回归系数矩阵计算公式如下：

$$\boldsymbol{\beta} = \boldsymbol{R}^{-1}\boldsymbol{r}$$ （公式 10.54）

其中，$\boldsymbol{\beta}$ 是标准化回归系数列向量，$\boldsymbol{R}$ 是预测变量相关系数矩阵，$\boldsymbol{R}^{-1}$ 是 $\boldsymbol{R}$ 的逆矩阵，$\boldsymbol{r}$ 是每个预测变量与效标变量相关系数列向量。

在"学习成就"的例子中，$S_{X_1}=5.011738$，$S_{X_2}=3.955223$，$S_Y=6.972018$，$b_1=0.90804$，$b_2=0.60822$。根据公式 10.53，$\beta_1=0.653$（记忆力），$\beta_2=0.345$（动机）。如果利用矩阵公式 10.54，可以开展以下计算。

已知：$\boldsymbol{R}=\begin{pmatrix} 1.0000000 & 0.1522264 \\ 0.1522264 & 1.0000000 \end{pmatrix}$，$\boldsymbol{r}=\begin{pmatrix} 0.7052541 \\ 0.4444029 \end{pmatrix}$。$\boldsymbol{R}$ 的行列式为 $|\boldsymbol{R}|=1\times 1-0.1522264\times 0.1522264\approx 0.9768271$。$\boldsymbol{R}$ 的逆矩阵为：

$$\boldsymbol{R}^{-1} = \begin{pmatrix} \frac{1}{0.9768271} & \frac{-0.1522264}{0.9768271} \\ \frac{-0.1522264}{0.9768271} & \frac{1}{0.9768271} \end{pmatrix} \approx \begin{pmatrix} 1.023723 & -0.155838 \\ -0.155838 & 1.023723 \end{pmatrix};$$

$$\boldsymbol{\beta} = \begin{pmatrix} 1.023723 & -0.155838 \\ -0.155838 & 1.023723 \end{pmatrix}\begin{pmatrix} 0.7052541 \\ 0.4444029 \end{pmatrix}$$

$$= \begin{pmatrix} 1.023723\times 0.705254-0.155838\times 0.4444029 \\ -0.155838\times 0.7052541+1.023723\times 0.4444029 \end{pmatrix} \approx \begin{pmatrix} 0.653 \\ 0.345 \end{pmatrix}。$$

标准化回归系数等同于将预测变量和效标变量的原始分转化为标准分（Z 分数）之后开展回归分析得到的回归系数。在二元回归分析中，标准化回归系数 β_1 和 β_2 的含义为:在预测变量(X_2)不变或被控制的情况下,预测变量(X_1)每增加一个标准差单位,效标变量(Y)的预测值增加β_1个标准差单位;在预测变量(X_1)不变或被控制的情况下,预测变量(X_2)每增加一个标准差单位,效标变量(Y)预测值增加β_2个标准差单位。由于标准化回归系数β依据标准分,因而可以用于比较预测变量作用的大小。在"学习成就"的例子中,记忆力上的标准化回归系数($\beta_1=0.653$)大于动机上的回归系数($\beta_2=0.345$),因而记忆力对学习成就的积极作用大于动机的作用。

在标准化回归系数β_i已知的情况下,二元线性回归分析多元决定系数R^2的计算公式可记作:

$$R^2_{Y.X_1X_2} = \beta_1 r_{YX_1} + \beta_2 r_{YX_2} \qquad (公式10.55)$$

如果采用矩阵形式,多元线性回归分析R^2的计算公式为:

$$R^2 = \boldsymbol{\beta}' \boldsymbol{r} \qquad (公式10.56)$$

其中,$\boldsymbol{\beta}'$是$\boldsymbol{\beta}$的转置矩阵,$\boldsymbol{r}$是每个预测变量与效标变量相关系数列向量。

在"学习成就"的例子中,$r_{YX_1}=0.7052541$,$r_{YX_2}=0.4444029$,利用公式10.55,得到$R^2_{Y.X_1X_2}=0.65273\times0.7052541+0.34504\times0.4444029\approx0.6137$。

线性回归分析回归系数(包括常数项)的显著性检验采用t检验,零假设是总体回归系数β_i($i=1,\cdots,k+1$)为0,即$H_0:\beta_0=\beta_1=\cdots=\beta_k=0$。回归系数检验统计量$t$的计算公式为:

$$t_{b_j} = \frac{b_j}{S_{b_j}} \qquad (公式10.57)$$

其中,b_j为回归系数,$j=1,\cdots,k+1$,S_{b_j}是回归系数b_j对应的标准误差。在零假设成立时,统计量t服从自由度为$n-k-1$的t分布。在显著性水平α确定的情况下(α通常设定为.05),如果t统计量大于(或等于)临界值$t_{\alpha,n-k-1}$,或者在零假设t分布条件下双尾概率小于(或等于)显著性水平α,则拒绝零假设,推断回归系数有统计显著性意义。如果t统计量小于临界值$t_{\alpha,n-k-1}$,或者在零假设t分布条件下双尾概率大于显著性水平α,则接受(或不拒绝)零假设,推断回归系数没有达到统计显著性意义。

在"学习成就"的例子中,$t_{b_0}=\frac{-22.445}{9.7354}\approx-2.306$,$p=.025<.05$,$t_{b_1}=\frac{0.90804}{0.1159}\approx7.835$(由于四舍五入的原因,这一结果与SPSS计算的结果稍有出入),$p<.001$,$t_{b_2}=\frac{0.60822}{0.1468}\approx4.143$(由于四舍五入的原因,这一结果与SPSS计算的结果稍有出入),$p<.001$。由此可见,常数项和预测变量上的回归系数值均有统计显著性意义。

10.2.4 偏相关和半偏相关

10.2.4.1 偏相关

本节简要介绍与多元回归分析密切相关的两个统计概念——偏相关（partial correlation，又译作净相关）和半偏相关（semipartial correlation）。

偏相关是排除或控制其他变量之后两个变量之间的相关关系。在偏相关分析中，被排除的变量称作控制变量（control variables），两个相关的变量 X 和 Y 称作主要变量（primary variables）。只排除一个变量的偏相关称作一阶偏相关（first order partial correlation，$r_{12.3}$，其中的 1 和 2 代表两个主要变量，3 代表控制变量）；排除两个变量的偏相关称作二阶偏相关（second-order partial correlation，$r_{12.34}$，其中的 3 和 4 代表两个控制变量），以此类推。没有排除其他变量的两个变量之间的相关称作零阶相关（zero-order correlation；r_{12}，皮尔逊相关）。

一阶偏相关系数的计算公式为：

$$r_{12.3} = \frac{r_{12} - r_{13} r_{23}}{\sqrt{1-r_{13}^2} \sqrt{1-r_{23}^2}} \quad （公式 10.58）$$

二阶偏相关系数的计算公式为：

$$r_{12.34} = \frac{r_{12.3} - r_{14.3} r_{24.3}}{\sqrt{1-r_{14.3}^2} \sqrt{1-r_{24.3}^2}} \quad （公式 10.59）$$

在"学习成就"的例子中，我们想要知道在排除记忆力之后动机与学习成就之间的偏相关系数有多大。已知：$r_{X_1 X_2}=0.1522264$，$r_{YX_1}=0.7052541$，$r_{YX_2}=0.4444029$。根据公式 10.58，得到 $r_{YX_2 \cdot X_1} = \frac{0.4444029 - 0.7052541 \times 0.1522264}{\sqrt{1-0.7052541^2} \sqrt{1-0.1522264^2}} \approx 0.481$。同样，在排除动机之后记忆力与学习成就之间的偏相关系数为 $r_{YX_1 \cdot X_2} = \frac{0.7052541 - 0.4444029 \times 0.1522264}{\sqrt{1-0.4444029^2} \sqrt{1-0.1522264^2}} \approx 0.720$。

以二元线性回归分析为例，一阶偏相关系数与解释力（或预测力）R^2 有以下关系：

$$r_{12.3}^2 = \frac{R_{1.23}^2 - R_{1.3}^2}{1 - R_{1.3}^2} \quad （公式 10.60）$$

其中，$R_{1.23}^2 - R_{1.3}^2$ 表示排除 X_3 的影响后 X_2 解释 X_1 方差（变异）的比率，$1 - R_{1.3}^2$ 表示未被 X_3 解释的 X_1 方差比率。譬如，记忆力和动机对学习成就的解释力 $R_{Y \cdot X_1 X_2}^2 = 0.6137$，

记忆力对学习成就的预测力 $R^2_{Y \cdot X_1} = r^2_{YX_1} = 0.4974$，因此，$r^2_{YX_2 \cdot X_1} = \dfrac{0.6137 - 0.4974}{1 - 0.4974} \approx 0.231$。

一阶偏相关系数（平方）的公式（公式10.60）很容易被推广到更高阶的偏相关系数。譬如，二阶偏相关系数与解释力 R^2 有以下关系：

$$r^2_{12 \cdot 34} = \dfrac{R^2_{1.234} - R^2_{1.34}}{1 - R^2_{1.34}} \qquad \text{（公式 10.61）}$$

10.2.4.2 半偏相关

一阶偏相关排除第三个变量与两个主要相关变量的线性关系，而一阶半偏相关（semipartial correlation，又称部分相关，part correlation）则排除第三个变量与两个主要相关变量中的一个变量的线性关系。例如，在"学习成就"的例子中，我们想要知道，在记忆力解释的学习成就方差比率之外，动机能够额外解释学习成就方差的比率。这个额外的方差比率为一阶半偏相关系数的平方。一阶半偏相关系数记作 $r_{1(2 \cdot 3)}$，表示 X_3 从 X_2 中排除出去之后 X_1 与 X_2 之间的相关系数。一阶半偏相关系数的计算公式为：

$$r_{1(2 \cdot 3)} = \dfrac{r_{12} - r_{13}\, r_{23}}{\sqrt{1 - r^2_{23}}} \qquad \text{（公式 10.62）}$$

比较公式10.58和10.62可以发现，偏相关和半偏相关系数计算公式的分子相同，分母不同。除非控制变量与一个主要变量的相关系数为0，半偏相关系数总是小于偏相关系数。

在"学习成就"的例子中，$r_{Y(X_2 \cdot X_1)} = \dfrac{0.4444029 - 0.7052541 \times 0.1522264}{\sqrt{1 - 0.1522264^2}} \approx 0.341$。这意味着，在记忆力之外，动机能够额外或独立解释学习成就约 11.63%（即 0.341^2）的方差。同样，$r_{Y(X_1 \cdot X_2)} = \dfrac{0.7052541 - 0.4444029 \times 0.1522264}{\sqrt{1 - 0.1522264^2}} \approx 0.645$。因此，在动机之外，记忆力能够额外或独立解释学习成就约 41.60%（0.645^2）的方差。由此可见，记忆力对学习成就的贡献（或预测力）比动机的贡献（或预测力）更大。

在多元线性回归分析中，半偏相关系数的平方表示从一个预测变量中排除其他预测变量的线性关系之后，该变量解释效标变量方差的比率。在二元线性回归分析中，一阶半偏相关系数与预测力（或解释力）R^2 有以下关系：

$$r^2_{1(2 \cdot 3)} = R^2_{1 \cdot 23} - R^2_{1 \cdot 3} \qquad \text{（公式 10.63）}$$

$r^2_{1(2 \cdot 3)}$ 表示在增加一个变量（X_2）后回归模型解释力（或预测力）发生的变化。在"学习成就"的例子中，记忆力（X_1）模型对学习成就方差的解释力 $R^2_{Y \cdot X_1} = r^2_{YX_1} =$

0.4974,在增加动机变量(X_2)之后,包括记忆力和动机的模型对学习成就方差的解释力比记忆力模型的解释力增加了约 11.63%,因为 $r^2_{Y(X_2 \cdot X_1)} = R^2_{Y \cdot X_1 X_2} - R^2_{Y \cdot X_1} = 0.6137 - 0.4974 \approx 0.341^2 \approx 0.1163$。

一阶半偏相关系数(平方)的计算公式(公式 10.63)很容易被推广到更高阶的半偏相关系数。譬如,二阶半偏相关系数与解释力 R^2 有以下关系:

$$r^2_{1(2,34)} = R^2_{1 \cdot 234} - R^2_{1 \cdot 34} \qquad (\text{公式 } 10.64)$$

当预测变量之间的相关系数为 0 时,回归模型对效标变量的预测力为各个预测变量与效标变量相关系数的平方和,即:

$$R^2_{Y \cdot 12 \cdots k} = r^2_{Y1} + r^2_{Y2} + \cdots + r^2_{Yk} \qquad (\text{公式 } 10.65)$$

其中,Y 为效标变量,$1, 2, \cdots, k$ 代表第一、第二、……、第 k 个预测变量。

在多数情况下,预测变量之间存在相关性,回归模型对效标变量的预测力不等于各个预测变量与效标变量相关系数的平方和。多元回归分析利用半偏相关调整一组相关的预测变量,使之变得不相关(Pedhazur, 1997: 182)。因此,回归模型对效标变量的预测力 (R^2) 的公式可记作:

$$R^2_{Y \cdot 12 \cdots k} = r^2_{Y1} + r^2_{Y(2,1)} + r^2_{Y(3,12)} + \cdots + r^2_{Y(k,12 \cdots k-1)} \qquad (\text{公式 } 10.66)$$

公式 10.66 表明,第一个预测变量 X_1 首先进入回归模型,解释力(或预测力)为该变量与效标变量零阶相关系数的平方。第二个预测变量 X_2 是在第一个模型中增加的一个预测变量,解释力变化为从中排除与第一个预测变量的线性关系之后该变量与效标变量一阶半偏相关系数的平方。第三个预测变量 X_3 是在第三个模型中增加的一个预测变量,解释力变化为从中排除与第一、第二个预测变量的线性关系之后该变量与效标变量二阶半偏相关系数的平方,以此类推。这种回归分析方法称作等级回归分析(hierarchical regression analysis)。

解释力变化(或预测力变化)的统计显著性检验为 F 检验。统计量 F 比率的计算公式为:

$$F = \frac{(R^2_{Y \cdot 12 \cdots k_1} - R^2_{Y \cdot 12 \cdots k_2})/(k_1 - k_2)}{(1 - R^2_{Y \cdot 12 \cdots k_1})/(n - k_1 - 1)} \qquad (\text{公式 } 10.67)$$

其中,$R^2_{Y \cdot 12 \cdots k_1}$ 为效标变量 Y 在 k_1 个预测变量上回归得到的多元相关系数的平方,$R^2_{Y \cdot 12 \cdots k_2}$ 为效标变量 Y 在 k_2 ($k_2 < k_1$) 个预测变量上回归得到的多元相关系数的平方,n 为样本量。F 比率的自由度为 $v_1 = k_1 - k_2$,$v_2 = n - k_1 - 1$。检验解释力(或预测力)变化的统计显著性就是检验半偏相关系数平方的统计显著性,等同于检验与之相关的回归系数的统计显著性。

在"学习成就"的例子中,$n = 60$,$R^2_{Y \cdot X_1 X_2} = 0.6137$,$R^2_{Y \cdot X_1} = 0.4974$,$k_1 - k_2 = 2 - 1 =$

$1, n-k_1-1=60-2-1=57$,因此,$F=\frac{(0.6137-0.4974)/1}{(1-0.6137)/57}\approx 17.16, p<.001$,表明在记忆力之外,动机能够显著解释学习成绩方差的 11.63%。

10.2.5 多重共线性诊断

10.1.5 节详细介绍了线性回归分析的多个统计假设和检验(或诊断)方法。同简单线性回归分析相比,多元线性回归分析多了一个诊断——多元共线性诊断。本节只结合"学习成就"的例子简要介绍利用容忍度的共线性诊断。多元线性回归分析假设的其他诊断结果在 10.2.7 节报告。

在"学习成就"的例子中,皮尔逊相关分析发现,预测变量记忆力和学习动机的相关系数 $r=0.1522264$,说明两个变量之间呈低度正相关,不太可能有共线性问题。利用公式 10.32,得到容忍度 $Tolerance=1-0.1522264^2\approx 0.98$,接近 1,说明记忆力和学习动机没有多元共线性问题。

10.2.6 样本量

要使线性回归模型估计具有稳定性,样本量不宜过小。一个简单的最低标准是 $n\geqslant 20+5k$(k 是预测变量数)(Khamis & Kepler, 2010)。按照这一标准,如果有三个预测变量,最低样本量应为 35。另一个参考标准是,检验多元相关系数(Multiple R)时,样本量 $n\geqslant 50+8k$;检验各个预测变量上的统计显著性时,样本量 $n\geqslant 104+k$ (Tabachnick & Fidell, 2013)。按照这一标准,如果有三个预测变量,检验多元相关系数统计显著性所需的样本量不得低于 74,检验各个预测变量上的统计显著性所需的样本量不得低于 107。如果研究者既关心多元相关系数的检验,又关心各个预测变量回归系数的检验,则选择的样本量不得低于 107。

以上建议可作为研究者确定样本量时的一般性参考。理论上,线性回归分析所需样本量由显著性水平 α、统计效力和预测变量数所决定。通常,$\alpha=.05$,统计效力不低于 0.8。图 10.10 显示在 $\alpha=.05$、统计效力为 0.8 时不同效应量条件下预测变量数与所需样本量之间的关系。

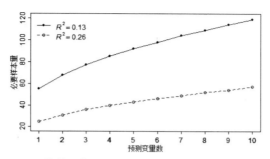

图 10.10　线性回归分析预测变量数与样本量之间的关系

在图 10.10 中,实线代表在效应量中等($R^2=0.13$)时预测变量数与必要样本量之间的关系,虚线表示在效应量大($R^2=0.26$)时预测变量数与必要样本量之间的关系。当效应量大时,开展线性回归分析所需的样本量减少;随着预测变量数的增加,必要样本量随之增加。当效应量为中等时,如果只有一个预测变量,要达到 0.8 或以上的效力水平,样本量不得低于 55;如果有三个预测变量,样本量不得低于 77。如果效应量大,只有一个预测变量,要达到 0.8 或以上的效力水平,样本量不低于 25 即可;如果有三个预测变量,样本量不低于 36 即可。从图 10.10 中可以发现,当效应量达到中等或以上时,即便有多个预测变量,所需样本量无须很大。当然,在效应量较小时,所需样本量会明显增大。例如,如果线性回归分析包括三个预测变量,期望效应量 $R^2=0.06$,在 $\alpha=.05$、统计效力为 0.8 或以上时所需样本量不得低于 175。

10.2.7　多元线性回归分析的 SPSS 操作

【问题 10.4】利用【问题 10.3】中提供的数据,操作 SPSS 开展多元线性回归分析,回答两大问题:(1)记忆力和学习动机是否对学习成就均有统计显著性预测力?(2)在记忆力之外,学习动机是否对学习成就有统计显著性预测力?

出于演示的目的,对本例问题的回答采用 SPSS 提供的两种线性回归分析方法:强迫进入(forced entry)回归模型和等级回归分析(hierarchical regression analysis)。强迫进入法将所有的预测变量同时进入回归模型。开展等级回归分析时,研究者依据研究的性质确定预测变量进入模型的顺序。

在开展普通最小二乘法回归分析之前,将记忆力(memory)、动机(motivation)和学习成就(achievement)三个变量输入到 SPSS 窗口,取文件名 ch10MultipleR,并保存。

第一个问题的回答采用强迫进入回归模型方法,SPSS 操作步骤如下:

第一步　打开 SPSS 数据文件 ch10MultipleR,按 Analyze → Regression →

Linear…的顺序打开 Linear Regression(线性回归)主对话框。将左边变量栏中的"记忆力[Memory]"和"动机[Motivation]"键入右边的 Independent(s)(自变量)栏中,将"成就[Achievement]"键入右边的 Dependent(因变量)栏中,如图10.11所示。

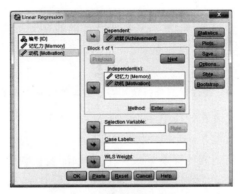

图 10.11　多元线性回归分析主对话框

第二步　点击 Statistics…,进入多元线性回归分析 Statistics(统计量)子对话框。勾选 Descriptives(描述性统计量)和 Collinearity diagnostics(共线性诊断)。点击 Continue(继续),回到多元线性回归分析主对话框。

第三步　点击 Plots…,进入多元线性回归分析 Plots(图形)子对话框。将左上栏中的 *ZPRED(standardized predicted values,标准化预测值)键入 X 轴栏,*SRESID(学生化残差)键入 Y 轴栏。在 Standardized Residual Plots(标准化残差图)栏中勾选 Normal probability plot(正态概率图,正态 P-P 图)。

第四步　点击 Continue(继续),回到多元线性回归分析主对话框。再点击 OK(确认),完成操作。

表10.7报告样本相关系数(Correlations)、平均数(M)、标准差(SD)和样本量(n)。

表 10.7　相关系数、平均数、标准差和样本量

	1	2	3	M	SD	n
1. 成就	—	.705***	.444***	69.97	6.972	60
2. 记忆力		—	.152	74.97	5.012	60
3. 动机			—	40.02	3.955	60

***: $p < .001$

表10.7显示,记忆力、动机均与学习成就呈显著正相关,且相关强度在中度以上水平。记忆力与动机相关度低($r = 0.152, p > .05$),初步推断它们之间不存在共线性

问题。

表10.8—表10.10分别为多元线性回归分析模型概要(Model Summary)表、方差分析(ANOVA)表和回归系数(Coefficients)表。

表10.8 多元线性回归分析模型概要

Model	R	R^2	R_a^2	s_e
1	.783	.614	.600	4.409

1. Predictors：(Constant),动机,记忆力
2. Dependent Variable：成就

表10.9 多元线性回归方差分析

Model		SS	df	MS	F	p
1	Regression	1759.986	2	879.993	45.273	<.001
	Residual	1107.948	57	19.438		
	Total	2867.933	59			

1. Predictors：(Constant), Predictors：(Constant),动机,记忆力
2. Dependent Variable：成就

表10.10 多元线性回归分析回归系数

		Unstandardized Coefficients		Standardized Coefficients	t	p	Collinearity Statistics	
		B	SE	β			Tolerance	VIF
Model 1	(Constant)	−22.445	9.735		−2.306	.025		
	记忆力	.908	.116	.653	7.836	<.001	.977	1.024
	动机	.608	.147	.345	4.142	<.001	.977	1.024

1. Dependent Variable：成就

表10.8显示，$R=0.783$，$R^2=0.614$，$R_a^2=0.600$，$s_e=4.409$，回归模型能够预测学习成就方差(或变异)的61.4%。表10.9显示，记忆力和动机对学习成就有显著预测力($F(2,57)=45.273,p<.001$)。

表10.10显示，截距项(常数,Constant)有统计显著性意义($b_0=-22.445,t=-2.306,p=.025<.05$)。记忆力对学习成就有显著预测力($B=b_1=0.908,t=7.836,p<.001$)。同样,动机也有显著预测力($B=b_2=0.608,t=4.142,p<.001$)。记忆力上的标准化回归系数($\beta_1=0.653$)大于动机上的标准化回归系数($\beta_2=0.345$),说明记忆力对学习成就的预测力大于动机对学习成就的预测力。

表10.10还显示,两个预测变量容忍度为0.977,接近1,方差膨胀因子略大于1,说明记忆力和动机没有共线性问题。SPSS报告的共线性诊断(Collinearity Diagnostics)结

果表明,两个预测变量上的回归系数方差比率分布在不同的维度(dimensions)上,与最大条件指针(Condition Index)值($CI=37.923$)相关联的两个方差比率为0.83(记忆力)和0.07(动机);与第二大条件指针值($CI=21.393$)相关联的两个方差比率为0.17(记忆力)和0.93(动机)。这一结果进一步表明记忆力和学习动机没有共线性。因此,记忆力和动机这两个预测变量保留在回归模型中是合适的。

表10.11是残差统计量(Residuals Statistics)表,包括一些冗余信息。这里有选择地检查一些统计量。对表10.11的解释方式与对表10.5的解释方式相同。关于表中涉及的一些重要统计量的概念,参见10.1.5.2节。

表10.11　多元线性回归分析残差统计量

	Min	Max	M	SD	n
Predicted Value（预测值）	56.66	80.59	69.97	5.462	60
Std. Predicted Value（标准化预测值）	−2.437	1.945	.000	1.000	60
Standard Error of Predicted Value（预测值标准误差）	.582	1.710	.947	.275	60
Adjusted Predicted Value（调整的预测值）	55.65	80.73	69.95	5.509	60
Residual（残差）	−8.304	8.346	.000	4.333	60
Std. Residual（标准化残差）	−1.883	1.893	.000	.983	60
Stud. Residual（学生化残差）	−1.937	1.915	.001	1.009	60
Deleted Residual（剔除残差）	−8.829	8.543	.013	4.573	60
Stud. Deleted Residual（学生化剔除残差）	−1.986	1.962	.000	1.022	60
Mahal. Distance（马氏距离）	.044	7.896	1.967	1.754	60
Cook's Distance（库克距离）	.000	.144	.019	.030	60
Centered Leverage Value（中心化杠杆值）	.001	.134	.033	.030	60

1. Dependent Variable：成就

表 10.11 显示,本例最大的马氏距离为 7.896,小于 $p=0.01$ 时的卡方分布($v=2$)临界值(9.21),因而本例没有高杠杆值(预测变量异常值)。最大中心化杠杆值为 0.134,利用公式 10.38 得到(非中心化)杠杆值为 0.151,近似等于 $3(k+1)/n=0.15$(参考标准值),表明本例没有严重的高杠杆值问题。

表 10.11 中,最大的学生化剔除残差值为 1.962,小于 2,而且最大的库克距离为 $0.144<1$,因而本例数据没有强影响点。如果要检查标准化 $DFFIT$ 和标准化 $DFBETA$ 值,可以利用 SPSS 开展线性回归分析提供的 Save 选项。诊断建议可参考 10.1.5.2 节。本例诊断发现,标准化 $DFFIT$ 绝对值的最大值为 0.67097,略大于参照临界值 $2\sqrt{\dfrac{k+1}{n-k-1}}=0.4588$;记忆力和动机变量上的最大 $DFBETA$ 绝对值分别为 $|-0.56816|$ 和 $|-0.40687|$,均小于参照临界值 1。因此,本例没有强影响观测值,回归拟合与参数估计较好。

图 10.12 是线性假设和方差齐性假设诊断散点图。

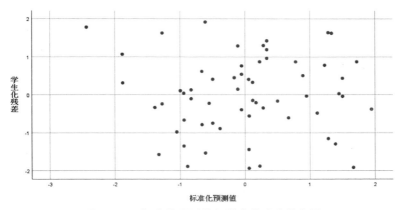

图 10.12　标准化预测值与学生化残差散点图

图 10.12 显示,标准化预测值与学生化残差构成的数据点在"0"点线周围随机分布,没有明显的曲线变化模式,说明预测变量和因变量之间有线性关系,误差方差齐性。

图 10.13 为误差正态性诊断 P-P 图。

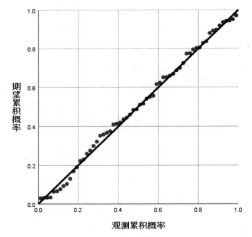

图 10.13　标准化残差正态 P-P 图

图 10.13 显示,各个数据点较为紧密地分布在正态分布拟合线附近,说明误差方差服从正态分布。

本例第二个问题的回答利用等级回归分析。SPSS 操作步骤如下:

第一步　重复回答第一个问题采用的第一步操作,进入 Linear Regression（线性回归）主对话框。将左边变量栏中的"记忆力[Memory]"键入右边的 Independent(s)（自变量）栏中,作为第一个区组(block)中的预测变量。将"成就[Achievement]"键入右边的 Dependent(因变量)栏中。点击 Next(下一个区组),将左边变量栏中的"动机[Motivation]"键入右边的 Independent(s)（自变量）栏中,作为第二个区组中的预测变量,如图 10.14 所示。

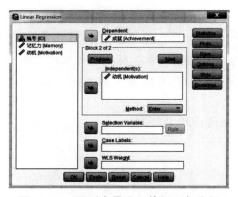

图 10.14　预测变量进入等级回归分析

第二步　点击 Statistics…,进入多元线性回归分析 Statistics(统计量)子对话框。

勾选 R squared change、Descriptives（描述性统计量）、Part and partial correlations（部分相关和偏相关）和 Collinearity diagnostics（共线性诊断）。点击 Continue（继续），回到多元线性回归分析主对话框。

第三步　重复回答第一个问题采用的第三步操作。

第四步　点击 Continue（继续），回到多元线性回归分析主对话框。再点击 OK（确认），完成操作。

下面报告利用 SPSS 开展等级回归分析的主要结果，略去与回答第一个问题时 SPSS 输出结果相同的描述性统计量（包括平均数、标准差和样本量）、相关系数表、标准化预测值与学生化残差散点图、标准化残差正态 P-P 图、共线性诊断结果（Collinearity Statistics 和 Collinearity Diagnostics）以及残差统计量表。

表 10.12 为多元线性回归分析模型概要（Model Summary）表。

表 10.12　多元线性回归分析模型概要

模型	R	R^2	R_a^2	s_e	R^2 变化	F 变化	df_1 变化	df_2 变化	p 值变化
1	.705	.497	.489	4.985	.497	57.396	1	58	<.001
2	.783	.614	.600	4.409	.116	17.159	1	57	<.001

1. Predictors：(Constant)，记忆力

2. Predictors：(Constant)，记忆力，动机

3. Dependent Variable：成就

表 10.12 显示，在第一个模型中，记忆力对学习成就具有很强的预测力，且预测力具有统计显著性（$R^2=0.497$，$F(1,58)=57.396$，$p<.001$）。第二个模型在第一个模型的基础上增加了动机变量，预测力 R^2 增加了 0.116，且具有统计显著性（$F(1,57)=17.159$，$p<.001$）。

表 10.13 报告模型检验方差分析（ANOVA）结果。

表 10.13　多元线性回归方差分析

模型		SS	df	MS	F	p
1	Regression	1426.462	1	1426.462	57.396	<.001
	Residual	1441.471	58	24.853		
	Total	2867.933	59			
2	Regression	1759.986	2	879.993	45.273	<.001
	Residual	1107.948	57	19.438		
	Total	2867.933	59			

1. Predictors：(Constant)，记忆力

2. Predictors：(Constant)，记忆力，动机

3. Dependent Variable：成就

表 10.13 显示,第一个只包括预测变量记忆力的模型对学习成就有显著预测力 ($F(1,58)=57.396, p<.001$),与表 10.12 第一个模型报告的结果相同。第二个包括预测变量记忆力和动机的模型对学习成就有显著预测力($F(2,57)=45.273, p<.001$)。

表 10.14 为多元回归分析系数(Coefficients)表,包括回归系数、零阶相关系数、偏相关系数和部分相关系数(即半偏相关系数)。

表 10.14 多元线性回归分析系数

模型		非标准化系数		标准化系数	t	p	相关系数		
		B	S_e	β			零阶	偏	部分
1	(常数)	−3.584	9.730		−.368	.714			
	记忆力	.981	.130	.705	7.576	<.001	.705	.705	.705
2	(常数)	−22.445	9.735		−2.306	.025			
	记忆力	.908	.116	.653	7.836	<.001	.705	.720	.645
	动机	.608	.147	.345	4.142	<.001	.444	.481	.341

因变量:成就

表 10.14 显示,在第一个模型中,常数项没有统计显著意义($B=−3.584, t(58)=−0.368, p=.714>.05$),但是记忆力上的回归系数有统计显著性意义($B=0.981, t(58)=7.576, p<.001$)($t$ 检验的自由度为 $n-k-1$,其中 n 是样本量,k 是预测变量数)。与表 10.12 中的第一个模型统计结果比较发现,$t^2=F, R$(多元相关系数)$=\beta$(标准化回归系数)$=r$(零阶相关系数,皮尔逊相关系数)$=.705$。由于在简单线性回归中只有一个预测变量,因而零阶相关系数、偏相关系数和半偏相关系数相同。

在第二个模型中,记忆力上的回归系数有统计显著性意义($B=0.908, t(57)=7.836, p<.001$),动机回归系数也有统计显著性意义($B=0.608, t(57)=4.142, p<.001$)。注意,动机回归系数检验中的 t 值的平方等同于表 10.12 中第二个模型显示的 F 变化值。同样,常数项也有统计显著性意义($B=−22.445, t(57)=−2.306, p=.025<.05$)。以上结果与表 10.10 报告的结果相同。表 10.14 报告动机和学习成就之间的半偏(部分)相关系数为 0.341,其平方值为表 10.12 中第二个模型显示的 R^2 变化值(0.116)。记忆力与学习成就之间半偏(部分)相关系数的平方为 $0.645^2 \approx 0.416$。这表明,记忆力对学习成就的预测力比动机的预测力更大。关于偏相关和半偏相关的概念,参见 10.2.4 节。

表 10.15 为排除变量表。

第十章 线性回归分析

表 10.15 排除变量

模型		β In	t	p	偏相关
1	动机	.345	4.142	<.001	.481

1. Dependent Variable：成就

表 10.15 中的 β In 表示将动机变量包含在模型中标准化回归系数的大小。表中显示，动机上的标准化回归系数有统计显著性意义（$\beta=.345, t(57)=4.142, p<.001$），因而将动机变量保留在模型中是合适的。表 10.15 提供的信息包含在表 10.14 中。

概而言之，记忆力和动机对学习成就均有显著预测力；在记忆力之外，学习动机对学习成就有显著的预测力。

问题与思考

1. 多元线性回归分析有哪些统计假设？

2. 讨论双变量 X 和 Y 相关系数 r 与最小二乘法回归线方程 $\hat{y}=a+bx$ 中的斜率 b 之间的关系。如果预测变量 X 的每个值增加 5 或扩大一倍，相关系数 r 和斜率 b 会如何变化？

3. 预测变量 X 与效标变量 Y 之间的相关系数 $r=0.66$，X 值的标准差为 4.5，Y 值的标准差为 3，回归线的斜率是多少？

4. 已知一组数据点的回归线方程为 $\hat{y}=10.54+2.67x$，其中的一个数据点为 (10, 31)。这个数据点的残差是多少？

5. 词汇知识前测与后测的相关系数为 $r=0.65$。词汇知识后测在词汇知识前测上的线性回归预测方程为：词汇知识后测=20.75+0.975×词汇知识前测。试问：词汇知识后测分数中有多少变异可由前测分数的变异来解释？

6. 在线性回归分析中，下面哪一项是对残差的正确描述？
 (a) 残差是预测分值减去观测分值。
 (b) 残差是预测分值与观测分值之和。
 (c) 残差是观测分值减去预测分值。
 (d) 残差是观测分值与平均数之差。

7. 某项研究发现学习时间（单位：小时）对外语学习成就有统计显著性预测力，回归预测方程为：外语学习成就=45.65+0.378×学习时间。下面的哪个选项是对回归斜率的最恰当解释？
 (a) 学习时间每增加一个小时，外语学习成就分值就增加 0.378 分。
 (b) 学习时间每增加一个小时，预测的外语学习成就分值就增加 0.378 分。
 (c) 随着学习时间的增加，外语学习成就分值也在增加。
 (d) 外语学习成就分值每增加 1 分，学习时间就增加 0.378 小时。

8. 下图为显示预测变量 X 和效标变量 Y 之间关系的散点图，图中的直线为最小二乘法回归线。

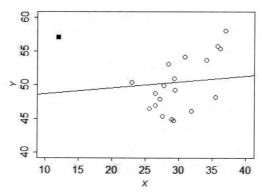

仔细观察散点图,回答以下问题:

(a) 图中以方框显示的数据点是异常点(outlier),影响点(influential point),还是两者兼而有之?

(b) 排除以方框显示的数据点会对两个变量的相关系数产生怎样的影响?

(c) 排除以方框显示的数据点会对回归线的斜率产生怎样的影响?

9. 一项研究以 90 名英语学习者为被试调查学习时间(小时数/周)和智力对学习成就的预测力。统计分析部分结果如下表所示。

描述性统计量:$n=90$, $k=2$,学习时间数据平均数 $M_{X_1}=30.92222$ 和标准差 $S_{X_1}=8.793802$,智力数据 $M_{X_2}=125.0222$ 和标准差 $S_{X_2}=10.02578$,学习成就数据 $M_Y=64.98889$ 和标准差 $S_Y=12.01263$,学习时间与智力相关系数 $r_{X_1 X_2}=0.1948797$。

模型概要:$R^2=0.537$, $F(2,87)=50.46$, $p<.001$。

模型		B	S_e	β	t	p
1	(常数)	−9.458	11.005		−.859	.392
	学习时间	.811				<.001
	智力	.395				<.001

回答以下问题:

(a) 写出学习成就在学习时间和智力上回归的预测方程。

(b) 学习成就与两个预测变量(学习时间和智力)的多元相关系数(multiple correlation coefficient)是多少(保留三位小数)?

(c) 在表中对应的方框内填入各个统计量的值(保留三位小数)。

(d) 学习时间和智力对学习成就是否均有显著预测力?

(e) 学习时间和智力相比较,哪个变量对学习成就的预测力更大?

10. 某项研究以 80 名初中生为被试调查母语听力(L1 listening ability)和二语水平(L2 proficiency)对二语听力(L2 listening ability)的贡献。各个变量数据如下表所示。

母语听力:22,21,18,22,23,23,16,25,19,20,19,18,21,22,19,26,20,23,17,23,19,25,17,19, 20,24,20,22,21,19,21,20,21,22,22,21,21,25,24,23,22,22,26,18,17,21,17,22, 20,22,21,18,19,21,23,24,20,22,21,15,23,16,23,17,20,21,25,20,21,18,20,24, 22,20,24,24,20,19,19,25;
二语水平:81,58,58,70,54,75,72,61,53,77,80,77,66,70,50,72,74,66,64,58,61,72,62,52, 68,97,72,85,61,69,56,67,61,77,81,78,83,77,70,64,79,76,95,59,58,65,68,72, 65,68,82,59,85,48,82,87,82,64,70,62,77,65,66,78,71,73,83,79,64,79,86,59, 72,64,69,63,65,71,67,78;
二语听力:21,19,13,25,19,14,20,16,10,20,16,14,21,24,13,27,12,17,17,15,8,20,14,11, 20,26,15,18,15,18,15,17,12,17,22,21,22,19,19,19,18,23,23,13,16,11,20,17, 22,25,22,10,22,14,21,24,20,12,10,17,26,12,21,21,16,23,24,21,18,26,23,14, 17,18,14,22,12,16,14,21。

利用等级回归分析,回答以下问题:

(a) 诊断多元线性回归分析的统计假设。

(b) 写出二语听力在母语听力和二语水平上回归的预测方程。

(c) 母语听力和二语水平是否对二语听力均有显著预测力?

(d) 在二语水平之外,母语听力是否对二语听力仍有显著的预测力?

(e) 母语听力和二语水平相比较,哪个变量对二语听力的贡献更大?

第十一章 因子分析
Chapter Eleven　Factor Analysis

11.1　因子分析的基本概念

因子是潜在变量（latent variable），不能被直接观测到。因子分析（factor analysis，简称 FA）用于评估一组观测变量多大程度上能够测量同一个潜在构念（construct）或因子（factor），目的是通过探索观测变量之间的相关模式，找到共同因子（common factor）。因子分析的主要用途有：（1）减少分析变量的个数；（2）通过对观测变量之间相关模式的探索，将它们进行分类，用共同因子代替各个观测变量；（3）既可以进行探索性因子分析（Exploratory Factor Analysis，EFA），也可以进行验证性因子分析（Confirmatory Factor Analysis，CFA）。探索性因子分析致力于找出事物内在的本质结构；验证性因子分析是用来检验已知的特定结构是否按照期望的方式发挥作用。这两种分析方法都以因子模型为基础，都是为了考察观测变量之间的关系。相关程度较高的观测变量（不管是正相关还是负相关）很可能受到同一个因子的影响；相关程度较低的观测变量很可能受到不同因子的影响；每个观测变量在每个因子上都有一个因子负荷（factor loading），因子的意义由那些因子负荷较大的观测变量来决定。

因子分析的简单模型是：

$$x_i = a_{i1}F_1 + a_{i2}F_2 + \cdots + a_{im}F_m + \varepsilon_i \qquad \text{（公式 11.1）}$$

其中，x_i 表示第 i 个观测变量标准化值，F_1、F_2、…、F_m 为共同因子，m 是共同因子总数。a_{i1}、a_{i2}、…、a_{im} 是各个因子负荷值（观测变量与对应因子的相关系数），ε_i 是唯一因子。因子分析的特点是：（1）因子的数量少于观测变量的数量；（2）因子并非观测变量的简单取舍，而是一种新的综合。

第十一章　因子分析

11.2　因子分析的基本程序

本节用一个例子介绍因子分析的基本程序,包括统计假设检验、因子提取、因子转轴、因子评估和命名以及因子分。

11.2.1　因子分析统计假设检验

【问题 11.1】某研究调查由 6 个人格测试量表所测量的 6 个个性特质(traits)是否能够被降维(dimensionality)到二三个因子。80 名被试参加了各项测试(括号内数值表示测量的取值范围):Test A—焦虑(anxiety)(0—20)、Test B—抱怨身体不适(somatic complaints)(0—30)、Test C—内疚(guilt)(0—40)、Test D—友善(friendliness)(0—50)、Test E—感觉寻求(sensation seeking)(0—10)和 Test F—支配性(dominance)(0—100)。被试在每个特质测试上的分值越高,该被试在此特质上的等级就越高。各个人格变量测量结果见表 11.1(数据来源:Sheskin,2007)。

表 11.1　人格变量测量

Anx:12,18,20,19,12,15,12,17,16,15,18,6,11,20,18,19,13,18,16,19,14,15,15,12,13,10,15,20,19, 11,10,7,18,15,20,15,15,13,12,16,10,11,14,15,13,15,16,10,10,14,12,11,8,11,16,15,19,13,6, 17,12,11,12,15,9,16,9,6,12,10,12,14,14,13,3,7,9,5,10,4;
Soma:15,30,23,26,27,24,25,29,23,24,26,10,11,29,23,18,23,22,21,18,12,16,22,24,17,19,20,22,26, 14,15,11,21,11,26,20,14,13,14,20,14,13,15,14,9,10,15,17,16,18,23,18,13,19,29,19,28,10, 10,9,10,14,9,14,10,13,6,12,12,13,14,12,9,11,8,3,13,4,5,7;
Guilt:27,34,37,34,18,30,29,34,27,28,16,11,19,35,32,35,23,36,37,40,23,22,16,27,23,33,16,18,29, 23,9,15,21,16,28,21,20,11,16,19,16,12,10,29,17,18,14,22,14,14,18,11,17,12,11,20,13,17, 9,16,13,16,15,11,12,17,13,10,14,10,11,12,21,20,11,13,11,18,12,12;
Frnd:32,34,14,12,10,49,24,39,47,19,47,40,30,33,25,23,16,32,34,14,12,10,49,24,39,47,19,47,40, 30,33,25,23,16,48,50,16,29,36,44,12,22,30,33,27,22,21,2,19,9,18,32,29,48,50,16,29,36, 44,40,38,32,34,14,12,10,49,24,39,47,19,47,40,30,33,25,23,16,18,14;
Sen:6,8,4,3,1,9,5,9,3,6,9,8,4,6,3,5,1,8,8,2,0,4,9,8,10,10,6,8,7,4,8,5,5,4,9,8,2,8,7,3,4,5,7, 8,6,6,4,1,5,0,5,7,7,8,7,5,7,7,10,7,9,6,9,4,5,3,10,6,7,7,4,10,6,6,4,7,7,8,4,6,3;
Dom:52,34,34,23,10,49,38,87,39,19,89,70,30,33,25,23,16,67,88,14,12,10,69,78,99,81,52, 63,45,52,66,44,48,26,89,52,18,77,60,43,13,18,32,93,71,44,39,16,29,7,38,64,29,62, 56,43,92,82,77,48,67,80,79,13,39,10,34,61,49,78,36,47,39,42,73,66,60,41,51,52。

Anx—焦虑,Soma—抱怨身体不适,Guilt—内疚,Frnd—友善,Sen—感觉寻求,Dom—支配性。

要求:对本例数据开展因子分析,确定6个人格变量的因子结构。

【解】因子分析需要满足一些统计假设。首先,各个观测变量数据要满足单变量正态分布(normal distribution),最好满足多元正态分布。如果研究者要推广因子分析的结果,就需要开展正态性检验。鉴于多元正态性检验可能过于敏感,通常检验各个观测变量数据的正态性即可(Hutcheson & Sofroniou,1999:223)。各个变量数据的正态性检验通常利用 Shapiro-Wilk 检验(即 W 检验)。如果研究者开展因子分析只是为了概括观测变量之间的关系,正态性假设就不重要。其次,各个观测变量之间有线性(linear)关系。因子的确定以各个观测变量之间的皮尔逊相关(系数)矩阵为基础。皮尔逊相关分析假设变量之间的关系为线性关系。变量之间的线性关系可以利用散点图进行诊断。如果一个变量与所有其他变量没有线性关系或者相关系数的绝对值均小于0.3,那么它就不太可能与其他变量构成因子,应当予以剔除。第三,因子分析假设没有异常值(outliers)。异常值的诊断可以利用散点图和箱图等。第四,因子分析要求各个观测变量之间没有多元共线性(multicollinearity)(包括奇异性,singularity)。一个简单的诊断方法是查看观测变量之间的相关系数。如果两个变量之间的相关系数 r 很大(如大于0.8或0.9),则说明它们之间可能存在多元共线性问题。判断多元共线性或奇异性的另外一种方法是利用各个观测变量相关矩阵的行列式(determinant)。如果相关矩阵行列式值小于0.00001,说明有多元共线性问题。如果有多元共线性问题存在,应考虑删除相关的若干变量。

除以上四个假设之外,因子分析还要求对数据进行 KMO 检验(Kaiser-Meyer-Olkin test)和 Bartlett 球性检验(Bartlett's test of sphericity),以便判断观测变量是否适合做因子分析。KMO 检验是抽样适当性测量(measure of sampling adequacy),比较相关系数与偏相关系数(partial correlation coefficients)的大小,诊断数值分布是否满足因子分析的要求。KMO 检验统计量的计算公式为:

$$KMO = \frac{\sum_{i \neq j} r_{ij}^2}{\sum_{i \neq j} r_{ij}^2 + \sum_{i \neq j} \alpha_{ij}^2} \quad (公式\ 11.2)$$

其中,r_{ij} 是(观测)变量 X_i 和 X_j 的零阶相关系数(即皮尔逊相关系数),α_{ij} 是变量 X_i 和 X_j 偏相关系数(见第十章)。当观测变量(或题项)之间有共同因子时,各个观测变量之间的偏相关系数就会很小,KMO 值就会接近1。KMO 取值范围在 0—1 之间。KMO 值小表明 r_{ij}^2 相对于 α_{ij}^2 很小,做因子分析就会不合适。Kaiser(1974)给出了常用的衡量标准:0.9 以上表示非常适合(marvelous),0.8 以上表示较适合(meritorious),0.7 以上表示适中(middling),0.6 以上表示基本适合(mediocre),0.5 以上表示不太合适(miserable),0.5 以下表示不可接受(unacceptable)。

关于正态分布假设检验和异常值诊断，见第三章和第四章。本例变量数据不完全满足单变量正态分布假设，异常值问题不严重。各个人格测量变量的相关矩阵如表 11.2 所示。表 11.2 显示各个测量变量之间的相关系数 r 均在 0.8 以下，而且相关系数矩阵的行列式为 0.056（保留三位小数），由此推断本研究测量变量之间没有多元共线性问题。

表 11.2　人格测量变量相关系数矩阵

	1	2	3	4	5	6
1. 焦虑	—	0.664805086	0.58553190	0.09223135	−0.05535953	−0.105408577
2. 抱怨身体不适		—	0.56039154	0.13616100	0.00626216	−0.003030454
3. 内疚			—	−0.03172039	−0.09620053	−0.094519268
4. 友善				—	0.75277990	0.622492819
5. 感觉寻求					—	0.757338527
6. 支配性						—

表 11.3 报告 6 个测量变量的偏相关矩阵。

表 11.3　人格测量变量偏相关系数矩阵

	1	2	3	4	5	6
1. 焦虑	—	0.48306151	0.346430720	0.1420081	−0.028509638	−0.13370488
2. 抱怨身体不适		—	0.295054284	0.1049795	−0.053840312	0.04987772
3. 内疚			—	−0.1037313	−0.002155765	0.02347638
4. 友善				—	0.553400433	0.14170703
5. 感觉寻求					—	0.54380303
6. 支配性						—

将表 11.2 和表 11.3 中的相关系数和偏相关系数代入公式 11.2，得到：

$$KMO = \frac{0.664805086^2 + \cdots + 0.757338527^2}{(0.664805086^2 + \cdots + 0.757338527^2) + (0.48306151^2 + \cdots + 0.54380303^2)} \approx 0.704。$$

这一结果表明，本研究数据适合开展因子分析。

除了使用 KMO 从整体上测量抽样恰当性之外，还可以利用简单相关和偏相关系数计算每个测量变量的抽样恰当性测量值（measure of sampling adequacy，MSA）。MSA 的计算公式为：

$$MSA_i = \frac{\sum_{i \neq j} r_{ij}^2}{\sum_{i \neq j} r_{ij}^2 + \sum_{i \neq j} a_{ij}^2} \qquad （公式 11.3）$$

每个观测变量的抽样恰当性测量值表示该变量与其他测量变量之间的相关度。MSA 的解释同 KMO 的解释相同。

在"人格测量"的例子中,各个变量的抽样恰当性值 MSA 为:

$$MSA_{Anx} = \frac{0.664805086^2 + \ldots + (-0.105408577)^2}{[0.664805086^2 + \ldots + (-0.105408577)^2] + [0.48306151^2 + \ldots + (-0.13370488)^2]} \approx 0.673;$$

$$MSA_{Soma} = \frac{0.664805086^2 + \ldots + (-0.003030454)^2}{[0.664805086^2 + \ldots + (-0.003030454)^2] + (0.48306151^2 + \ldots + 0.04987772^2)} \approx 0.697;$$

$$MSA_{Guilt} = \frac{0.58553190^2 + \ldots + (-0.094519268)^2}{[0.58553190^2 + \ldots + (-0.094519268)^2] + (0.34643072^2 + \ldots + 0.02347638^2)} \approx 0.756;$$

$$MSA_{Frnd} = \frac{0.09223135^2 + \ldots + 0.622492819^2}{(0.09223135^2 + \ldots + 0.622492819^2) + (0.1420081^2 + \ldots + 0.14170703^2)} \approx 0.727;$$

$$MSA_{Sen} = \frac{(-0.05535953)^2 + \ldots + 0.757338527^2}{[(-0.05535953)^2 + \ldots + 0.757338527^2] + [(-0.028509638)^2 + \ldots + 0.54380303^2]} \approx 0.656;$$

$$MSA_{Dom} = \frac{(-0.105408577)^2 + \ldots + 0.757338527^2}{[(-0.105408577)^2 + \ldots + 0.757338527^2] + [(-0.13370488)^2 + \ldots + 0.54380303^2]} \approx 0.744。$$

根据 Kaiser(1974)的标准,各个测量变量的抽样恰当性测量值(MSA)均大于 0.60,说明这些变量基本适合做因子分析。如果一个变量的抽样恰当性测量值小于 0.5,则应考虑删除。理想状态下,各个观测变量的抽样恰当性测量值应在 0.7 以上(Pett et al.,2003)。

Bartlett(1950)提出的球性检验以观测变量的相关系数为矩阵元素,检验该矩阵与单位阵(identity matrix)是否有统计显著性差异,检验的零假设是相关系数矩阵是单位阵(即观测变量之间没有显著性线性关系)。单位阵是一个所有对角元素(diagonal elements)为 1、非对角元素为 0 的方阵(square matrix)。在单位阵中,变量之间的关系完全是非共线性的(noncollinear)。如果要对其进行因子分析,则提取的因子数就等于原变量数,因为每个观测变量都是它本身的因子。因此,对单位阵进行因子分析是没有意义的。Bartlett 球性检验是卡方(χ^2)检验,卡方统计量的计算公式为:

$$\chi^2 = -\left[(N-1) - \left(\frac{2k+5}{6}\right)\right]\log_e|\boldsymbol{R}| \qquad (公式 11.4)$$

其中,N 是样本量,k 是相关矩阵中的观测变量(或题项)数,$\log_e$是自然对数,$|\boldsymbol{R}|$是相关矩阵 $\boldsymbol{R}$ 的行列式(determinant)。卡方检验的自由度(degrees of freedom,df)为 $k(k-1)/2$。

在"人格测量"的例子中,$N=80$,$k=6$。根据表 11.2,得到本例 6 个测量变量相关矩阵的行列式 $|\boldsymbol{R}|=0.05575872$。利用公式 11.4,得到:

$$\chi^2(15) = -\left[(80-1) - \left(\frac{2\times 6+5}{6}\right)\right]\log_e(0.05575872) \approx 219.872, p<.001。$$

由此推断,本例相关矩阵显著不同于单位阵,说明本例数据适合做因子分析。从 Bartlett 球性检验的公式可以看出,卡方值受到样本量的影响。因子分析使用的样本量通常比较大,即便观测变量之间的相关系数比较小,Bartlett 球性检验也很容易拒绝零假设。因此,Bartlett 球性检验应该仅被用作评价相关矩阵质量的最低标准,即当球性检验没有拒绝零假设时,不应对相关矩阵做因子分析(Pett et al.,2003)。

除了以上统计假设之外,在开展因子分析时还要考虑样本量问题。样本量过小,因子分析利用的相关系数就趋于不稳定。样本量多大才适合做因子分析没有硬性规定。Comrey & Lee(1992:217)建议样本量充分性(adequacy of sample size)的评估大致参照以下标准:50——很差(very poor);100——差(poor);200——尚可(fair);300——好(good);500——很好(very good);1000 或 1000 以上——非常好(excellent)。根据 Tabachnick & Fidell(2013:613),因子分析使用的样本量通常以不低于 300 为宜;如果有几个观测变量的因子负荷值很高(大于 0.8),则无须这么大的样本量(150 个个案应该就足够了)。按照以上标准,"人格测量"的样本量($n=80$)偏小。

11.2.2 因子提取

因子提取(extraction)的常用方法是主成分分析(principal component analysis,简称 PCA)。主成分分析是特征值分析,是因子分析的前期工作。它通常利用观测变量的相关矩阵生成与观测变量同样多的彼此互不相关的主成分(principal components,PCs)。第一个主成分是解释样本观测变量最大方差量的观测变量线性组合。第二个主成分由排除第一个主成分之后的残差相关(residual correlations)矩阵计算得到,最大化解释样本观测变量剩余方差。第三个主成分由排除前两个主成分之后的残差相关矩阵计算得到,最大化解释样本观测变量剩余方差,直到第 k 个主成分(k 等同于观测变量数)解释完剩余方差。这些主成分的特点是彼此互不相关,即彼此正交(orthogonal)。通过主成分分析,一组相关的观测变量被转化为一组不相关的主成分。在主成分分析中,k 个观测变量被标准化(平均数为 0,标准差为 1),因而每个观测变量的方差均为 1,k 个观测变量的总方差等于 k。样本相关矩阵的各个特征值(λ)代表各个主成分解释的方差量。因子分析中的特征值必须为正值,满足这一条件的相关矩阵称作正定(positive-definite)矩阵。出现非正定矩阵的原因包括:变量过多,观测个案数太少,使相关矩阵不稳定;变量之间相关度过高(如有奇异性存在)(Field,2018)。由于主成分充分解释了观测变量,因而各个特征值之和等于 k。各个成分的特征值为相关(系数)矩阵 R 的对角化(diagonalized)矩阵(L)中的对角线之值(Tabachnick & Fidell,2013):

$$L = V'RV \qquad (公式\ 11.5)$$

其中，V 为矩阵 R 的特征向量矩阵，V' 是 V 的转置矩阵。对角化矩阵的特点是对角线之外的元素为 0。在特征向量矩阵中，特征向量为列向量，是与矩阵中每个观测变量相联系的权重（weights），k 个观测变量有 k 个特征向量。

在"人格测量"的例子中，根据人格变量相关系数矩阵，得到矩阵 R 的特征向量矩阵：

$$V = \begin{pmatrix} 0.13311244 & -0.57510695 & 0.34276158 & 0.31954297 & 0.657184214 & -0.006983618 \\ 0.07556305 & -0.58024162 & 0.30671996 & -0.64797175 & -0.368913186 & -0.086996663 \\ 0.17076219 & -0.52583722 & -0.76649652 & 0.24475103 & -0.213601140 & 0.035917374 \\ -0.53586426 & -0.19855628 & 0.30011471 & 0.44394058 & -0.432865258 & 0.445982604 \\ -0.58863313 & -0.10498221 & -0.06866066 & 0.09425679 & 0.008910262 & -0.792976517 \\ -0.56015366 & -0.07497337 & -0.32578723 & -0.46060204 & 0.446021074 & 0.404203553 \end{pmatrix}$$

利用公式 11.5，得到矩阵 L：

$$L = \begin{pmatrix} 2.445615 & 0.000000 & 0.0000000 & 0.0000000 & 0.0000000 & 0.0000000 \\ 0.000000 & 2.214106 & 0.0000000 & 0.0000000 & 0.0000000 & 0.0000000 \\ 0.000000 & 0.000000 & 0.4775453 & 0.0000000 & 0.0000000 & 0.0000000 \\ 0.000000 & 0.000000 & 0.0000000 & 0.3641333 & 0.0000000 & 0.0000000 \\ 0.000000 & 0.000000 & 0.0000000 & 0.0000000 & 0.3034569 & 0.0000000 \\ 0.000000 & 0.000000 & 0.0000000 & 0.0000000 & 0.0000000 & 0.1951436 \end{pmatrix}$$

矩阵 L 对角线值为 6 个主成分对应的特征值，即：$2.445615, 2.214106, 0.4775453, 0.3641333, 0.3034569, 0.1951436$。6 个主成分的特征值充分解释了样本标准化观测变量的方差，但是没有达到降维或减少观测变量数的目的。

因子分析的目的是尽可能用较少的因子概括样本相关（系数）矩阵的模式。只有因子数 m 小于主成分数 k，才能达到降维的目的。因子提取数的最常用标准是 Kaiser 标准（Kaiser's criterion）（Kaiser, 1960）。根据 Kaiser 标准，保留特征值大于 1 的主成分作为因子。如果特征值非常接近于 0 值，观测变量之间极有可能存在多元共线性或奇异性问题，不适合开展因子分析。Kaiser 标准具有直觉上的合理性，因为每个标准化观测变量的方差为 1，特征值大于 1 的因子解释观测变量的总方差大于一个观测变量的方差，只有这样才能达到降维的目的。根据 Field(2018)，在以下两种情况下，Kaiser 标准是精确的：（1）观测变量数小于 30，因子提取之后所有观测变量的公因子方差（communalities）均大于 0.7；（2）样本量大于 250，观测变量公因子方差的平均值不低于 0.6。通常情况下，如果观测变量数小于 40，样本量大，且因子数预计在 $k/5$ 和 $k/3$（k 是观测变量数）之间，Kaiser 标准很准确（Gorsuch, 1983；转自 Pett et al., 2003）。

在"人格测量"的例子中，只有前两个主成分（$m=2$）的特征值大于 1 ($\lambda_1 = 2.445615$, $\lambda_2 = 2.214106$)，因而可以将它们作为因子开展后续分析。

另外一种确定因子数的方法是依据提取方差的百分比（percent of variance

extracted)。提取方差的百分比指因子解释总方差的累积百分比,即因子贡献率。如果达到最大提取方差百分比的阈限(如 75%—80%,但是在社会科学研究中,因子解释的方差百分比有时只有 50%—60%),因子提取过程结束(Pett et al., 2003)。使用这一方法的局限是没有明确的提取方差百分比的阈限值。

在"人格测量"的例子中,第一个因子解释观测变量总方差的 40.76%(2.445615/6),第二个因子解释观测变量总方差的 36.9%(2.214106/6),两个因子共同解释观测变量总方差的 77.66%。

第三种确定因子数的方法是利用碎石图(scree plot)。根据由大到小的特征值排序将对应的主成分作为水平轴,特征值作为纵坐标,将图中各点连成线,便得到碎石图。碎石图是一条曲线,特点是曲线起先陡峭下降,随后变化平缓。图中通常会有一个拐点(point of inflexion),显示曲线的剧烈变化。这个拐点就是确定因子数的切割点。拐点上的主成分不作为因子,只保留拐点前的主成分作为因子。图 11.1 是"人格测量"数据因子提取的碎石图。

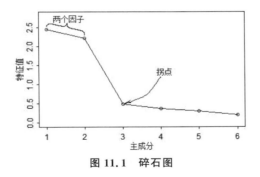

图 11.1　碎石图

图 11.1 显示,"人格测量"数据的第三个主成分在拐点上。拐点前的线条变化相当陡峭,拐点后的线条呈缓慢下降之势。拐点后特征值逐渐变小的主成分像山脚下的碎石,故称该图形为碎石图。很显然,本研究数据有两个因子,与利用 Kaiser 标准得出的结果相同。实际研究中,建议将 Kaiser 标准与碎石图结合起来使用。

11.2.3　评估初始因子

因子评估包括评价因子负荷和公因子方差(communality)(h^2)。根据 Tabachnick & Fidell(2013),公式 11.5 可以重新转化为计算矩阵 R 的公式:

$$R = VLV' = (V\sqrt{L})(\sqrt{L}V')$$ （公式 11.6）

令 $V\sqrt{L} = A$,公式 11.6 可以转化为因子分析的基本方程式(fundamental equation):

$$R = AA'$$
（公式 11.7）

其中，矩阵 A 为因子负荷（factor loadings）矩阵。公式 11.7 表明，相关矩阵是因子负荷矩阵与其转置矩阵的乘积。因子负荷是因子特征向量权重值与因子特征值平方根的乘积，矩阵计算公式为：

$$A = V\sqrt{L}$$
（公式 11.8）

其中，V 是因子特征向量矩阵，L 是因子特征值对角矩阵。因子负荷与特征值的关系是，特征值是所有观测变量在某个共同因子上因子负荷值的平方和。每个共同因子的特征值除以对应观测变量数便是共同因子可以解释的方差百分比。

在"人格测量"的例子中，两个因子的 V 矩阵和 L 矩阵分别为：

$$V = \begin{pmatrix} 0.13311244 & -0.57510695 \\ 0.07556305 & -0.58024162 \\ 0.17076219 & -0.52583722 \\ -0.53586426 & -0.19855628 \\ -0.58863313 & -0.10498221 \\ -0.56015366 & -0.07497337 \end{pmatrix};$$

$$L = \begin{pmatrix} 2.445615 & 0.000000 \\ 0.000000 & 2.214106 \end{pmatrix}。$$

根据公式 11.8，得到本研究两个因子的负荷矩阵：

$$A = \begin{pmatrix} 0.2081674 & -0.8557517 \\ 0.1181690 & -0.8633920 \\ 0.2670458 & -0.7824390 \\ -0.8380093 & -0.2954492 \\ -0.9205317 & -0.1562122 \\ -0.8759942 & -0.1115594 \end{pmatrix}。$$

将以上矩阵 A 乘以 -1，得到需要的因子负荷矩阵：

$$A = \begin{pmatrix} -0.2081674 & 0.8557517 \\ -0.1181690 & 0.8633920 \\ -0.2670458 & 0.7824390 \\ 0.8380093 & 0.2954492 \\ 0.9205317 & 0.1562122 \\ 0.8759942 & 0.1115594 \end{pmatrix}。$$

通常情况下,对于小样本来说,因子负荷值绝对值≥0.40 的观测变量被认为对因子有实质性意义;对于大样本来说,因子负荷值绝对值≥0.30 的观测变量被认为对因子有实质性意义。有实质性意义的观测变量应保留在因子结构中。

检查上一节得到的因子负荷矩阵 A 发现,观测(测量)变量"友善"(Frnd)、"感觉寻求"(Sen)和"支配性"(Dom)在第一个因子上的负荷值很高,其他三个观测变量的因子负荷值低。第一个因子主要由"友善"(Frnd)、"感觉寻求"(Sen)和"支配性"(Dom)决定。观测变量"焦虑"(Anx)、"抱怨身体不适"(Soma)和"内疚"(Guilt)在第二个因子上的负荷值很高,其他三个观测变量的因子负荷值低。第二个因子主要由"焦虑""抱怨身体不适"和"内疚"决定。因此,本研究因子结构清晰,观测变量的因子归类清晰。

根据因子模型,可以将观测变量 x_i 的方差分解为两个部分:变量公因子方差(h^2)和唯一方差(unique variance,ε^2)。公因子方差是所有因子在某个观测变量上负荷值的平方和,表示该变量被所有因子解释的变异量。它的计算公式为:

$$h_i^2 = \sum_{j=1}^{m} a_{ij}^2 \qquad (公式 11.9)$$

其中,a_{ij} 是因子负荷矩阵 A 中第 i 个观测变量在第 j 个因子($j=1,\cdots,m$,其中 m 为因子数)上的负荷值,$i=1,\cdots,k$。由于 x_i 是标准化变量值,其方差为 1,即 $D(x_i)=h_i^2+\varepsilon_i^2=1$。这样,$x_i$ 的方差可通过两个部分来解释:第一部分是公因子方差,反映全部因子对观测变量 x_i 方差解释的贡献度。第二部分是唯一方差,是观测变量 x_i 的方差不能被全部因子解释的部分。h_i^2 越接近于 1,全部因子对观测变量 x_i 的解释力就越大;ε_i^2 越小,用全部因子解释 x_i 时丢失的信息就越少。

在"人格测量"的例子中,利用上一节得到的因子负荷值矩阵和公式 11.9,得到每个观测变量的公因子方差:焦虑(Anx)—0.776、抱怨身体不适(Soma)—0.759、内疚(Guilt)—0.684、友善(Frnd)—0.790、感觉寻求(Sen)—0.872、支配性(Dom)—0.780。

11.2.4 正交转轴

实际研究并非总是像"人格测量"的例子那样因子结构如此清晰。为了增加对因子结构的解释力,我们往往采用因子转轴方法。最常用的因子转轴方法是正交转轴法(orthogonal rotation)。

由于因子负荷矩阵具有非唯一性,对它右乘一个正交矩阵后仍为因子负荷矩阵。这相当于将因子空间的坐标轴 $F_1,F_2,\cdots,F_m$ 进行一次旋转。在正交转轴法中,因子之间的相关系数为 0,因子轴间的夹角为 90°。如果通过正交转轴后因子负荷矩阵中的每列元素两极化——某些元素负荷的绝对值尽可能大,另一些元素负荷的绝对值尽可能接近0,这就便于对因子做出解释。

在正交转轴法中最常用的转换方法是最大方差法(Varimax)。最大方差法使因子矩阵每一列中因子负荷值平方(对负荷值进行平方的目的是克服负值带来的问题)的方差达到最大值,即最大化方差 $var\ a_j^2 = \frac{1}{n}\sum_{i=1}^{n}(a_{ij}^2 - \bar{a}_j^2)^2$ (n 是观测变量数,j 表示矩阵的列)(Cooper,1983:143)。换言之,最大方差法通过使每个因子上的负荷值两极化,实现因子负荷值方差最大化的目的。因子转换矩阵是旋转角度为 θ 的正弦和余弦矩阵。两个因子的转换矩阵形式如下:

$$\Lambda = \begin{pmatrix} \cos(\theta) & -\sin(\theta) \\ \sin(\theta) & \cos(\theta) \end{pmatrix} \quad \text{(公式 11.10)}$$

假如有四个观测变量,因子数有两个。因子负荷矩阵如下:

$$\Lambda_{\text{unrotated}} = \begin{pmatrix} -0.38 & 0.92 \\ 0.25 & -0.88 \\ 0.87 & 0.30 \\ 0.91 & 0.40 \end{pmatrix}。$$

图 11.2 左分图显示以上未转轴的因子负荷矩阵。

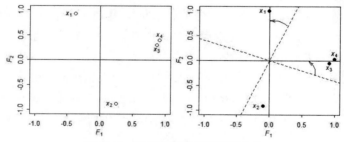

图 11.2　正交转轴前后的因子负荷

在图 11.2 的左分图中,两条呈直角的实线显示转轴前的坐标系,横轴和纵轴分别代表两个因子,轴上值为因子负荷值。左分图显示,虽然 x_1 和 x_2 在第二个因子 F_2 上的负荷值较大,但是它们与 F_2 所在的轴较远,在第一个因子 F_1 上也有不可忽视的负荷值。同样,x_3 和 x_4 在 F_1 上的负荷值较大,但是它们与 F_1 所在的轴较远,在 F_2 上也有不可忽视的负荷值。这给因子解释带来了困难。

令 $\theta=22$,根据公式 11.10,得到以下转换矩阵:

$$\Lambda = \begin{pmatrix} 0.9271839 & -0.3746066 \\ 0.3746066 & 0.9271839 \end{pmatrix}。$$

转换后的因子负荷矩阵为：

$$A_{\text{rotated}} = A_{\text{unrotated}} \Lambda = \begin{pmatrix} -0.007691799 & 0.995359652 \\ -0.097857839 & -0.909573440 \\ 0.919031931 & -0.047752580 \\ 0.993579945 & 0.029981542 \end{pmatrix}。$$

转换后的因子负荷矩阵比转换前的因子负荷矩阵更清晰地显示出两个因子的结构：两个变量只在一个因子上的负荷值高，另外两个变量只在另一个因子上的负荷值高。图 11.2 右分图显示转轴后的因子负荷矩阵。图中的虚线为转轴前的坐标系，实线为转轴后的坐标系。转轴前后的坐标系均为直角坐标系。右分图显示，因子转轴后（转轴方向一致），x_1 和 x_2 与 F_2 联系更加紧密（即紧密聚合在 F_2 所在的轴），它们在 F_1 上的负荷值小到可以忽略的程度。同样，x_3 和 x_4 与 F_1 联系也更加紧密（即紧密聚合在 F_1 所在的轴），与 F_2 几乎没有关系。因此，因子的命名和解释变得更加方便。注意，本例中，x_2 在 F_2 上的负荷值为负值（-0.909573440）。这通常是由题项的措辞引起的。譬如，在包括 4 个题项的因子结构中，各个题项的因子负荷值依次为：(1) 我在外语课堂上害怕老师叫我回答问题——+0.75；(2) 当我听不懂老师说什么的时候，我很紧张——+0.83；(3) 在其他同学面前说外语，我担心犯错误——+0.65；(4) 每当上外语课时，我感到轻松愉快——-0.69。这些题项在因子（"外语课堂焦虑"）上的负荷值都很高，只是前 3 个题项的负荷值为正值，最后 1 个题项的负荷值为负值。不同的正负号是有意义的，因为最后 1 个题项是其他题项的反向措辞。

11.2.5 因子命名和因子分

得到因子之后，需要给它们命名。因子的名称取决于构成因子的各个观测变量的性质。一般来说，某个变量在因子上的负荷越大，它在因子名称的确定上所发挥的作用就越大。

在得出各个因子和对之命名之后，我们的研究可能还没有结束。我们有时希望得到每个被试（或个案）在各个因子上的分数，以便进一步开展统计分析。因子分估计是根据构成因子的各个观测变量的相对权重计算得到的一个综合分值。因子分估计的计算公式为：

$$F_i = b_1 x_1 + b_2 x_2 + \cdots + b_k x_k \qquad \text{（公式 11.11）}$$

其中，F_i 表示第 i 个因子的分值估计，$i = 1, \ldots, m$，m 为因子数，b_j 是权重系数，x_j 是观测变量标准化值，$j = 1, \ldots, k$，k 是观测变量数。

如果采用矩阵形式,因子分估计的计算公式为:

$$F = ZB \qquad (公式 11.12)$$

其中,Z 是各个观测变量的标准分矩阵,B 是 b_j 构成的矩阵。在因子分析中,权重系数 b_j 称作因子分系数(factor score coefficients),类似于多元回归分析中的回归系数。

在多元回归方法(Regression Method)中,因子分系数的计算公式为:

$$B = R^{-1}A \qquad (公式 11.13)$$

该公式表示,因子分估计的系数是观测变量相关矩阵(R)的逆矩阵与因子负荷矩阵(A)的乘积。

除了以上利用观测变量标准分估计因子分之外,还可以计算因子型量表(factor-based scales)中的题项分作为因子分。具体而言,因子分的计算只考虑因子负荷值可接受(如负荷值大于 0.4)的题项,将这些题项原始分的累计结果作为因子分,或者使用它们的平均分作为因子分(Pett et al.,2003)。Pett et al.(2003)指出,使用因子型量表计算因子分的好处在于,这些因子分比估计的因子分更容易解释,也可以用于不同研究之间的比较,或者用于比较不同组在因子分上的差异,等等。不足之处是,使用因子型量表计算因子分没有考虑各个题项在因子上的负荷值的大小,即在计算因子分时,各个题项被赋予了同样的权重。

11.2.6 斜交转轴

正交转轴法假设因子不相关。斜交转轴法(oblique rotation)允许因子相关(即非正交)。在斜交转轴中,因子轴自由旋转,使观测变量更好地聚合。由于斜交转轴允许因子相关,斜交转轴法比正交转轴法复杂。图 11.3 为斜交转轴示意图。

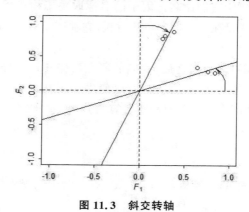

图 11.3　斜交转轴

第十一章 因子分析

在图 11.3 中,两条虚线显示转轴前的坐标系,横轴和纵轴分别代表两个因子,轴上值为因子负荷值。每个因子包括用空心圆表示的三个观测变量,这些变量距离各自的因子轴较远。斜交转轴(轴线以实线表示)后,这些变量较紧密地聚合在各自的因子轴附近,因子结构变得更加清晰。观察图 11.3 可以发现,斜交转轴时,两个因子轴旋转的方向相反,因子轴呈锐角。如果本例采用正交转轴,转轴结果仍不会令人满意,因为两个因子相关。

斜交转轴法采用的一种常见的转换方法是直接斜交旋转法(Direct Oblimin)。直接斜交旋转法通过最小化因子负荷的交乘积(cross-products)简化因子结构。该方法通过设定常数 delta(δ) 值允许因子相关。常数 δ 值为 0(SPSS 使用的默认值,也是通常的接受值)允许因子有较高的相关性。常数 δ 值接近 1,允许因子高度相关。当 delta(δ) 值为负值且越小时,因子斜交的许可度就越小,因子正交性就越强。如果要减少因子之间的相关性,则可选择 0 和 -0.8 之间的 δ 值。在实际研究中,常数 δ 取多大值没有明确的标准。如果研究者猜测因子之间的相关系数在 0.3 左右,建议 δ 取值在 0.5 和 -0.5 之间(Pett et al.,2003)。

在斜交转轴中,因子负荷矩阵变成模式矩阵(pattern matrix,A)。模式矩阵中各个值的平方表示每个因子对每个观测变量方差的独特解释力,不包括因子相关产生的共同方差。不管是使用正交转轴,还是使用斜交转轴,11.2.5 节关于因子分值的计算公式均适用。利用这些公式可以计算斜交转轴后的因子分。利用因子分可以计算因子之间的相关系数,计算使用的矩阵公式为:

$$\boldsymbol{\Phi} = \frac{1}{n-1} \boldsymbol{F}' \boldsymbol{F} \qquad (公式\ 11.14)$$

其中,n 是样本量,$\boldsymbol{F}$ 是因子分矩阵,$\boldsymbol{F}'$ 是 $\boldsymbol{F}$ 的转置矩阵。

在斜交转轴中,与模式矩阵相区分的矩阵是结构矩阵(structure matrix,$\boldsymbol{C}$)。结构矩阵体现观测变量与因子之间的关系。这种关系包括观测变量与因子之间的独特关系,还包括它与因子之间共有方差之间的关系。结构矩阵的计算公式为:

$$\boldsymbol{C} = \boldsymbol{A}\boldsymbol{\Phi} \qquad (公式\ 11.15)$$

其中,$\boldsymbol{A}$ 是模式矩阵,$\boldsymbol{\Phi}$ 是因子相关矩阵。与斜交转轴法不同的是,使用正交转轴法时,模式矩阵和结构矩阵相同,即为因子负荷矩阵。

使用正交转轴还是斜交转轴取决于两个方面。一是理论依据,二是观测变量转轴前在因子上的聚合方式(Field,2018)。通常情况下,我们测量的变量或多或少存在某种程度的相关性,它们所构成的因子也会存在某种关联性。从理论层面来看,选择斜交转轴可能比选择正交转轴更好。由于斜交转轴比正交转轴更灵活,在有些情况下,使用斜交转轴的效果会比使用正交转轴好。如果使用斜交转轴开展因子分析发现因子之间没有关系,建议采用更简单的正交转轴。如果使用斜交转轴开展因子分析发现因子之间有关系,应该放弃使用正交转轴。

11.3　因子分析的 SPSS 操作

【问题 11.2】利用【问题 11.1】中的数据,操作 SPSS,探索人格测量变量的因子结构。

按照常规,在开展因子分析之前,需要进行统计假设检验。我们在前面章节讨论过正态性检验、线性假设诊断和异常值诊断(见第三、四、六章),这里不再重复。我们将 11.2.1 节提到的其他统计假设和因子分析的其他主要统计结果放在一起报告。

本例利用 SPSS 开展因子分析的操作步骤如下:

第一步　将表 11.1 中的数据录入 SPSS 窗口,取文件名 ch11FA。

第二步　按 Analyze→Dimension Reduction→Factor… 的顺序打开 Factor Analysis(因子分析)主对话框。选中左栏中的人格特征变量,将之键入右边的 Variables(变量)栏中,如图 11.4 所示。

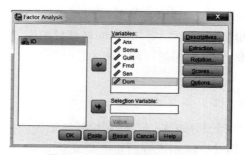

图 11.4　因子分析主对话框

第三步　单击主对话框中的 Descriptives…,进入因子分析 Descriptives(描述性统计量)子对话框。该对话框有两个面板。一个是统计量(Statistics)面板,包括单变量描述性统计量(Univariate descriptives)和因子分析初始解(Initial solution)。单变量描述性统计量包括各个变量的有效观测数量(n)、平均数(M)和标准差(SD)。勾选 Univariate descriptives。初始解(Initial solution)是 SPSS 默认的方式。初始解包括观测变量的公因子方差(communalities)、特征值(eigenvalues)和方差解释百分比(percentage of variance explained,方差贡献率)。本例采用 SPSS 默认的方式。另一个是相关矩阵(correlation matrix)面板,包括 7 个选项。勾选 Coefficients(相关系数)选项,SPSS 会输出用于因子分析的各变量之间的相关系数。勾选 Significance levels(显著性水平)选项,SPSS 会在相关矩阵中显示相关系数单侧检验的显著性概率。勾选 Determinant(行列式)选项,SPSS 会输出相关矩阵行列式,用于检验多元共线性或奇异性。选项 KMO and Bartlett's test of sphericity(*KMO* 检验和巴特利特球性检验)用于检验样本数据是否适合做因子分析。本例勾选以上所有选项。如果勾选 Inverse(逆矩阵)选项,SPSS 会输出相关系数矩阵的逆矩阵。勾选 Reproduced(再生相关矩阵)选项,SPSS 会输出依据模型估计得到的相关系数矩阵。模型估计相关矩阵与观测数据相关矩阵之间的差异为模型残差(residuals)。残差表出现在 SPSS 输出的再生相关矩阵的下方,有较少的残差绝对值大于 0.05 为好。本例勾选再生相关矩阵选项。勾选 Anti-image(反映像)选项,系统会输出反映像相关矩阵(Anti-image correlation matrix)和反映像协方差矩阵(Anti-image covariance matrix,*AIC*)。虽然 SPSS 提供这两个矩阵,我们只需考虑相关矩阵。在反映像相关矩阵中,对角线值(*MSA*,measure of sampling adequacy)测量每个观测变量的抽样恰当性,对角线外值为偏相关系数的相反数。在一个好的因子模型中,矩阵对角线外值的绝对值大都应该很小。本例勾选反映像选项。SPSS 操作结果如图 11.5 所示。

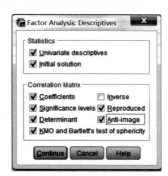

图 11.5　因子分析描述性统计量子对话框

第四步　点击 Continue(继续),回到因子分析主对话框。点击 Extraction(提取),进入因子提取子对话框。本例勾选 Scree plot(碎石图)选项,其他选项采用 SPSS 默认的方式,包括采用主成分方法(Principal components)提取因子以及提取因子的特征值大于 1。一般情况下,特征值小于 1 的因子代表特殊因子(specific factors)或误差因子(error factors),在解释数据总体变异性(方差)方面的贡献最小。本例 SPSS 操作结果如图 11.6 所示。

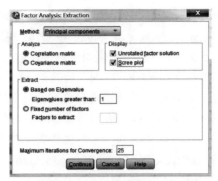

图 11.6　因子分析提取子对话框

第五步　点击 Continue(继续)，回到因子分析主对话框。再点击 Rotation(旋转)，进入因子分析 Rotation(旋转)子对话框。本例假设人格测量变量的因子不相关，因而在 Method(旋转方法)面板中勾选 Varimax Method(最大方差法)。若假设人格变量的因子相关，则选择 Direct Oblimin(直接斜交旋转法)。我们选择直接斜交旋转法后发现，两个因子的相关系数为 -0.022，由此认为两个因子基本上不相关。实际研究中，研究者可以尝试使用最大方差法和直接斜交旋转法。若斜交转轴发现因子相关系数很小，则建议选用最大方差法。若斜交转轴发现因子存在相关性，就放弃最大方差法。在 Display(显示)面板中勾选 Loading plot(s)(因子负荷图)。SPSS 操作结果如图 11.7 所示。

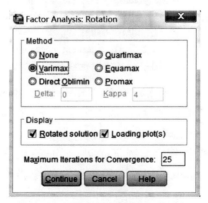

图 11.7　因子分析转轴子对话框

第六步　点击 Continue(继续)，回到因子分析主对话框。再点击 OK(确认)，完成操作。本例中没有点击 Scores…(因子分)选项。如果研究者希望使用因子分，可以进入 Scores(因子分)子对话框，勾选 Save as variables(保存为变量)，使用 SPSS 默认的回归方法(Regression Method)计算因子分即可。使用回归方法时，即便因子正交，因子分也可能相关。其他两种计算因子分的方法是 Bartlett 方法(Bartlett

Method)和 Anderson-Rubin 方法(Anderson-Rubin Method)。由 Bartlett 方法得到的因子分的均值为 0。Anderson-Rubin 方法确保估计因子的正交性,是对 Bartlett 方法的修正,由此产生的因子分不相关。

表 11.4 报告各个观测变量的描述性统计结果,包括平均数(M)、标准差(SD)和样本量(n)。

表 11.4　人格测量变量描述性统计

	M	SD	n
Anx	13.23	4.009	80
Soma	16.53	6.618	80
Guilt	19.63	8.259	80
Frnd	28.93	12.575	80
Sen	5.93	2.489	80
Dom	48.68	24.205	80

Anx—焦虑,Soma—抱怨身体不适,Guilt—内疚,Frnd—友善,Sen—感觉寻求,Dom—支配性。

表 11.5 报告各个观测变量的相关系数矩阵。

表 11.5　人格测量变量相关系数矩阵

		Anx	Soma	Guilt	Frnd	Sen	Dom
Correlation	Anx	1.000	.665	.586	.092	−.055	−.105
	Soma	.665	1.000	.560	.136	.006	−.003
	Guilt	.586	.560	1.000	−.032	−.096	−.095
	Frnd	.092	.136	−.032	1.000	.753	.622
	Sen	−.055	.006	−.096	.753	1.000	.757
	Dom	−.105	−.003	−.095	.622	.757	1.000
p (1-tailed)	Anx		<.001	<.001	.208	.313	.176
	Soma	<.001		<.001	.114	.478	.489
	Guilt	<.001	<.001		.390	.198	.202
	Frnd	.208	.114	.390		<.001	<.001
	Sen	.313	.478	.198	<.001		<.001
	Dom	.176	.489	.202	<.001	<.001	

a. Determinant=.056

表 11.5 上半部分显示各个人格变量之间的皮尔逊相关系数(关于相关系数,也见表 11.2),下半部分显示相关系数统计显著性检验得到的 p 值。如果一个观测变量与其他变量的相关系数均小于 0.3,说明该变量可能不适合与其他变量一起做因子分析。本例中每个变量均与其他两个变量的相关系数在 0.3 以上。另外,如表 11.5 所示,所有配对变量之间的相关系数均小于 0.8,说明这些变量之间可能不存在多元共线性。本例行列式值(Determinant)为 0.056 大于 0.00001,进一步说明本例观测

变量没有多元共线性问题。以上结果初步表明这些变量适合做因子分析。

本例 KMO 取样适当性测量（Kaiser-Meyer-Olkin Measure of Sampling Adequacy）值为 0.704，说明本例数据适合开展因子分析。Bartlett 球性检验（Bartlett's Test of Sphericity）发现，总体的相关矩阵之间有公因子方差存在（即显著不同于单位阵，$\chi^2(15)=219.872, p<.001$），适合开展因子分析。

表 11.6 报告反映像相关矩阵（Anti-image Correlation Matrix）。

表 11.6　人格测量变量反映像相关矩阵

	Anx	Soma	Guilt	Frnd	Sen	Dom
Anx	.673[a]	−.483	−.346	−.142	.029	.134
Soma	−.483	.697[a]	−.295	−.105	.054	−.050
Guilt	−.346	−.295	.756[a]	.104	.002	−.023
Frnd	−.142	−.105	.104	.727[a]	−.553	−.142
Sen	.029	.054	.002	−.553	.656[a]	−.544
Dom	.134	−.050	−.023	−.142	−.544	.744[a]

a. Measures of Sampling Adequacy（MSA）

表 11.6 中的对角线值为每个观测变量的抽样恰当性测量值（MSA），对角线外值为偏相关系数的相反数（关于偏相关系数，也见表 11.3）。关于表 11.6 中对角线值的解释，见 11.2 节。如果整体测量 KMO 不令人满意，可以利用反映像相关矩阵对角线值确定有问题的观测变量。

表 11.7 报告公因子方差（Communalities），包括初始值（Initial）和提取值（Extraction）。关于公因子方差，见 11.2 节。

表 11.7　人格测量变量公因子方差

	初始值	提取值
Anx	1.000	.776
Soma	1.000	.759
Guilt	1.000	.684
Frnd	1.000	.790
Sen	1.000	.872
Dom	1.000	.780

Extraction Method: Principal Component Analysis.

表 11.7 的第二列显示，各个观测变量在初始解中的公因子方差均为 1（初始观测变量标准化后的方差均为 1）。这表明，如果对初始的 6 个变量采用主成分分析法提取所有特征值（6 个），那么初始的 6 个变量都可被充分解释。但是，因子分析的目的是简化数据，因子数只有少于观测变量数才有意义。第三列显示在指定特征值＞1 的条件下提取因子后得到的各个观测变量公因子方差。结果显示，各个观测变量上

的两个公因子方差均接近或大于 0.7,说明保留两个因子基本合适。

图 11.8 为人格测量变量数据因子提取的碎石图,与图 11.1 显示的结果相同。图 11.8 显示,本例数据选择两个因子是合适的。

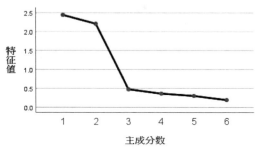

图 11.8 人格测量变量数据因子提取碎石图

表 11.8 显示因子解释的观测变量总方差(Total Variance Explained)。各个主成分(含提取的因子)初始特征值(Initial Eigenvalues)栏、提取因子负荷值平方和(Extraction Sums of Squared Loadings)栏和旋转因子负荷值平方和(Rotation Sums of Squared Loadings)栏均包括总量(Total)、方差贡献率(% of Variance)和累积贡献率(Cumulative %)。

表 11.8 因子解释的总方差

主成分	初始特征值			提取因子负荷值平方和			旋转因子负荷值平方和		
	总量	方差贡献率	累积贡献率	总量	方差贡献率	累积贡献率	总量	方差贡献率	累积贡献率
1	2.446	40.760	40.760	2.446	40.760	40.760	2.434	40.573	40.573
2	2.214	36.902	77.662	2.214	36.902	77.662	2.225	37.089	77.662
3	.478	7.959	85.621						
4	.364	6.069	91.690						
5	.303	5.058	96.748						
6	.195	3.252	100.000						

Extraction Method: Principal Component Analysis.

表 11.8 显示,第一个主成分(因子)的特征值为 2.446,解释初始 6 个人格测量变量总方差的 40.760%,累积方差贡献率为 40.76%。第二个主成分(因子)的特征值为 2.214,解释初始 6 个人格测量变量总方差的 36.902%,累积方差贡献率为 77.662%。其他主成分解释依此类推。在初始解中提取 6 个主成分,测量变量的总方差全部被解释完。

在特征值>1 的情况下提取前两个因子。这两个因子共解释初始变量总方差的

77.662%，观测变量的信息丢失得较少。因此，它们对观测变量总方差的解释率尚可。其余主成分的特征值较小，因而没有作为因子被提取。

因子旋转后两个因子的累积贡献率不变，但是各个因子解释观测变量的方差量和贡献率却发生了变化，尽管变化不大。总之，由表11.8得出的结论与由图11.8得出的结论相同：本研究人格测量变量包括在两个因子中。

表11.9报告采用迭代（iterations）方法转轴前后的主成分（因子）矩阵（Component Matrix）。

表 11.9 转轴前后的因子矩阵

	转轴前因子[a]		转轴后因子[b]	
	1	2	1	2
Anx	−.208	.856	−.014	**.881**
Soma	−.118	.863	.075	**.868**
Guilt	−.267	.782	−.088	**.822**
Frnd	.838	.295	**.883**	.103
Sen	.921	.156	**.932**	−.051
Dom	.876	.112	**.879**	−.084

Extraction Method: Principal Component Analysis. a. 2 components extracted. b. Rotation converged in 3 iterations.

11.2节指出，对于小样本来说，因子负荷绝对值≥0.40的观测变量通常被认为对因子有实质性意义。本例样本量不大，采用因子负荷绝对值≥0.40的标准确定因子包括的观测变量。按照这一标准，表11.9显示因子转轴前因子的结构就已基本清晰：Frnd（友善）、Sen（感觉寻求）和Dom（支配性）构成第一个因子，Anx（焦虑）、Soma（抱怨身体不适）和Guilt（内疚）构成第二个因子。转轴之后，因子的结构更加清晰。在第一个因子上负荷高的变量在第二个因子上的负荷明显降低，反之亦然。表11.9显示的一个特点是因子转轴只改变因子负荷值，不改变转轴前后的公因子方差。譬如，因子转轴前Anx（焦虑）的公因子方差为$(-.208)^2+.856^2 \approx 0.776$（也见表11.7），因子转轴后Anx（焦虑）的公因子方差也为$(-.014)^2+.881^2 \approx 0.776$。

图11.9清晰显示旋转空间（Rotated Space）因子（主成分，Components）结构图。

第十一章 因子分析

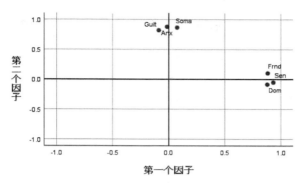

图 11.9 人格测量变量因子负荷图

在本研究中,第一个因子可命名为"外向性"(Extroversion),包括友善、感觉寻求和支配性;第二个因子可命名为"神经过敏症"(Neuroticism),包括焦虑、抱怨身体不适和内疚。也可以把第一个因子命名为"能(量)级(别)"(Energy level),把第二个因子命名为"心理健康"(Mental health)(Sheskin,2007)。这说明因子的命名有一定程度的主观性。

表 11.10 报告再生相关矩阵(Reproduced Correlations),包括残差(Residual)矩阵。

表 11.10 人格测量变量再生相关矩阵

		Anx	Soma	Guilt	Frnd	Sen	Dom
再生相关	Anx	.776[a]	.763	.725	.078	-.058	-.087
	Soma		.759[a]	.707	.156	.026	-.007
	Guilt			.684[a]	.007	-.124	-.147
	Frnd				.790[a]	.818	.767
	Sen					.872[a]	.824
	Dom						.780[a]
残差[b]	Anx		-.099	-.140	.014	.003	-.019
	Soma			-.147	-.020	-.020	.004
	Guilt				-.039	.027	.052
	Frnd					-.065	-.145
	Sen						-.066
	Dom						

Extraction Method:Principal Component Analysis.

a. Reproduced communalities

b. Residuals are computed between observed and reproduced correlations. There are 7 (46.0%) nonredundant residuals with absolute values greater than 0.05.

表 11.10 中再生相关矩阵的对角线值为再生公因子方差（reproduced communalities），与表 11.7 报告的公因子方差相同。再生相关矩阵对角线外值为因子模型预测的相关系数。残差矩阵报告观测相关系数与模型预测的相关系数之间的差异。譬如，Anx（焦虑）与 Soma（抱怨身体不适）的相关系数为 $r=.665$（见表 11.5），因子模型预测的这两个观测变量的相关系数为 $r=.763$，残差为 $.665-.763\approx-.099$。表 11.10 显示有 7 个残差绝对值（也见注解 b）大于 0.05，占相关系数残差总数的 46.67%（SPSS 报告 46.0%，取百分数整数值）。如果有 50% 以上的相关系数残差绝对值大于 0.05，很可能需要给予关注（Field, 2018）。表 11.10 中的相关系数残差值表明，本例确定两个因子的模型可以接受。

表 11.11 报告主成分（即因子）转换矩阵（Component Transformation Matrix, Λ）。

表 11.11　因子转换矩阵

因子	1	2
1	.975	-.221
2	.221	.975

Extraction Method: Principal Component Analysis.
Rotation Method: Varimax with Kaiser Normalization.

因子转换矩阵显示因子转轴前后彼此之间的关系：将未转轴的因子负荷矩阵乘以因子转换矩阵得到转轴后的因子负荷矩阵（见 11.2 节）。表 11.11 的注解指出，最大方差法利用 Kaiser 标准化（Kaiser Normalization），目的是使因子解在不同样本之间具有相对稳定性。Kaiser 标准化指的是，在使用最大方差转轴法之前，将每个观测变量的负荷值除以相应公因子方差（h^2）的平方根，实现因子的尺度化（scaled），以便防止较大的负荷值主导因子旋转。在转轴之后，将得到的每个观测变量的负荷值乘以相应的公因子方差的平方根，实现因子负荷值的重新尺度化。譬如，将表 11.9 中转轴前的因子负荷矩阵乘以表 11.7 中提供的公因子方差（提取值）的平方根（实际计算中，我们采用了更精确的值），得到以下尺度化的因子负荷矩阵：

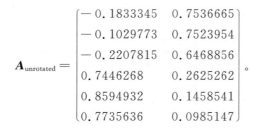

利用最大方差法正交转轴后得到以下未尺度化的因子负荷矩阵：

$$A_{\text{rotated}} = \begin{pmatrix} -0.0163 & 0.9999 \\ 0.0862 & 0.9963 \\ -0.1063 & 0.9943 \\ 0.9932 & 0.1163 \\ 0.9985 & -0.0542 \\ 0.9954 & -0.0955 \end{pmatrix}。$$

将以上未尺度化的因子负荷矩阵 A_{rotated} 乘以表 11.7 中提供的公因子方差（提取值）的平方根便得到表 11.9 所示的转轴后的因子负荷矩阵。

因子分析是复杂的统计技术，报告内容较多。研究结果的报告建议包括因子提取的标准、转轴方法、因子转轴后的因子负荷表（用粗体显示大于某个因子负荷值标准的因子负荷，如以因子负荷值 0.4 为标准）、每个因子的特征值、方差贡献率和累积贡献率以及抽样恰当性检验（KMO 和 MSA）。研究者还可以根据需要报告观测变量相关矩阵、多元共线性诊断和碎石图等。

问题与思考

1. 简述因子分析的基本过程。
2. 如何用碎石图（scree plot）确定因子数？
3. 因子分析中因子的命名依据下面哪一项？
   (a) 观测变量相关矩阵　　(b) 旋转因子负荷
   (c) 未旋转因子负荷　　　(d) 特征值
4. 以下关于因子分析的描述中，哪一项是正确的？
   (a) 因子分析探索观测变量相关模式。
   (b) 因子分析探索观测变量平均数模式。
   (c) 因子分析探索观测变量平均数差异模式。
   (d) 因子分析探索观测变量交互作用模式。
5. 因子转轴的目的是什么？
   (a) 使因子负荷具有统计显著性。
   (b) 使因子解释更容易。
   (c) 使数学运算更简便。
   (d) 剔除不必要的观测变量。
6. 通常情况下，对因子结构有实质性意义的观测变量的因子负荷值（不考虑符号）应不低于什么值？
   (a) 0.4　(b) 0.5　(c) 0.6　(d) 0.75

7. 一项研究利用最大方差法开展因子分析得到如下表所示的结果。

主成分	初始特征值			旋转因子负荷值平方和		
	总量	方差贡献率	累积贡献率	总量	方差贡献率	累积贡献率
1	2.586	43.093	43.093	2.051	34.191	34.191
2	1.383	23.044	66.137	1.917	31.946	66.137
3	0.616	10.261	76.398			
4	0.573	9.553	85.950			
5	0.441	7.346	93.296			
6	0.402	6.704	100.000			

因子提取方法：主成分分析。

回答以下问题：

(a) 本研究有多少个主成分的特征值大于1？

(b) 本研究的观测变量数是多少？

(c) 如果本研究有两个因子，它们共同解释观测变量总方差的比率是多少？

8. 某研究开展因子分析得到如下所示的碎石图。

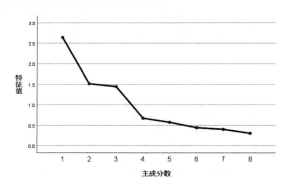

根据碎石图，该研究的观测变量可能有几个因子？请简要说明理由。

9. 一项研究利用斜交转轴法开展因子分析得到如下表所示的模式矩阵(pattern matrix)。

观测变量	主成分		
	1	2	3
X_1	.823	.002	−.152
X_2	.802	.038	.161
X_3	.789	−.023	−.088
X_4	−.072	.846	.149
X_5	−.127	.675	−.325
X_6	.185	.686	.055
X_7	−.044	−.037	.808
X_8	−.033	.061	.881

试问：该研究中8个观测变量的因子结构是什么？请简要说明理由。

10. 某研究测量120名外语学习者6个语言特征变量（依次称作 $V1—V6$），测量结果如下表所示。

V1:28,33,31,23,32,28,34,34,35,29,33,31,28,24,35,30,35,32,35,27,37,31,37,35,31,24,
32,29,25,27,31,30,33,28,30,26,21,28,23,23,33,28,33,29,34,37,29,31,32,25,26,38,
25,33,29,28,28,37,27,36,23,36,25,33,33,26,30,31,32,31,30,32,31,31,27,28,40,28,
34,29,31,27,34,30,23,32,32,26,35,29,30,35,31,36,30,24,35,27,33,34,37,28,27,27,
27,33,38,29,30,33,28,37,34,33,33,27,30,32,36,31;

V2:31,31,33,27,27,29,37,24,33,28,32,29,28,26,31,27,33,30,28,31,32,24,34,38,27,29,
34,33,36,29,37,29,36,28,23,31,29,26,25,27,29,30,29,36,33,38,33,37,32,25,28,35,
27,36,28,23,29,32,30,29,28,38,31,24,31,23,22,28,31,27,30,28,31,29,27,25,36,27,
27,28,41,28,28,23,20,33,28,26,31,26,33,33,33,34,34,34,34,34,34,34,34,34,34,35,
35,35,35,35,35,35,36,36,37,37,37,38,38,40,39;

V3:33,37,31,24,22,26,35,32,32,28,35,39,28,29,33,27,34,40,33,33,31,25,34,36,35,21,
34,29,35,31,34,34,39,30,25,31,23,33,28,27,30,19,27,27,35,37,31,26,36,23,26,35,
29,31,29,21,34,32,37,32,31,31,33,30,37,27,27,31,29,30,26,29,26,35,28,25,35,29,
30,28,32,27,24,29,25,35,24,31,26,29,33,33,28,29,31,31,42,33,34,28,38,27,28,33,
30,32,36,33,28,37,30,33,31,26,32,29,32,28,35,34;

V4:31,34,24,29,28,29,34,30,24,28,37,28,35,29,25,42,33,33,30,29,21,35,24,29,34,37,
33,31,25,25,30,28,30,27,30,33,32,36,31,22,33,36,35,21,30,29,36,34,35,26,28,32,
32,29,37,36,34,33,27,24,38,22,31,27,31,28,36,31,35,34,34,29,28,29,27,29,32,25,
24,37,34,37,32,38,37,29,27,28,35,25,28,34,32,29,27,25,34,30,30,26,35,29,30,26,
28,34,33,28,32,31,23,26,29,28,32,27,31,34,34,37;

V5:40,36,23,32,25,22,33,29,25,28,28,29,28,33,20,36,28,37,25,29,25,31,25,29,30,36,
31,39,31,29,31,32,29,35,28,31,30,33,25,27,31,34,35,23,33,27,30,29,36,28,30,25,
28,26,35,32,31,24,23,25,35,22,33,26,30,30,35,33,27,33,32,27,32,31,25,30,33,21,
22,35,25,34,32,33,29,22,31,27,30,25,27,29,41,31,24,25,35,30,27,22,34,28,33,35,
29,36,29,29,31,32,21,28,29,30,33,34,28,34,35,38;

V6:31,30,26,26,28,31,32,33,23,30,29,30,27,30,29,37,30,33,26,27,27,29,35,29,30,36,
31,31,30,28,33,29,37,25,30,34,35,30,25,31,33,35,31,26,31,30,33,33,34,35,34,22,
28,28,29,30,31,31,28,26,36,33,36,30,35,28,36,33,30,32,33,27,28,30,30,31,31,24,
29,34,34,35,30,29,32,25,35,31,34,26,24,30,32,30,28,26,32,29,32,25,34,29,32,30,
34,34,25,31,27,37,24,36,33,29,37,30,30,32,33,32。

回答以下问题：

(a) 检验本研究数据是否满足或基本满足因子分析统计假设？

(b) 如果开展正交转轴法因子分析,本研究观测变量的因子结构是什么？

(c) 提取的因子能够解释 6 个观测变量总方差的比率是多少？

第十二章　卡方检验
Chapter Twelve　χ^2 Test

我们在前面谈到的统计分析,比如皮尔逊相关分析、t 检验、方差分析和回归分析,都是参数检验(parametric tests),因变量是定距变量(interval variables)或定比变量(ratio variables),属于连续性(continuous)变量。但是,我们有时候研究的因变量不是连续性变量,而是类别变量(categorical variables)的频数(frequencies)或计数(counts),如符合某个特征的男性被试有多少人,女性被试有多少人。这些数据属于类别数据(categorical data),即有多少观测值属于某个类别。虽然类别变量包含的类别没有算术性质,但是类别频数有大小之分,具有算术性质。类别变量包括名义变量(nominal variables)和定序变量(ordinal variables)。名义变量包括的类别(不同类别常称作不同水平,levels)没有特定的顺序之分,如性别包括男性和女性。定序变量包括的类别有顺序之分,如外语口语水平等级包括低、中、高三个水平。本章介绍三种类别数据的统计分析方法:卡方拟合优度检验(chi-square test for goodness of fit; chi-square goodness-of-fit test)、卡方独立性检验(chi-square test for independence)和 Fisher 精确检验(Fisher's exact test)。这三种检验方法都是非参数检验(nonparametric tests)。

12.1　卡方分布

卡方(chi-square, χ^2)分布取决于卡方统计量的自由度 v(degrees of freedom, df)。在 χ^2 检验中,自由度是在总计数已知的情况下计数可以自由变化(free to vary)的类别数(categories)或水平数(levels)。对于有两个水平的类别变量来说,只要知道总计数和一个水平上的计数,另一个水平上的计数便会被固定下来,因而自由度为 1。对于有三个水平的类别变量来说,只要知道总计数和两个水平上的计数,第三个水平上的计数就会被固定下来,因而自由度为 2。因此,χ^2 分布的自由度是 $v = C - 1$,其中 C 表示类别变量的类别或水平数。

图 12.1 显示不同自由度条件下卡方分布的形状。

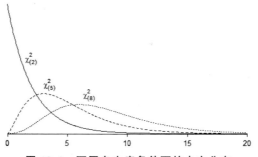

图 12.1　不同自由度条件下的卡方分布

如图 12.1 所示，$\chi^2_{(2)}$（又记作 $\chi^2(2)$）分布曲线最陡峭。随着自由度的增加，卡方分布的坡度趋缓。比较图中的三条曲线可以发现，卡方值为非负数，几乎总为正值；卡方分布是不对称的，上（右）尾巴长，呈正（右）偏态分布。

图 12.2 对比自由度 $v=8$ 的 χ^2 分布（平均数为 8）和平均数 $\mu=8$、标准差 $\sigma=4$ 的正态分布。

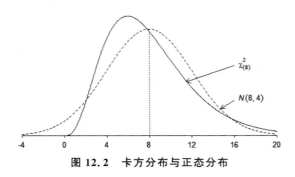

图 12.2　卡方分布与正态分布

图 12.2 中的垂直点线为平均数线。虽然随着自由度的增大，χ^2 分布接近正态分布，但是在 $v=8$ 时，χ^2 分布具有明显的不对称性，上（右）尾巴比正态分布的上（右）尾巴更厚。

12.2　卡方检验的基本概念

卡方检验利用观测频数（observed frequency, O）和期望频数（expected frequency, E）。观测频数是实际观测得到的频数，期望频数是理论上期望得到的频数。卡方检验的实质是比较观测频数分布与期望频数分布的差异性程度。卡方检验统计量（chi-square test statistic, χ^2），又称皮尔逊卡方统计量（Pearson's χ^2），计算公式为：

$$\chi^2 = \sum \frac{(O-E)^2}{E}$$ （公式 12.1）

其中，O 代表观测频数，E 代表期望频数（为理论假设值），$\sum$ 表示求和。期望频数 E 的计算公式为：

$$E = P_i N$$ （公式 12.2）

其中，P_i 是某个类别频数（或计数）期望比率，N 是样本量，$N = \sum O$。

在公式 12.1 中，观测频数和期望频数的差值之所以要平方，是因为差值符号的不同（正数和负数）会使得它们在相加（$\sum$）时相互抵消。如果 χ^2 统计量大于（或等于）某个自由度条件下卡方分布在显著性水平 α（通常 $\alpha = .05$）上的临界值，便拒绝零假设，推断观测频数的分布与期望频数的分布有统计显著性差异。反之，如果 χ^2 统计量小于某个自由度条件下卡方分布在 α 水平上的临界值，便接受（或不拒绝）零假设，推断观测频数的分布与期望频数的分布没有统计显著性差异。

假设某个类别变量有三个水平，自由度 $v=2$，利用公式 12.1 计算得到 $\chi^2_{(2)} = 5.5$。零假设为真时，$\chi^2_{(2)} = 5.5$ 在自由度 $v=2$ 的 χ^2 分布上的位置如图 12.3 所示。

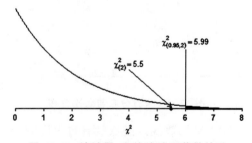

图 12.3 统计量 χ^2 的统计显著性检验

图 12.3 中的竖线代表在 $v=2$ 的条件下 χ^2 分布在 $\alpha = .05$ 时的临界值线。该线右边曲线下的阴影部分代表拒绝区，左边曲线下的非阴影部分代表零假设接受区。在 $\alpha = .05$ 时的临界值 $\chi^2_{(0.95, 2)} = 5.99$。本例统计量 $\chi^2_{(2)} = 5.5$ 位于接受区，因而接受零假设，推断三个类别频数的分布与期望分布没有统计显著性差异。实际上，$\chi^2_{(2)} = 5.5$ 对应的尾巴概率为 $p = .064 > .05$，同样推断三个类别频数的分布与期望分布没有统计显著性差异。

虽然卡方检验不像参数检验那样要求总体正态分布和方差齐性，但是它也有一些统计假设：(1) 数据必须是频数或类别数据。这是卡方检验的最基本条件。(2) 数据必须独立。每个被试或观测值只能进入一个单元格（cell）。数据独立性包括两层意义。其一,单元格之间的数据必须彼此独立。如果一名被试或观测值存在于不同的类别水平中,那么就违背了卡方检验的独立性要求。其二,在每个单元格内,数据也必须是独立的。即是说,所有被试对单元格数据的贡献必须是相同的。(3)每个类别的期望频数≥5。不过,对于这一点,统计学家的观点不一致。有人认为,如果自由度是1,最小期望频数应是10;如果自由度>1,最小期望频数应是5。也有人认为,自由度是1,最小期望频数应是5,但是对于更大的自由度,最小期望频数可以是2(Hatch & Lazaraton,1991:410)。

12.3 卡方拟合优度检验

12.3.1 卡方拟合优度检验程序

卡方拟合优度检验用于检验一个理论模型拟合一组数据的程度。该检验涉及一个类别变量的不同水平。检验的目的是发现一个类别变量在不同水平上的观测频数分布是否服从期望频数分布。卡方拟合优度检验也是总体分布中的相对频数(relative frequencies)或比率(proportions)的检验。检验比率差异时,我们不是测量每个个案的分值,而是将之归类到类别变量的某个水平上,计算每个水平上计数的百分比。

拟合优度检验 χ^2 统计量的计算利用公式12.1。令类别变量的类别或水平数为 C,拟合优度检验 χ^2 统计量的自由度为 $v=C-1$。χ^2 统计量越大,就越有可能拒绝零假设,即我们越有把握推断一个类别变量在不同水平上的观测频数分布不服从期望频数分布。在统计推理中,我们要用到 χ^2 分布。随机选取不同样本得到不同的 χ^2 统计量,说明有随机误差存在,各个统计量服从 χ^2 分布。我们想知道的是,基于样本得到的 χ^2 统计量是否仅由随机误差造成。如果 χ^2 统计量小于在某个统计显著性水平(α)上 χ^2 分布的临界值,则推断 χ^2 统计量仅由随机误差造成的,因而不拒绝零假设,推断一个类别变量在不同水平上的观测频数分布与期望频数分布一致。反之,如果 χ^2 统计量大于(或等于)在某个 α 水平上 χ^2 分布的临界值,则推断 χ^2 统计量不仅仅是由随机误差造成的,因而拒绝零假设,即推断一个类别变量在不同水平上的观测频数分布与期望频数分布不一致。

【问题12.1】对大学生作文语言问题的教学反馈有三种常见的形式:直接反馈(direct feedback)、间接反馈(indirect feedback)和无反馈(no feedback)。在直接反馈中,指导教师直接指出学生作文中的语言错误,并予以纠正。在间接反馈中,指导教师标出学生作文中存在语言问题的地方,指出错误的类别,但是不做具体的纠正。在无反馈中,指导教师不对学生作文中的语言问题做任何评价。为了检验大学生对三种反馈形式的偏好性(preferences),某研究者从某大学随机选择 90 名学生($N=90$)开展了问卷调查。调查发现,42 名学生偏好直接反馈,35 名学生偏好间接反馈,13 名学生偏好无反馈。试问:大学生对三种语言问题反馈形式的偏好性是否有统计上的显著性差异?

【解】本例有一个类别变量——反馈方式,包括三个类别($C=3$),测量结果为每个类别的频数,适合使用卡方拟合优度检验。统计显著性检验的基本步骤如下:

第一步　确立关于总体(population)的零假设和研究假设。本研究的零假设是在样本所在的总体中三种反馈类别没有偏好性差异。即是说,在总体中,三种类别上被试的频数或比率相同(约为 33.33%)。研究假设是大学生至少偏好一种反馈形式。

第二步　确定与零假设有关的统计显著性水平 α。通常设定 $\alpha=.05$。本例将 α 设定为 .05。

第三步　计算检验统计量 χ^2。在零假设为真的情况下,本例期望频数为 $E=P_iN=\frac{1}{3}\times 90=30$。根据公式 12.1,得到:

$$\chi^2=\frac{(42-30)^2+(35-30)^2+(13-30)^2}{30}\approx 15.27。$$

第四步　做统计推理。本例卡方检验的自由度 $v=C-1=2$。统计检验的临界值 $\chi^2_{(0.95,2)}\approx 5.99$。检验统计量 $\chi^2_{(2)}=15.27>\chi^2_{(0.95,2)}=5.99$,因此拒绝零假设,推断大学生至少偏向一种反馈形式。在零假设为真的情况下,$\chi^2_{(2)}=15.27$ 在自由度 $v=2$ 的条件下 χ^2 分布中的尾巴概率 $p=.00048<.001$,同样推断大学生至少偏向一种反馈形式。从调查结果提供的频数来看,近一半的学生偏向直接反馈($\frac{42}{90}\approx 46.67\%$),只有少部分学生($\frac{13}{90}\approx 14.44\%$)偏向无反馈形式。

卡方拟合优度检验使用的效应量为 w,用于测量研究假设与零假设中单元格相对频数(relative frequencies,即比率,proportions)的差异性。根据 Cohen(1988),w 的计算公式为:

$$w=\sqrt{\sum_{i=1}^{m}\frac{(P_{1i}-P_{0i})^2}{P_{0i}}} \qquad (公式 12.3)$$

其中，P_{0i} 是零假设中第 i 个单元格频数的比率(相对频数)，P_{1i} 是备择(研究)假设中第 i 个单元格频数的比率，m 是单元格数。样本效应量 $\hat{w}$ 与 χ^2 的函数关系是：$\hat{w}^2 \times N = \chi^2$，其中 N 是样本量。效应量 w 的最小值为 0，其大小的参照标准同皮尔逊相关系数(r)的参照标准：$w=0.10$，小；$w=0.30$，中等；$w=0.50$，大。

在"反馈形式"的例子中，根据公式 12.3，得到：

$$\hat{w} = \sqrt{\frac{(42/90-1/3)^2}{1/3} + \frac{(35/90-1/3)^2}{1/3} + \frac{(13/90-1/3)^2}{1/3}} \approx 0.41。$$

本例反馈形式的效应量达到中等水平。如果利用 $\hat{w}^2 \times N = \chi^2$，同样得到 $\hat{w} = \sqrt{\frac{15.27}{90}} \approx 0.41$。

如果需要事后检验各个配对水平之间的差异，我们可以在每个配对水平之间开展卡方拟合优度检验，利用 Bonferroni 校正控制族错误率。针对本例，在直接反馈与间接反馈偏好性比较中，$\chi^2(1)=0.64, p=.425$；在直接反馈与无反馈偏好比较中，$\chi^2(1)=15.29, p=.00009$；在间接反馈和无反馈偏好性中，$\chi^2(1)=10.08, p=.0015$。本例有三个配对比较，族错误率 $\alpha=.05$，因而每个配对比较 Bonferroni 校正值 $\alpha = \frac{0.05}{3} \approx 0.017$。参照 Bonferroni 校正值，直接反馈与间接反馈偏好性没有统计显著性差异，但是相对于无反馈形式，更多的大学生偏好于直接和间接反馈。配对比较效应量 $\hat{w}$ 的计算可以利用公式 12.3 或利用函数关系式 $\hat{w} = \sqrt{\frac{\chi^2}{N}}$。

12.3.2　卡方拟合优度检验的 SPSS 操作

【问题 12.2】利用【问题 12.1】中的数据，操作 SPSS，推断大学生对三种作文语言问题反馈形式的偏好性是否存在统计显著性差异。

本例适合使用卡方拟合优度检验。SPSS 操作步骤如下：

第一步　打开 SPSS 窗口，将【问题 12.1】中的数据输入数据栏中。名义变量为"反馈偏好性[Feedback]"，类别水平"直接反馈偏好性""间接反馈偏好性"和"无反馈偏好性"分别用 1、2 和 3 表示。每个类别上观测的频数变量用"频数[Frequency]"表示。保存的文件名为 ch12chisq1，输入结果如图 12.4 所示。

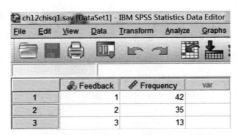

图 12.4　不同反馈形式数据视窗

图 12.4 显示的频数是每个类别上的总频数,在开展卡方检验前需要对输入的每个类别的总频数加权,即要指定"频数"为加权变量。

第二步　按 Data→Weight Cases…的顺序打开 Weight Cases(给个案加权)对话框。点击 Weight cases by(加权依据),将左栏中的加权变量"频数[Frequency]"键入右边的 Frequency Variable(频数变量)栏中,点击 OK(确认),回到数据窗口。

第三步　按 Analyze→Nonparametric Tests→Legacy Dialogs→Chi-Square…的顺序打开 Chi-Square Test(卡方检验)主对话框,将左栏中的名义变量"反馈偏好性[Feedback]"键入右边的 Test Variable List(检验变量列表)栏中,如图 12.5 所示。

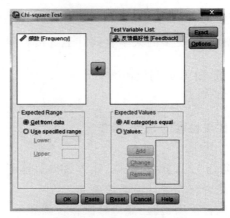

图 12.5　不同反馈形式卡方检验主对话框

在 Expected Values(期望值)栏中有两个选项:All categories equal(所有类别的期望频数相等)和 Values(期望频数)。第一个选项是 SPSS 默认的选项,适合本例。研究者也可以利用 Values 栏输入每个类别的期望频数。

第四步　点击 OK(确认),完成操作。顺便提醒一下,卡方拟合优度检验还可以利用 SPSS 的下拉菜单 One-Sample Nonparametric Tests(单样本非参数检验)选项,操作步骤为:Analyze→Nonparametric Tests→One Sample…→Run。采用此方法,

SPSS 会输出 Hypothesis Test Summary(假设检验概要)表。双击该表会得到频数条形图和统计量表。

表 12.1 报告 SPSS 开展卡方拟合优度检验输出的各个类别观测频数(Observed N)、期望频数(Expected N)、残差(Residual,观测频数与期望频数之差)和观测频数合计(Total)。

表 12.1 反馈偏好性观测频数与期望频数

	观测频数	期望频数	残差
直接反馈偏好性	42	30.0	12.0
间接反馈偏好性	35	30.0	5.0
无反馈偏好性	13	30.0	−17.0
合计	90		

卡方拟合优度检验发现,大学生对语言问题反馈形式的偏好性有统计显著性差异,$\chi^2(2)=15.27, p<.001$。结合表 12.1,我们至少可以认为,相对于无反馈形式,大学生更偏好直接反馈。

12.4 卡方独立性检验

12.4.1 卡方独立性检验程序

卡方拟合优度检验只涉及有若干类别或水平的一个类别变量。当我们要检验两个类别变量之间的关联性时,则需要使用卡方独立性检验。卡方独立性检验统计量 χ^2(即皮尔逊卡方,Pearson's χ^2)的计算仍然利用公式 12.1。令一个类别变量 A 的水平数为 J,另一个类别变量 B 的水平数为 K,公式 12.1 可以拓展为以下形式:

$$\chi^2 = \sum_{j=1}^{J} \sum_{k=1}^{K} \frac{(O_{jk}-E_{jk})^2}{E_{jk}} \quad \text{(公式 12.4)}$$

其中,$j=1,\ldots,J, k=1,\ldots,K, O_{jk}$ 表示类别变量 A 第 j 个水平和类别变量 B 第 k 个水平的组合 $(A_j B_k$,称作单元格,cell) 包含的观测频数。E_{jk} 是单元格 $A_j B_k$ 包含的期望频数。χ^2 统计量的自由度 $v=(J-1)\times(K-1)$。

两个类别变量频数分布采用列联表(contingency table)的形式。列联表的命名依据排数和列数。有 R 排和 C 列的列联表称作 $R \times C$ 列联表。表 12.2 显示样本量

为 N 的 3×2 列联表,其中变量 A 有三个水平,变量 B 有两个水平。

表 12.2　3×2 列联表

	B_1	B_2	合计(%)
A_1	O_{11} ($\frac{O_{11}+O_{12}}{N}\times(O_{11}+O_{21}+O_{31})$)	O_{12} ($\frac{O_{11}+O_{12}}{N}\times(O_{12}+O_{22}+O_{32})$)	$O_{11}+O_{12}$ ($\frac{O_{11}+O_{12}}{N}$)
A_2	O_{21} ($\frac{O_{21}+O_{22}}{N}\times(O_{11}+O_{21}+O_{31})$)	O_{22} ($\frac{O_{21}+O_{22}}{N}\times(O_{12}+O_{22}+O_{32})$)	$O_{21}+O_{22}$ ($\frac{O_{21}+O_{22}}{N}$)
A_3	O_{31} ($\frac{O_{31}+O_{32}}{N}\times(O_{11}+O_{21}+O_{31})$)	O_{32} ($\frac{O_{31}+O_{32}}{N}\times(O_{12}+O_{22}+O_{32})$)	$O_{31}+O_{32}$ ($\frac{O_{31}+O_{32}}{N}$)
合计	$O_{11}+O_{21}+O_{31}$	$O_{12}+O_{22}+O_{32}$	N (100%)

表 12.2 中的 O_{11} 表示单元格 A_1B_1 中的观测频数,括号中的值 $\frac{O_{11}+O_{12}}{N}\times(O_{11}+O_{21}+O_{31})$ 为期望频数 E_{11},其中 $\frac{O_{11}+O_{12}}{N}$ 是 O_{11} 所在排的合计比率,$O_{11}+O_{21}+O_{31}$ 是 O_{11} 所在列的合计频数。同样,O_{12} 表示单元格 A_1B_2 的观测频数,括号中的值 $\frac{O_{11}+O_{12}}{N}\times(O_{12}+O_{22}+O_{32})$ 为期望频数 E_{12},其中 $\frac{O_{11}+O_{12}}{N}$ 是 O_{12} 所在排的合计比率,$O_{12}+O_{22}+O_{32}$ 是 O_{12} 所在列的合计频数。其他单元格的频数和期望频数的计算以此类推。概而言之,期望频数(E)的计算公式为:

$$E=\left(\frac{O_R}{N}\right)(O_C) \qquad \text{(公式 12.5)}$$

其中,N 代表列联表中的总频数(即样本量),R 和 C 分别代表排数和列数,O_R 代表排边际(marginal)观测频数(列联表外围的合计频数),O_C 代表列边际观测频数。χ^2 统计量的自由度也可记作 $v=(R-1)(C-1)$。如果 χ^2 统计量小于在某个统计显著性水平(α)上 χ^2 分布的临界值,则推断 χ^2 统计量仅由随机误差造成,接受(或不拒绝)零假设,即推断两个类别变量之间没有显著性关联。如果 χ^2 统计量大于(或等于)在某个 α 水平上 χ^2 分布的临界值,则推断 χ^2 统计量不仅仅是由随机误差造成的,拒绝零假设,即推断两个变量之间存在统计显著性关联。

【问题 12.3】假如我们要探究大学生年级水平和专业归属感之间的关系。我们对来自一、二、三年级的 150 名大学生($N=150$)实施了专业归属感调查。专业归属感分为有归属感和无归属感两类。调查结果如表 12.3 所示。

第十二章　卡方检验

表 12.3　大学生专业归属感

	有归属感	无归属感
一年级	18	32
二年级	30	20
三年级	38	12

试问：大学生年级水平与专业归属感是否有关联性？

【解】本例有两个类别变量——年级水平和专业归属感，测量数据为频数（即类别数据），适合使用卡方独立性检验。检验的基本步骤如下：

第一步　确立关于总体（population）的零假设和研究假设。本研究的零假设是样本所在的总体中专业归属感独立于年级水平，即年级水平与专业归属感无关联。研究假设是在总体中年级水平与专业归属感有关联性。

第二步　确定与零假设有关的统计显著性水平 α。通常设定 $\alpha=.05$。本例将 α 设定为 .05。

第三步　计算检验统计量 χ^2。在零假设为真的情况下，根据表 12.3 和公式 12.5，得到如表 12.4 所示的各个单元格期望频数。

表 12.4　年级与专业归属感观测频数与期望频数

	有归属感	无归属感	合计（%）
A_1	18(28.6638)	32(21.3312)	50(33.33%)
A_2	30(28.6638)	20(21.3312)	50(33.33%)
A_3	38(28.6638)	12(21.3312)	50(33.33%)
合计	86	64	150(100%)

根据公式 12.4，得到：

$$\chi^2 = \frac{(18-28.6638)^2}{28.6638} + \frac{(30-28.6638)^2}{28.6638} + \frac{(38-28.6638)^2}{28.6638} + \frac{(32-21.3312)^2}{21.3312}$$

$$+ \frac{(20-21.3312)^2}{21.3312} + \frac{(12-21.3312)^2}{21.3312} \approx 16.57。$$

第四步　做统计推理。本例中，$R=3$，$C=2$，因而 $v=(3-1)\times(2-1)=2$。$\chi^2(2)=16.57 > \chi^2_{(0.95,2)}=5.99$，推断大学生年级水平与专业归属感有显著关联性。在 $v=2$ 的卡方分布中，$\chi^2(2)=16.57$ 对应的显著性概率（尾巴概率）$p=.00025<.001$，同样推断大学生年级水平与专业归属感有显著性关联。实际研究中，如果研究者希望开展事后检验，可以将大的列联表拆分成若干个 2×2 列联表，利用 Bonferroni 校正控制族错误率（α_{FWE}，familywise error rate）。

对于一个大于 2×2 的列联表,如本研究中关于大学生专业归属感的列联表,两个类别变量关联度(strength of association)的测量使用 Cramer's V(又称 Cramer's phi,Cramer's φ),计算公式为:

$$\text{Cramer's } V = \sqrt{\frac{\chi^2}{(N)(df_{\text{smaller}})}} \qquad (公式\ 12.6)$$

其中,χ^2 是卡方统计量,N 是样本量,即列联表中的总观测频数,df_{smaller} 是自由度 $R-1$ 和 $C-1$ 中较小的一个(即列联表中较小的排数 R 或较小的列数 C 减去 1)。Cramer's V 系数介于 0—1 之间。系数值越接近 1,变量之间的关联度就越强。Cramer's V 大小的判断标准依据列联表中较小的自由度。表 12.5 列出 Cohen(1988)建议的参照标准。

表 12.5 Cramer's V 大小参照标准

较小的排数或列数	效应量		
	小	中	大
2 ($df_{\text{smaller}}=1$)	0.10	0.30	0.50
3 ($df_{\text{smaller}}=2$)	0.07	0.21	0.35
4 ($df_{\text{smaller}}=3$)	0.06	0.17	0.29
5 ($df_{\text{smaller}}=4$)	0.05	0.15	0.25

在本例中,$\chi^2=16.57$,$df_{\text{smaller}}=1$,$N=150$。利用公式 12.6,得到 Cramer's $V = \sqrt{\frac{16.57}{150\times 1}} \approx 0.33$。根据 Cohen(1988),本例效应量 Cramer's V 为中等水平。

12.4.2 卡方独立性检验的 SPSS 操作

【问题 12.4】利用【问题 12.3】中的数据,操作 SPSS,检验大学生年级水平与专业归属感的关联性是否存在统计显著性意义。如果有,两个类别变量之间关系的强度如何?

本例适合使用卡方独立性检验。SPSS 操作步骤如下:

第一步 打开 SPSS 窗口,将【问题 12.3】中的数据输入数据栏中。一个类别变量为"年级[Grade]",包括"一年级""二年级"和"三年级"三个水平。另一个变量是"专业归属感[Affiliation]",包括"有归属感"和"无归属感"两个水平。每个类别上观测的频数变量用"频数[Frequency]"表示。保存的文件名为 ch12chisq2,输入结果如图 12.6 所示。

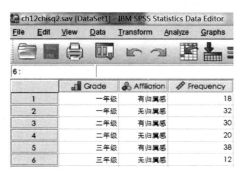

图 12.6　年级与专业归属感数据视窗

第二步　按 Data→Weight Cases…的顺序打开 Weight Cases(给个案加权)对话框。点击 Weight cases by(加权依据),将左栏中的加权变量"频数[Frequency]"键入右边的 Frequency Variable(频数变量)栏中。点击 OK(确认),回到数据窗口。

第三步　按 Analyze→Descriptive Statistics→Crosstabs…的顺序打开 Crosstabs(列联表)主对话框,将左栏中的变量"年级[Grade]"键入 Row(s)(排变量)列表中,将变量"专业归属感[Affiliation]"键入 Column(s)(列变量)列表中。勾选 Display clustered bar charts(显示簇状条形图)选项,显示两个类别变量每个水平组合(单元格)频数(即计数,count)条形图。SPSS 操作结果如图 12.7 所示。

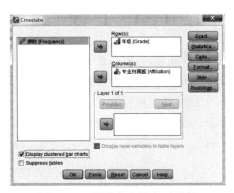

图 12.7　列联表分析主对话框

第四步　点击 Statistics…,进入列联表分析 Statistics(统计量)子对话框。勾选 chi-square(卡方)选项和 Nominal(名义变量)面板中的 Phi and Cramer's V(φ 和 Cramer's V),如图 12.8 所示。

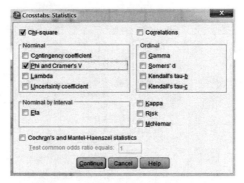

图 12.8　列联表分析统计量子对话框

第五步　点击 Continue（继续），回到列联表分析主对话框。点击 Cells…，进入列联表分析 Cell Display（单元格显示）子对话框。在 Counts（计数）面板中有两个选项。Observed（观测频数）为 SPSS 默认选项，Expected（期望频数）为任选项。本例勾选 Expected 选项。在 Residuals（残差）面板中，我们勾选 Adjusted standardized（修正标准化残差）。

修正标准化残差是单元格的残差除以标准误差估计，计算公式为：

$$r^A_{ij} = \frac{O_{ij} - E_{ij}}{\sqrt{E_{ij}(1-\frac{O_R}{N})(1-\frac{O_C}{N})}}$$
（公式 12.7）

其中，N 为总观测频数，O_R 为单元格 c_{ij} 所在的排边际观测频数，O_C 为单元格 c_{ij} 所在的列边际观测频数。相对于较小的残差，较大的修正标准化残差表示观测频数更加远离期望频数。如果一个单元格修正标准化残差（忽略正负号）至少为 2，我们会认为这个单元格的观测频数显著不同于期望频数（Nolan & Heinzen, 2012:497）。举个例子来说，根据表 12.4，$N=150$，$O_{21}=30$，$E_{21}=28.6638$，$O_R=50$，$O_C=86$，则 $r^A_{21}=$

$$\frac{30-28.6638}{\sqrt{28.6638\times(1-\frac{50}{150})\times(1-\frac{86}{150})}} \approx 0.47$$

从这一个残差值可以判断，对于二年级学生，有专业归属感的学生数与零假设中的期望数无异。

Residuals 面板中的选项 Unstandardized（非标准化残差）是单元格观测值与期望值之差。另外一个选项是 Standardized（标准化残差）。标准化残差，又称皮尔逊残差（Pearson residuals），计算公式为：

$$r^S_{ij} = \frac{O_{ij} - E_{ij}}{\sqrt{E_{ij}}}$$
（公式 12.8）

本例操作结果如图 12.9 所示。

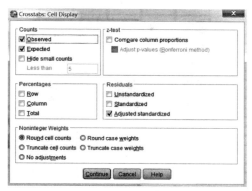

图 12.9　列联表分析单元格显示子对话框

第六步　点击 Continue(继续),回到列联表分析主对话框。再点击 OK(确认),完成操作。

表 12.6 为年级与专业归属感列联表,包括各单元格的观测频数(即计数,Count)、期望计数(Expected Count)、修正标准化残差(Adjusted Residual)与合计(Total)。表 12.6 与表 12.4 的部分信息相同。

表 12.6　年级与专业归属感列联表

			专业归属感		
			有	无	合计
年级	一年级	计数	18	32	50
		期望计数	28.7	21.3	50
		修正标准化残差	−3.7	3.7	
	二年级	计数	30	20	50
		期望计数	28.7	21.3	50
		修正标准化残差	.5	−.5	
	三年级	计数	38	12	50
		期望计数	28.7	21.3	50
		修正标准化残差	3.3	−3.3	
合计		计数	86	64	150
		期望计数	86	64	150

图 12.10 显示单元格频数(计数)条形图。

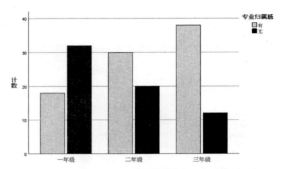

图 12.10　年级与专业归属感单元格计数条形图

图 12.10 显示，相对于无专业归属感，有专业归属感的学生数逐年增加，特别是到了三年级，有专业归属感的学生数远超过无专业归属感的学生数。

卡方独立性检验发现，年级与专业归属感有统计显著性关联，效应量达到中等水平（$\chi^2(2)=16.57, p<.001$, Cramer's $V=0.33$）。如表 12.6 所示，针对一年级学生，在"无归属感"类别水平上的修正标准化残差值（3.7）大于2，说明无归属感的学生数显著多于零假设中的期望数。对于二年级学生，在"有归属感"类别水平上的修正标准化残差值为 0.5，说明有归属感的学生数与零假设中的期望数无异。对于三年级学生，在"有归属感"类别水平上的修正标准化残差值（3.3）大于2，说明有归属感的学生数显著多于零假设中的期望数。对修正标准化残差的分析进一步说明了年级与专业归属感的关联模式。

12.5　Fisher 精确检验

12.5.1　Fisher 精确检验程序

前两节介绍的卡方拟合优度检验和卡方独立性检验使用的卡方统计量只是近似服从 χ^2 分布。如果样本量大，卡方统计量抽样分布逼近 χ^2 分布，统计显著性检验较精确。如果样本量小，卡方统计量抽样分布与 χ^2 分布的近似度不理想，使得统计显著性检验不精确。这就是卡方检验通常要求每个单元格期望频数不小于 5 的原因。如果期望频数太低，卡方统计量的抽样分布很有可能过于偏离 χ^2 分布。Fisher 精确检验用于计算小样本 2×2 列联表中卡方统计量的精确概率（Fisher, 1922）。Fisher 精确检验也可以用于更大的列联表（如 3×2 列联表）和大样本。不过，在大样本情况下,没有必要使用 Fisher 精确检验。

假设有两个类别变量 A 和 B,每个变量均有两个水平,列联表形式如表 12.7 所示(灰色显示的部分)。

表 12.7　2×2 列联表

	B_1	B_2	合计
A_1	O_{11}	O_{12}	$O_{11}+O_{12}$
A_2	O_{21}	O_{22}	$O_{21}+O_{22}$
合计	$O_{11}+O_{21}$	$O_{12}+O_{22}$	N

Fisher 精确检验(单侧检验)概率 p 的计算公式为:

$$p = \frac{(O_{11}+O_{12})!(O_{21}+O_{22})!(O_{11}+O_{21})!(O_{12}+O_{22})!}{N!O_{11}!O_{12}!O_{21}!O_{22}!} \quad (公式\ 12.9)$$

其中,! 表示阶乘(factorial),O_{11} 表示单元格 A_1B_1 中的观测频数,O_{12} 表示单元格 A_1B_2 中的观测频数,O_{21} 表示单元格 A_2B_1 中的观测频数,O_{22} 表示单元格 A_2B_2 中的观测频数。

【问题 12.5】某研究者调查性别与对某项议题态度的关联性。20 名大学生($N=20$)就某项议题持肯定态度还是否定态度接受了调查,调查结果如表 12.8 所示。

表 12.8　20 名大学生态度调查

	肯定	否定	合计(%)
男生	2 (5.5)	8 (4.5)	10(50%)
女生	9 (5.5)	1 (4.5)	10(50%)
合计	11	9	20(100%)

试问:性别与对某项议题的态度之间是否存在统计显著性关联?

【解】表 12.8 显示,在 2×2 列联表中,样本量较小($N=20$),有两个单元格期望频数小于 5(灰色区域括号中的值),因而适合使用 Fisher 精确检验。检验的基本步骤如下:

第一步　确立关于总体(population)的零假设和研究假设。本研究的零假设是样本所在的总体中男生和女生对某项议题的态度没有差异,即性别与态度没有关联性。研究假设是样本所在的总体中男生和女生对某项议题持肯定态度的比率有差异,即性别与态度有关联性。

第二步　确定与零假设有关的统计显著性水平 α。通常设定 $\alpha=.05$。本例将 α 设定为 .05。

第三步　构建 2×2 列联表，显示比观测频数更极端的频数。本例中，2 名男生、9 名女生持肯定态度，其他人均持否定态度。更极端频数 2×2 列联表如表 12.9 所示。

表 12.9　更极端频数

	肯定	否定	合计
男生	1	9	10
女生	10	0	10
合计	11	9	20

表 12.9 表明，所有的女生（10 人）对某项议题均持肯定态度，1 名男生持肯定态度，9 名男生持否定态度。在构建类似于表 12.9 的列联表时，边际频数不变。

第四步　计算概率 p，做统计推理。统计显著性检验概率 p 值为出现本例结果的概率（p_1）和更极端结果的概率（p_2）之和。利用表 12.8、表 12.9 和公式 12.9，得到：

$$p_1 = \frac{10! \times 10! \times 11! \times 9!}{20! \times 2! \times 8! \times 9! \times 1!} \approx 0.002679209;$$

$$p_2 = \frac{10! \times 10! \times 11! \times 9!}{20! \times 1! \times 9! \times 10! \times 1!} \approx 0.00005953799。$$

因此，$p = p_1 + p_2 = 0.002739$。如果采用双侧检验，则 $p = 0.002739 \times 2 \approx .005 < .01$。由此推断，性别与对某项议题的态度有显著关联性。结合表 12.8，对某项议题持肯定态度的女生比率显著多于持肯定态度的男生比率。

在 2×2 列联表中，两个类别变量的关联度测量的公式如下：

$$\varphi = \sqrt{\frac{\chi^2}{N}} \qquad \text{（公式 12.10）}$$

其中，φ（phi coefficient）是卡方独立性检验效应量测量，χ^2 是卡方独立性检验统计量，N 是样本量，即总观测频数。比较公式 12.10 和公式 12.6 可以发现，φ 是 Cramer's V 的特例。φ 的取值范围在 0—1 之间。根据 Cohen(1988)，效应量 φ 大小的参照标准是：0.10——小效应量（small effect size）；0.30——中等效应量（medium effect size）；0.50——大效应量（large effect size）。这与皮尔逊相关系数（r）大小的参照标准相同。

针对"态度"的例子，利用公式 12.4，得到：

$$\chi^2 = \frac{(2-5.5)^2}{5.5} + \frac{(8-4.5)^2}{4.5} + \frac{(9-5.5)^2}{5.5} + \frac{(1-4.5)^2}{4.5} \approx 9.89899。$$

利用公式 12.10，得到 $\varphi = \sqrt{\dfrac{9.89899}{20}} \approx 0.70$。由此认为，性别与态度的关联性强。

12.5.2　Fisher 精确检验的 SPSS 操作

【问题 12.6】利用【问题 12.5】中的数据，操作 SPSS，检验性别与对某项议题的态度之间是否有关联性。如果有，两个类别变量之间关联的强度如何？

本例统计分析适合使用 Fisher 精确检验。Fisher 精确检验的 SPSS 操作步骤与卡方独立性检验的操作步骤基本相同，具体如下：

第一步　打开 SPSS 窗口，将【问题 12.5】中的数据输入数据栏中。变量"性别[Gender]"分"男生"和"女生"两个类别。变量"态度[Attitude]"分"肯定"和"否定"两个类别。每个类别上观测的频数变量用"频数[Frequency]"表示。保存的文件名为 ch12exact。

第二步　按 Data→Weight Cases... 的顺序打开 Weight Cases（给个案加权）对话框。点击 Weight cases by（加权依据），将左栏中的加权变量"频数[Frequency]"键入右边的 Frequency Variable（频数变量）栏中，点击 OK（确认），回到数据窗口。

第三步　按 Analyze→Descriptive Statistics→Crosstabs... 的顺序打开 Crosstabs（列联表）主对话框，将左栏中的变量"性别[Gender]"键入 Row(s)（排变量）列表中，将变量"态度[Attitude]"键入 Column(s)（列变量）列表中。勾选 Display clustered bar charts（显示聚类条形图）。

第四步　点击 Exact...，进入 Exact Tests（精确检验）子对话框，选中 Exact 选项。点击 Continue（继续），回到列联表分析主对话框。

第五步　点击 Statistics...，进入列联表分析 Statistics（统计量）子对话框。勾选 chi-square（卡方）选项和 Nominal（名义变量）栏中的 Phi and Cramer's V（φ 和 Cramer's V）。点击 Continue（继续），回到列联表分析主对话框。

第六步　点击 Cells...，进入列联表分析 Cell Display（单元格显示）子对话框。勾选 Counts（计数）面板中的选项 Expected（期望频数）和 Residuals（残差）面板中的选项 Adjusted standardized（修正标准化残差）。

第七步　点击 Continue（继续），回到列联表分析主对话框。再点击 OK（确认），完成操作。

表 12.10 为性别与态度列联表，包括各单元格的观测频数（即计数，Count）、期望计数（Expected Count）、合计（Total）以及修正（标准化）残差（Adjusted Residual）。

表 12.10 中的信息与表 12.8 中的信息部分重合。

表 12.10　性别与态度列联表

		肯定	否定	合计
男生	计数	2	8	10
	期望计数	5.5	4.5	10
	修正标准化残差	−3.1	3.1	
女生	计数	9	1	10
	期望计数	5.5	4.5	10
	修正标准化残差	3.1	−3.1	
合计	计数	11	9	20
	期望计数	11	9	20

图 12.11 显示单元格频数(计数)条形图。

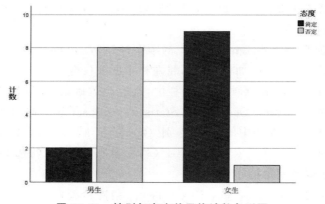

图 12.11　性别与态度单元格计数条形图

图 12.11 显示,男生对某项议题明显持否定态度(80%),而女生对某项议题明显持肯定态度(90%),说明对某项议题的态度极有可能与性别有关。

Fisher 精确检验表明,性别与态度有统计显著性关联,且效应量大($\chi^2=9.90$,$p=.005<.01$,$\varphi=0.70$)。如表 12.10 所示,针对男生,在"否定"类别水平上的修正标准化残差标值(3.1)大于 2,说明持否定态度的学生数显著多于零假设中的期望数。针对女生,在"肯定"类别水平上的修正标准化残差标值(3.1)大于 2,说明持肯定态度的学生数显著多于零假设中的期望数。对修正标准化残差的分析进一步说明了性别与态度的关联模式。

第十二章 卡方检验

问题与思考

1. 简述卡方分布的基本特点。
2. 卡方拟合优度检验与卡方独立性检验的主要区别是什么？
3. 英语专业本科生课程的设置包括三种类型：通识课（如"大学语文"）、语言技能课（如英语听、说、读、写、译课程）和专业课（如"英语语言学"）。某位研究生随机选择150名英语专业本科毕业生，调查哪类课程对他们的工作最有用。调查结果发现，40名毕业生认为通识课最有用，75名学生认为语言技能课最有用，50名学生认为专业课最有用。这位研究生拟使用卡方拟合优度检验比较毕业生在三类课程重要性认识上的差异，但是她的导师却说她收集的数据不适合使用卡方拟合优度检验。为什么本例数据不适合使用卡方拟合优度检验？
4. 以下哪个选项是对Cramer's V 的正确描述？
   (a) Cramer's V 是平均数差异测量。
   (b) Cramer's V 是期望频数差异测量。
   (c) Cramer's V 是由卡方统计量转化得到的关联性效应测量。
   (d) Cramer's V 是卡方检验的临界值。
5. 一个类别变量的卡方检验称作_____。
   (a) 卡方独立性检验
   (b) 卡方拟合优度检验
   (c) Fisher精确检验
   (d) Cramer's V 检验
6. 在下面关于 χ^2 值的陈述中，哪一项是对的？
   (a) χ^2 值不可能为正值。
   (b) χ^2 值不可能为负值。
   (c) χ^2 值不可能为0。
   (d) 以上都不对。
7. 某研究利用120名被试调查两个类别变量之间的关联性，研究设计形式为3×4列联表，卡方检验的自由度是多少？
   (a) 12 (b) 6 (c) 119 (d) 7
8. 2×2设计卡方检验的目的是什么？
   (a) 检验两个类别变量之间的关联性。
   (b) 检验两个连续性变量之间的关联性。
   (c) 检验两个组在两个变量上的差异。
   (d) 检验两个类别变量之间的交互作用。
9. 教授"英美文化背景"课程的课堂语言有三种形式：英语、母语和双语（即英语和母语混用）。某位英语专业研究生随机调查100名大学生对这门课程课堂语言使用的偏向性，结果发现49人偏好英语，32人偏好双语，19人偏好母语（汉语）。试问：大学生对这门课程课堂语言使用形式的偏向性是否存在统计显著性差异？
10. 一项研究调查大学英语学习者所在的年级（一年级和二年级）与教学方式的喜好（有两种

教学方式,分别称作 A 和 B)之间的关联性。收集的数据如下表所示。

	A	B
一年级	74	26
二年级	45	55

回答以下问题:

(a) 本研究的样本量是多少?

(b) 本研究的零假设是什么?

(c) 单元格 O_{11}(观测频数为 74)的期望频数 E_{11} 是多少?

(d) 本研究卡方检验的自由度是多少?

(e) 本研究卡方检验得出的结论是什么?

第十三章 秩次检验
Chapter Thirteen　Rank Test

我们在前面学习的 t 检验和方差分析等推理统计方法是参数检验(parametric tests)。参数检验要求数据分布来自某个参数分布族。隶属于参数分布族的分布由若干参数(parameters)限定,如正态分布由平均数(μ)和标准差(σ)两个参数限定。参数检验要求研究数据是定距或定比数据,且满足正态分布等假设,以便用样本统计量(如样本平均数 M)对总体参数(如总体平均数 μ)进行估计。我们在前面学习的斯皮尔曼秩次相关分析和卡方检验是非参数检验(nonparametric tests)。斯皮尔曼秩次相关分析适用的数据为定序数据(ordinal data);卡方检验适用的数据是频数(frequencies)或类别数据(categorical data)。非参数检验不对数据的分布做统计假设。由于非参数检验不要求数据来自任何参数分布族,这些检验常被称作分布自由(distribution-free)检验。

当定距或定比数据不能满足正态分布等参数检验假设时,最好的处理方法是放弃常规统计分析方法,采用稳健(robust)统计方法。关于稳健统计方法,可参见鲍贵(2017a;2017b)和 Wilcox(2017)。比较传统的一种方法是对原数据进行数据转化(data transformation),如平方根转化和对数转化。转化的主要目的是为了使转化后的数据服从正态分布,以便使用参数检验。另外一种传统的方法是将原数据转化成秩次(ranks)。秩次转化的目的不是使转化后的数据服从正态分布,而是为了使数据分布均匀。秩次检验同斯皮尔曼相关分析和卡方检验一样不对数据分布的形状做出假设,因而都是非参数检验方法。本章根据比较样本的独立性与否、比较样本数是两个还是多个,介绍不同的秩次检验方法。它们都适合于定序数据、计数数据(count data)或者定距/定比数据秩次转化后的数据。

13.1　两个独立样本秩次检验

13.1.1　两个独立样本秩次检验程序

当两个独立样本的数据为定距或定比数据且符合正态分布假设时,我们采用独立

样本 t 检验。如果定距或定比数据较为严重地违反正态分布,可以考虑将原数据转化成秩次,使用秩和检验(rank sums test)。如果数据本身就是定序数据或具有离散(discrete)性质,我们可以直接使用秩和检验。Mann-Whitney U 检验(Mann-Whitney U test)与 Wilcoxon 秩和检验(Wilcoxon rank sums test)本质上相同,用于检验两个独立样本是否来自同一个分布的总体。

Mann-Whitney U 检验是独立样本 t 检验的非参数形式,基本程序是:

第一步 将两个独立样本组 G_1(样本量为 n_1)和 G_2(样本量为 n_2)的观测值合并($N=n_1+n_2$),计算每个观测值的秩次 R_i($i=1,\ldots,N$)。如果观测值是等值(ties),则计算平均秩次,即观测值的秩次等于不出现等值时各个观测值应有秩次的均值(即中秩,midranks)。

第二步 计算 G_1 和 G_2 组秩次之和 R_1 和 R_2。G_1 和 G_2 组平均秩次依次为 $\bar{R}_1=\frac{R_1}{n_1}$ 和 $\bar{R}_2=\frac{R_2}{n_2}$。在零假设($H_0:\bar{R}_1=\bar{R}_2$,即两个独立组的平均秩次相同)成立时,两个样本的平均秩次相等或相差较小。

第三步 计算检验统计量 U。利用以下公式计算每组的 U_1 和 U_2:

$$U_1 = n_1 n_2 + \frac{n_1(n_1+1)}{2} - R_1$$
$$U_2 = n_1 n_2 + \frac{n_2(n_2+1)}{2} - R_2 \qquad \text{(公式 13.1)}$$

在本质上,U_1 表示 G_1 组值 X_i 小于或等于 G_2 组值 Y_j 的数量,U_2 表示 G_2 组值 Y_j 小于或等于 G_1 组值 X_i 的数量。因此,U_1 的计算可以利用以下公式:

$$U_1 = \sum_{i=1}^{n_1} \sum_{j=1}^{n_2} \varphi^*(X_i, Y_j) \qquad \text{(公式 13.2)}$$

其中,$\varphi^*(X_i, Y_j) = \begin{cases} 1, & \text{若 } X_i < Y_j, \\ \frac{1}{2}, & \text{若 } X_i = Y_j, \\ 0, & \text{若 } X_i > Y_j. \end{cases}$

检验统计量 U 为 U_1 和 U_2 中的较小值,即:

$$U = min(U_1, U_2) \qquad \text{(公式 13.3)}$$

其中,min 表示较小值。U_1 和 U_2 的关系为:$U_1+U_2=n_1 n_2$,即 U_1 与 U_2 之和等于两个独立样本量的乘积。我们看一个简单的例子。X_i 值($n_1=3$)为(1,5,2),Y_j 值($n_2=3$)

第十三章 秩次检验

为 $(3,4,2)$。根据公式 13.2，$X_1=1$ 小于或等于 Y_j 值的数量是 3，$X_2=5$ 小于或等于 Y_j 值的数量是 0，$X_3=2$ 小于或等于值 Y_j 值的数量是 2.5，因而 $U_1=3+0+2.5=5.5$。同样，$U_2=1+1+1.5=3.5$。$U_1+U_2=5.5+3.5=3\times3=9$。根据公式 13.3，$U=3.5$。我们再利用秩次计算 U_1 和 U_2。合并两组后计算秩次，得到秩次 $R_{X_i}: 1, 6, 2.5$；$R_{Y_j}: 4, 5, 2.5$。$R_X=9.5$，$R_Y=11.5$。根据公式 13.1，$U_1=9+\frac{3\times4}{2}-9.5=5.5$；$U_2=9+\frac{3\times4}{2}-11.5=3.5$。由此可见，以上两种计算 U_1 和 U_2 的方法本质上相同。

最后，确定统计显著性水平 α（通常 $\alpha=.05$），根据样本量 n_1 和 n_2 查 Mann-Whitney U 临界值 (U_α)，或者计算两个独立组秩次差异显著性检验的概率 p 值。如果统计量 $U>U_\alpha$ 或者 $p>\alpha$，就接受（或不拒绝）零假设。如果统计量 $U\leq U_\alpha$ 或者 $p\leq\alpha$，则拒绝零假设。表 13.1 显示 $\alpha=.05$ 时双侧检验 Mann-Whitney U 临界值。例如，在 $\alpha=.05$ 时，若 $n_1=n_2=20$，双侧检验 U 临界值为 $U_{.05}=127$。如果研究中得到的统计量 $U=130$，则 $p>.05$，接受零假设。如果研究中得到的统计量 $U=75$，则 $p<.05$，拒绝零假设。

表 13.1 Mann-Whitney U 临界值

n_1 \ n_2	10	11	12	13	14	15	16	17	18	19	20
10	23	26	29	33	36	39	42	45	48	52	55
11	26	30	33	37	40	44	47	51	55	58	62
12	29	33	37	41	45	49	53	57	61	65	69
13	33	37	41	45	50	54	59	63	67	72	76
14	36	40	45	50	55	59	64	67	74	78	83
15	39	44	49	54	59	64	70	75	80	85	90
16	42	47	53	59	64	70	75	81	86	92	98
17	45	51	57	63	67	75	81	87	93	99	105
18	48	55	61	67	74	80	86	93	99	106	112
19	52	58	65	72	78	85	92	99	106	113	119
20	55	62	69	76	83	90	98	105	112	119	127

Wilcoxon 秩和检验统计量 W 等同于 R_1 和 R_2 中的较小值，即：

$$W=min(R_1,R_2) \quad \text{（公式 13.4）}$$

其中，min 表示较小值。U 与 W 的关系是：$W=U+\frac{n(n+1)}{2}$，其中 n 是一个组的样本量。如果 U 是 U_1，则 $n=n_2$；如果 U 是 U_2，则 $n=n_1$。仍以前面的小样本为例。已知：

$R_1=9.5$,$R_2=11.5$。根据公式 13.4,$W=9.5$。又知 $n_1=n_2=3$,$U=3.5$,则 $W=U+\frac{n(n+1)}{2}=3.5+\frac{3\times 4}{2}=9.5$。这个例子表明,Mann-Whitney U 检验与 Wilcoxon 秩和检验是同一种检验。需要注意的是,SPSS 报告的 U 和 W 值是针对第一个组的,但是不影响统计结论。以上面的小样本为例,SPSS 报告 $U=5.5$,$W=11.5$,$p=.700$。如果第一组数据为 (3,4,2),第二组数据为 (1,5,2),则 SPSS 报告 $U=3.5$,$W=9.5$,$p=.700$。

Mann-Whitney U 检验的一个特征是,当样本量较大时,Z 统计量和正态分布提供近似的检验方法。在样本数据没有等秩的情况下,Z 统计量的计算公式为:

$$Z=\frac{U-\frac{n_1 n_2}{2}}{\sqrt{\frac{n_1 n_2 (n_1+n_2+1)}{12}}} \qquad (公式 13.5)$$

其中,等号右边的分母是检验统计量 U 的标准误差(standard error,SE)。样本数据有等秩时,需要采用连续校正(continuity correction)方法校正 Z 统计量,以便根据正态分布计算近似 p 值。校正 Z 值的计算公式为:

$$Z=\frac{U-\frac{1}{2}n_1 n_2}{\sqrt{\frac{n_1 n_2}{12}\left[(n_1+n_2+1)-\frac{\sum_{i=1}^{s}(t_i^3-t_i)}{(n_1+n_2)(n_1+n_2-1)}\right]}} \qquad (公式 13.6)$$

其中,s 表示等值集合数,t_i 表示第 i 个集合中的等秩数($i=1,\cdots,s$),等号右边的分母是检验统计量 U 的标准误差(SE)。

Z 统计量接近正态分布。Z 值在 Z 分布中的位置决定是否拒绝零假设。如果 Z 值(绝对值)小于 Z 分布中某个显著性水平 α 上的临界值,则接受零假设,推断两个独立样本来自同一个秩次分布的总体,它们的平均秩次没有统计显著性差异。如果 Z 值(绝对值)大于(或等于)某个显著性水平 α 上的临界值,则拒绝零假设,推断两个独立样本不是来自同一个秩次分布的总体,它们的平均秩次有统计显著性差异。在前面的小样本例子中,$n_1=n_2=3$,$U=3.5$,一个等秩是 2.5,等值数 $t_1=2$。根据公式 13.6,得到:

$$Z=\frac{3.5-4.5}{\sqrt{\frac{9}{12}\times(7-\frac{6}{30})}}\approx -0.442807。$$

在 $\alpha=.05$ 时,本例 $|Z|<Z_{(1-.05/2)}=1.96$,$p=.658>.05$,接受零假设,推断两个独立样本平均秩次没有统计显著性差异。这个例子只是为了解释统计概念。实际研究

中使用如此小的样本是没有意义的。

【问题 13.1】某研究调查年级对英语朗读错误的影响。某大学一年级 15 名英语学习者($n=15$)、二年级 17 名英语学习者($n=17$)参加了英语短文朗读测试。朗读错误如表 13.2 所示。

表 13.2　不同年级英语学习者朗读错误

| 一年级朗读错误:4,5,3,3,7,2,8,11,6,2,4,7,4,6,4; |
| 二年级朗读错误:3,6,8,5,2,2,2,1,7,1,2,0,5,1,2,4,4。 |

试问:两个年级所犯错误有没有统计显著性差异?

【解】本例数据为离散性数据,两个独立组的比较采用 Mann-Whitney U 检验。本例的零假设是两个年级朗读错误秩次分布没有差异。统计检验程序如下:

第一步　将两个年级组观测值合并($N=n_1+n_2=15+17=32$),计算每个观测值的秩次 R_i。如果观测值是等值,则计算平均秩次。利用表 13.2,各年级观测值和秩次分布如表 13.3 所示。

表 13.3　各年级错误观测值和秩次

一年级			二年级		
编号	错误	秩次	编号	错误	秩次
001	4	17.5	016	3	13.0
002	5	22.0	017	6	25.0
003	3	13.0	018	8	30.5
004	3	13.0	019	5	22.0
005	7	28.0	020	2	8.0
006	2	8.0	021	2	8.0
007	8	30.5	022	2	8.0
008	11	32.0	023	1	3.0
009	6	25.0	024	7	28.0
010	2	8.0	025	1	3.0
011	4	17.5	026	2	8.0
012	7	28.0	027	0	1.0
013	4	17.5	028	5	22.0
014	6	25.0	029	1	3.0
015	4	17.5	030	2	8.0
			031	4	17.5
			032	4	17.5

第二步　计算两个年级秩次之和 R_1 和 R_2。根据表 13.3,$R_1=17.5+\cdots+17.5=302.5$,

$R_2=13.0+\cdots+17.5=225.5$。根据公式 13.4,$W=225.5$。平均秩次依次为 $\bar{R}_1=\dfrac{302.5}{15}\approx 20.17$ 和 $\bar{R}_2=\dfrac{225.5}{17}\approx 13.26$。

第三步 计算检验统计量 U。利用公式 13.1,得到 $U_1=15\times 17+\dfrac{15\times 16}{2}-302.5=72.5$,$U_2=15\times 17+\dfrac{17\times 18}{2}-225.5=182.5$。根据公式 13.3,$U=72.5$。

最后,在 $\alpha=.05$ 的水平上,根据 $n_1=15$、$n_2=17$,查 Mann-Whitney U 临界值表 13.1,得到 $U_{0.05}=75$。$U<U_{0.05}$,因而拒绝零假设,推断两个年级所犯错误平均秩次有统计显著性差异。换言之,大学二年级英语学习者所犯的朗读错误显著少于一年级英语学习者所犯的朗读错误。

我们也可以利用 Z 检验。由于本例有等秩现象,统计量 Z 的计算利用公式 13.6。表 13.3 显示,本例共有 8 组等秩,即等秩 3 出现 3 次,等秩 8 出现 7 次,等秩 13 出现 3 次,等秩 17.5 出现 6 次,等秩 22 出现 3 次,等秩 25 出现 3 次,等秩 28 出现 3 次,等秩 30.5 出现 2 次。$\sum\limits_{i=1}^{s}(t_i^3-t_i)=(3^3-3)+(7^3-7)+(3^3-3)+(6^3-6)+(3^3-3)+(3^3-3)+(3^3-3)+(2^3-2)=672$。根据公式 13.6,得到:

$$SE=\sqrt{\dfrac{255}{12}\times(33-\dfrac{672}{992})}\approx 26.2079;$$

$$Z=\dfrac{72.5-127.5}{SE}\approx -2.0986。$$

利用正态分布原理,得到双侧检验概率 $p=.036<.05$。由此同样推断两个年级所犯错误平均秩次有统计显著性差异。

研究报告通常需要报告效应量。依据 Rosenthal(1991),两个独立样本秩次检验效应量测量可以使用相关系数 r,计算公式为:

$$r=\dfrac{Z}{\sqrt{N}} \qquad\qquad (公式 13.7)$$

其中,N 为两个组合并样本量。针对上面的例子,两个年级学习者错误平均秩次比较的效应量 $r=\dfrac{-2.0986}{\sqrt{32}}\approx -0.37$,达到中等效应水平。

13.1.2 两个独立样本秩次检验的 SPSS 操作

【问题 13.2】利用【问题 13.1】中的数据,操作 SPSS,检验两个年级学习者朗读错误秩次分布是否有统计显著性差异。

本例适合使用 Mann-Whitney U 检验，SPSS 操作步骤如下：

第一步　将表 13.2 中的数据输入到 SPSS 数据栏中。自变量名为"年级[Grade]"，包括"一年级"和"二年级"两个水平。因变量名为"错误[Error]"。保存的文件名为 ch13Utest。

第二步　按 Analyze→Nonparametric Tests→Independent Samples… 的顺序打开 Nonparametric Tests：Two or More Independent Samples（非参数检验：两个或多个独立样本）对话框，点击 Fields（领域）选项，将左栏中的变量"年级"键入 Groups（组别）栏中，将"错误"键入 Test Fields（检验领域）栏中。

第三步　点击进入 Settings（设置）选项。勾选 Customize tests（自定义检验），在 Compare Distributions across Groups（比较组间分布）面板中，勾选 Mann-Whitney U (2 samples)选项。

第四步　点击 Run（运行），双击 SPSS 生成的 Hypothesis Test Summary（假设检验概要）表格，以便得到 Independent-Samples Mann-Whitney U Test（独立样本 Mann-Whitney U 检验）相关图形和统计量表。

图 13.1 显示两个年级学习者朗读错误频数（Frequency）分布和平均秩次。

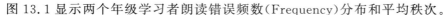
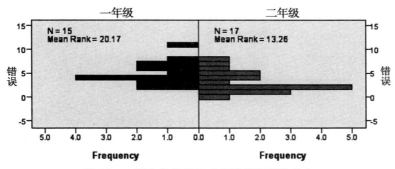

图 13.1　两个年级学习者朗读错误频数分布

图 13.1 显示，一年级朗读错误平均秩次 $\bar{R}_1=20.17$ 大于二年级朗读错误平均秩次 $\bar{R}_2=13.26$。一年级学习者朗读出现 4 个错误的频数（4 人）最多，有一名学习者所犯的朗读错误高达 11 个。二年级学习者朗读出现 2 个错误的频数（5 人）最多，有一名学习者所犯的朗读错误高达 8 个，另有一名学习者没有犯任何错误。整体上，二年级学习者所犯的朗读错误数少于一年级学习者所犯的朗读错误数。

表 13.4 报告详细的统计分析结果，表中的括号项是对 SPSS 输出结果的注解。表 13.4 报告两个概率：渐进（近似）概率 p（Asymptotic Sig.）和精确概率 p（Exact Sig.）。如果样本量较小（如小于 50），建议使用精确概率 p。如果样本量较大（如大于 50），可以使用渐

进(近似)概率 p。

表 13.4　Mann-Whitney U 检验

N	32
Mann-Whitney U	72.50
Wilcoxon W	225.50
Test Statistic (U)	72.50
Standard Error (SE)	26.21
Standardized Test Statistic (Z)	−2.10
Asymptotic Sig. (2−sided test)(对应于 Z 的 p 值)	.036
Exact Sig. (2−sided test)(对应于 U 的 p 值)	.037

表 13.5 报告假设检验概要(Hypothesis Test Summary)。

表 13.5　假设检验概要

Null Hypothesis	Test	Sig.	Decision
The distribution of 错误 is the same across categories of 年级	Independent-Samples Mann-Whitney U Test	.037[1]	Reject the null hypothesis.

The significance level is .05. [1] Exact significance is displayed for this test.

表 13.5 显示,本例零假设是朗读错误在不同年级之间的分布相同。独立样本 Mann-Whitney U 检验拒绝零假设,精确概率 $p=.037<.05$。由此推断,二年级学习者所犯的朗读错误数显著少于一年级学习者所犯的朗读错误数。

13.2　多个独立样本秩次检验

13.2.1　多个独立样本秩次检验程序

在参数检验中,如果一个被试间因素有多个水平,因变量只有一个,在满足统计假设的条件下,我们会选择单因素方差分析检验多个样本的平均数之间是否存在统计显著性差异。但是,当数据不能满足参数检验的条件时,多个独立样本之间的差异比较就要用到非参数检验方法。本节介绍利用 Kruskal-Wallis 检验(Kruskal-Wallis test)比较多个独立样本秩次分布的差异。

Kruskal-Wallis 检验,又称 Kruskal-Wallis H 检验,是 Wilcoxon 秩和检验向多个(两个以上)独立样本的拓展,也是单因素方差分析的非参数形式。同其他秩次检验一样，Kruskal-Wallis 检验的一个优点是对异常值不敏感，即减少或消除异常值的影响。

若没有等秩(ties)，H 统计量的计算公式为：

$$H = \frac{12}{N(N+1)} \sum_{j=1}^{J} \frac{R_j^2}{n_j} - 3(N+1) \qquad \text{（公式 13.8）}$$

其中，N 是各个组合并样本量，J 是独立组数，n_j 是第 j 组样本量$(j=1,\cdots,J)$，R_j 是第 j 组秩和，即 $R_j = \sum_{i=1}^{n_j} R_{ij}$。

有等秩时，Kruskal-Wallis 检验统计量 H 的等秩校正公式为：

$$H_c = \frac{H}{C} \qquad \text{（公式 13.9）}$$

其中，H 是未校正统计量，$C = 1 - \dfrac{\sum_{i=1}^{s}(t_i^3 - t_i)}{N^3 - N}$，其中的 s 表示等秩集合数，t_i 表示第 i 个集合中的等秩数。H 统计量的自由度为 $v = J - 1$。

Kruskal-Wallis H 检验的程序如下：

首先，合并多个独立组 $N = \sum n_j$ 个观察值，对之分配秩次。如有等值，则使用平均秩次。

然后，利用秩次数据，根据 H 统计量的公式计算 H 值。

最后，确定统计显著性水平 α（通常 $\alpha = .05$），做统计推理。H 统计量近似服从自由度为 $v = J - 1$ 的 χ^2 分布。如果 H 统计量小于某个 α 水平上的 χ^2 临界值或者 H 统计量对应的显著性概率大于显著性水平 α，接受零假设，推断多个独立样本来自同一个分布，它们之间没有统计显著性差异。如果 H 统计量大于（或等于）某个 α 水平上的 χ^2 临界值或者 H 统计量对应的显著性概率小于或等于显著性水平 α，拒绝零假设，推断多个样本不是来自同一个秩次分布，至少有两个样本存在统计显著性差异。

【问题 13.3】某研究者采用 10 点式英语口语交际焦虑量表（1—10 表示焦虑水平依次增加）调查不同水平英语学习者口语焦虑水平的差异。45 名($N=45$) 低($n_1=15$)、中($n_2=15$)、高($n_3=15$) 水平的英语学习者参加了问卷调查。调查结果如表 13.6 所示。

表 13.6　英语学习者口语焦虑水平

低水平组：6,5,6,8,6,8,6,7,6,9,6,5,7,8,9；
中等水平组：5,4,5,5,4,6,4,6,3,6,5,9,9,10,9；
高水平组：1,2,8,1,2,2,4,3,3,2,5,4,2,2,8。

试问:三个英语水平组焦虑水平分布是否有统计显著性差异?如果有,检验各个水平组之间的配对差异。

【解】本例样本量较小,三组测量数据为定序数据,适合采用 Kruskal-Wallis H 检验。统计检验程序如下:

第一步　利用表 13.6 数据,合并三个独立组观察值,对之分配秩次。秩次分配结果如表 13.7 所示。

表 13.7　不同水平组焦虑观测值和秩次

低水平			中等水平			高水平		
编号	焦虑	秩次	编号	焦虑	秩次	编号	焦虑	秩次
001	6	28.0	016	5	20.0	031	1	1.5
002	5	20.0	017	4	14.0	032	2	5.5
003	6	28.0	018	5	20.0	033	8	37.0
004	8	37.0	019	5	20.0	034	1	1.5
005	6	28.0	020	4	14.0	035	2	5.5
006	8	37.0	021	6	28.0	036	2	5.5
007	6	28.0	022	4	14.0	037	4	14.0
008	7	33.5	023	6	28.0	038	3	10.0
009	6	28.0	024	3	10.0	039	3	10.0
010	9	42.0	025	6	28.0	040	2	5.5
011	6	28.0	026	5	20.0	041	5	20.0
012	5	20.0	027	9	42.0	042	4	14.0
013	7	33.5	028	9	42.0	043	2	5.5
014	8	37.0	029	10	45.0	044	2	5.5
015	9	42.0	030	9	42.0	045	8	37.0

第二步　利用表 13.7 秩次数据,计算 H 值。根据表 13.7 的数据计算可得,$\sum_{j=1}^{J}\frac{R_j^2}{n_j} = \frac{(28.0+\cdots+42.0)^2+(20.0+\cdots+42.0)^2+(1.5+\cdots+37.0)^2}{15} \approx 26823.53$。根据公式 13.8,得到 $H = \frac{12}{45\times(45+1)}\times 26823.53 - 3\times(45+1) \approx 17.49872$。本例有等值,需要对 H 值进行校正。本例数据的等秩和等秩数如表 13.8 所示。

表 13.8　焦虑水平等秩与等秩数

等秩	1.5	5.5	10	14	20	28	33.5	37	42
等秩数	2	6	3	5	7	9	2	5	5

第十三章 秩次检验

利用表 13.8 数据,得到 $C=1-\frac{(2^3-2)+\cdots+(5^3-5)}{45^3-45}\approx 0.9817523$。利用公式 13.9,得到 $H_C=\frac{17.49872}{0.9817523}\approx 17.824$。

最后,设 $\alpha=.05$,做统计推理。H_C 统计量近似服从自由度为 $v=3-1=2$ 的 χ^2 分布。$\chi^2_{(0.95,2)}=5.99$。$H_C > \chi^2_{(0.95,2)}$,推断三个英语水平组焦虑水平分布有统计显著性差异。零假设为真时,H_C 在 $v=2$ 的 χ^2 分布中的显著性概率 $p=.000135<.001$,同样得出三个英语水平组焦虑分布有统计显著性差异的结论。根据表 13.7,低、中、高英语水平组平均秩次 $\bar{R}_1=31.33$,$\bar{R}_2=25.8$,$\bar{R}_3=11.87$。

由于本例 H 检验发现三个英语水平组焦虑水平的平均秩次有统计显著性差异,因而需要开展事后配对检验,确定差异的具体位置。平均秩次配对检验的一种方法是 Z 检验。统计量 Z 的计算公式为:

$$Z=\frac{y_m}{SE_m} \quad \text{(公式 13.10)}$$

其中,y_m 表示平均秩次配对差异($m=1,\cdots,p$,其中 p 是配对比较数),SE_m 是 y_m 的标准差(即标准误差,SE)。根据 Dunn(1964),在没有等秩时,平均秩次配对差异 y_m 的标准差(即标准误差,SE)的计算公式为:

$$SE_m=\sqrt{\frac{N(N+1)}{12}\left(\frac{1}{n_j}+\frac{1}{n_k}\right)} \quad \text{(公式 13.11)}$$

其中,N 是总样本量,n_j 和 n_k 是配对比较组样本量,$j\neq k$,$j,k=1,\cdots,J$,J 是独立样本数。

有等秩时,平均秩次配对差异 y_m($m=1,\cdots,p$,其中 p 是配对比较数)的标准差(即标准误差,SE)的计算公式为:

$$SE_m=\sqrt{\left[\frac{N(N+1)}{12}-\frac{\sum_{i=1}^{s}(t_i^3-t_i)}{12(N-1)}\right]\left(\frac{1}{n_j}+\frac{1}{n_k}\right)} \quad \text{(公式 13.12)}$$

其中,N 是总样本量,n_j 和 n_k 是配对比较组样本量,$j\neq k$,$j,k=1,\cdots,J$,J 是独立样本数,s 表示等值集合数,t_i 表示第 i 个集合中的等值数,$i=1,\cdots,s$。

本研究有等秩。由于各组样本量相同($n_1=n_2=n_3=15$),各个配对比较的标准误差相同。$\frac{\sum_{i=1}^{s}(t_i^3-t_i)}{12(N-1)}=\frac{(2^3-2)+\cdots+(5^3-5)}{12\times(45-1)}\approx 3.147727$。根据公式 13.12,$SE_m=\sqrt{\left(\frac{45\times 46}{12}-3.147727\right)\times\left(\frac{1}{15}+\frac{1}{15}\right)}\approx 4.751874$。低、中等水平组比较时,$y_1=31.33-25.8$

$=5.53, Z = \dfrac{5.53}{4.751874} \approx 1.164$。利用正态分布原理,得到平均秩次配对比较双侧检验的显著性概率 $p=.2444$。三个英语水平组配对比较数为 3,族错误率 $\alpha=.05$,因而配对比较 Bonferroni 校正后的显著性概率 $p_{adj.}=.2444\times3\approx.733$,说明低、中等水平组口语焦虑水平没有统计显著性差异。同理,低、高水平组比较时,$y_2=31.33-11.87=19.46, Z=\dfrac{19.46}{4.751874}\approx 4.095, p<.001, p_{adj.}<.001$,说明低水平组口语焦虑水平显著高于高水平组焦虑水平。中、高水平组比较时,$y_3=25.8-11.87=13.93, Z=\dfrac{13.93}{4.751874}\approx 2.931, p=.0034, p_{adj.}\approx.010$,说明中等水平组口语焦虑水平显著高于高水平组焦虑水平。

配对比较效应量的计算利用公式 13.7。低、中等水平组比较效应量小:$r=\dfrac{1.164}{\sqrt{30}}\approx 0.21$;低、高水平组比较效应量很大:$r=\dfrac{4.095}{\sqrt{30}}\approx 0.75$;中、高水平组比较效应量大:$r=\dfrac{2.931}{\sqrt{30}}\approx 0.54$。

13.2.2 多个独立样本秩次检验的 SPSS 操作

【问题 13.4】利用【问题 13.3】中的数据,操作 SPSS,检验三个英语水平组的口语焦虑水平是否存在统计显著性差异。如果有统计显著性差异,则开展配对检验。

本例适合使用多个独立样本 Kruskal-Wallis H 检验,SPSS 的操作步骤与开展 Mann-Whitney U 检验的步骤基本相同,具体如下:

第一步　将表 13.6 中的数据输入到 SPSS 数据栏中。自变量名为"水平[Proficiency]",包括"低水平""中等水平"和"高水平"。因变量名为"焦虑[Anxiety]"。保存的文件名为 ch13Kruskal。

第二步　按 Analyze→Nonparametric Tests→Independent Samples…的顺序打开 Nonparametric Tests:Two or More Independent Samples(非参数检验:两个或多个独立样本)对话框,点击 Fields(领域)选项,将左栏中的变量"水平"键入 Groups(组别)栏中,将"焦虑"键入 Test Fields(检验领域)栏中。

第三步　点击进入 Settings(设置)选项。勾选 Customize tests(自定义检验)项,在 Compare Distributions across Groups(比较组间分布)选项栏中,勾选 Kruskal-Wallis 1-way ANOVA (k samples)选项。

第四步　点击 Run(运行),双击 SPSS 生成的 Hypothesis Test Summary(假设检验概要)表格,以便得到 Independent-Samples Kruskal-Wallis Test(独立样本 Kruskal-Wallis

检验)相关图形和统计量表。

第五步　点击 Independent-Samples Kruskal-Wallis Test 底端 View(视窗)的下拉菜单,选择 Pairwise Comparisons(配对比较),以便开展事后配对检验。

图 13.2 为各个英语水平组焦虑水平比较箱图。

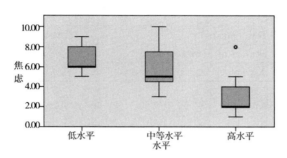

图 13.2　各个英语水平组焦虑水平比较箱图

本研究数据为定序数据。由于本例口语焦虑测量采用 10 点式量表,可能会有研究者认为数据具有某种程度的连续性,可以考虑使用单因素方差分析(参数检验)。如果研究者打算使用单因素方差分析,除了需要考虑样本量的大小之外,还要考虑各组数据分布的正态性(和方差齐性)。图 13.2 显示,在低水平组中,中位数线(箱体中的黑粗线)偏离箱体中央,数据分布有正偏态之势。在中等水平组中,中位数线也偏离箱体中央,数据分布比低水平组有更明显的正偏态趋势。在高水平组中,中位数线同样偏离箱体中央,数据分布呈正偏态,且有一个异常值(outlier)。综上所述,本例不太合适使用基于平均数的单因素方差分析,适合使用秩次型单因素方差分析,即 Kruskal-Wallis 检验。

图 13.3 比较各个英语水平组焦虑水平平均秩次。

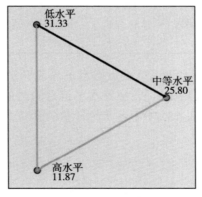

图 13.3　各个英语水平组焦虑水平平均秩次

图 13.3 显示,低水平组焦虑水平最高,随着英语水平的提高,学习者焦虑水平降低。

表 13.9 报告统计分析结果。关于表 13.9 统计量的解释,参看 13.2.1 节。

表 13.9　独立样本 Kruskal-Wallis 检验

N	45
Test Statistic	17.824
Degrees of Freedom	2
Asymptotic Sig.（2-sided test）	<.001

表 13.10 报告假设检验概要(Hypothesis Test Summary)。

表 13.10　假设检验概要

Null Hypothesis	Test	Sig.	Decision
The distribution of 焦虑 is the same across categories of 水平	Independent-Samples Kruskal-Wallis Test	<.001	Reject the null hypothesis.

Asymptotic significances are displayed. The significance level is .05.

表 13.10 显示,本例零假设是焦虑水平在不同英语水平组之间的分布相同。独立样本 Kruskal-Wallis 检验拒绝零假设,因为 $\chi^2(2)=17.82$(统计量 H 值为卡方值),$p<.001$(SPSS 报告值为.000)。由此推断,三个英语水平组焦虑水平有统计显著性差异。

表 13.11 报告各个英语水平组平均秩次配对比较的结果。显著性概率 p(Sig.)采用 Bonferroni 方法,校正后概率值为 $p_{adj.}$(Adj. Sig.)。

表 13.11　各个英语水平组平均秩次配对比较

	检验统计量	SE	标准化检验统计量	p	$p_{adj.}$
高水平－中等水平	13.933	4.752	2.932	.003	.010
高水平－低水平	19.467	4.752	4.097	<.001	<.001
中等水平－低水平	5.533	4.752	1.164	.244	.733

表 13.11 显示,英语高水平组口语焦虑水平显著低于英语中等水平组($p=.01$)和低水平组($p<.001$),但是英语低、中等水平组之间的焦虑水平没有统计显著性差异($p=.733>.05$)。关于表 13.11 中各个统计量的解释,参看 13.2.1 节。

13.3 两个相关样本秩次检验

13.3.1 两个相关样本秩次检验程序

前面学过,比较两个相关样本平均数之间的差异时,我们使用配对样本 t 检验。如果两个相关样本的数据较为严重地违反正态分布假设,或者样本数据是定序或计数数据(count data),我们选择使用非参数检验。本章介绍 Wilcoxon matched-pair signed-rank test(Wilcoxon 配对符号秩次检验;又称 Wilcoxon 符号秩次检验,Wilcoxon signed rank test)。Wilcoxon 配对符号秩次检验是配对样本 t 检验的非参数形式。

Wilcoxon 符号秩次检验统计量利用配对值差异的秩次(ranks),因而是对定序数据(ordinal data)的检验。它的零假设是 $H_0: \theta_D = 0$,即配对差异分数分布以 0 为对称中心,或者两个分布没有发生位置转移(shift in location)。本节关于 Wilcoxon 符号秩次检验相关统计量计算公式的标注依据 Hollander et al.(2014)。令 R_i 表示差异绝对值 $|d_1|, \ldots, |d_n|$ 中 $|d_i|$ 的秩次(n 是样本量),则 Wilcoxon 符号秩次检验统计量 T^+(正秩次)的计算公式为:

$$T^+ = \sum_{i=1}^{n} R_i \psi_i \qquad \text{(公式 13.13)}$$

其中,ψ_i 是示性变量(indicator variable),$i = 1, \ldots, n$。ψ_i 的定义为:

$$\psi_i = \begin{cases} 1, \text{若 } d_i > 0 \\ 0, \text{若 } d_i < 0 \end{cases} \qquad \text{(公式 13.14)}$$

如果在 d_i 集合中有 0 值,则放弃 0 值,重新将样本量 n 定义为非 0 的 d_i 值数。如果有非 0 的等值 $|d|$,则计算平均秩次。在零假设为真的条件下,T^+ 的期望值(expected value,指反复实验或测量得到的平均值)为 $E_0(T^+) = \dfrac{n(n+1)}{4}$,$T^+$ 的分布是对称的。

在大样本情况下,T^+ 的分布近似正态。在没有等秩的情况下,零假设条件下 T^+ 的方差为:

$$var_0(T^+) = \frac{n(n+1)(2n+1)}{24} \qquad \text{(公式 13.15)}$$

其中，$var_0(T^+)$ 的平方根为统计量 T^+ 的标准差（即标准误差，SE）。T^+ 的标准化形式 T^*（即 Z 值）的计算公式为：

$$T^* = \frac{T^+ - \left[\frac{n(n+1)}{4}\right]}{\sqrt{\frac{n(n+1)(2n+1)}{24}}} \qquad (公式 13.16)$$

有非零等秩时，采用大样本近似方法计算 p 值。零假设条件下 T^+ 的方差为：

$$var_0(T^+) = \frac{1}{24}\left[n(n+1)(2n+1) - \frac{1}{2}\sum_{j=1}^{g} t_j(t_j-1)(t_j+1)\right] \qquad (公式 13.17)$$

其中，g 表示非零等值 $|d|$ 的组数，t_j 是等秩组 j 中的等秩数（$j=1,\cdots,g$）。标准化检验统计量 T^*（即 Z 值）的计算公式为：

$$T^* = \frac{T^+ - \left[\frac{n(n+1)}{4}\right]}{\sqrt{\frac{1}{24}\left[n(n+1)(2n+1) - \frac{1}{2}\sum_{j=1}^{g} t_j(t_j-1)(t_j+1)\right]}} \qquad (公式 13.18)$$

如果双侧检验时要对检验统计量 T^+ 近似正态性进行连续校正（continuity correction），则 $T^+ - \left[\frac{n(n+1)}{4}\right]$ 变为 $T^+ - \left[\frac{n(n+1)}{4}\right] - \text{sign}(T^+ - \left[\frac{n(n+1)}{4}\right]) \times 0.5$，其中 $\text{sign}(T^+ - \left[\frac{n(n+1)}{4}\right]) \times 0.5$ 为校正值。若 $T^+ - \left[\frac{n(n+1)}{4}\right]$ 为正值，则 $\text{sign}(T^+ - \left[\frac{n(n+1)}{4}\right])$ 取 $+1$；若 $T^+ - \left[\frac{n(n+1)}{4}\right]$ 为负值，则 $\text{sign}(T^+ - \left[\frac{n(n+1)}{4}\right])$ 取 -1。如果双侧检验 T^* 在标准正态分布中的显著性概率 $p \leq \alpha$（通常 $\alpha = .05$），拒绝零假设。

【问题 13.5】一位研究者以某高校 20 名大学英语学习者（$N=20$）作为被试，通过实验调查他们在正式（formal）场合和非正式（informal）场合中的英语语速是否有统计显著性差异。语速用每秒钟的音节数（syllables per second）测量。研究者采用抵消抗衡（counterbalancing）设计控制重复测量顺序效应（order effects）。收集的数据如表 13.12 前三列所示。

表 13.12　不同场合语速测量

编号	正式场合	非正式场合	差异值 d_i	差异绝对值秩次 R_i	示性变量 ϕ_i
001	9.53	8.13	−1.40	18	0
002	2.51	2.97	0.46	4	1
003	4.05	9.19	5.14	20	1
004	5.47	4.82	−0.65	8	0
005	5.86	4.91	−0.95	14	0
006	2.71	3.84	1.13	16	1
007	5.41	5.99	0.58	7	1
008	5.35	4.84	−0.51	5	0
009	4.16	4.99	0.83	12	1
010	6.26	5.37	−0.89	13	0
011	5.08	6.33	1.25	17	1
012	4.88	4.82	−0.06	1	0
013	4.51	6.60	2.09	19	1
014	5.14	4.07	−1.07	15	0
015	4.58	5.27	0.69	9	1
016	3.99	4.08	0.09	2	1
017	3.61	4.34	0.73	10	1
018	2.65	3.42	0.77	11	1
019	4.81	4.35	−0.46	3	0
020	5.21	4.67	−0.54	6	0

试问：大学英语学习者在正式和非正式场合中的语速是否存在统计显著性差异？

【解】本例数据虽然具有连续性，但是违反正态分布，且有异常值，统计分析适合采用 Wilcoxon 符号秩次检验。关于正态分布检验和异常值诊断，见下一节。本节主要通过例子介绍 Wilcoxon 符号秩次检验程序。

Wilcoxon 配对符号秩次检验使用统计量 Z。当配对样本量 $n>25$ 时（对于小样本，Z 检验也有效），Z 检验的程序如下：

第一步　根据原始数据计算配对样本数据的差值（d），差值包括正负号在内，如表 13.12 第四列所示。

第二步　编排秩次。根据差值的绝对值由小到大编排秩次，如表 13.12 第五列所示。排秩时，如果有等值，则计算平均秩次。本例没有等秩。示性变量如表 13.12 第六列所示。

第三步　求正秩次秩和。根据表 13.12 最后两列值和公式 13.13，得到：$T^+=18 \times 0+4 \times 1+\cdots+3 \times 0+6 \times 0=127$。

第四步 计算连续校正后的检验统计量。$T^+ - \left[\frac{n(n+1)}{4}\right] = 127 - 105 = 22 > 0$,因而 $\text{sign}(T^+ - \left[\frac{n(n+1)}{4}\right]) \times 0.5 = 0.5$。连续校正后统计量 $T = T^+ - 0.5 = 126.5$。

最后,求 Z 值,做统计推断。统计量 T^+ 的标准误差 $SE = \sqrt{\frac{n(n+1) \times (2n+1)}{24}} = \sqrt{\frac{20 \times (20+1) \times (2 \times 20+1)}{24}} \approx 26.7861$。利用校正值 T 和公式 13.16,得到:$Z = T^* = \frac{126.5 - 105}{26.7861} \approx 0.803$。在统计显著性水平 $\alpha = .05$ 时,由于双侧检验中 $Z < Z_{0.975} = 1.96$,推断英语学习者两种场合中的语速没有统计显著性差异。在标准正态分布中,$Z = 0.803$ 对应的显著性概率 $p = .422 > .05$,同样推断英语学习者两种场合中的语速没有统计显著性差异。

Wilcoxon 符号秩次检验效应量的计算与 Mann-Whitney U 检验效应量的计算相同。在利用公式 13.7 计算 Wilcoxon 符号秩次检验效应量时,N 是排除等值后的观测值数,并非样本量(Field, 2018)。本例没有等值个案,因而 $N = 40$,$r = \frac{Z}{\sqrt{N}} = \frac{0.803}{\sqrt{40}} \approx 0.13$,效应量小。

13.3.2 两个相关样本秩次检验的 SPSS 操作

【问题 13.6】利用【问题 13.5】中的数据,操作 SPSS,检验 20 名大学英语学习者在正式和非正式场合中的语速是否有统计显著性差异。

将【问题 13.5】中的数据输入到 SPSS 数据窗口,正式场合与非正式场合中语速测量结果依次称作"正式场合[Formal]"与"非正式场合[Informal]"。保存的文件名为 ch13Wilcoxon。

在开展 Wilcoxon 配对符号秩次检验之前,先探索数据分布的特点。利用 SPSS 菜单 Explore(探索)(Analyze→Descriptive→Explore …),检验本例两个相关组数据分布的正态性(详见第四章)。表 13.13 报告正态检验结果。

表 13.13 语速测量数据正态性检验

	n	M	SD	Skewness (SE)	Kurtosis (SE)	W (df)	p
正式场合	20	4.79	1.53	1.28 (0.51)	4.11 (0.99)	0.88 (20)	.019
非正式场合	20	5.15	1.51	1.30 (0.51)	1.92 (0.99)	0.90 (20)	.034

表 13.13 显示,正式场合中语速数据呈正偏态和正峰态分布($|Skew.2SE|=\left|\frac{1.28}{2\times0.51}\right|\approx1.25>1,|Kurt.2SE|=\left|\frac{4.11}{2\times0.99}\right|\approx2.08>2,W(20)=0.88,p=.019<.05$)。非正式场合语速数据呈正偏态和轻度正峰态分布($|Skew.2SE|=\left|\frac{1.30}{2\times0.51}\right|\approx1.27>1,|Kurt.2SE|=\left|\frac{1.92}{2\times0.99}\right|\approx0.97<1,W(20)=0.90,p=.034<.05$)。以上结果表明,针对本例数据,使用 Wilcoxon 配对符号秩次检验比使用配对样本 t 检验更合适。

利用 SPSS 开展 Wilcoxon 配对符号秩次检验的操作步骤如下:

第一步 按 Analyze→Nonparametric Tests→Related Samples…的顺序打开 Nonparametric Tests:Two or More Related Samples(非参数检验:两个或多个相关样本)对话框,点击 Fields(领域)选项,将左栏中的变量"正式场合"和"非正式场合"键入 Test Fields(检验领域)栏中。

第二步 点击进入 Settings(设置)选项。勾选 Customize tests(自定义检验)项,在 Compare Median Difference to Hypothesized(比较中位数差异与假设值,假设值通常为0)面板中勾选 Wilcoxon matched-pair signed-rank(2 samples)选项。

第三步 点击 Run(运行),双击 SPSS 生成的 Hypothesis Test Summary(假设检验概要)表格,以便得到 Related-Samples Wilcoxon Signed Rank Test(相关样本 Wilcoxon 符号秩次检验)相关图形和统计量表。

第四步 点击 Related-Samples Wilcoxon Signed Rank Test 底端 View(视窗)的下拉菜单,选择 Continuous Field Information(连续领域信息),在 Field(s)(领域)的下拉菜单中选择变量名称,由此得到的直方图可用于数据正态分布诊断。

图 13.4 和图 13.5 为正式与非正式场合语速分布直方图,图中显示的统计量包括样本量(N)、最小值(Min)、最大值(Max)、平均数(Mean)和标准差(Std. Dev)。

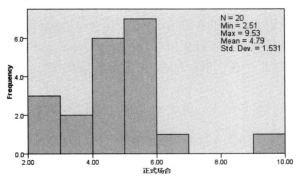

图 13.4 正式场合语速分布直方图

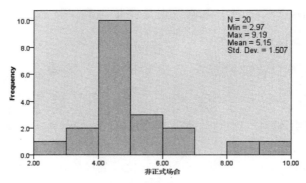

图 13.5　非正式场合语速分布直方图

这两幅图用于诊断连续性变量数据分布的正态性。如果研究者决定在正态性检验中使用图形诊断，则应在报告 Wilcoxon 符号秩次检验前报告诊断结果。图 13.4 显示正式场合语速值集中在 5 左右，右尾巴有一个异常值。图 13.5 显示非正式场合语速值也集中在 5 左右，右尾巴有两个异常值。

图 13.6 为非正式场合与正式场合语速差异频数分布直方图。

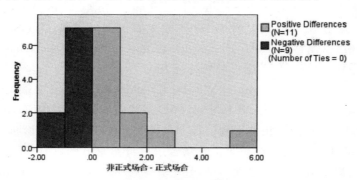

图 13.6　非正式场合与正式场合语速差异分布直方图

图 13.6 显示，本研究数据没有等值，非正式场合与正式场合语速差异为正值（正秩，positive ranks）的频数为 11，为负值（负秩，negative ranks）的频数为 9。整体上看，两种场合语速差异集中在 0 值附近，正秩与负秩数量接近，说明这种差异很可能没有统计显著性。

表 13.14 报告统计分析结果。关于表 13.14 的解释，参看 13.3.1 节。

表 13.14　Wilcoxon 符号秩次检验

N	20
Test Statistic	126.5
Standard Error	26.784
Standardized Test Statistic	.803
Asymptotic Sig. (2-sided test)	.422

表 13.15 报告设检验概要(Hypothesis Test Summary)。

表 13.15　假设检验概要

Null Hypothesis	Test	Sig.	Decision
The median of differences between 正式场合 and 非正式场合 equals 0.	Related-Samples Wilcoxon Signed Rank Test	.422	Retain the null hypothesis.

Asymptotic significances are displayed. The significance level is .05.

表 13.15 显示,本例零假设是正式场合与非正式场合差异的中位数为 0。相关样本 Wilcoxon 符号秩次检验发现正式场合与非正式场合语速没有统计显著性差异,接受零假设($T=126.5, Z=0.80, SE=26.78, p=.422>.05$)。由此推断,英语学习者在正式和非正式场合中的语速没有统计显著性差异。

13.4　多个相关样本秩次检验

13.4.1　多个相关样本秩次检验程序

在参数检验中,比较两个以上相关样本平均数之间的差异时,我们用单因素被试内(重复测量)方差分析。在非参数检验中,我们可以用不同方法比较多个(两个以上)相关样本。本节介绍 Friedman 检验(Friedman test)。

Friedman 检验,又称 Friedman 双因素秩次方差分析(Friedman two-way analysis of variance by ranks),是单因素被试内方差分析对应的非参数形式,检验不同条件下的秩次分布是否相同。在零假设为真的情况下,各个条件中的秩次分布相同,平均秩次相同。该检验之所以称作双因素秩次方差分析,是因为在重复测量设计中,被试被视作一个因素。由于被试因素不是研究关注的主要因素,因而该检验本质上是单因素秩次方差分析。Friedman 检验适用于离散性数据,包括秩次数据或定距、定比数据秩次转化后的定序数据。在没有等秩时，Friedman 检验使用的统计量为秩次卡方统计量（χ_R^2），计算公式为：

$$\chi_R^2 = \frac{12}{nk(k+1)} \sum_{j=1}^{k} \left(\sum R_j\right)^2 - 3n(k+1) \qquad (公式\ 13.19)$$

其中，n 是配对样本量，k 是比较条件数，$j=1,\dots,k$，$\sum_{j=1}^{k}\left(\sum R_j\right)^2$ 是每个条件下秩和的平方和。

有等秩时，卡方检验统计量的校正因子为：

$$C = 1 - \frac{\sum_{i=1}^{s}(t_i^3 - t_i)}{n(k^3 - k)} \qquad (公式\ 13.20)$$

其中，n 是样本量，k 是比较条件数，s 表示等值集合数，t_i 表示第 i 个集合中的等秩数（$i=1,\dots,s$）。

等秩校正后秩次卡方统计量的计算公式为：

$$\chi_{R_C}^2 = \frac{\chi_R^2}{C} \qquad (公式\ 13.21)$$

在零假设为真的条件下，秩次卡方统计量服从 $v=k-1$ 的卡方分布。如果卡方统计量 χ_R^2 或 $\chi_{R_C}^2$ 大于或等于自由度为 v 的卡方分布中的临界值 $\chi_{(1-\alpha,v)}^2$，或者 χ_R^2 或 $\chi_{R_C}^2$ 在自由度为 v 的卡方分布中的显著性概率 $p \leq \alpha$（通常 $\alpha=.05$），拒绝零假设。

【问题 13.7】假如某研究者调查噪音（noise）对英语学习者阅读记忆的影响。研究者设计三篇在话题熟悉度、语言难度和篇幅等方面相当的短文，每篇短文包含的意义单位（idea units）数均为 60 个。学习者阅读记忆的测量操作定义为短文复述中包括的意义单位数。噪音分为三个水平：无噪音（no noise）、适度噪音（moderate noise）和重度噪音（loud noise）。20 名大学英语学习者参加了三个噪音条件下的实验。研究者采用抵消抗衡（counterbalancing）设计控制重复测量顺序效应（order effects）。三个实验条件下阅读记忆测量结果如表 13.16 所示。

表 13.16　不同噪音条件下阅读记忆测量

无噪音：20,39,44,49,46,48,40,46,41,45,50,43,46,43,38,43,46,55,50,55；
适度噪音：18,37,34,43,35,45,41,41,36,37,38,44,38,45,43,39,44,40,42,49；
重度噪音：16,30,30,26,32,21,29,30,31,28,28,31,20,29,32,26,33,31,32,42。

试问：三个噪音条件下学习者阅读记忆是否存在统计显著性差异？如果存在，检

验各个噪音条件之间的配对差异。

【解】本例各个条件下的数据具有离散性,且违反正态分布,有异常值,统计分析适合采用 Friedman 检验。关于正态分布检验和异常值诊断,见下一节。本节主要通过例子介绍 Friedman 检验程序。Friedman 检验的基本程序如下:

第一步 按排给每个被试的观测值由小到大编排秩次(等值取平均秩次),计算每个噪音条件下的秩和。本例没有等值,每个被试观测值在三个噪音条件下的秩次如表 13.17 所示。根据表 13.17,三个噪音条件下的秩和为:$\sum R_1 = 56$,$\sum R_2 = 44$,$\sum R_3 = 20$。三个噪音条件下的平均数秩次依次为:$\bar{R}_1 = \frac{56}{20} = 2.8$,$\bar{R}_2 = \frac{44}{20} = 2.2$,$\bar{R}_3 = \frac{20}{20} = 1$。以上结果表明,无噪音条件下的阅读记忆效果最好,适度噪音条件下的阅读记忆效果次之,重度噪音条件下的阅读记忆效果最差。

表 13.17 不同噪音条件下阅读记忆排秩次

无噪音:3,3,3,3,3,3,2,3,3,3,3,2,3,2,2,3,3,3,3,3;
适度噪音:2,2,2,2,2,2,3,2,2,2,2,3,2,3,3,2,2,2,2,2;
重度噪音:1,1,1,1,1,1,1,1,1,1,1,1,1,1,1,1,1,1,1,1。

第二步 计算检验统计量 χ_R^2。已知:$n=20$,$k=3$。根据公式 13.19,本例检验统计量 $\chi_R^2 = \frac{12}{20 \times 3 \times (3+1)} \times (56^2 + 44^2 + 20^2) - 3 \times 20 \times (3+1) = 33.6$。

最后,做统计推断。本例 $k=3$,检验统计量的自由度 $v=2$。设 $\alpha=.05$,在零假设为真的情况下,检验统计量 $\chi_R^2 > \chi_{(0.95,2)}^2 = 5.99$,由此推断英语学习者在三个噪音条件下的阅读记忆(平均秩次)有统计显著性差异。在零假设为真的情况下,χ_R^2 对应的统计显著性水平 $p<.001$,同样推断英语学习者在三个噪音条件下的阅读记忆有统计显著性差异,至少在两个噪音条件下的阅读记忆有统计显著性差异。

由于本例综合检验发现三个噪音条件下的平均秩次有统计显著性差异,因而需要开展事后配对比较,以确定差异的具体位置。配对平均秩次检验的一种方法是 Z 检验。统计量 Z 的计算公式为:

$$Z = \frac{y_m}{\sqrt{\frac{k(k+1)}{6n}}} \qquad (公式 13.22)$$

其中,y_m 表示平均秩次配对差异($m=1,\ldots,p$,其中 p 是配对比较数),$\sqrt{\frac{k(k+1)}{6n}}$ 是平均秩次配对差异标准误差(SE)。本例中,$SE = \sqrt{\frac{k(k+1)}{6n}} \approx 0.31623$。无噪音和适度噪音条

件配对差异为 $y_1=2.8-2.2=0.6$，$Z=\dfrac{0.6}{0.31623}\approx 1.897$，双侧检验 $p=.0578$。本例有三种噪音条件，族错误率 $\alpha=.05$，因而 Bonferroni 校正后的显著性概率 $p_{adj.}=.0578\times 3\approx.173$，说明无噪音和适度噪音条件在阅读记忆方面没有统计显著性差异。同理，无噪音和重度噪音配对差异为 $y_2=2.8-1=1.8$，$Z=\dfrac{1.8}{0.31623}\approx 5.692$，$p<.001$，$p_{adj.}<.001$，说明无噪音和重度噪音条件在阅读记忆方面有统计显著性差异。适度噪音和重度噪音配对差异为 $y_3=2.2-1=1.2$，$Z=\dfrac{1.2}{0.31623}\approx 3.795$，$p<.001$，$p_{adj.}<.001$，说明适度噪音和重度噪音条件在阅读记忆方面有统计显著性差异。概而言之，无噪音和适度噪音在阅读记忆方面没有显著性差异，但是重度噪音条件下的阅读记忆显著不及无噪音和适度噪音条件下的阅读记忆。

Friedman 检验事后配对比较效应量的计算与 Wilcoxon 符号秩次检验效应量的计算相同。针对本例，无噪音和适度噪音配对比较的效应量为中等：$r=\dfrac{Z}{\sqrt{N}}=\dfrac{1.897}{\sqrt{40}}\approx 0.30$；无噪音和重度噪音配对比较效应量很大：$r=\dfrac{5.692}{\sqrt{40}}\approx 0.90$；适度噪音和重度噪音配对比较效应量大：$r=\dfrac{3.795}{\sqrt{40}}\approx 0.60$。

13.4.2 多个相关样本秩次检验的 SPSS 操作

【问题 13.8】利用【问题 13.7】中的数据，操作 SPSS，检验三个噪音条件下学习者阅读记忆是否存在统计显著性差异。

将【问题 13.7】中的数据输入到 SPSS 数据窗口，无噪音、适度噪音和重度噪音三个条件下的阅读记忆测量依次称作"无噪音［No］""适度噪音［Moderate］"和"重度噪音［Loud］"。保存的文件名为 ch13Friedman。

本例数据具有离散性，数值范围比较宽，在满足正态分布（和球性）假设的条件下，有些研究者可能倾向于使用被试内方差分析。在做出统计分析方法决策之前，先对本例数据开展正态分布检验。利用 SPSS 菜单 Explore（探索）（Analyze→Descriptive→Explore…），检验本例三个相关组数据分布的正态性。表 13.18 报告正态检验结果。

第十三章 秩次检验

表 13.18　阅读记忆测量数据正态性检验

	n	M	SD	Skewness (SE)	Kurtosis (SE)	W (df)	p
无噪音	20	44.35	7.38	−1.75 (0.51)	5.79 (0.99)	0.85 (20)	.004
适度噪音	20	39.45	6.36	−1.97 (0.51)	6.37 (0.99)	0.83 (20)	.003
重度噪音	20	28.85	5.43	−0.32 (0.51)	2.10 (0.99)	0.90 (20)	.040

表 13.18 显示，无噪音条件下阅读记忆数据呈负偏态和正峰态分布（$|Skew. 2SE|=\left|\dfrac{-1.75}{2\times 0.51}\right|\approx 1.72>1$，$|Kurt. 2SE|=\left|\dfrac{5.79}{2\times 0.99}\right|\approx 2.92>2$，$W(20)=0.85$，$p=.004<.01$）。适度噪音条件下阅读记忆数据也呈负偏态和正峰态分布（$|Skew. 2SE|=\left|\dfrac{-1.97}{2\times 0.51}\right|\approx 1.93>1$，$|Kurt. 2SE|=\left|\dfrac{6.37}{2\times 0.99}\right|\approx 3.22>3$，$W(20)=0.83$，$p=.003<.01$）。重度噪音条件下阅读记忆数据呈正峰态分布（$|Skew. 2SE|=\left|\dfrac{-0.32}{2\times 0.51}\right|\approx 0.31<1$，$|Kurt. 2SE|=\left|\dfrac{2.10}{2\times 0.99}\right|\approx 1.06>1$，$W(20)=0.85$，$p=.040<.05$）。以上结果表明，针对本例数据，使用 Friedman 检验比使用被试内方差分析更合适。

利用 SPSS 开展 Friedman 检验的操作步骤与 Wilcoxon 符号秩次检验的操作步骤大致相同，具体如下：

第一步　按 Analyze→Nonparametric Tests→Related Samples…的顺序打开 Nonparametric Tests: Two or More Related Samples（非参数检验：两个或多个相关样本）对话框，点击 Fields（领域）选项，将左栏中的变量"无噪音""适度噪音"和"重度噪音"键入 Test Fields（检验领域）栏中。

第二步　点击 Settings（设置）选项，进入设置子对话框。勾选 Customize tests（自定义检验）项，勾选 Compare Distributions（比较分布）面板中的选项 Friedman's 2-way ANOVA by ranks (k samples)。

第三步　点击 Run（运行），双击 SPSS 生成的 Hypothesis Test Summary（假设检验概要）表格，以便得到 Friedman's 2-way ANOVA by ranks（Friedman 双因素秩次方差分析）相关图形和统计量表。

第四步　点击右下方 Related-Samples Test View（相关样本检验视窗）的下拉菜单，选择 Continuous Field Information（连续领域信息），在 Field(s)（领域）的下拉菜单中选择变量名称，由此得到的直方图可用于数据正态分布诊断。点击右下方 View（视窗）的下拉菜单，选择 Pairwise Comparisons（配对比较），得到平均秩次配对比较的线图和统计显著性检验结果。

图 13.7、图 13.8 和图 13.9 显示各个噪音条件下阅读记忆数据分布直方图,图中显示的统计量包括样本量(N)、最小值(Min)、最大值(Max)、平均数(Mean)和标准差(Std. Dev)。

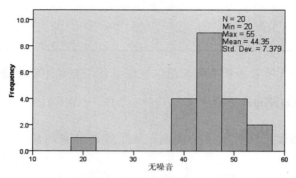

图 13.7　无噪音条件下阅读记忆数据分布直方图

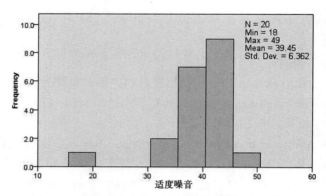

图 13.8　适度噪音条件下阅读记忆数据分布直方图

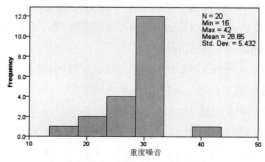

图 13.9　重度噪音条件下阅读记忆数据分布直方图

这三幅图用于诊断连续性变量数据分布的正态性。如果研究者决定在正态性检验中使用图形诊断,则应在报告 Friedman 检验前报告诊断结果。

图 13.7 显示,无噪音条件下阅读记忆主体数据近似呈对称分布,但是有一个很极端的异常值使数据分布左偏。图 13.8 同样显示,一个很极端的异常值使适度噪音条件下阅读记忆数据分布左偏。图 13.9 显示,重度噪音条件下阅读记忆数据分布中小值偏多。

图 13.10 为不同噪音条件下阅读记忆秩次分布直方图。

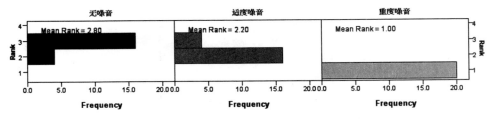

图 13.10　不同噪音条件阅读记忆秩次分布直方图

图 13.10 显示,在无噪音条件下阅读记忆秩次分布中,秩次 2 出现 4 次,秩次 3 出现 16 次。相比之下,在适度噪音条件下阅读记忆秩次分布中,秩次 2 出现 16 次,秩次 3 出现 4 次。在重度噪音条件下阅读记忆秩次分布中,秩次 1 出现 20 次。无噪音条件下的平均数秩次 $\bar{R}_1=2.8$ 最大,其次是适度噪音条件下的平均秩次 $\bar{R}_2=2.2$,重度噪音条件下的平均秩次 $\bar{R}_3=1$ 最低。

表 13.19 报告统计分析结果。关于表 13.19 统计量的解释,参看 13.4.1 节。

表 13.19　Wilcoxon 符号秩次检验

N	20
Test Statistic	33.6
Degrees of Freedom	2
Asymptotic Sig. (2—sided test)	<.001

表 13.19 表明,三个噪音条件下的阅读记忆秩次分布有统计显著性差异($\chi^2(2)=33.6, p<.001$)。

表 13.20 报告假设检验概要(Hypothesis Test Summary)。

表 13.20　假设检验概要

Null Hypothesis	Test	Sig.	Decision
The distributions of 无噪音,适度噪音 and 重度噪音 are the same.	Related-Samples Friedman's Two-Way Analysis of Variance by Ranks	<.001	Reject the null hypothesis.

Asymptotic significances are displayed. The significance level is .05.

表 13.20 报告秩次检验的零假设:无噪音、适度噪音和重度噪音数据分布相同。检验结果表明,三个噪音条件下的阅读记忆数据分布有统计显著性差异($p<.001$)。

图 13.11 比较不同噪音条件下的平均秩次。

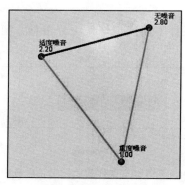

图 13.11　不同噪音条件下的平均秩次

图 13.11 显示,无噪音条件下的平均数秩次最大,其次是适度噪音条件下的平均秩次,重度噪音条件下的平均秩次最低。重度噪音条件下的平均秩次明显低于无噪音和适度噪音条件下的平均秩次,但是后两个条件下的平均秩次差异较小。

表 13.21 报告配对比较检验结果。显著性概率 p(Sig.)采用 Bonferroni 方法,校正后概率值为 $p_{adj.}$(Adj. Sig.)。关于表中各个统计量的解释,见 13.4.1 节。

表 13.21　不同噪音条件下平均秩次配对比较

	检验统计量	SE	标准化检验统计量	p	$p_{adj.}$
重度－适度噪音	1.20	0.316	3.795	<.001	<.001
重度－无噪音	1.80	0.316	5.692	<.001	<.001
适度－无噪音	0.60	0.316	1.897	.058	.173

表 13.21 显示,无噪音和适度噪音条件配对没有统计显著性差异($y_1=0.6, Z=1.897, p_{adj.}=0.173>.05$)。无噪音和重度噪音配对有统计显著性差异($y_2=1.8, Z=5.692, p_{adj.}<.001$)。同样,适度噪音和重度噪音配对有统计显著性差异($y_3=1.2, Z=3.795, p_{adj.}<.001$)。

问题与思考

1. 在什么情况下使用秩次检验?

2. 某研究检验两个独立样本数据秩次分布是否有统计显著性差异。统计检验主要结果如下:Mann-Whitney $U=174.5, p=.495$。本研究能够得出什么结论?

3. Wilcoxon 符号秩次检验适用于以下哪种类型的设计?

(a)被试匹配设计　(b)被试间设计　(c)被试内设计　(d)以上(a)和(c)

4. 比较三个独立组分值秩次差异,恰当的统计分析方法是什么?

(a) 单因素被试间方差分析

(b) 单因素重复测量方差分析

(c) Friedman 检验

(d) Kruskal-Wallis H 检验

5. Mann-Whitney U 检验的适用情形包括以下哪个(些)选项?

(a) 有两个不同条件

(b) 每个条件组被试不同

(c) 测量数据至少为定序数据

(d) 以上选项都对

6. Kruskal-Wallis 检验利用什么分布?

(a)χ^2 分布　(b)F 分布　(c)t 分布　(d)Z 分布

7. 如果 Wilcoxon 符号秩次检验 $T=204, p=.012$,我们得出什么结论?

8. 一位研究生利用一组被试调查三个听力条件下听力测量之间的差异。由于测量数据较为严重地违反正态分布,非参数检验比参数检验更合适。这位研究生决定使用 Kruskal-Wallis 检验,但是她的导师却说这一选择是错误的。正确的检验方法是什么?

9. 某研究者使用 Mann-Whitney U 检验比较两个独立样本 ($n_1=n_2=15$)平均秩次是否有统计显著性差异,得到 $U=35$。在 $\alpha=.05$ 的显著性水平上采用双侧检验,该研究的结论是什么? 如果本例没有等秩,利用正态分布性质开展统计显著性检验的统计量 Z 值是多少?

10. 某研究开展实验调查焦虑水平对英语朗读不当停顿的影响。15 名大学英语学习者在三种焦虑情境(低水平焦虑、中等水平焦虑和高水平焦虑)中朗读在话题熟悉度、难度和长度等方面相当的三篇短文。每位被试在每种情境中朗读随机排序的一篇短文。朗读不当停顿测量的操作定义为不当停顿数,测量结果如下表所示。

| 低焦虑:1,6,6,5,5,5,5,6,5,5,3,6,4,6,7; |
| 中等焦虑:1,6,8,9,8,5,8,10,9,8,3,10,7,9,8; |
| 高焦虑:2,13,7,11,12,14,15,12,12,11,14,13,14,12,17。 |

采用恰当的秩次检验方法,检验不同焦虑水平在朗读不当停顿方面是否存在统计显著性差异? 如果存在统计显著性差异,开展配对检验比较不同焦虑水平之间的差异。

参考文献

Bartlett, M. S. (1950). Tests of significance in factor analysis. *British Journal of Psychology*, 3, 77—85.

Belsley, D. A. (1991). A guide to using the collinearity diagnostics. *Computer Science in Economics and Management*, 4, 33—50.

Belsley, D. A., Kuh, E., & Welsch, R. E. (1980). *Regression diagnostics: Identifying influential data and sources of collinearity*. New York: Wiley.

Blom, G. (1958). *Statistical estimates and transformed beta variables*. New York: John Wiley and Sons.

Bluman, A. G. (2012). *Elementary statistics: A step by step approach* (8th ed.). New York, NY: McGraw-Hill.

Box, G. E. P. (1949). A general distribution theory for a class of likelihood criteria. *Biometrika*, 36(3/4), 317—346.

Brown, J. D. (1991). Statistics as a foreign language (Part 1): What to look for in reading statistical language studies. *TESOL Quarterly*, 25(4), 569—586.

Burns, A. (2009). Action research. In J. Heigham & R. A. Croker, *Qualitative research in applied linguistics: A practical introduction*. New York, NY: Palgrave Macmillan, 112—134.

Burns, R. B. (1997). *Introduction to research methods* (2nd ed.). Melbourne: Longman Cheshire.

Carr, W., & Kemmis, S. (1986). *Becoming critical: Knowing through action research*. London: Falmer Press.

Cohen, J. (1988). *Statistical power analysis for the behavioral sciences* (2nd ed.). Hillsdale, NJ: Lawrence Erlbaum Associates.

Comrey, A. L., & Lee, H. B. (1992). *A first course in factor analysis* (2nd ed.). Hlilsdale, New Jersey: Lawrence Erlbaum Associates, Inc.

Cook, R. D., & Weisberg, S. (1982). *Residuals and influence in regression*. New York: Chapman & Hall.

Cooper, J. C. B. (1983). Factor analysis: An overview. *The American Statistician*, 37(2), 141—147.

Cramer, D., & Howitt, D. (2004). *The SAGE dictionary of statistics: A practical resource for students in the social sciences*. London: SAGE Publications Ltd.

Creswell, J. W. (2012). *Educational research: Planning, conducting, and evaluating quantitative and qualitative research* (4th ed.). Boston, MA: Pearson Education, Inc.

参考文献

Croke, R. A. (2009). An introduction to qualitative research. In J. Heigham & R. A. Croker, *Qualitative research in applied linguistics: A practical introduction*. New York, NY: Palgrave Macmillan, 3—24.

Di Iorio, C. K. (2005). *Measurement in health behavior: Methods for research and education*. CA: Jossey-Bass.

Dörnyei, Z. (2011). *Research methods in applied linguistics: Quantitative, qualitative, and mixed methodologies*. Oxford: Oxford University Press.

Dunbar, G. (2005). *Evaluating research methods in psychology: A case study approach*. Malden, MA: Publishing Ltd.

Dunn, O. J. (1964). Multiple comparisons using rank sums. *Technometrics*, 6(3), 241—252.

Duxbury, J. G., & Tsai, L. L. (2010). The effects of cooperative learning on foreign language anxiety: A comparative study of Taiwanese and American universities. *International Journal of Instruction*, 3(1), 3—18.

Field, A. (2018). *Discovering statistics using IBM SPSS statistics* (5th ed.). London: SAGE Publications Inc.

Fisher, R. A. (1922). On the interpretation of χ^2 from contingency tables, and the calculation of P. *Journal of the Royal Statistical Society*, 85(1), 87—94.

Fox, J. (1991). *Regression diagnostics*. California: Sage Publications, Inc.

Fraenkel, J. R., Wallen, N. E., & Hyun, H. H. (2012). *How to design and evaluate research in education* (8th ed.). New York: McGraw-Hill.

Gall, M. D., Gall, J. P., & Borg, W. R. (2003). *Educational research: An introduction* (7th ed.). Boston, MA: Pearson Education, Inc.

George, D., & Mallery, P. (2006). *SPSS for Windows step by step*. Beijing: Beijing World Publishing Corporation.

George, D., & Mallery, P. (2016). *IBM SPSS statistics 23 step by step. A simple guide and reference* (14th ed.). New York, NY: Routledge.

Gillis, A., & Jackson, W. (2002). *Research for nurses: Methods and interpretation*. Philadelphia, PA: F. A. Davis Company.

Gliner, J. A., Morgan, G. A., & Leech, N. L. (2017). *Research methods in applied settings: An integrated approach to design and analysis* (3rd ed.). New York, NY: Routledge.

Gorsuch, R. L. (1983). *Factor analysis* (2nd ed.). Hillsdale, NJ: Lawrence Erlbaum.

Gould, J. E. (2002). *Concise handbook of experimental methods for the behavioral and biological sciences*. Boca Raton, Florida: CRC Press LLC.

Greenwald, A. G. (1976). Within-subjects designs: To use or not to use. *Psychological Bulletin*, 83(2), 314—320.

Hatch, E., & Lazaraton, A. (1991). *The research manual: Design and statistics for applied linguistics*. Boston: Heinle & Heinle Publishers.

Hintze, J. L., & R. D. Nelson. (1998). Violin plots: A box plot-density trace synergism. *The American Statistician*, 52(2), 181—184.

Hollander, M., Wolfe, D., & Chicken, E. (2014). *Nonparametric statistical methods* (3rd ed.). Hoboken, New Jersey: John Wiley & Sons, Inc.

Horwitz, E. K., Horwitz, M. B., & Cope, J. (1986). Foreign language classroom anxiety. *The Modern Language Journal*, 70(2), 125—132.

Howell, D. C. (2013). *Statistical methods for psychology* (8th ed.). Belmont, CA: Wadsworth.

Huitema, B. E. (2011). *The analysis of covariance and alternatives: Statistical methods for experiments, quasi-experiments, and single-case studies* (2nd ed.). Hoboken, NJ: John Wiley & Sons, Inc.

Hulme, C., Bowyer-Crane, C., Carroll, J. M., Duff, F. J., & Snowling, M. J. (2012). The causal role of phoneme awareness and letter-sound knowledge in learning to read: Combining intervention studies with mediation analyses. *Psychological Science*, 23(6), 572—577.

Hutcheson, G. D., & Sofroniou, N. (1999). *The multivariate social scientist: Introductory statistics using generalized linear models*. London: Sage Publications.

Kaiser, H. F. (1960). The application of electronic computers to factor analysis. *Educational and Psychological Measurement*, 20(1), 141—151.

Kaiser, H. F. (1974). An index of factorial simplicity. *Psychometrika*, 39(1), 31—36.

Keen, K. J. (2010). *Graphics for statistics and data analysis with R*. Boca Raton, FL: Chapman & Hall/CRC.

Kemmis, S., & McTaggart, R. (1988). *The action research planner*. Melbourne, Australia: Deakin University.

Kerlinger, F. N. (1986). *Foundations of behavioral research* (3rd ed.). New York: Holt, Rinehart and Winston.

Khamis, H., & Kepler, M. (2010). Sample size in multiple regression: $20+5k$. *Journal of Applied Statistical Science*, 17(4), 505—517.

Kuder, G. F., & Richardson, M. W. (1937). The theory of the estimation of test reliability. *Psychometrika*, 2(3), 151—160.

Kumar, R. (2011). *Research methodology: A step-by-step guide for beginners* (3rd ed.). London: SAGE Publications Ltd.

Landis, J. R., & Koch, G. G. (1977). The measurement of observer agreement for categorical data. *Biometrics*, 33(1), 159—174.

Leech, N. L., Barrett, K. C., & Morgan, G. A. (2005). *SPSS for intermediate statistics: Use and interpretation*. Mahwah: Lawrence Erlbaum Associates, Inc.

Levon, E. (2013). Ethnography and recording interaction. In R. J. Podesva & D. Sharma (eds.), *Research methods in linguistics*. Cambridge: Cambridge University Press, 195—215.

McGraw, K. O., & Wong, S. P. (1996). Forming inferences about some intraclass correlation coefficients. *Psychological Methods*, 1(1), 30—46.

Merriam, S. (1988). *Case study research in education: A qualitative approach*. San Francisco: Jossey-Bass.

Mertens, D. M. (2010). *Research and evaluation in education and psychology: Integrating diversity with quantitative, qualitative, and mixed methods* (3rd ed.). Thousand Oaks, California: SAGE Publications, Inc.

Meyers, L. S., Glenn, C. Gamst, G. C., & Guarin, A. J. (2013). *Performing data analysis using IBM SPSS^R*. Hoboken, New Jersey: John Wiley & Sons, Inc.

Mitchell, M. L., & Jolley, J. M. (2013). *Research design explained* (8th ed.). Belmont, CA: Wadsworth Cengage Learning.

Murray, G. (2009). Narrative inquiry. In J. Heigham & R. A. Croker, *Qualitative research in applied linguistics: A practical introduction*. New York, NY: Palgrave Macmillan, 45—65.

Nolan, S. A., & Heinzen, T. E. (2012). *Statistics for the behavioral sciences* (2nd ed.). New York, NY: Worth Publishers.

Nunan, D. (1992). *Research methods in language learning*. Cambridge: Cambridge University Press.

Pedhazur, E. J. (1997). *Multiple regression in behavioral research: Explanation and prediction* (3rd ed.). Belmont, CA: Wadsworth.

Pett, M. A., Lackey, N. R., & Sullivan, J. J. (2003). *Making sense of factor analysis: The use of factor analysis for instrument development in health care research*. Thousand Oaks, California: Sage.

Rencher, A. C., & Christensen, W. F. (2012). *Methods of multivariate analysis* (3rd ed.). Hoboken, New Jersey: John Wiley & Sons, Inc.

Rosenthal, R. (1991). *Meta-analytic procedures for social research* (2nd ed.). Newbury Park, CA: Sage.

Sahai, H., & Ageel, M. I. (2000). *The analysis of variance: Fixed, random and mixed models*. New York: Springer Science+Business Media.

Shadish, W. R., Cook, T. D., & Campbell, D. T. (2002). *Experimental and quasi-experimental designs for generalized causal inference*. Boston: Houghton Mifflin Company.

Shapiro, S. S., & Wilk, M. B. (1965). An analysis of variance test for normality (complete samples). *Biometrika*, 52(3/4), 591—611.

Sheskin, D. J. (2007). *Handbook of parametric and nonparametric statistical procedures*. Boca Raton: Taylor & Francis Group.

Shrout, P. E., & Fleiss, J. L. (1979). Intraclass correlations: Uses in assessing reliability. *Psychological Bulletin*, 86, 420—428.

Smith, M. L. (1981). Naturalistic research. *Personnel and Guidance Journal*, 59, 585—589.

Stein, C. (1960). Multiple regression. In I. Olkin (ed.), *Contributions to probability and statistics, essays in honor of Harold Hotelling*. Stanford, CA: Stanford University Press, 424—443.

Steinberg, F. S., & Horwitz, E. K. (1986). The effect of induced anxiety on the denotative and interpretive content of second language speech. *TESOL Quarterly*, 20(1), 131—136.

Stevens, J. P. (2007). *Intermediate statistics: A modern approach*. New York: Taylor & Francis Group.

Sullivan, M. III. (2018). *Statistics: Informed decisions using data* (5th ed.). Essex, England: Pearson Education Limited.

Tabachnick, B. G., & Fidell, L. S. (2013). *Using multivariate statistics* (6th ed.). Upper Saddle River, New Jersey: Pearson Education, Inc.

Velleman, P. F., & Welsch, R. E. (1981). Efficient computing of regression diagnostics. *The American Statistician*, 35(4), 234—242.

Weinstein, C. E., Cubberly, W. E., & Richardson, F. C. (1982). The effects of test anxiety on learning at superficial and deep levels of processing. *Contemporary Educational Psychology*, 7, 107—112.

Welch, B. L. (1938). The significance of the difference between two means when the population variances are unequal. *Biometrika*, 29, 350—362.

Welch, B. L. (1951). On the comparison of several mean values: An alternative approach. *Biometrika*, 38, 330—336.

Wherry, R. J., Sr. (1931). A new formula for predicting the shrinkage of the coefficient of multiple correlation. *Annals of Mathematical Statistics*, 2, 440—457.

Wilcox, R. R. (2012). *Modern statistics for the social and behavioral sciences: A practical introduction*. Boca Raton, FL: CRC Press.

Wilcox, R. R. (2017). *Understanding and applying basic statistical methods using R*. Hoboken, New Jersey: John Wiley & Sons.

Williams, M. N., Grajales, C. A. G., & Kurkiewicz, D. (2013). Assumptions of multiple regression: Correcting two misconceptions. *Practical Assessment, Research & Evaluation*, 18(11), 1—14.

Woods, A., Fletcher, P., & Hughes, A. (2000). *Statistics in language studies*. Beijing: Foreign Language Teaching and Research Press.

Yin, R. (2003a). *Case study research: Design and methods* (3rd ed.). Thousand Oaks, CA: Sage.

Yin, R. (2003b). *Applications of case study research* (2nd ed.). Thousand Oaks, CA: Sage.

Zedeck, S. (2014). *APA dictionary of statistics and research methods*. Washington, DC: American Psychological Association.

鲍贵. (2010). 评估者之间信度分析:从理论到实践.《外语电化教学》(2):23—27.

鲍贵. (2015). 坎贝尔实验研究效度框架在应用语言学中的应用.《外语研究》(3):7—12.

鲍贵. (2017a). 语言学定量研究中的稳健统计方法.《外语研究》(2):22—29.

鲍贵. (2017b). 应用语言学研究中的图示与稳健统计方法.《外国语文》(6):135—142.

《二语习得研究中的常用统计方法》(第二版)

尊敬的老师:

您好!

为了方便您更好地使用本教材,获得最佳教学效果,我们特向使用该书作为教材的教师赠送本教材配套电子资料。如有需要,请完整填写"教师联系表"并加盖所在单位系(院)公章,免费向出版社索取。

北京大学出版社

教 师 联 系 表

教材名称	《二语习得研究中的常用统计方法》(第二版)			
姓名:	性别:	职务:		职称:
E-mail:	联系电话:		邮政编码:	
供职学校:	所在院系:			（章）
学校地址:				
教学科目与年级:	班级人数:			
通信地址:				

填写完毕后,请将此表邮寄给我们,我们将为您免费寄送本教材配套资料,谢谢!

北京市海淀区成府路205号
北京大学出版社外语编辑部　刘文静　　外语编辑部电话: 010-62754382
邮政编码: 100871　　　　　　　　　　　邮 购 部 电 话: 010-62534449
电子邮箱: liuwenjing008@163.com　　　市场营销部电话: 010-62750672